国家社科基金
后期资助项目

汉魏两晋南北朝佛教美学史

The History of Buddhism Aesthetics in East Han, Wei, Jin, Northern and Southern Dynasties

王振复 著

图书在版编目(CIP)数据

汉魏两晋南北朝佛教美学史/王振复著.—北京:北京大学出版社,2018.3
(国家社科基金后期资助项目)
ISBN 978-7-301-29264-8

Ⅰ.①汉… Ⅱ.①王… Ⅲ.①佛教—美学史—中国—汉代②佛教—美学史—中国—魏晋南北朝时代 Ⅳ.①B948

中国版本图书馆 CIP 数据核字(2018)第 032207 号

书　　　名	汉魏两晋南北朝佛教美学史 HAN-WEI LIANG JIN NAN-BEI CHAO FOJIAO MEIXUE SHI
著作责任者	王振复　著
责 任 编 辑	延城城
标 准 书 号	ISBN 978-7-301-29264-8
出 版 发 行	北京大学出版社
地　　　址	北京市海淀区成府路 205 号　100871
网　　　址	http://www.pup.cn　新浪微博:@北京大学出版社
电 子 信 箱	pkuwsz@126.com
电　　　话	邮购部 62752015　发行部 62750672　编辑部 62756467
印 刷 者	三河市北燕印装有限公司
经 销 者	新华书店 965 毫米×1300 毫米　16 开本　22.25 印张　387 千字 2018 年 3 月第 1 版　2018 年 3 月第 1 次印刷
定　　　价	65.00 元

未经许可,不得以任何方式复制或抄袭本书之部分或全部内容。
版权所有,侵权必究
举报电话: 010-62752024　电子信箱: fd@pup.pku.edu.cn
图书如有印装质量问题,请与出版部联系,电话: 010-62756370

国家社科基金后期资助项目
出版说明

后期资助项目是国家社科基金设立的一类重要项目,旨在鼓励广大社科研究者潜心治学,支持基础研究多出优秀成果。它是经过严格评审,从接近完成的科研成果中遴选立项的。为扩大后期资助项目的影响,更好地推动学术发展,促进成果转化,全国哲学社会科学规划办公室按照"统一设计、统一标识、统一版式、形成系列"的总体要求,组织出版国家社科基金后期资助项目成果。

全国哲学社会科学规划办公室

目 录

第一章　内因：中国佛教美学史的前期准备 ·················· 1
　第一节　以"巫"为主导文化形态的历史与人文本色 ·········· 1
　第二节　文化智慧的"祛魅"与原始道儒墨美学理念 ·········· 10
　第三节　美学范畴美学命题的"中国" ······················ 24

第二章　外因：入渐于中土的印度佛教基本教义及其美学意义 ·········· 51
　第一节　印度佛教原始教义与大乘教义述要 ················ 52
　第二节　印度佛教基本教义的美学意义 ···················· 64

第三章　东汉：佛教中国化及其美学思想酝酿的初始 ·········· 73
　第一节　佛经初译与教义"误读" ························ 73
　第二节　道教创立与佛教的人文联系 ······················ 81
　第三节　佛教美学思想的初始酝酿 ························ 89

第四章　汉末三国：佛教中国化及其美学思想酝酿的继续 ·········· 114
　第一节　重要佛经的译传 ······························ 114
　第二节　佛教美学思想的再酝酿 ························ 119
　第三节　佛学对王弼玄学美学理念的影响 ·················· 132

第五章　西晋：晋代中国化的佛教美学思想 ·················· 138
　第一节　佛经译传与时代理绪 ·························· 138
　第二节　空之美蕴 ···································· 145
　第三节　形象与方便："三十二相""八十随形好" ·········· 149
　第四节　佛教美学对向、郭玄学美学的影响 ················ 161

第六章　东晋：晋代佛教美学思想中国化的深化 ·············· 167
　第一节　南北两地的佛教流播格局 ······················ 167
　第二节　"格义""六家七宗"、道安的佛学之见与美学 ······ 176
　第三节　"法性""涅槃"：慧远的佛学之见与美学 ·········· 193
　第四节　"中道实相"：鸠摩罗什的"中观"与美学 ·········· 212
　第五节　"不真""不迁""无知""无名"：僧肇中观之学与美学 ····· 228

第六节　佛教思想与晋人风度 ………………………………… 251
第七章　南北朝:佛教美学的新的思想深度……………………………… 260
　　第一节　"佛性""顿悟":竺道生佛学之见的影响与美学 ………… 262
　　第二节　"常乐我净":《大般涅槃经》与佛教美学 ………………… 276
　　第三节　"一心二门":《大乘起信论》与佛教美学 ………………… 281
　　第四节　譬喻、偈颂、梵呗与诗性审美 ……………………………… 296
　　第五节　"志怪"的佛教美学诉求 …………………………………… 311
　　第六节　《文心雕龙》:儒道释美学三栖 …………………………… 320
　　第七节　石窟苍凉:中国化的佛教建筑美学风色 ………………… 328
小　　结 …………………………………………………………………… 337

主要参考书目 …………………………………………………………… 344
附:王振复主要学术著述简目 …………………………………………… 347
后　　记 …………………………………………………………………… 349

第一章　内因：中国佛教美学史的前期准备

印度佛教传入中土之前，中国美学史的发生、发展，已然经历属于原始巫学、先秦子学与西汉经学范畴等的千年漫长岁月。虽那时成熟学科意义的中国美学远未诞生，然而，一些土生土长、本具中华草根性的原始审美意识、理念、思想及其术语、概念、命题与范畴等，早已登临中国美学的历史与人文舞台。一种属于古代中华的"前美学"，是中国美学的早期学术形态。本土的中华文化、哲学、艺术以及审美意识、理念与思想等，作为历史与人文的内因，为中国佛教美学的诞生、发展与建构，准备了本土与本色条件，打上了中华本在的历史与人文烙印。

第一节　以"巫"为主导文化形态的历史与人文本色

以"巫"为主导文化形态的历史与人文本色，决定了中国佛教史、中国佛教美学史特有的历史命运、人文素质与发展道路。

从文化形态学看，中国原始文化以原始巫术为基本和主导，伴随以原始神话、原始图腾，是一种动态的三维结构的文化。西方著名人类学家泰勒、弗雷泽、马林诺夫斯基与列维-斯特劳斯等，都曾将原始巫术文化作为研究人类原始文化的主要对象与切入点。笔者曾经提出、论析对于中国文化及其哲学、美学的一个个人看法，认为中国原始文化的主导形态，是以渗融着原始神话、原始图腾为重要因素的原始巫术为代表的，原始巫术作为中华古老文化的不离于原始神话与原始图腾的一种主导文化形态，确是中国文化中国美学之文化根性的所在。中国文化及其哲学、美学之基本而主导的原始人文根因、根性与特质，主要在于本土性之伴随以原古神话与图腾的巫因与巫性。

一　原古神话、原古图腾并非中国美学基本而主导的文化原型

这个问题，关系到如何正确认识、研究中国美学基本而主导的原始人文

根因与根性这一重要的学术课题。

从文化人类学、文化哲学角度看,原始神话、原始图腾与原始巫术文化,都是人类所创造的重要原始文化形态,它们往往各别或共同奠定人类某一种族、氏族、民族与原始时代的文化传统,一定意义上决定其相应的美学人文根因、根性即文化学及文化哲学的原型。

就中华原古文化而言,后世传说所谓伏羲创卦、盘古创世、后羿射日、神农尝草、仓颉造字、精卫填海、大禹治水以及关于黄帝的英雄神话,等等,都有力地证明,原始神话是中华原古文化的重要一支。学界有学人甚至将中华原始思维归结为"神话思维"。这一学术理念,显然受荣格"文化原型"说的影响较大。荣格曾假定,在人类原始神话中,存在一种"文化精神本能",即所谓"集体无意识"。荣格将人类原始文化统统归之于"神话",又指出,如人类的诞生、死灭、再生、上帝、英雄、力量、大地之母以及人格的阿尼玛、阿尼玛斯、阴影与自身①等,都是人类文化及其审美、艺术的原型与母题。而以荣格、弗莱为代表的文化人类学意义的"神话原型"说,在近数十年中国美学的文化根性问题研究中具有重要影响。所谓中华"文化心理结构积淀"说,就是中国版的"神话原型"说。"积淀"说在观念与方法上,实际已与荣格、弗莱的"原型"说建立了一种学理上的信任联系,它舍弃"原型"说的先验性与神秘性,作为人类学的一种预设,提供了研究中华文化根性及原始审美意识如何发生的一条思路。学者们坚信,既然原古神话作为"原始意象"蕴含诸多文化原型,那么,中华原始初民原始审美意识的萌生及其文化根性,则一定可以在原始神话中被发现。

然而这一"神话原型"说,在解读中华美学文化根性这一学术课题时,可能面临中华原古文化历史与审美历史的"提问"。

其一,中华原古神话固然相当发达,然而与比如古希腊、古印度神话相比,不仅篇幅短小,而且见诸文本相当晚近。如伏羲神话,主要见于战国《易传》;《山海经》保存了许多神话传说,凡十八篇,而其中十四篇,撰成于战国,《海内经》等四篇,为西汉初年之作。黄帝神话,起于战国黄老学派而成于西汉"五德终始"说。再如盘古神话,始于三国徐整《三五历记》、成于南朝梁任昉《述异记》。

其二,中华原古神话的神性不足。中华原古神话天生缺乏尔后能发展为宗教主神的人文意识,如宙斯、梵天这样的神话主神,在中华原古神话中尚不

---

① 按:阿尼玛(anima),指人格面具(persona)遮蔽下男性人格中的女性原型因素;阿尼玛斯(animas),指女性人格中被遮蔽的男性人格因素;阴影(shadow),指人心灵中隐秘而黑暗的部分;自身(the self),指人格心灵结构的协调因素。

存在。从文字文本的神话看,据《三五历记》,传说盘古随"天日高一丈,地日厚一丈"而"日长一丈",然而,盘古只是生于天地混沌,是天地混沌生盘古而非盘古生天地。在《述异记》中,盘古确具"开天辟地"之功,"盘古氏,天地万物之祖也,然则生物始于盘古"。可是,这是年代相当晚近、为印度佛教入渐数百年后南朝人的创世神话说,难以作为中国文化原型、中华原古文化根性的有力证据。梁漱溟《东西文化及其哲学》曾经首倡中国文化"淡于宗教"①说,这在中华原古神话一般地缺乏主神意识、缺乏神性这一点上,得到了印证。

其三,假设原古神话作为中华主导文化形态是中华文化审美的原型,那么,中华原古神话作为叙事文学的原型,必然会孕育、催生中华叙事文学审美的早早发生,有可能成为文学审美的主流,可是这仅仅是一个假设而非历史、人文现实。

先秦文学如《诗经》,固然不乏叙事篇什,可《诗经》的"叙事"不过是"宣情"的一种手段,不同于古希腊的叙事体文学比如古希腊史诗、悲剧与喜剧等作品。今文《尚书·尧典》曾倡言"诗言志"。此"志",指人的感觉、情感、意念、想象、记忆与理想及其记述、表达等,即通过简略"叙事"达成"宣情"的审美目的,或通过诗的语言文字进行直接的抒情。中华文学的审美,一开始就形成了重于"宣情"的人文传统,在"叙事"方面发蒙较迟而显得有些拙于"讲故事"。

这是中华原古神话及其神话思维相对薄弱的一个有力反证。

原古神话固然与中国美学的原型即文化根因、根性相联系,而中国美学总体意义的原型即文化根因与根性,却主要并非在于神话。

"图腾"一词,是印第安语 totem 的音译,意为"他的亲族",18 世纪末(1791),由约翰·朗格《一个印第安译员兼商人的航海与旅行》首次提出。其云,"野蛮人的宗教性迷信之一就是,他们每个人都有自己的 totem(图腾)"。1903 年,严复译英国学者甄克里《社会通诠》一书,首度将 totem 译为"图腾",从此成为通用的译名。图腾,作为人类原古意识与人的生命起始并加以崇拜的一种原古文化及心理现象,其文化素质与文化功能,是对种族、氏族想象中的始祖的崇拜兼审美。原始初民以其虔诚的心灵、忧郁的目光,总在努力寻找"他的亲族",他们好似一群错认自己父母、无家可归的"野孩子"。原古图腾孕育了一个巨大而重要的文化主题,即人类对自身的生命与精神究竟源自于何人何处何时,深感焦虑、关切和敬畏。这一文化主题,本在

---

① 按:梁漱溟:《东西文化及其哲学》云:"中国文化在这一方面的情形很与印度不同,就是于宗教太微淡。"参见《梁漱溟全集》第一卷,山东人民出版社 1989 年版,第 441 页。

地存在着以"生"为理想、为终极的中国哲学、美学与艺术审美之发生的历史与人文底蕴。

中国美学原始审美意识的发生及其成长,显然不可能与中华原古图腾文化无关。

然而,图腾是原始初民祖先崇拜与自然崇拜合一的一种文化方式。初民一时尚无能力找到他们的真正始祖,就在"万物有灵"文化意识的催激下,错误地将一些山川动植与足迹之类,认作他们的"始祖"加以崇拜与敬畏。这是一种真实而令人可叹的史前文化"错觉"。考虑到祖先崇拜是相对晚近的文化意识与方式这一点,原古图腾是否是人类最古老的一种主导文化形态,从而是否是中国美学的基本而主导的文化根因、根性,值得做进一步研究。

中国古籍有关原古图腾文化的记载不少。《诗经·商颂》云:"天命玄鸟,降而生商。"这似能证明商部落以"玄鸟"为图腾。[①] 司马迁《史记·殷本纪》解释道:"殷契,母曰简契,有娀氏之女,为帝喾次妃。三人行浴,见玄鸟堕其卵,简狄取吞之,因孕生契。"玄鸟,古籍一说为燕子,一说为鹤。两说都指鸟图腾。周人又以姜嫄"履大人(巨人)迹"而感生为图腾传说。《诗经·生民》云:"厥初生民,时维姜嫄。生民何如? 克禋克祀,以弗无子! 履帝武敏歆,攸介攸止。载震载夙,载生载育,时维后稷。"司马迁《史记·周本纪》解释云:"周后稷,名弃。其母有邰女曰姜嫄。姜嫄为帝喾元妃。姜嫄出野,见巨人迹,心忻然悦,欲践之。践之而身动如孕者。居期而生子,以为不祥,弃之隘巷,马牛过者皆辟(避)不践,徙置之林中。适会山林多人,又迁之。而弃渠中冰上,飞鸟以其翼覆荐之。姜嫄以为神,遂收养长之。初欲弃之,因名曰弃。"《诗经》的这两则材料,都关乎原古图腾。至于《山海经》所言"人面蛇身""人首蛇身",以及《易经》所谓"龙"等,都是如此。

尽管中华原始文化之原古图腾是一大文化形态,却难以证明中华原古文化基本而主导的文化形态是图腾。

其一,初民仅仅在寻根问祖而团结族群之时,才显示出原古图腾文化的巨大生命力与功能,图腾并没有贯彻于原始初民的一切生活与生产领域。

其二,体现于原古图腾的原始生命意识,确与中国美学中生命意识的文化根因、根性相联系,而中国美学的文化根因、根性,却并非仅仅是生命意识。

[①] 按:郭静云说,"玄鸟不是殷商始祖的信仰"。"学界经常用'商族图腾'概念来解释凤鸾崇拜,但通过对资料的严谨研究,使很多学者非常怀疑此假设能否成立。因为在殷商王族祈祷占卜纪录中,完全没有鸟生信仰的痕迹。"(见郭静云:《天神与天地之道》上卷,上海古籍出版社2016年版,第417—418页)玄鸟是否是殷商氏族的图腾,值得做进一步的研究。

此外还有诸如"象"意识、"天人合一"意识与"时"意识,等等。况且,原古图腾的人文意识,仅仅是"前生命意识"而已。

其三,原古图腾倒错地树立起一个巨大而崇高的始祖权威,作为巨伟的崇拜对象,始祖深沉的人文意蕴及其艰苦卓绝与悲剧性的神性偶像,确为从原始宗教意识的崇拜趋向审美意义的崇高,开辟了一条历史、人文之路,然而,中国美学史偏偏自古缺乏美学悲剧意义的"崇高"这一美学范畴。

据笔者所见,"崇高"一词,始见于《国语·楚语上》"灵王为章华之台,与伍举升焉。曰:'台美夫'!对曰:'臣闻国君服宠以为美,安民以为乐,听德以为聪,致远以为明。不闻其以土木之崇高雕镂为美'"一段记述;《易传》亦说"崇高",所谓"崇高莫大乎富贵"。这里所言"崇高",仅指宫室的高峻或以"富贵"为"崇高",与壮美有一定人文、历史联系,却与源自原古图腾文化美学悲剧意义的"崇高"没有历史与人文联系。这是原古图腾其实并非中国美学文化之主要根因与根性的一个反证。

二 原古卜筮:中华"巫史传统"

就文化传统而言,伴随以神话、图腾之原古巫术的文化形态,是中华文化基本而主导的根因根性的所在。原巫文化严重地影响了中国哲学、美学与艺术学的历史与人文走向,它往往与原古神话、原古图腾结伴而行。

神话,是原古人文心灵、观念话语的表述;图腾,主旨在寻找与想象氏族的祖神。巫术,几乎存在于初民的一切生活领域、一切实践与心灵,它是先民的原始生存方式本身。殷商盛行甲骨占卜,周代的《周易》占筮以及种种占星、占候、望气与风角之术等,皆为中华先民所创造与施行的原始巫术文化,并且一直严重地影响于后代。

据考古发现,在河南舞阳贾湖史前遗址,上世纪80年代发掘了龟甲占卜遗物。一副龟背、龟板中装有小石子,学界推断为"龟卜法器",其年代距今7737±123 至 7762±128 年之间①。这证明早在大约8000年前,中华原始初民已在施行龟甲占术以占验吉凶。1987 年 6 月,安徽含山凌家滩新石器晚期墓葬,曾出土一组玉龟、玉板。② 玉制龟背、龟板四周上下有相对应的小孔,便于上下串系绳线以备固定。绳线之串系,可按需将龟背、龟板闭合或解开。这一"合合分分,应该是为了可以多次在玉龟甲的空腹内放入和取出某种物品的需要。即当某种物品放入后,人们便会用绳或线把两半玉龟、板拴

---

① 参见河南省文物研究所《河南舞阳贾湖新石器时代遗址第二至第六次发掘简报》,《文物》1989 年第 1 期。
② 参见《安徽含山凌家滩新石器时代墓葬发掘简报》,《文物》1989 年第 4 期。

紧,进行使整个玉龟甲发生动荡的动作(例如摇晃——原注),然后解开绳或线,分开玉龟甲,倒出并观察原先放入的物品变成什么状态",以推断吉凶休咎。有学者认为"这是一种最早期的龟卜方法"①。在迷信"万物有灵"的远古时代,龟为灵物,玉为灵物,以玉凿为龟甲形状,制成占具,说明中华先民的巫意识之发蒙何等之早,情感何等虔诚。据考古研究,这一占卜"法器",距今 4500±500 或 4600±400 年。与此相类,在山东泰安大汶口、山东兖州王因、山东茌平尚庄、河南淅川下王岗、四川巫山大溪、江苏邳县刘林与大墩子以及江苏武进寺墩等史前遗址中,都有龟甲占具出土。龟甲上有钻孔。江苏邳县大墩子 44 号史前遗址所出土的龟甲、龟背与龟板相合,"内骨锥六枚,背腹甲各四个穿孔,分布成方形,腹甲一端被磨去一段,上下有 X 形绳索痕"②。凡此遗址年代,大多早于安徽含山凌家滩。

作为"群经之首"的《周易》本经,即专门用以巫术占筮的那部分,成书于殷周之际,距今约 3100 年。它是在殷商龟卜文化的基础上发展起来的一种"数"的巫术,是中华亦可说是人类最高级的一种原古巫术文化,它是中华贡献于人类文明的影响最大的"非物质文化遗产"。易筮的象数之学,是古代中华巫学的极致。由阴阳爻、八卦与六十四卦所构成的象数占筮系统,是先民既虔诚地拜倒于神秘天命、又勇气百倍地向天命发起抗争的一种文化方式。易筮以"卦变"(爻变)来占验天时、地利与人事,是人企图认识、把握自身命运的一种"伪技艺"。在这人文"伪技艺"的操作过程(所谓"作法")中,却孕育、发展了属于伟大中华独具智慧的"时"意识("巫性时间"观)。

易学是中华"第一国学"。易学的根底在巫学。巫学的最高文化形态,是由甲骨占卜发展而来的《周易》巫筮。

数千年来,由《周易》巫筮文化所提升的人文意识、理念与思想,足以照亮中华传统文化及其哲思、美韵的人文隧道。易筮对人的生命、生存问题的极度焦虑、关切与思考,成为自古以来中华生命文化之生生不息的灵魂。易筮、象数"互渗",人神"互渗",天人感应,确是人与自然、人与社会、人与人以及人自身内在世界的一种"对话"方式。占验吉凶以求生命、生存的快乐与安宁,确是自古中华所谓"乐感"文化的人文温床。

易筮总是有一种精神冲动,企图借助灵力以达成人自己的生存目的。易筮开启了中华自古所谓"实用理性""实用哲学"的历史与人文之门。

易筮所独具的文化素质与品格,作为一种成熟的"巫史传统",为此后印度佛教入传与中国佛教美学的发生,准备了坚实的人文基础。尤其易筮的

---

① 李学勤:《走出疑古时代》,辽宁大学出版社 1997 年版,第 116 页。
② 同上。

"时"意识、"生"意识与"象"意识,让中国佛教美学思想与思维的兴起,受益良多。它总是贯穿以中华"巫史传统"源于易筮的巫的生命与血脉。

在一定意义上,卜筮尤其巫筮文化,实际是先秦及此后中华文化的重要源泉与支柱。中国人的意识、思想及其审美、艺术等,往往接受其显在或隐在的影响,成为中华文化传统的一种人文基因。

来华的印度佛教"之所以可能被吸收,乃是因为它似乎能对当时已经提出过的问题提供新的答案"①,然而佛教没有彻底"征服中国"②,究其人文根因之一,在于以龟卜、易筮为主的传统及其"实用哲学"过于强大之故。

所谓"卜筮",即龟卜易筮,其人文功能在于"稽疑"。《尚书·洪范》云:

> 稽疑:择建立卜筮人,乃命卜筮。曰雨,曰霁,曰蒙,曰驿,曰克,曰贞,曰悔,凡七。卜五,占用二,衍忒。玄时人作卜筮。三人占,则从二人之言。汝则有大疑,谋及乃心,谋及卿士,谋及庶人,谋及卜筮。汝则从,龟从,筮从,卿士从,庶民从,是之谓不同。身其康强,子孙其逢,吉。汝则从,龟从,筮从,卿士逆,庶民逆,吉。卿士从,龟从,筮从,汝则逆,庶民逆,吉。庶民从,龟从,筮从,汝则逆,卿士逆,吉。汝则从,龟从,筮逆,卿士逆,庶民逆,作内吉,作外凶。龟筮共违于人,用静吉,用作凶。③

这是《尚书·洪范》所记载的周初箕子向周武王提出治理天下的第七法,所谓以"卜筮""稽疑",即"洪范九畴"之七。大意是,箕子对武王说:治埋天下,须以龟卜、易筮来占验吉凶,考察与解决疑难问题,选择任用掌管卜筮之法的官吏。龟卜的兆象有五种,有的像下雨,有的像雨后云气,有的像水雾朦胧,有的像乍升乍降的云而半有半无,还有的像阴阳之气互相侵犯。易筮有内卦,称"贞";有外卦,称"悔"。这是用六十四卦每一卦的内卦与外卦来占筮。古人根据龟兆、卦象的推演变化,来占验、推断吉凶。可以建立卜筮官吏制度来进行龟卜易筮,决定天下大事。要是三个人同时占断,听从两个人的占验结果。如果遇有重大疑难,先得自己心中有主张,与卿士商量,再与庶民讨论,最后问卜占筮。如果你自己赞成这样做,龟卜、易筮的结果以及卿士、庶民都认为可行,这就叫作大同(按:原文"不同"的"不",即"丕"的本字,丕,

---

① 〔美〕本杰明·史华兹:《中国古代的思想世界》,程钢译,江苏人民出版社2004年版,第431页。
② 许里和:《佛教征服中国》,江苏人民出版社1998年版,第2页。
③ 《尚书·周书·洪范》。按:江灏、钱宗武《今古文尚书全译》:"根据'书序',本篇(引者:指《洪范》)应当作于周武王时,历代学者颇多分歧,有些人认为应当写成于战国时代。"(贵州人民出版社1990年版,第232页)

大也)。这样,你一定身强体健,子孙生逢其时,吉利。如果你赞成做或不做某事,而龟卜、易筮都赞成,却遭到卿士、庶民的反对,不要紧,仍然是吉利的。如卿士与龟卜、易筮都赞成,只有你自己与庶民认为不可,也是吉利的。如庶民与龟卜、易筮都赞成,你反对、卿士反对,也吉利。如你赞成而龟卜亦赞成,易筮与卿士、庶民皆反对,则倘然处理内政,吉利;处理国外事务,凶险。如龟卜、易筮的结果,与你及卿士、庶民的意愿都相背,那么不轻举妄动者,吉利;胡作非为者,凶险。

龟卜、易筮决定天下大事或吉或凶,在制定国家大计方针与政策等方面,无疑具有绝对权威性。卜筮是吉凶休咎的最后裁定者。

中华先民之所以将卜筮看得如此重要,是因当时社会生产力极度低下,人们智慧始蒙,人在生命、生存境遇之中,总是存在大量难以克服的难题。盲目的自然与社会力量,便在人的文化心灵中衍生,发展为天命思想、鬼神观念,还有关于人与神灵相互感应的迷信,相信自己可以借助神灵之力,达于天人感应,通过巫术"作法",克服生命与生活的种种难题,通过"降神",达成人的目的,提高战胜一切艰难险阻的自信心。

从原古到先秦,卜者与筮者即所谓"巫",是当时社会的一批人文"知识分子"。"巫在社会中占有特殊重要的地位。这时的巫不仅是卜的职业家,而且还担任继承、传播与促进文化的责任。其中有不少具有极为广博的知识。"①他们几乎遍于朝野。据《史记·天官书》,"昔之传天数者",高辛之前掌管天文星象的,是重、黎;唐虞之时是羲、和;夏代有昆吾氏;殷商是巫咸;周朝为史佚、苌弘;春秋时期,宋国的子韦、郑国的裨灶以及战国时齐国的甘公、楚国的唐昧、赵国的尹皋与魏国的石申,等等,都是名重一时的大巫。据西汉扬雄《法言·重黎》,所谓"巫步多禹",是说禹治水土,涉山川,病足而行跛也,而俗巫多效禹步。《广博物志》卷二五引《帝王世纪》云,"世传禹病偏枯,步不相过,至今巫称禹步是也"。巫者何以称"禹步"、效"禹步"而"行跛"?唯有一种解释,即大禹是一个"大巫"的缘故。史传周文王也是"大巫"。周鼎铭文云"文王遗我大宝龟绍天明";文王被囚羑里,因忧患而演易。说明文王既懂龟卜又擅易筮。史载周公本为巫者。周公摄政称王,引起管叔、蔡叔不满,召公亦颇有微词,周公便以巫者自居而说服之,阐明摄政为王的合法性与权威性。周公历举成汤之时伊尹、太戊之时伊陟、祖乙之时巫贤、武丁之时甘般等贤者,称都是"格于上帝"的巫。既然这些历史之巫,都因善于卜筮在商朝为相而管理朝政、辅佐商王,那么,周公自己因擅卜筮之道而摄政为王,

---

① 金景芳:《学易四种》,吉林文史出版社1989年版,第144页。

有何不可呢？

无疑，巫往往是那个时代兼掌天下或辅佐圣王统治的人物。作为大巫，问卜算筮，其意见思想，可耸动视听、决定国策的制定与推行，他们是古时上层建筑与意识形态的主干；作为小巫（即所谓"俗巫"，下层民间的巫），也在于通过卜筮，安抚天下百姓焦灼而不安的灵魂，企图指点迷津。

某种意义上，印度佛教入渐中土之前，中华文化是一种伴随以神话与图腾、基本而主要由巫文化发展而来的"巫史"文化。这一人文底色，是自古中华文化及其哲学、美学与艺术审美的基本特点。

巫的成长即"史"，"史"的前身为巫。在春秋战国巫、史转递之际，诸多史籍称为"巫史"或"史巫"。

史在政治上，指所谓史官及其制度，有大、小之别。"大史"（太史）辅佐君王以治天下，兼擅卜筮以为君王提供统治意见，尔后成长为史官、文官。史，又是君王言行的记录者，此《礼记·玉藻》之所以说"动则左史书之，言则右史书之"①。《周礼·春官》："大史，掌建邦之六典。"可见"史"（史官）对于古时政治教化、民族家国文化建设的重要。"六典"的"典"，甲骨文写作 𠕋，为人双手捧书册之象形，表示对书册的尊崇与崇拜。可见在社会意识形态上，史代表"文化"。史的人文原型，为巫。而脱胎于巫，史是"巫史传统"的文化主角。

史，甲骨文作 𠭥（一期乙三三五〇）、𠭧（一期人三〇一六）等。史，从中从又。中，甲骨文作 中（一期乙四五〇七）、𠀐（四期粹五九七）、𠀑（四期粹八七）等。又，甲骨文作 㕛（一期京二二一六）、㝇（四期京四〇六八）等，象手之动作。

甲骨卜辞有"立中"之记。胡厚宣《甲骨文录》双一五："无风，易日……丙子其立中。无风，八月。"王襄《簠室殷契征文》天十："癸卯卜，争贞：翌……立中，无风。丙子立中，无风。"

该两条卜辞的"立中"之记，关乎原始巫术。所谓"立中"，是在大地之上，立一晷景（影的本字）之器具，用以观察日影、风向及风力，以占验吉凶（这里采录的两条卜辞，仅为测风之例）。其观察并非科学理性而为人文理性。李圃《甲骨文选读·序》将"立中"的"中"，识读为古代晷景装置之义。李玲璞、臧和、刘志基《古汉字与中国文化源》一书，重申这一见解："甲骨文中已出现'中'这个字形，写作 𠁩，据学者们考定为测天的仪器：既可辨识风

---

① 《礼记·玉藻第十三》，杨天宇：《礼记译注》上册，上海古籍出版社1997年版，第492页。

向,也可用来观测日影。"①并以姜亮夫有关论述作为支持性见解而加以引用。姜亮夫曾提出:中者,日中也。杲而见影,影正为一日计度之准则,故中者为正,正者必直。中之本义,晷景之具也。② 这便是所谓中华文化"巫史传统"的文化起因。③ 这一传统对于中国美学与中国佛教美学史而言,有五点尤为重要:

一、巫的历史与人文本色,具有"天人合一""天人感应"的文化品格,这为中国佛教美学,提供了一种基本的思维模式。

二、由原古的巫向史文化的转化,造就中华文化传统具有"淡于宗教"的文化倾向。其中政治伦理文化,反过来改造由印度入渐的印度佛教及其佛教美学意识和理念。

三、史文化的历史与人文走向,重现实,求实用,尚理性,其思维方式执著于现世实在,以享受现世的快乐为特征,成为导致佛教与佛教美学"中国化"之强大的本土文化之力。

四、"巫史传统"实用理性的历史、人文土壤,培育重于伦理道德的哲思与美艺。从卜筮尚兆,开启中华审美与艺术重"象"的历史与人文之门。易筮文化深厚而葱郁的"时"意识与"生"意识等,为中国佛教审美及其艺术,注入特异的时间意识、生命意识等文化诉求。

五、中国佛教的所谓世俗性或曰"人间佛教"及其美学诉求之一,往往以求神拜佛、所谓"吾佛慈悲,求佛保佑"为要,在中国佛教及其美学意识中,蕴含了太多的巫术与巫性因素,可以看作由强大的巫文化传统使然。

第二节 文化智慧的"祛魅"与原始道儒墨美学理念

春秋战国之时,以道、儒与墨为代表的先秦诸子,完成了从原始巫学向子学的"祛魅"。从天人感应的人文迷氛之中解放与提升的天人之学,虽具有"天命"的思想,却不是纯粹、典型与成熟的宗教意义上的。从东方原始巫学"降神"而兼"拜神"的人文氛围中,生成与肯定的,是人力、人为以及顺其自然的思想。道家的自然哲学、儒家的仁学(伦理之学)与墨家的思辨逻辑之

---

① 李玲璞、臧克和、刘志基:《古文字与中国文化源》,贵州人民出版社1997年版,第98页。
② 参见姜亮夫《楚辞学论文集》,上海古籍出版社1984年版。
③ 按:李泽厚先生说:"我以前曾提出'实用理性''乐感文化''情感本体''儒道互补''儒法互用''一个世界'等概念来说中国文化思想,今天则拟用'巫史传统'一词统摄之,因为上述我以之来描述中国文化特征的概念,其根源在此处。"(李泽厚:《由巫到礼释礼归仁》,三联书店2015年版,第3页)

学等,共同缔造中国美学的人学之基,成为印度佛教入渐、中国佛教美学发生的重要人文准备。

先秦老庄的自然哲学,实为"精神自然"的哲学;孔子仁学与孟子心学所发现与修持的,是人的世俗心灵;墨子对中国美学的贡献,除其"节用""非乐"与"兼爱"等说之外,主要是关于名实问题的所谓辨学,亦属于世俗心灵这一文化主题而偏重于逻辑思辨。

无论原始道、儒还是墨的学说,在先秦"心性"之学这一点上具有共通性。道家偏于关注人的心性的"自然"层次;儒家偏于倡说人的心性的"人为"课题以及心性的道德修养与践履;墨家在求实利的前提下,以"名"为基本范畴,偏重于天、人及其关系的逻辑思辨。先秦文化,以道、儒、墨三家为主要代表。它们作为中华"前美学"的人文"祛魅",都在天人关系的人文思维框架中,执著于心性的解放、规范与疏理,共同开拓深远而灿烂的美学精神的苍穹。

一 巫:在神与人之际

德国著名学者卡尔·雅斯贝尔斯(Karl Jaspers)的"轴心时代"说认为,"在公元前800年到公元前200年间所发生的精神过程,似乎建立了这样一个轴心。在这时候,我们今日生活中的人开始出现。让我们把这个时期称之为'轴心的时代'。在这一时期充满了不平常的事件,在中国诞生了孔子和老子,中国哲学的各种派别的兴起,这是墨子、庄子以及无数其他人的时代。"①

"在公元前800年到公元前200年"这六百年间,大致正是中国春秋(公元前770—公元前476)、战国(公元前475—公元前221)时期,尤其公元前500年前后,老聃、孔丘与墨翟的学说,在先秦最为活跃。他们的学说,与古印度释迦牟尼(乔达摩·悉达多)的佛学,古希腊苏格拉底、柏拉图的哲学及以色列、巴勒斯坦的宗教之学相应,成为古代世界所谓"哲学的突破"。其中,日后由印度入渐的佛学与中华本土文化及其哲学的"对话",成为惊天地、泣鬼神的两大民族间所发生的伟大文化事件。中国佛教、中国佛教美学史的发生与发展,固然无可逃避地改变了中国美学史的历史与人文进程,可是,由原古巫学到先秦子学(人学),由该"轴心时代"所奠定的中华文化、哲学与美学理念的人文原型,却一直伴随于中国佛教美学史发生与发展的始终。这便是佛教、佛教美学的"中国化"。卡尔·雅斯贝尔斯说:

---

① 〔德〕卡尔·雅斯贝尔斯:《人的历史》,见《现代西方史学流派文选》,上海人民出版社1982年版,第38—39页。

> 人类一直靠轴心时代所产生的思考和创造的一切而生存,每一次新的飞跃都回顾这一时期,并被它重新点燃。自那以后,情况就是这样,轴心期潜力的苏醒和对轴心期潜力的回归,或者说复兴,总是提出了精神的动力。①

关于"轴心时代所产生的思考和创造",关系到中国人对于世界的看法。关于世界,中国文化究竟提供了怎样的人文思维与思想原型?

李泽厚先生提出"一个世界"的见解:

> "巫"的特征是动态、激情、人本和人神不分的"一个世界"。相比较来说,宗教则属于更为静态、理性、主客分明、神人分离的"两个世界"。②

所谓"一个世界",指"人神不分"的"巫"的世界。在李泽厚看来,在印度佛教文化入渐中土之前,中国文化的"一个世界"即"巫"。这种看法值得进一步讨论。

人类所本在的"世界"究竟有几个?这在不同时代、不同民族的情况是不一样的。从经验生活的层次和形下角度来看,人类所本在的世界只有一个,这便是生于斯、长于斯、老于斯的现实世界,佛教称为此岸、世间。现象学有云,世界,是关乎人、人之"意向性"的一种"意义"。从"意义"角度分析,世界可以是一个,也可以是两个,甚至是三个,等等。当"上帝创世"说成为基督教的基本教义之时,信徒们坚信,他们所可能面对的"世界"是三个,即天堂、人间(炼狱)与地狱。印度佛教的基本教义之一,有所谓"三世"说,即过去世、现在世与未来世。以"世"(时间)为主的佛教"世界"为三。基督教主要从空间角度认识人所处的三个"世界"。无论基督教还是印度佛教的所谓"世界",前者关涉于心理性空间而非生理性空间,后者关涉于心理性时间而非生理性时间。从"意义"分析,基督教的三个"世界"也可以说是两个,因为基督教教义除了教信徒服膺于上帝、进行宗教修持之外,人间本是没有多大"意义"的。当然,无多大"意义",也是一种意义。人要么上天堂,要么下地狱。人间(炼狱)仅为暂时之世界。天堂与地狱两相分判,具有永恒性和真实性。人间这种"意义",暂时依存于天堂或地狱这两个"世界"。同样,印度佛教的三世即三个"世界"说,也可以说是两个。此即作为人生之"苦"(无

---

① 〔德〕卡尔·雅斯贝尔斯:《历史的起源与目标》,魏楚雄、俞新天译,华夏出版社1989年版,第14页。
② 李泽厚:《由巫到礼释礼归仁》,第13页。

明)的过去世与作为涅槃、作为净土佛国的未来世;而现在世,只有在作为过去世之"果"与未来世之"因"时,才具有一定"意义"。

无论基督教还是印度佛教的三个"世界"说,一般人都从人间、天堂或者此岸、彼岸(世间,出世间)这二分法来看待。基督教认为,"世界"二分,它把地狱仅仅看作人类应当而且必须破斥、避免的一种"意义"。作为与人间相对,尤其与天堂相对的地狱的这种"意义",具有鞭笞人类灵魂、对人类加以精神恫吓的人文功能。印度佛教说,两个"世界"就是此岸与彼岸即世间与出世间。此岸,即经验层次的现实世界;彼岸,出世间也称未来世,即佛国、涅槃之境。过去世只有在作为现在世之"因"的"意义"上,才是真实而有价值的。在因果、业报链中,过去世此"因",直接决定现在世此"果";现在世此"因",又直接决定未来世那"果"。过去世作为"因",是决定未来世那"果"的间接之"因"、隐在之"因"。就此"意义"而言,人的现在世,其实是从属于过去世的,而且施加影响于未来世。因此,佛教所认可的"世界"及其逻辑,主要是此岸与彼岸即世间与出世间。而从终极追求即理想来看待该"世界",无论基督教还是印度佛教,仅存天堂或佛国(或"般若")各自的一个了,其理想、其逻辑,迥异于中国儒、道及墨家的逻辑预设。

这或许可以说明,当人们追问世界究竟有几个时,由于这世界仅是指某种历史、人文"意义",因而,它仅是一定哲学或文化哲学的逻辑预设。世界可以是一个、两个或三个,等等。李泽厚先生仅以"人神不分""人神分离"之相对应的逻辑,来厘定中国巫术即"一个世界"与西方宗教即"两个世界",这一逻辑预设值得做进一步思考。无论中国或西方,实际上都既是"人神不分"的"一个世界",又是"人神分离"的"两个世界"。中国"巫"的世界,只有在巫术活动进行、虔信巫术"灵验"之时,才是"人神不分"的"一个世界",而"巫"是帝王、贵族、圣人与贤者的特权,那些处于社会底层的"民""氓",是"命里注定"不能主动地进入"人神不分"的世界的。他们由于人性、人格与社会地位的低贱,不能进入如通行本《周易》的《易传·文言》所言"夫'大人'者,与天地合其德,与日月合其明,与四时合其序,与鬼神合其吉凶"的"合一"之境,因而是"两个世界"。当大批虔诚教徒绝对信仰、无限崇拜上帝及其诸神时,其心境也是"人神不分"的"一个世界",并非时时处处皆为"理性"所支配的"两个世界"。问题的关键在于,无论中国抑或西方,人们所处世界的内涵、程度、结构方式与侧重不同罢了。

在印度佛教入传中土之前,中国人心目中的世界,主要有天命的世界、人的世界与巫的世界。三者中,天命和人的世界,某种意义上受动于巫的世界。所谓巫,在神与人之际;巫性,在神性与人性之际。

中国文化的一大基本特点,是"淡于宗教"而重于伦理。中国相对成熟的原古文化,以原始巫术与神话、图腾为三要。三者之间相互的历史和人文联系,成为中国原古文化的主要形态和基本格局。当原古之巫登上中华历史、人文舞台之时,原古文化已经孕育且生成有关"天""天命"的人文意识和理念,严重影响此后中国文化、哲学和美学包括中国佛教美学的生成和发展。

天,在中华先秦具有多种含义。《辞源》称"天"之意义为六:一、与"地"相对,此为物质意义之天,自然界意义之天。东汉许慎《说文解字》云,"天,颠也。至高无上,从一、大"。清代段玉裁注:"颠者,人之顶也。"人头顶之上的那个自然空间,即天。二、自然之义。未经人为、人力改造,自然而然,本来如此的,即天。通行本《老子》云,"人法地,地法天,天法道,道法自然"。或指对自然的回归,所谓"返璞归真"。三、道德伦理意义之天。《左传·宣公四年》云,"君,天也"。《仪礼·丧服》传,"夫者,妻之天也"。四、第一重要之义。《孟子》云,"民以食为天"。五、古代墨刑。《周易》睽卦六三爻辞云,"其人天且劓,无初有终"。东汉马融解云,"剠凿其额曰天"。唐陆德明《经典释文》:"天,剠也。"北宋程颐《易传》云,"天,髡首也"。剠,即黥。六、神灵、命运之天。《尚书·泰誓上》:"天佑下民,作之君,作之师。"《论语》:"天丧予!天丧予!"《孟子·梁惠王下》:"吾之不遇鲁侯,天也。"该天,具有一定的神性与巫性。

先秦所言天,固然有时其义略似某种神秘力量,毕竟与主宰、派生一切的西方宗教文化的"神"不同。有时亦可指人之命,但命这一概念,恰是中华古代巫学的基本概念而不是一个典型的宗教概念。命与运不同,先天曰命,后天为运。命字甲骨文写作𠇱,与令字同字。命者,天之令。此南宋朱熹《四书章句集注》所谓"命犹令也"之谓。《尚书》云,"乃命羲和,钦若昊天,历象明星辰,敬授人时",是。

天命,指天神意志。《尚书》:"天命有德,五服五章哉。"《尚书》有所谓"奉若天命""天命弗僭"之记。天命,作为外在、异在于人的那种神秘力量,是人之异己的权威,但不同于宗教意义之"神"。神让人绝对服从而心悦诚服,基督教的上帝就是这种绝对主神。然先秦文化天命观,并非仅仅强调天作为绝对权威而单方面地对人发号施令。在原巫文化天人合一、天人感应之"和"的迷氛中,命并不是天(或曰帝)对人压倒一切的强迫,而是相互感应、相互授予。从文字学角度看,"神"从示从申。示为祭祀义,申是神的本字。申,甲骨文写作𔒀,为雷电之象形。神之意识,源自人对雷电这一神秘自然现象的崇拜。灵,繁体字写作"靈",从"巫"。可见中国文化中的"神灵"二字,具属巫之意义。巫意义上的原始平等,正是"降神"即巫通过"作法",诚邀、召唤神灵从天而"降",来为人服务。这体现于巫之属人的力量与地位,敬畏天命且可驾驭神灵。

《尚书·周书·大诰》云:"弗造哲,迪民康,矧曰其有能格知天命?"这里所谓"造",遭遇;"哲",睿哲、智者,指"上知天文,下晓地理"的巫;"迪",启迪,引导;"矧",况且;"格知",懂得,把握。这一句的大意是:没有遇到睿智的大巫,来引启民众百姓生活安康,如何能说他有能力懂得、把握天命呢?

这里所谓"格知天命",是一个体现原始理性的巫学命题。天命是被巫所"格知"的对象,而不是纯粹被崇拜的对象。中华原始巫文化意义的天命,不是西方基督教那样的至上神(God),也并非后来被充分神化的印度佛教的释迦牟尼,它不具有绝对神性。由此我们可以联想到孔子所言"五十而知天命"的话。原来在原古巫文化中,早已蕴含天命可"知"的人文意识与理念。孔子关于天命可知的思想及其理性思维,源于原古巫文化。《尚书·周书·召诰》又说:"今天其命哲,命吉凶,命历年,知今我初服,宅新邑。"大意为:现今上天(帝)授命大巫,告以巫术吉凶、天文历算,以企丰年,知晓今天我(成王)初理国政,为天下服务,以居住于新的都邑。这命,指巫术意义之命,不纯粹是天(神灵)对人的强迫命令,而是天人、神人之关系的相互授予。

天人、神人关系,是预设中的天、天命,与现实、现世、经验世界及其人文意义的人文联系,主要通过巫来加以建构。先秦古人的思想与思维阈限,主要以巫为中介,基本兼具非现实与现实、超世与现世的意义,时至春秋战国,这一人文特点愈见鲜明。

在先秦原始道家学说中,无论从更接近于《老子》祖本的楚简《老子》,还是通行本《老子》的思想、理念来看,"道"这一哲学本原、本体范畴的提出,已将源自原巫文化的天命观与神灵说基本扫除干净。

通行本《老子》哲学的第一个贡献,在于破除原始巫学的思想局限与思维框架,所谓"祛魅"就是"渎神"。神,首先是宗教之神,在《老子》哲学体系里几乎没有立足的余地。

《老子》一书,言天、言命之处不少,实际已取大不敬的人文态度。梁启超《老子哲学》云:"他(老子)说的'先天地生',说的'是谓天地根',说的'象帝之先',这分明说'道'的本体,是要超出'天'的观念来求他;把古代的神造说极(竭)力破除。"又说:"《老子》说的是'天法道'不说'道法天',是他见解的最高明处。"①《老子》云,"道生一,一生二,二生三,三生万物"。世间万物,由"道"而生,《老子》基本扫除了源于巫文化的"天命"观与"神造"说。

徐复观指出:

> 老子思想最大的贡献之一,在于对自然性的天的生成、创造,提供了新的、有系统的解释。在这一解释之下,它把古代原始宗教(引者按:实指原始巫术等)的残渣,涤荡得一干二净。②

虽此说有点儿绝对,而值得强调的是,《老子》确实有所谓"夫物芸芸,各复归其根。归根曰静,静曰复命"的思想,《老子》所言"复命"之"命",并非指巫文化信仰意义的天命之"命",而指万物"复归其根"的"根",即作为本原、本体的"道"。

在先秦原始儒家即孔孟学说中,原型意义的儒实源于巫,原儒及其学说,基本是脱胎换骨的巫的超拔。

甲骨卜辞的儒字,写作 (见董作宾《小屯·殷虚文字乙编》)、 (见胡厚宣《战后京津新获甲骨集》)等,从儒字的造型看,徐中舒指出:"从 (大)从∷或∵,像人沐浴濡身之形,为濡之初文。"又说,"上古原始宗教(引者按:原始巫术等)举行祭礼之前,司礼者须沐浴斋戒,以致诚敬,故后世以需为司礼者之专名。需本象人形之大,因需字之义别有所专,后世复增人旁作儒,为缠事增繁之后起字。"③

上古从事巫术活动之前,尤其那些大巫的占卜、占筮活动,必先浴身净体,以示对天命、神灵的虔诚。

巫者,儒之原型。春秋战国之儒,往往兼擅巫事,具有现实"史"文化的人文属性,他们披着一件拖着长长历史阴影的巫术"法衣",兼为王政统治的辅佐者,又是社会文化、哲学与伦理学诸多思想的倡言者与解释者。作为社会道德的"良心",往往是社会人格的崇高榜样。《礼记·儒行》说,"儒有澡身而浴德",此之谓。孔孟时代的儒,所谓"澡身",并非仅仅在从事巫术活动之前的沐浴斋戒,而是道德意义的洗涤自心、澡雪精神、自净自律。人们所讲究的,是心性的道德修为。

孔子晚年好易,自称"五十以学易,可以无大过矣"。孔子读易以至于

---

① 陈鼓应:《老子注释及评介》,中华书局1984年版,第50页。
② 徐复观:《中国人性论史·先秦篇》,上海三联书店2001年版,第287页。
③ 徐中舒主编,常正光、伍仕谦副主编:《甲骨文字典》,四川辞书出版社1990年版,第878—879页;参见徐中舒《甲骨文所见的儒》,《四川大学学报》1975年第4期。

"韦编三绝",却主要在于砥砺道德的良知、良能,而不是为了进行巫筮。孔子当然是懂得如何进行巫筮之理的,但他显然不信巫筮。《论语》就有孔子"不占而已矣"的记载。孔子有"三畏"之说,其一是"畏天命"。孔子"五十而知天命",所谓"天命"之"畏",并非彻底地拜倒在天命与神灵之前,而是在实用理性的支配下,对其大势原则的一种"敬畏"。

孔子对于"鬼神"的人文态度值得注意。《论语·雍也》云:

樊迟问知。子曰:"务民之义,敬鬼神而远之,可谓知矣。"①

什么是"知"?"敬鬼神而远之"是"知"。

"'鬼神'同是尊奉与疏远的对象,这是对待鬼神的第三种人生态度。不是不尴不尬,也并非不伦不类,更无三心二意之意,而是一种进退自如,左右逢源,富于弹性的文化策略。"②

孔子又说:

祭如在,祭神如神在。③

如果不祭呢?那"神"就不"在"了。可见在孔子心目中,"神"不妨有,也不妨无,"神"是被人"祭"出来的。

孔子病重,学生子路请予祭神以求病愈,孔子却推说自己早已祈祷过而终于不祭。《左传·哀公六年》有云,楚昭王病笃却拒绝祭神。孔子闻听此事,称赞其"知大道"。"大道"者,人生根本之道。可见对于鬼神,孔子并不很崇信。"子不语怪、力、乱、神。"④虽则并非绝对"不语",然而对鬼神之不太敬,却是事实。这正是一种别样的人文态度,由原古巫文化传承而来且有所超越于"神"。

先秦曾经相当活跃的墨家的人文理念又是如何?

《汉书·艺文志》云,墨家者流,"盖出于清庙之守。茅屋采椽,是以贵俭;养三老五更,是以兼爱;选士大射,是以尚贤;宗祀严父,是以右(佑)鬼;顺四时而行,是以非命;以孝视天下,是以尚同"。墨子之学,"贵俭""兼爱"

---

① 《论语·雍也第六》,清刘宝楠:《论语正义》,第126页,《诸子集成》第一册,上海书店出版社1986年版。按:《礼记·表记第三十二》云,"殷人尊神,率民以事神,先鬼而后礼,先罚而后赏,尊而不亲","周人尊礼尚施,事鬼敬神而远之"。
② 拙著《中国美学的文脉历程》,四川人民出版社2002年版,第177页。
③ 《论语·八佾第三》,清刘宝楠:《论语正义》,第53页,《诸子集成》第一册。
④ 《论语·述而第七》,清刘宝楠:《论语正义》,第146页,《诸子集成》第一册。

"尚贤""右鬼""非命"与"尚同",似其义多出,实以"戒侈""兼爱""节用"为要。其人文根因,始于"右鬼""明鬼"与"非命"。命不可不信,却非唯命是从,这正是巫的人文特色。

《墨子》及其墨学对于中华文化、哲学与美学思想与思维的影响与意义,不容低估。

"先秦诸家,言天言鬼神,皆近泛神论,无神论。"①墨家亦然。《墨子·天志》有上、中、下三篇,其中心范畴"天志"的人文含义,自当指天有"意志"、具"情感"之义。天有"欲"有"恶",究竟是何缘故?是因为天乃欲义而恶其不义的缘故。天确具意志与欲恶,然而,天仅仅是古代东方文化的一个人格神,并非西方那样的"God",不具有绝对至上意义。

《墨子》有《明鬼》上、中、下三篇②,大意在于讨论"鬼神"的有无。文中处处对"执'无鬼'者"予以否定与抨击,称鬼神之有岂可疑哉?鬼神之所以"有"的证据,是因人一旦不信"鬼神"则必受惩罚。"昔者殷王纣贵为天子,富有天下"而何以一朝倾覆?"上诟天侮鬼,下殃傲(孙诒让注:杀)天下之万民","故于此乎天乃使武王至明罚焉"③。巫术意义的鬼神,固然不可"诟"、不可"侮",然可通过巫师、巫祝的"作法"来加以控制和利用。鬼神并非至上,并非纯在彼岸,墨子与先秦诸子一样,都没有至上而纯然的彼岸思想与思维。《墨子》又有《非命》上、中、下三篇,反复申说"命"的有无,所谓"此世未易,民未渝(引者按:《尔雅·释言》云,'渝,变也')。在于桀纣则天下乱,在于汤、武则天下治,岂可谓有'命'哉"④。天下的乱与治及两者的相互转化,并非由天前定,并非命里注定。如果说人生、家国依命而立,那么此命也是违仁、背道的缘故。在命这一问题上,墨子作为一个尊"命"而"非命"论者,对于命有似信非信之一面,具有源于巫、又非巫的某种相对清醒的人文理性。

无论道、儒或墨,其人文根因均在巫而无疑。三者既尊命又非唯命。须将孔子等所谓"死生有命,富贵在天"与"敬鬼神而远之"两方面,对参起来看。这确实揭示了中国文化之巫的人文基因和根性。鲁迅有所谓"中国本信巫"之说,固非虚言矣。无论甲骨卜辞、《周易》卦爻辞,还是《尚书》《山海经》的诸多记载,都是巫文化的重要文本,都与巫攸关。"巫风鬼气"的神秘性与巫性,是其重要的人文本色。"其实《尚书》里的主要思想,该是'鬼治主

---

① 吕思勉:《先秦学术概论》,中国大百科全书出版社1985年版,第122页。
② 参见孙诒让《墨子闲诂》,《诸子集成》第四册。其中《明鬼》上、中二篇已佚。
③ 清孙诒让:《墨子闲诂》,第152页,《诸子集成》第四册。
④ 同上书,第164页。

义'，像《盘庚》等篇所表现的"①，"到了殷商时代，占卜术更为盛行"②。其中原始易学作为人类最高级、最复杂的一种巫术文化，主要通过战国中后期《易传》的"祛魅"，提升为蕴含哲学、伦理学与美学等新的人文因素。凡此，都渗融以原巫的人文根因、根性。而且此后中国佛教及其美学蕴含了诸多巫文化因素，一定意义上，可看作中国原始巫文化源远流长的缘故。

二 逻辑："中国元素"

印度佛学十分重视逻辑思辨之学，这也凸现了中国佛教美学逻辑思辨问题的重要性。印度佛教入渐中土前，中国文化中的逻辑思想，可以先秦名学尤其墨家的逻辑学思想与思维为代表，必将成为中国佛教美学逻辑思辨的一个"中国元素"。墨家的逻辑学以及原始巫学中的因果逻辑等，可以说是先秦文化与诸子之学的一枝奇葩。

有些治中国哲学、美学的学人，可能有一个误解，以为由先秦诸子所传承而发展的中国文化，既然在思想上是讲"天人合一"的，那么，由这一文化所衍生的哲学、美学思想本身，也自然是"天人合一"的，除了荀子，先秦诸子都是"天人合一"论者。然而，这显然忽视了一个重要问题，即任何关于"天人合一"的文化、哲学与美学思想见解的提出与论证，一律都是建立在"天人相分"的思维基础之上的。所论述的对象确为"天人合一"，而论述本身却是天人相分的，否则何以有"论"？如果没有"天人相分"即把天与人分开的人文意识与理念，其关于"天人合一"的思想、见解，是不可能提出来的。

大致成篇于战国中后期的通行本《周易》的《易传·文言》说："夫大人者，与天地合其德，与日月合其明，与四时合其序，与鬼神合其吉凶。"其思想意义，固然是"天人合一"，但这种"天人合一"的思想，恰恰建立于"天人相分"的思维基础之上。孔孟、老庄以及一切先秦思想者的"天人合一"之说，莫不如此。人文思维意义上的"天人相分"，关系到中国哲学、美学思想的思辨逻辑，它是思性的。以思性之思维（天人相分），思考、表述"天人合一"这一诗性的题材和主题，便是中国美学的诗性与思性的结合。《中国美学范畴史》"导言"曾提出中国美学具有一个"诗性与思性相统一的人文时空结构"这一学术命题，也是就此而言的。

《墨子》美学思辨逻辑的贡献，一直为学界所忽视。《墨子闲诂》（上下）"前言"指出，《墨子》"其书的说理过程有很强逻辑性，尤其在'经''说''大

---

① 朱自清：《经典常谈》，《朱自清古典文学论文集》下册，上海古籍出版社1981年版，第620页。
② 夏鼐：《敦煌考古漫记》，百花文艺出版社2002年版，第147页。

取''小取'等六篇中已归纳成理论"①,此言是。《墨子》对知识问题从未拒绝与罔顾,知识问题上一定的自觉意识成为其思辨逻辑的理性基石。

晋人鲁胜《墨辩注叙》云:"墨子著书,作辩经以立名本,惠施公孙龙祖述其学,以正刑名显于世。"鲁胜所谓"墨辩",以《经》上下、《经说》上下与《大取》《小取》六篇最为丰富,对所谓"同异""坚白"等逻辑问题思之尤切,显然合契于先秦名家,又是对名家"名辨"思想的驳争与发展。

先秦名家首推惠施而无著述传世,唯《庄子·天下》记述惠施所谓"历物十事"与"辩者二十一事"之说。"历物十事"之一,所谓"大同而与小同异,此之谓小同异;万物毕同毕异,此之谓大同异"②,已论及事物共相与殊相之关系的逻辑问题。"万物毕同毕异",是说就共相言之,万物皆同;就殊相言之,万物皆异。而任一事物,是共相、殊相合一,此之谓"合同异"。正如《庄子·德充符》所云:"自其异者视之,肝胆楚越也;自其同者视之,万物皆一也。"③又如关于"辩者二十一事"说,《庄子》转述惠施之说云:

> 卵有毛;鸡三足;郢有天下;犬可以为羊;马有卵;丁子有尾;火不热;山出口;轮不蹍地;目不见;指不至,至不绝;龟长于蛇;矩不方,规不可以为圆;凿不围枘;飞鸟之景,未尝动也;镞矢之疾,而若不行不止之时;狗非犬;黄马骊牛三;白狗黑;孤驹未尝有母;一尺之捶,日取其半,万世不竭。④

这一大段言述,看似"诡辩",实际是逻辑思辨。其大意为:就潜因看,鸟卵本具鸟羽之原型,卵与毛是显、隐关系。鸡足实为二,鸡足之名(概念)又一,故合名、实为三。楚都郢属天下的一部分,郢与天下不可分割,从局部、整体之合一关系看,"郢有天下"。犬羊不同科,而从犬、羊同为四足此共相看,"犬可以为羊"。马为胎生,鸟为卵生,却同属于动物。从万物"毕同"角度看,"马有卵"。蛤蟆("丁子")由有尾的蝌蚪成长而成,蛤蟆既异又同于蝌蚪,"毕异毕同"的意思。火,其"实"热而其"名"不热,从火之名而言,"火不热",事物名、实不符。从山谷险壑看,山有"口",而山谷可能夷为平地,即"山出口",这是说事物若即若离的道理。就车轮殊相看,轮蹍也;就车轮共

---

① 孙启治点校《墨子闲诂》上,中华书局2001年版,第3页。
② 《庄子·天下第三十三》,清王先谦:《庄子集解》,第223页,《诸子集成》第三册。
③ 《庄子·德充符第五》,清王先谦:《庄子集解》,第121页,《诸子集成》第三册。
④ 《庄子·天下第三十三》,清王先谦:《庄子集解》,第223—224页,《诸子集成》第三册。按:《庄子》凡三十三篇,内篇七、外篇十五、杂篇十一,其中杂篇为庄子后学所作。《天下》列为杂篇最后一篇。

相看,"轮不蹍地"。仅凭目视而无心智作用,视而不见,称"目不见"。指事不能达到事物的绝对真际,绝对真际不可穷尽,这便是所谓"指不至,至不绝"。"龟长于蛇"这一命题,如《庄子·齐物论》所谓"天下莫大于秋毫之末,而大山为小;若寿于殇子,而彭祖为夭","旨在说明长短小大的相对性而无绝对性"。① 矩方而规圆,是绝对意义的共相的矩与规,其殊相,经验上则必"矩不方,规不可以为圆"。凿为孔,枘为入孔之木。经验殊相意义的凿与枘,必然不能相合相契,所以"凿不围枘"。如果将事物运动的时间过程,分为极微短的无数"刹那"(引者按:此借用佛教时间范畴)的连续,那么,这每一"刹那",便近似于不动,此所谓"飞鸟之景(按:影之本字)未尝动也"。箭矢疾行,喻事物运动于同一"刹那",必在空间之一处又不在该处。在该处之"时",谓"不行";不在该处之"时",谓"不止"。所以"镞矢之疾而有不行不止之时"这一命题,寓时空、动静互顺互逆、不行不止之理。狗属犬科而非全属于犬,故"狗非犬"。黄马、骊(黑)牛为二,其"实"之称,谓"名",名与实共为三,此"黄马骊牛三"。从殊相看,狗有白、黑之别;从共相看,同为狗,无所谓白、黑,故"白狗黑"。"孤驹"即丧母的马驹,等于"未尝有母"的马驹,此所谓"孤驹未尝有母",言说事物异名同实之义。"一尺之捶,日取其半,万世不竭",是说事物一分为二,永无止息,事物无限可分。

先秦公孙龙子《白马论》云,"求马,黄黑马皆可致;求白马,黄黑马不可致"。"故黄黑马一也,而可以应有马,而不可以应有白马,是白马之非马,审矣。"这是说,可以用"马"这一概念来概括黄马、黑马(意谓黄马、黑马都是马),但不可以用"白马"这一概念来概括黄马、黑马。既然如此,那就必然得出"白马非马"这一结论。"白马非马"这一著名辩学命题,道出了事物共相不等于殊相的道理。

《公孙龙子》又有"离坚白"之辩:

> 视不得其所坚,而得其所白者,无坚也;拊不得其所白,而得其所坚,得其坚也,无白也。
>
> 坚、白、石,三。可乎? 曰:不可。曰二,可乎? 曰:可。曰:何哉? 曰:无坚得白,其举为二;无白得坚,其举也二。②

---

① 参见陈鼓应《庄子今注今译》,中华书局1983年版,第902页。
② 《公孙龙子·坚白论》,《公孙龙子悬解》,《新编诸子集成》,中华书局1992年版。按:《汉书·艺文志·名家》著录凡十四,今存《白马》《指物》《通变》《坚白》《名实》与《迹府》六篇。

人之五官各司其职。是从目"视"、手"拊"相"离"角度立论。既然五官各司其职,则人对事物属性的感觉便有偏执,正与"通感"说相反,并非系统的感觉论。然而,公孙龙子却以五官感觉的相"离"来说事物各别属性的相"离":坚、白与石不可相"离"为三,而坚、白可互"离"。"得白"之时必"无坚","得坚"之时必"无白"。可见,事物各别属性,由相"离"的五官感觉所决定。石与白、石与坚各为"二"的对应,故称为"其举也二"。"离坚白"说没有揭示事物诸多属性之间的普遍联系。

惠施、公孙龙子的逻辑之说即所谓名学,不管其思想上是否具有真理性,在思维方式上确富于价值意义。逻辑是思维的体操,作为思想的整理与制度,是人类智力的一种锻炼,一定意义上,可以决定思想性的真伪与深浅,而且可以是美或通向美的。①

《墨子》名辨、逻辑关于"同异""坚白"问题,有深一层的意思。

《墨子·经上》称:"同,重,体,合,类;异……二,不(按:旧本此字脱,此以毕沅本补)体,不合,不类。"《墨子·经说上》释"同"义云:"同:二名一实,重同也。不外于兼,体同也。俱处于室,合同也。有以同,类同也。"②

事物的"同",有"重同""体同""合同"与"类同"四种情况。"重同":二物各有其名而实相同,称为"二名一实";"体同":事物属性不相分离而属于同一整体,称为"不外于兼";"合同":事物属性属于同一范畴,有如"俱处于室";"类同":各别事物之间某一属性、条件相同,称为"有以同"。这四种"同",《墨子·大取》称为"重同、具同、连同、同类之同,同名之同,丘同、鲋同、同是之同,同然之同,同根之同"。

关于事物的"异",《墨子·经说上》说:"异:二必异,二也;不连属,不体也;不同所,不合也;不有同,不类也。"这便是所谓事物四"异",与四"同"相应而相反。

《墨子》同、异之论,较惠施"合同异"说丰富。

又如"坚白"问题。《墨子·经说下第四十三》云,"于石一也,坚白二也,而在石",是对公孙龙子"离坚白"说的驳难。清孙诒让说,此"谓坚白含于石体之中,即'经'所谓'存'也"③。石见白而不见坚,见坚而不见白,坚白二分,二者离而不相含,是公孙龙子之见。《墨子》反公孙龙子之"道"而说之。

---

① 按:清郭庆藩:《庄子集释》,在《庄子·德充符第五》关于"自其异者视之,肝胆楚越也。自其同者视之,万物皆一也"一言之后,注云:"虽所美不同而言,有所美各美其所美,则万物一美。各是其所是,则天下一是也。"(《庄子》,第86—87页,《诸子集成》第三册)
② 《墨子·经上第四十》《墨子·经说上第四十二》,清孙诒让:《墨子闲诂》卷十,第194、212页,《诸子集成》第四册。
③ 《墨子·经说下第四十三》,清孙诒让:《墨子闲诂》卷十,第224页,《诸子集成》第四册。

物之坚白,有如广修为二,然而其色性相含则为一,是一而二、二而一的关系。天下无白,不可以谓石;天下无坚,亦不可以谓石。孙氏的解读,可谓深得墨家逻辑思辨之旨。墨家以"盈坚白"说来难公孙龙子"离坚白"说,是先秦逻辑学的一个推进。

与此相关,先秦墨家也以逻辑思辨来论说名、实问题。

《墨子》说:

> 名,物,达也。有实必待文多也。命之马,类也。若实也者,必以是名也。命之臧,私也,是名也,止于是实也。①

这便是所谓墨家"三名"说。"三名",指事物的通名(大共名)、类与别类。孙诒让云:"言'物'为万物之通名。《荀子·正名篇》云:'故万物虽众有,时而欲徧举之,故谓之物。物也者,大共名也。'即此义。"②万物具"实",以名文饰,因而万物各有其"名",而"实"一也。此实,实际指万物具有同一本原、本体。万物各有其类,正如《易传》所云,"物以类聚,人以群分"。同类之物,如黄马、白马,皆可称"马",故"马"为一类概念。男人、女人,皆可以"人"名之,"人"亦一类概念。《荀子·正名》说:"故王者之制名,名定而实辨。"③名正言顺,尔后可定物事。

墨家"三名"说对逻辑学的贡献,正如劳思光所言,"以同时代之西方逻辑比观,则《墨经》所接触之问题,当时西方人尚未了解也"④。

要之,在印度佛教入渐中土以前,中国先秦至西汉的逻辑学思想与思维,与印度佛教及因明(逻辑)之学,是各自发生、发展而互不传播的。这不等于说,这一历史时期的中华民族,缺乏坚强的思辨之力。且不说孟子"知天"说已经具有一定的知识论思想,这便是《孟子·尽心上》所谓"尽其心者,知其性也;知其性,则知天矣"。一般而言,此"天"不是崇拜对象,在道德言说中蕴含以一定的认知因素。且不说荀子有"正名"说与"化性而起伪"之论,其间有关于"天人之分"的杰出见解,所谓"天行有常,不为尧存,不为桀亡。应之以治则吉,应之以乱则凶","故明于天人之分,则可谓圣人矣"⑤。这"明于天人之分"的"明",大致指知识论意义上清醒的人文理性。尤其,集中体

---

① 《墨子·经说上第四十二》,清孙诒让:《墨子闲诂》卷十,第211页,《诸子集成》第四册。
② 同上。
③ 《荀子·正名第二十二》,清王先谦:《荀子集解》卷十六,第274页,《诸子集成》第二册。
④ 劳思光:《新编中国哲学史》第一卷,广西师范大学出版社2005年版,第243页。
⑤ 《荀子·天论篇第十七》,清王先谦:《荀子集解》卷十六,第205页,《诸子集成》第二册。

现先秦逻辑思辨之高度与深度的墨家"逻辑",在知识论上,恰为印度佛教因明(逻辑)之学入传于中土,准备了必要的条件。在纯逻辑层面上,先秦名学,如"共相殊相""合同异""离坚白"与"名实"以及先秦原始巫学的因果律、同一律,等等,在印度佛教入渐以及中国佛教美学的兴起过程中,必然成为印度因明说及佛教逻辑的常在而坚强的"对话者"。

第三节　美学范畴美学命题的"中国"

在印度佛教传入、中国佛教美学发生之前,作为理论成熟意义上的中国美学范畴群落与美学命题系列尚未建构,这不等于说,在这一历史、人文时期,没有任何美学范畴与命题的诞生。诸多哲学、美学范畴与命题,共同做了前期奠基的学术准备。

范畴,希腊语 Κατηгοριд 的译义。无论英语 category、德语 kategorie、俄语 категория,还是法语 catégorie,都是该希腊文字不离其宗的演变,都指事物种类、类目、部属与等级。用于数学与哲学,专指范畴与类型。

汉语范字,指模型,如铜范、钱范之类。本来意义的"范畴",是《尚书·洪范》"洪范九畴"这一命题的缩写。

> 范畴是关于思想与思维趋于成熟或已经成熟的一种知识形态与理性形态,是人类理性及其思维的言辞表述,它体现一定事物的本质属性与内在联系。在任何学科领域,一旦出现范畴与范畴群落,一定程度上意味着这一学科的知识、理论范型正在或已经建构。范畴是思想、思维及其理性的标志,它体现了一定历史、人文阶段的认识的自由。……然而,范畴并不一定是体现思性的整体的理论形态,它仅是整体理论形态的凝聚、浓缩、节点与纽结,或可称之为思想与思维的筋骨与血脉。任何理论形态,都是由表现为语言文字符号系统的一系列概念、逻辑、推理与判断等思想与思维方式所构成的,就符号系统及其所指而言,它是名词、术语、命题、概念、观念与范畴等的综合集成。理论可能体现系统化了的、具有一定意义(通常指向事物的本质及其联系)的理性认识,其思想、思维特征,是趋于全面性、系统性与逻辑性。一定的真理性与实践性,是正确的理论形态的基本品格。而范畴作为一定理论形态的重要构成,它严重影响甚至决定了一定理论的成熟程度及其真理与实践的品格。

……范畴体现出较高层次之思维的严密性、稳定性、深致性、逻辑性与思想性。①

就中国美学史的美学范畴而言,它们无疑是思性与诗性相融合的一种美学理性形态。作为思想与思维的映对和统一,是其知识理性的一种美学表达方式。与此相应的美学命题,作为通常具有理性明晰意义的一个词组或判断性语组,其理性内容,必呈现一定的美学思想与思维。至于与一定美学范畴、命题相融、相契的哲学范畴与命题,则标志着哲学与美学的"本然"联系。

自先秦至西汉的中国美学范畴、命题,以及与之相应的哲学范畴、命题,在印度佛教入传、中国佛教美学发生之前,已经显示了鲜活而深邃的思性兼诗性的理论生命力。笔者以为,这里简略论列一些美学(哲学)范畴与命题是必要的。因为,这一系列的美学范畴与命题,往往不同程度上参与了中国佛教美学的建构。

一　八大美学范畴

(一) 道

道的本义指道路,此《说文》所谓"所行道也""一达之为道"。郭店楚简写作"衍"。引申为人生道路之义。先秦道家以道为哲学范畴。楚简《老子》全文有"道"字凡二十四,如"道恒亡(无)名朴""返也者,道动也"与"道法自然"等。道的意义有四:万物本根本体;运化的规律性;人生道德准则;人生理想境界。通行本《老子》所言道,具此四义。楚简《老子》云,"有状混成,先天地生。寂兮寥兮,独立而不改,周行而不殆,可以为天下母"者,道。又说"保此道(指德行)者,不欲当盈""天道员员(圆圆),各复其根",等等,都是具有一定美学意蕴的哲学元范畴及其向德行准则的落实。通行本《老子》"道生一,一生二,二生三,三生万物"与"故道大,天大,地大,人亦大"之类的论述,都是如此。《老子》第一章所谓"道可道,非常道。名可名,非常名",《管子·内业》"不见其形,不闻其声,而序其成,谓之道",《韩非子》"夫道者,弘大而无形",《易传》"一阴一阳之谓道",《淮南子》"夫道者,复天载地。廓四方,柝八极。高不可际,深不可测"与"是故至道无为",等等,凡此道范畴,基本处在先秦道家哲学的思维阈限之中,指自然、本然、无为。道这一范畴,在先秦至西汉的儒家学说中,也有活跃的生命。孔子以"仁"释"道",即

---

① 参见拙文《中国美学范畴史·导言》,王振复主编《中国美学范畴史》(全三卷)第一卷,第3页。

所谓"人道"。《论语》记述孔子之言,称"道之以政""道之以德",又云"朝闻道,夕死可矣"以及"邦有道,不废;邦无道,免于刑戮",等等,一般都具有以仁学内容为主的"人道"思想。《论语》云,"子曰:'参乎!吾道一以贯之。'曾子曰:'唯'。子出。门人问曰:'何谓也?'曾子曰:'夫子之道,忠恕而已矣'"。孟子倡言"王道"反对"霸道",大凡是对孔子道论的继承与发展。《易传》既在哲学上称"一阴一阳之谓道",又从道德教化角度,说"昔者圣人之作易也,将以顺性命之理。是以立天之道曰阴与阳,立地之道曰柔与刚,立人之道曰仁与义"。此天道、地道与人道的分立与耦合,是先秦道、儒对立而互补的一个明证。《中庸》说:"天命之谓性,率性之谓道,修道之谓教。"人性是天生的,对人性向善的引领与统驭便是道,以仁道的标准加以人格的修为,便是道德教化。《礼记·礼运第九》又说,"大道之行也,天下为公"。此"大道",不离儒家道德教化的规范。西汉初年贾谊认为,道与物相接,否则为非道。其本者谓之虚,其末者谓之术。将道分为本、末两端,不同于先秦老庄,具有西汉初期黄老之学道论的特点。贾谊《新书·道德》有"道德"之说,称"道、德、性、神、明、命,此六者,德之理也",逻辑上显然欠妥,意思倒是明白的。道家一般从哲学本原、本体角度论道,作为哲学范畴,与美学之思具有直接的联系。儒家一般从伦理学角度说道,作为伦理学、政治学范畴,与美学的联系自当是间接的。但在西汉黄老之学中,道的哲学与仁学有时是力求融合的。贾谊曾说:

> 德有六美。何谓六美?有道、有仁、有义、有忠、有信、有密,此六者,德之美也。道者,德之本也。仁者,德之出也。义者,德之理也。忠者,德之厚也。信者,德之周也。密者,德之高也。①

"六美",实为六"善","道者,德之本也",其余五"美"即为德之末。此善不是美,却在一定条件下,可以走向审美、影响审美。人格的完善可能导致人格的自由,已经不自觉地触及所谓"完善之道德伦理趋向审美如何可能"这一重要的美学问题。从董仲舒到司马迁的道论,具有较多的经学特色是可以肯定的。董仲舒《春秋繁露·王道通三》云:"道,王道也。"该书《循天之道》篇说:"夫德莫大于和,而道莫于中。中者,天地之美达理也,圣人之道保守也。"《史记·太史公自序》说:"夫《春秋》,上明三王之道,下辨人事之纪,别嫌疑、明是非、定犹豫。善善恶恶,贤贤贱不肖。存亡国,继绝世,补敝起废,

---

① 贾谊:《新书·道德说》,引自叶朗总主编《中国历代美学文库·秦汉卷》,高等教育出版社 2003 年版,第 14 页。

王道之大者也。"这"王道之大者"的"大",根本、原始之义。可见董仲舒、司马迁的王道说,与先秦孟子王道说一脉相承。

在中国早期佛经译本中,往往以"道"这一范畴译佛教涅槃之义,如《无量寿经》"不信作善得善为道得道"①然。又如,以与"道"相契的"无为""自然"等用词来译佛义,"彼佛国土无为自然"②等佛教的诸多译名,如六道轮回、八正道和佛道、道气(悟道之气)、道场(成佛之处)、道谛(四谛之一)与道识(正道之智),等等,都以老庄哲学本体之道,来"误译"佛教的佛、空、悟和涅槃等义。

(二)气

在先秦,气本是一文化学、巫学范畴。气,甲骨文写作二,指原始先民的文化心灵对河流始而流水汹涌、突然干涸的自然现象的神秘体验,兼指那种流水忽而汹涌、忽而干涸的神秘自然现象。先民深信"万物有灵",原始巫术文化中的气,是具有灵气、神异之功的。所谓"万物有灵",即"万物有生"。生是气的魂魄。在原始巫术中,气是一种神秘的"感应力"。李约瑟《中国的科学与文明》一书,称气这一范畴不能被准确地翻译,"因为它在中国思想家那里的涵义,是不能用任何一个的词汇来表达出来的"。《周易》本经的巫筮文化中,尚未出现"气"这个汉字,用于巫筮的《周易》六十四卦的卦辞与爻辞中,没有气字。但在先民心灵中,巫筮之所以灵验,是因为有灵异之气参与。西周末年,伯阳父论地震发生的原因,有"天地之气"说。《国语·周语上》云,"夫天地之气,不失其序。若过其序,民乱之也。阳伏而不能出,阴迫而不能烝,于是有地震"。《左传·昭公元年》"六气"说称,"六气曰阴、阳、风、雨、晦、明也"。这是试图对"气"加以哲学描述。《左传·昭公二十五年》说,"民有好、恶、喜、怒、哀、乐,生于六气"。这是试图以"六气"来概括人的六欲的本根问题,实质上,是以"气"这一范畴来说明人的生命及其心理现象。孔子有"血气"之论,称人"少之时,血气未定,戒之在色;及其壮也,血气方刚,戒之在斗;及其老也,血气既衰,戒之在得(贪)"③。可见在春秋末年,气这一范畴,与人的生命意义的结合更紧密了。通行本《老子》说,"万物负阴而抱阳,冲气以为和"。哲学意义的气,是对万物生成的哲学认知。在道与万物之间,形上之道与形下之物得以融通、流转的中介是气。《老子》说:"载营魄抱一,能无离乎?专(抟)气至柔,能如婴儿乎?""专气致柔"的美学意蕴在

---

① 《佛说无量寿经》卷下,曹魏康僧铠译,《大正藏》"宝积部类"(无量寿经类),T12,P0275a。
② 同上书,P0277c。
③ 《论语·季氏第十六》,清刘宝楠:《论语正义》卷十九,第359页,《诸子集成》第一册。

于,人生命"血气"的和谐与旺盛,有如婴儿。《管子·内业》云,"精也者,气之精者也"。《管子·枢言》又说,"得之必生,失之必死,何也？唯气"。这是从生命问题着眼,称气是生命的根本。生命必以五谷养之,故有精气即气说。《易传》有"精气为物,游魂为变"说,气与精气两个范畴,在意义上是重合的。庄子云：

> 人之生,气之聚也；聚则为生,散则为死。若死生为徒,吾又何患！故万物一也,是其所美者为神奇,其所恶者为臭腐,臭腐复化为神奇,神奇复化为臭腐。故曰："通天下一气耳"。①

人的生死,在气的聚散之际。这是庄子在生死问题上的达观态度。庄子首先将气看作创生天下万物的本原。普天之下,从自然到社会,弥漫、渗融于一切的,是气。"通天下一气耳"这一命题,具有形上的哲学和美学思辨。

孟子有"养气"说,提倡"志壹",所谓"夫志,气之帅也；气,体之充也。夫志至焉,气次焉。故曰：'持其志,无暴其气'"②。孟子大倡人格意义的"浩然之气"。可见孟子所言气,从属于"心志",偏于道德践履而哲学思辨性稍弱。

从秦到西汉,《吕氏春秋》持精气说,称"精气之来也,因轻而扬之,因走而行之,因美而养之,因智而明之"③。这里,可见出有关精气与美之关系的哲学思考。在《毛诗序》中,气问题少有论及。汉初《淮南子》说气,已与审美有所联系,称"夫心者,五脏之主也,所以制使四支(肢),流行血气,驰骋于是非之境,而出入于百事之门户者也。是故不得于心而有经天下之气,是犹无耳而欲调钟鼓、无目而欲喜文章也"④。从庄子关于气的哲学、美学思辨即所谓"通天下一气耳"之见,到《淮南子》论心气与审美相联系,是从哲学走向美学的重要突破。《淮南子》更有一个重要的"气美学"思想,是将气与形、神三者放在一起来加以思考,值得重视：

> 故形者,生之舍也；气者,生之充也；神者,生之制也。一失位而三者伤矣。⑤

---

① 《庄子·知北游第二十二》,清王先谦：《庄子集解》卷六,第138页,《诸子集成》第三册。
② 《孟子·公孙丑上》,清焦循：《孟子正义》卷三,第115—116页,《诸子集成》第一册。
③ 《吕氏春秋·尽数》,汉高诱注《吕氏春秋》卷三,第23页,《诸子集成》第六册。
④ 《淮南子·原道训》,汉高诱注《淮南子》卷一,第14—15页,《诸子集成》第七册。
⑤ 《淮南子·原道训》,汉高诱注《淮南子》卷一,第17页,《诸子集成》第七册。

诸多哲学、美学论著,往往离开气来谈人的生命与艺术审美的形、神问题。《淮南子》可谓思之尤切。一旦离开气,所谓形神是谈不清楚的。拙著《周易的美学智慧》曾经指出,这是一个系统的气的生命美学观:

> 人的外在形体(形)、内在精神气质才识智慧(神)与人的生命底蕴(气),三者统一构成一个完美的人的形象,缺一则其美自损或无美可言。但三者的关系不是对等的,分别呈现人"生"进而是人生之美的三层次、三境界:外在形体之美,是"气"(精气)的完满的物质性外化;内在精神气质之美,是"气"的心灵升华;"气"则是外在形体、内在精神(形神)两美的根元,这是人的本质之美。①

其实,这也是艺术生命本质之美的根元。

与气范畴攸关的,是《吕氏春秋·尽数》首先提出的"精神"这一范畴,称"故精神安乎形,而年寿得长焉"。西汉初年,枚乘《七发》言楚太子"有疾","精神越渫(按:此应为散),百病咸生"。《淮南子》有《精神训》篇,指出"魂魄处其宅,而精神守其根"云云,凡言精神,有十余次之多。在中国美学史上,精神范畴并非一个纯粹的美学范畴,但它与一系列美学范畴如精气、神气、清气、逸气、气韵、神韵以及形神等血肉相连,而且遗响于后代美学。凡此,都源于气范畴。

西汉董仲舒的美学思想中,气是一个极富生气的美学范畴。董仲舒《春秋繁露·循天之道》所谓"举天地之道而美于和,是故物生,皆贵气而迎养之";《春秋繁露·阴阳义》所谓"天亦有喜怒之气、哀乐之心,与人相副。以类合之,天人一也"。"一"者,气。西汉末年,扬雄以玄说气,称"玄者,幽摛万类而不见其形者也",其《太玄·玄摛》说,"摛措阴阳而发气",可见气从属于玄,玄乃本原论范畴。但扬雄《橃灵赋》又说"自今推古,至于元气始化",可见其玄论未能贯彻到底。当然,气这一美学范畴成于西汉,还有一个问题是值得注意的,是气论与阴阳五行说的结合,此勿赘。

气是中国文化、哲学和美学特具人文思辨与思想个性的一个范畴,其指义为"生",为文化学意义的"生之哲学",与传入的印度佛教以"死"(无明)为逻辑原点的思想、思维体系相悖,一般不宜为汉译佛教文本所采纳。然而正因如此,气范畴,作为中国本土的一种哲学,在与佛经所宣说的"空""无生"等意蕴的对比、对照中,显示出其本在而活跃的文化生命力。

---

① 参见拙著《周易的美学智慧》,湖南出版社1991年版,第245—246页。

(三) 象

在印度佛教入渐中土、中国佛教美学发生之前,道、气、象三者,是中国美学史最重要的美学范畴。中国美学范畴史,是一个"气、道、象"所构成的动态三维人文结构,由人类学意义上的气、哲学意义上的道与艺术学意义上的象所构成。这三者,作为中国美学范畴史的本原、主干与基本范畴,各自构成范畴群落且相互渗透,共同构建中国美学范畴的历史、人文大厦。"在笔者看来,学者可以在文化人类学、哲学与艺术学这"三维"之际,来研治中国美学及其范畴史。这是因为,一切中国美学的思想与思维问题,都首先或主要地关涉于文化人类学、哲学与艺术学。从本始角度分析,道范畴的提出,侧重于哲学;气范畴发生于原巫文化,侧重于文化人类学;象范畴的本根,深植在原古卜筮文化之中。但象范畴,只有在此后的艺术文化中才成长为一个中国美学的基本范畴。这里所谓"基本",指艺术审美,是人类也是中华古人生命活动与认知、体悟的基本方面之一。

甲骨卜辞的象字,主要写作 ⌒ (罗振玉:《殷虚书契前编》五、三〇),是动物大象的象形字。东汉许慎《说文》称"象,南越大兽,长鼻牙,三年一乳。象耳牙四足之形"。殷代中原气候温热,有大象出没于此,河南安阳殷墟曾发掘出大象骸骨,是为证。罗振玉《殷虚书契前编》三、三一、三有"今夕其雨,隻(按:获)象"之记。而后代中原气候转冷,大象南迁,以至于在中原民人心目中,大象已是老辈里的传说。至战国末期,这动物的象已转化为人文之象:

> 人希(稀)见生象也,而得死象之骨,案其图以想其生也。故诸人之所以意想者,皆谓之象也。①

象从实指动物大象,转而成为一个重要的历史、人文范畴,意义非同小可。作为人文范畴的象,并非客观实有,而是一个"意想者",指一定的心理意想、记忆、图景、轨迹或氛围,包括印象、联想、想象与幻想等。象是现于心的,正如《易传》所说,"见(现)乃谓之象"。

《易传》又说,"形而下者谓之器,形而上者谓之道",此是矣。那么,在形下、形上之际即在器、道之际,又是什么呢? 笔者以为,是象。

象范畴的生成与发展,离不开中华原巫文化。甲骨之兆即经烧灼而生成的龟甲裂纹,在古人心灵中所留下的,便是占验吉凶的兆象。大致成书于

---

① 《韩非子·解老第二十》,清王先慎:《韩非子集解》卷六,第108页,《诸子集成》第五册。

3100年前的《周易》本经,以卦爻符号推演人生命运,其吉凶之兆(《易传》亦称为"几"),就是显现于人心的象。这是神秘的象意识。《周易》本经卦爻辞中,未见一个"象"字,可是这象意识是存在的。《易传》云:"易者,象也。象也者,像也。"从文化学、巫学的象,发展到一个具有普遍意义、普世价值的中国文化、哲思与艺术审美的象范畴,这是《周易》的功劳。《周易》巫文化,是培育整个中华民族象思维、象意识、象理念、象情感、象意志与象思维的历史与人文的温床之一。

在文脉发展中,先秦老庄论道,与象范畴相契。楚简本《老子》有道者,"大象亡(无)形"之说。通行本《老子》则称"执大象,天下往""大象无形"以及"其中有信""其中有象",等等,这与《左传》所谓"以类命为象""国无乱象"与"天事恒象"等说法,有所不同。老子所说的象,具有哲学意蕴,近于审美。庄生有"象罔"说。称黄帝游于赤水之北,登上昆仑向南眺望,回来时,却把"玄珠"遗忘在那里了。让"知""离朱"与"喫诟"寻找都没有结果。于是,"乃使象罔。象罔得之。黄帝曰:'异哉!象罔乃可以得之乎?'"①所谓"玄珠",喻道也。"象罔"之所以找到了"玄珠",其实并不奇怪,是因"象罔"者,"象无"之谓。"象无"犹"无象","无象"者,本契于道。老子论道,称"其中有象",可见在思维的品格上,此道并非纯然形而上者;庄子论道(玄珠)称道为"象罔",作为哲学、美学范畴,已纯然形而上,的确有思想与思维的推进。

西汉时期,易象说盛行,是西汉经学的重要构成。汉易推重自先秦沿承而来的象数之学。所谓孟喜卦气说,在于言说四正卦的卦气与"四象之变",以及十二月、二十四节气与七十二候的对应之理。其不离易象,也不弃于自然之象,是以易象来提示自然之象的有所运行,自当具有神秘意味。如冬至,对应于十一月中,对应于坎卦初六爻,其候象依次为:初候,"蚯蚓结";次候,"麋角解";末候,"水泉动"。又如小寒,对应于十二月节,对应于坎卦九二爻,其候象依次为:初候,"雁北乡(向)";次候,"鹊始巢";末候,"野鸡始鸲"。余皆类推。卦气说本为占候之说,有些奇异神秘,岂料这里所列举的七十二候之象,却是自然之象的呈现与变迁,在无意之中,成为我们关注自然现象特征、变化的一种人文契机,培育了人们对于自然美审美的心智及其灵感,而象这一范畴,确在不知不觉之中,从巫学走向美学。

在佛教中,象作为一个佛教范畴,基于动物之象而喻佛义。象,梵语 gaja(迦耶)。传说佛诞时,有摩耶夫人坐于灵床,有白象喷水。佛经说,象者,普

---

① 《庄子·天地第十二》,清王先谦:《庄子集解》卷三,第71页,《诸子集成》第三册。按:陈鼓应解读云,"象罔"者,"无心之谓"。参见陈鼓应《庄子今注今译》,第302页。

贤之乘骑、欢喜天之神体。《涅槃经》三二有云，"是大涅槃，惟大象王能尽其底。大象王谓诸佛也"。中国汉译佛经象范畴，与中国先秦原先的象范畴，其义不一而相映对。佛教有一个相范畴，其义不同于象，却与象具有文脉联系。在中国佛教美学意境说的建构中，象与相、境等共同参与其间。

(四) 生

生这一范畴，也是先秦所培育的一个重要的中国哲学、美学范畴。印度佛教的逻辑原点，是死（无明）；中国文化及其哲学、美学的逻辑原点，是生。印度佛教的思辨逻辑，始从死、从烦恼与无明角度，来看待与处理人的生命、生存境遇问题；中国土生土长的文化、哲学与美学，却是从生、从乐的角度，来看待与处理人的生命和生存境遇问题。这可以期待，生这个范畴，此后在与入渐的印度佛教及其佛学的交往之中，如何严重地影响中国佛教美学的建构。它的影响，一点也不亚于前述道、气与象这三个范畴。

生字在甲骨卜辞中写作⏉或⏉，是草木的象形。中国原古文化崇祖而崇拜生命。梁漱溟说："这一个'生'字是最重要的观念，知道这个就可以知道所有孔家的话。"①是。《论语》记孔子之言，他的学生向他请教生死问题，孔子的回答是："未知生，焉知死?"不仅儒家，先秦道家、墨家均重"生"。道家讲"养生"，追求个人生命的长存，不同于儒家重祖嗣之说：儒家重群体生命，道家重个体生命。凡人，有两个生命，炼气以求长生者，道也；传宗接代企求血族长存者，儒也。墨家讲"节葬""明鬼"，这讲的是死问题，着眼点却在于生。儒之《礼记》有"事死者如事生"这一著名命题，此是矣。《易传》云，"天地之大德曰生""生生之谓易"。"大德"的"大"，甲骨文写作大，是正面站立的成年男子的象形。"大德"乃"太德"之谓。"大"是"太"的本字。先民以为，人的生殖全赖于男性，"大"，是传承血脉、子孙繁衍的原生。"大"，有原始、本初之义。"大德"之"德"，通"性"。"大德"即本性。天地的本性是生，这是先民关于天地生成论的重要概括。易理的根本在于"生生"，这是指自然、社会，整个世界以及人类、文化生生不息、无有穷时。《易传》的生命思想，是中国古代生命哲学、美学的典型。《易传》说："精气为物，游魂为变，故知死生之说。"生命之气的活着状态，是谓"精气"。一旦死去，即变而为"游魂"、鬼气。按庄生所言，谓气之"散"，所谓"死"，是魂飞魄散。《周易》重"生"，必然崇祖。祖字在甲骨卜辞中写作日，简笔写作⊥，表示富于生命之气的活着的祖先；甲骨卜辞又有一个⊤字，是⊥字的颠倒，表示死去的祖先。这就是成语所谓"垂头丧气"的本义。《周易》本在算策演卦，为生而不为死，所

---

① 梁漱溟：《东西文化及其哲学》，《梁漱溟全集》第一卷，第448页。

谓趋吉避凶、逢凶化吉,都在企求生。《易传》言"生"之处很多,仅有一处说到一个"死"字,所谓"死生之说",是将"死"仅仅看作人两次"生"之间一个暂时的中介,强调此岸、世间之生,将死问题轻轻地放在一边。《易传》又说:"是故易有太极,是生两仪,两仪生四象,四象生八卦,八卦定吉凶,吉凶生大业。"这是带有原始巫学思想烙印的宇宙生成说,在思想与思维方式上,与《老子》所谓"是故天下万物生于有,有生于无""道生一,一生二,二生三,三生万物"有所不同,但都强调"生"。《尚书·洪范》有"五行"之说,"一曰水,二曰火,三曰木,四曰金,五曰土"。齐人邹衍(约前305—前240)"深观阴阳消息",创"五德终始"之说,阐五行相生相克之理。其中所谓"相生",为水生木,木生火,火生土,土生金,金生水。这无异于承认,世间万物之间的"生生"关系、生命之链循环往复、无有穷已。又用"相克"说来加以平衡,所谓水克火,火克金,金克木,木克土,土克水。"相克"是对"相生"的克制,是古人所认同的生态平衡之见。虽然五行"相生相克"说具有明显的经验性思维特色,而对"生"的关切与执著,是毋庸置疑的。

要之,生这一范畴,是从气的思想与思维所衍生而来的。在古人看来,气是生的形质,生是气的状态与功能。这两个范畴,发展到后代,便有"生气""生动"与"气韵"等范畴,在中国美学史上显得相当活跃,南朝谢赫《古画品录》所谓"气韵,生动是也",即是如此。生范畴及整个中华生命哲学、美学,在后代印度佛教入传之后,引起剧烈的冲突以及在冲突之中的理念、思想的调和,揭开了中国美学的历史、人文新篇章。

(五)乐

乐的本义,指乐器,引申为音乐、艺术与快乐。先秦的乐范畴,兼具前述四义。乐,甲骨文写作𣎆,徐中舒主编《甲骨文字典》未收录。

乐这一范畴,在先秦时往往与礼并提,这便是儒家重视礼乐文化的缘故。《论语·泰伯》云:"子曰:'兴于诗,立于礼,成于乐。'"这是诗、礼、乐三者并论。《论语·子路》云:"子曰:'……名不正则言不顺,言不顺则事不成,事不成则礼乐不兴,礼乐不兴则刑罚不中,刑罚不中则民无所错(措)手足。'"这是"礼乐"并提,相互制约,成为治理天下、人心的两翼。所以,《礼记》有"乐统同,礼辨异"的说法。"礼乐"的"乐",指三位一体的音乐、舞蹈与诗歌。《论语》记孔子"乐则韶舞",闻韶乐之美而"三月不知肉味",有醉美之态。孔子申言"克己复礼""郁郁乎文哉,吾从周",醉心于礼乐。《论语·雍也》说:"子曰:'知者乐水,仁者乐山。'"山、水为不同人格的象征。这个"乐",指审美愉悦,形容词作动词用。

先秦与儒家并列的墨家,是"乐"的反对者。《墨子·非乐》云,"是故子墨子之所以非乐者"。"以为大钟、鸣鼓、琴瑟、竽笙之声,以求兴天下之利,除天下之害而无补也","故子墨子曰:'为乐非也'"。墨子倡言"非乐",并非反对"乐"本身,而是以为"乐"无实利、无功用。

在年代上,处于孔、孟之际的郭店楚简论"乐",不仅与"礼"并称,而且从"和"的角度加以申说。《尊德义》篇说:"圣、知、礼、乐之所由生也,五行之所和也。和则乐,乐则有德,有德则邦家兴。"又说,"德生礼,礼生乐"。先秦儒家论乐,并不把"乐"看作纯粹审美的艺术,而是看作治理世道人心的手段,重"乐",正如重"礼"一样,是治国齐家平天下的方略、政策。

孟子有"与民同乐"的思想。"曰:'独乐乐,与人乐乐,孰乐?'曰:'不若与人。'曰:'与少乐乐,与众乐乐,孰乐?'曰:'不若与众。'"①在孟子之前,孔子的"乐"观,尊雅乐而贬郑声,以古乐、先王之乐、旧乐为正声、德音,以今乐、世俗之乐为奸声、邪音。孟子则以为"今之乐由古之乐",主张把"乐"从宫廷、王室之中解放出来,成为"与民""与众"共同的审美。孟子说:"故曰口之于味也,有同嗜焉,耳之于声也,有同听焉,目之于色也,有同美焉。"②在中国美学史上,提出"同美"之说。

庄子说:"夫明白于天地之德者,此之谓大本大宗,与天和者也。所以均调天下,与人和者也。与人和者,谓之人乐;与天和者,谓之天乐。"③将乐分为人乐与天乐两类,而尊天乐,称"故曰知天乐者,其生也天行,其死也物化","故知天乐者,无天怨,无人非,无物累,无鬼责"。④并且提出"天下有至乐无有哉?"这一问题,其答案是肯定的。庄子说,"至乐无乐,至誉无誉"⑤。"至乐"境界,就是道的境界,消除世俗之乐的境界,无悲无喜的"原乐"之境。"至乐",似乎有类于印度佛教入渐之后,中国佛教美学的"大乐"观,不过,前者为"无"而后者为"空"。

战国末年,荀子礼乐并提。"故乐行而志清,礼修而行成,耳目聪明,血气和平,移风易俗,天下皆宁,美善相乐。"⑥并对墨子"非乐"说加以驳斥,认为乐之美,"化""感"之果,"化"性之"恶"而向"善"。又认为天地之间有顺气与逆气,导致天下治乱,而音乐"正声","感人而顺气应之,顺气成象而治生焉","奸声"则应乎"乱"矣。荀子说,"我以墨子之'非乐'也,则使天下

---

① 《孟子·梁惠王章句下》,清焦循:《孟子正义》卷二,第59页,《诸子集成》第一册。
② 《孟子·告子章句上》,清焦循:《孟子正义》卷十一,第451页,《诸子集成》第一册。
③ 《庄子·天道第十三》,清王先谦:《庄子集解》卷四,第82页,《诸子集成》第三册。
④ 同上。
⑤ 《庄子·至乐第十八》,清王先谦:《庄子集解》卷五,第109—110页,《诸子集成》第三册。
⑥ 《荀子·乐论篇第二十》,清王先谦:《荀子集解》卷十四,第254页,《诸子集成》第二册。

乱;墨子之'节用'也,则使天下贫"①。是何缘故？因为在荀子看来,如果天下无正声雅乐,则气不顺而致天下乱。

《吕氏春秋》有《适音》《古乐》《大乐》《侈乐》《音初》与《音律》诸篇。其中《适音》一篇,提出"以适听适则和"这一命题:"夫音亦有适。太巨则志荡,以荡听巨,则耳不容,不容则横塞,横塞则振;太小则志嫌,以嫌听小,则耳不充,不充则不詹,不詹则窕;太清则志危,以危听清,则耳豀极,豀极则不鉴,不鉴则竭;太浊则志下,志下听浊,则耳不收,不收则不抟,不抟则怒。故太巨、太小、太清、太浊,皆非适也。"此"适音"之见,纯然审美之论,说的是音声适度之美,是对音乐审美的生理、心理机制的描述。

《荀子·乐论》,持气化感应之说,认为"音之起,由人心生也。人心之动,物使之然也"②。《乐记·乐本》重申"乐者,通伦理者也"这一命题,于是便有"乐者为同,礼者为异""礼义立,则贵贱等矣;乐文同,则上下和矣"以及"大乐与天地同和,大礼与天地同节"③的结论。《乐言》篇重提"血气"之说。而《乐象》篇,以"乐"与"象"应,在思想与思维上,较之前的"乐"范畴有了推进。音乐,是典型的审美意象而非审美形象。在《淮南子·原道训》篇,有"无声而五音鸣焉"这一命题。此所谓"无声"者,先秦老子"大音希声"之"大音"的另一说法,实指"无"。无生有,"无声"生"五音"之"鸣",这是道家"乐"生于"无"(道)的传统美学见解。

适宜于人的身心之本性者为乐。世俗之乐,与佛教、佛教美学意义的对应性范畴,是佛境的"悦乐""禅悦"等,梵语为Sukha,指入定而乐悦无碍。《华严经》有一著名比喻,称"禅悦"者,有如临餐之乐,若饭食时,唯愿众生以禅悦为食,法喜弥满。禅悦的重要,有如饮食之于人的生命。禅悦之类,悟空、禅寂境界,是对世俗快乐的消解。佛教又有"乐果"说,灭世俗之欲而入于涅槃称乐果。可见,佛教所倡言的快乐,正与世俗相反。

(六) 和

和作为美学范畴,起于饮食。《左传·昭公二十年》有"和如羹焉"这一命题。"水、火、醯、醢、盐、梅,以烹鱼肉,燀之以薪。宰夫和之,齐之以味,济其不及,以泄其过。君子食之,以平其心。君臣亦然。"这是从烹饪经验谈"味和"。

《左传·昭公二十年》云:"先王之济五味、和五声也,以平其心,成其政也。声亦如味,一气、二体、三类、四物、五声、六律、七音、八风、九歌,以相成

---

① 《荀子·富国篇第十》,清王先谦:《荀子集解》卷六,第254页,《诸子集成》第二册。
② 《礼记·乐记第十九》,杨天宇:《礼记译注》下,上海古籍出版社1997年版,第627页。
③ 同上书,第631、634、636页。

也。清浊、小大、短长、疾徐、哀乐、刚柔、迟速、高下、出入、周疏,以相济也。君子听之,以平其心,心平德和。"这是从"味和"推而说"声"的"和",进而从天下人"心"的"平"说"德和",将一系列对偶性范畴,以一"和"字来加以概括,最后落实于"德"之"和"。其美学意义,依存于道德、决定于道德。"德"之"和"在于"心"之"平",此"心",并非民氓百姓而为"先王""君子"之"心"。

《国语·周语下》从人的耳目感官说"和":"夫耳目,心之枢机也。故必听和而视正。听和则聪,视正则明。"《国语·郑语》又说:"夫和实生物,同则不继。以他平他谓之和。"这是指生命的和谐状态。《论语》则有"和为贵"这一著名命题,具有普世价值,亦不乏美学意义。《论语》所谓诗美"乐而不淫,哀而不伤",实际提倡中和之美。中和的人文理念,在《易传》中显得很重要。《易传》论"和",其深刻在于从人的生命入手。《周易》兑(读 yuè,悦)卦初九爻辞云:"和兑,吉。"兑初九为阳爻居于阳位,按象数之学爻位说,这是"得位"之爻,故"吉"。吉,便是命运之"和",得位,亦"和"。因而《易传》据此发挥道:"'和兑'之'吉',行未疑也。"这是从人的德行角度说"和",带有巫的意味。这种和,因为是"吉"的,故令人"兑"(悦)。此兑并非审美愉悦,却是可以通往审美的。《易传》又有"保合大(太)和"之说。"大和"者,根本之和,指人之生命、男女、阴阳之和。《易传》尚"中"。一卦六爻,以初、二爻象地,三、四爻象人,五、上爻象天,是一个天人合一、天人感应的模式。在这一模式中,以人为中,那么这天人合一、天人感应,便具有"中和"的意味。中和是易理的根本。《中庸》云:"中也者,天下之大本也;和也者,天下之达道也。致中和,天地位焉,万物育焉。"《中庸》此说,与中和的易理极为投契。通行本《老子》,为战国中期太史儋据《老子》祖本所修撰,体现了这一历史时期,人们对"和"的理解、领会。《老子》四十二章云,"万物负阴而抱阳,冲气以为和",从阴阳之气的"冲"即运化角度,来说"和"的哲学、美学意义。《庄子》说《咸池》之"乐",称其"一清一浊,阴阳调和,流光其声",美妙绝伦。此"和",具有美学内蕴。正如前述,《庄子》论"乐"推重"天和"说。"天和"者,自然本和,实即道。这是"很哲学""很美学"的。

《吕氏春秋》也说到"和":"心必和平然后乐。心必乐,然后耳目鼻口有以欲之。故乐之务在于和心,和心在于行适。"①"和心"是一个重要的概念,指人之审美的内在机制与需要,此所谓内适;而音者,声成文则为音。一般的声不一定美,只有那些"成文"之音,即符合一定音度、节奏与旋律的声才可

---

① 《吕氏春秋·仲夏纪第五》,汉高诱注《吕氏春秋》卷第五,第49页,《诸子集成》第六册。

能美,此之谓外适。"何谓适?衷音之适也。""衷音"者,中和之音。《吕氏春秋》所以说,"以适听适则和矣"①。这是审美意义上的"和",主、客和谐之谓。《乐记》说"和"之处更多,所谓"则乐者,天地之和也"②,所谓"大乐与天地同和"③,这是坚持了先秦老庄关于"和"的哲学与美学的立场。汉初《淮南子》也说"和":"故大人者,与天地合德、日月合明、鬼神合灵,与四时合信。故圣人怀天气,抱天心,执中含和"④。言说"和"之人文与美德,依然具有先秦《易传》的口吻。

和是中国文化、哲学与美学极富民族特性的一大范畴。当两个及以上因素适度地相互蕴含、构成趋于完善或完美结构时,便成事物之和。物我一如、主客统一、天人和谐以及人与自然、人与社会、人与人、人之内心等,都可以达成种种平衡、均衡状态,都可称为和。此和一般执著于世俗之有。佛教所谓圆融、澄明以及中道等,皆可为佛教意义之和,此和,毕竟空之谓。万法蕴含无量佛法,有如种种香末为一丸,众香熏染,这便是佛教所谓"和香丸"。

(七) 美

研治中国美学,有学者持"美"非中国美学史"主要范畴"之见,此非。以笔者有限的阅读与查检,可以肯定地说,"美"范畴之于中国美学史,尤其在中国佛教美学史发生之前,早已诞生、成熟。

在春秋后期,据《国语》所记,中国人已有纯然美学意义上的美范畴。"灵王为章华之台,与伍举升焉,曰:'台美夫。'"楚灵王与大夫伍举同登章华灵台,灵王赞叹灵台的美,这是审美意义上的赞叹,指形式之美,是一美学范畴,虽然其并未亦不可能对美范畴进行理论阐述。与美范畴相关的,伍举论美,还同时提出"崇高"这一范畴,所谓"不闻其以土木之崇高、雕镂为美"。这"崇高",并非如西方古典美学之悲剧意义上的,与后代所言"壮美"相类。

《国语·楚语上》提出一个关于美的定义:"夫美也者,上下、内外、小大、远近,皆无害焉,故曰美。"在那个几乎到处在政治教化、道德伦理意义上说"美"的时代里,这一言述,从"无害"角度析事物形式之美,实为难得。美关乎审美对象的"上下、内外、小大、远近",美是有"意味"的"形式",且以"无害"为"美",这是深刻的见解。

《论语》一书说"美"之处凡十三。其一,美指道德之善,如"礼之用,和为

---

① 《吕氏春秋·仲夏纪第五》,汉高诱注《吕氏春秋》卷第五,第50页,《诸子集成》第六册。
② 《礼记·乐记第十九》,杨天宇:《礼记译注》下,第640页。
③ 同上书,第636页。
④ 《淮南子·泰族训》,汉高诱注《淮南子》卷二十,第348页,《诸子集成》第七册。

贵。先王之道,斯为美"①;其二,指道德意义的人格美、人品美,如"如有周公之才之美,使骄且吝,其余不足观也已"②"子张曰:'何谓五美'?子曰:'君子惠而不费,劳而不怨,欲而不贪,泰而不骄,威而不猛'"③;其三,指服饰、宫室之美,如"恶衣服而致美乎黻冕,卑宫室而尽力乎沟洫"④;其四,指艺术之美,如"子谓《韶》,'尽美矣,又尽善也'。《武》,'尽美矣,未尽善也'"⑤;其五,指人体之美及其在艺术中的表现,如"子夏问曰:'巧笑倩兮,美目盼兮,素以为绚兮',何谓也?"孔子回答:"绘事后素。"⑥

可见当时在思想、思维上,已经将美、善相区别,并且关注人体之美,如说"美目"顾盼是一种美。

先秦墨子倡"非乐"之说。但其所"非"的,是"乐"之无用而有害,并非否定事物之美及其审美本身。其意是说,美的事物以及审美活动是存在的,人所以"非为其目之所美",是因为"以此亏夺民衣食之财,仁者弗为也",故"非以刻镂华文章之色,以为不美也"⑦。

孟子所谓"目之于色也,有同美焉"的"同美"之说,在先秦美学史上具有振聋发聩的意义。其立论依据,在于人的五官感觉同一之故,也是孟子所谓"圣人与我同类者"之见的必然结论。孟子指出,"故曰:口之于味也,有同嗜焉,耳之于声也,有同听焉,目之于色也,有同美焉"。圣人及一切人众,"心之所同然者"也。"心之所同然者,何也?谓理也,义也。"⑧孟子的"同美"之说,固然指明"同美"乃由于天下之口、耳、目等相似、相同之故,却最终归结于天下之"理""义"同一。

庄子对美范畴的最大贡献,是提出"大美"这一概念,说"天地有大美而不言","圣人者,原土地之美,而达万物之理"。⑨"大美"者,原美。生成天下万物之美的本根,实即道。道,无以言述,《老子》所谓"道可道,非常道",此之谓"大美无言"。

《吕氏春秋》说"美",称"贤不肖不可以不相分,若命之不可易,若美恶(丑)之不可移"⑩。这是强调美的质的规定性。美、恶虽然各具质的规定性,

---

① 《论语·学而第一》,清刘宝楠:《论语正义》,第16页,《诸子集成》第一册。
② 《论语·泰伯第八》,《论语正义》,第162页,《诸子集成》第一册。
③ 《论语·尧曰第二十》,《论语正义》,第417页,《诸子集成》第一册。
④ 《论语·泰伯第八》,《论语正义》,第169、170页,《诸子集成》第一册。
⑤ 《论语·八佾第三》,《论语正义》,第73页,《诸子集成》第一册。
⑥ 同上书,第48页。
⑦ 《墨子·非乐上》,清孙诒让:《墨子闲诂》,第155页,《诸子集成》第四册。
⑧ 《孟子·告子章句上》,清焦循:《孟子正义》,第451页,《诸子集成》第一册。
⑨ 《庄子·知北游第二十二》,清王先谦:《庄子集解》卷六,第138页,《诸子集成》第三册。
⑩ 《吕氏春秋·仲春纪第二》,汉高诱注《吕氏春秋》,第22页,《诸子集成》第六册。

但可以互转。《吕氏春秋·本味》又谈到所谓"肉之美""鱼之美""菜之美""和之美""饭之美""水之美""果之美"与"马之美"种种①,这些大凡都指具体事物、具象之美,较之庄子所言"大美",指世俗、经验层次的美的东西而非美本身。

汉初贾谊称"德有六美"。"何谓六美?有道、有仁、有义、有忠、有信、有密。"②这"六美"的"美",实指善。但是"六美"之中,又包括道家所说的"道",贾谊还说,"道者,德之本也"。可见这一"美"的概念,在逻辑、思想上,已具有美的意义,尽管其逻辑显得并不周致、严密。

贾谊又提出他的"六理"说。所谓"六理",与"六美"并列,指"道""德""性""神""明"与"命",六者的逻辑联系,在中国美学范畴史上特具意义。"理",指治玉者,所谓"王乃使玉人理其璞,而得宝焉"③。加以引申,指石、玉的纹理,有美义。再作引申,有"事之条理"义。《荀子·儒效》:"井井兮其有理也。"再作引申,便是杨倞《荀子》注所谓"理,有条理也",指井然的人际秩序。贾谊一方面讲"六理"为"道、德、性、神、明、命",另一方面又称"理"中包含"德",逻辑上有些纠缠。但在"六美"之说中,又包含了道家对"道"作为美之本原、本体的认知。

在西汉韩婴《韩诗外传》中,有"材虽美,不学不高""虽有良玉,不刻镂则不成器;虽有美玉,不学则不成君子"之说,这是在肯定自然美的同时,肯定"学"这后天因素而更"美"的意思,启后世所谓美关乎文、质之辨的思想。

关于美范畴,在《淮南子》中是与丑范畴同时并提的,并且放在"形神气志"的思维框架之中来加以讨论。人之所以"察能分白黑,视丑美,而知能别同异明是非者,何也?气为之充而神为之使也"④。这里重点在于论述气的本原问题,却提出一个"视丑美"的美学命题,不自觉地触及美丑的接受问题。《淮南子》又有"丑美有间"说:

> 求美则不得美,不求美则美矣;求丑则不得丑,求不丑则有丑矣;不求美又不求丑,则无美无丑矣,是谓玄同。⑤

在《淮南子》看来,美丑虽有"间"即区别,却是主体所"求"的结果。有时求美

---

① 《吕氏春秋·孝行览第二》,汉高诱注《吕氏春秋》,第141、142、143页,《诸子集成》第六册。
② 《新书·道德说》,引自叶朗总主编《中国历代美学文库·秦汉卷》,第14页。
③ 《韩非子·和氏第十三》,清王先慎:《韩非子集解》,第66页,《诸子集成》第五册。
④ 《淮南子·原道训》,汉高诱注《淮南子》,第17页,《诸子集成》第七册。
⑤ 《淮南子·说山训》,汉高诱注《淮南子》,第276页,《诸子集成》第七册。

则美至、求丑则丑至；有时适得其反。是何缘故？因为有时主体之心在于"玄同"，有时相反。这里，《淮南子》作为汉初黄老之学的一个文本，汲取了道家"玄同"（道）的思想。作为黄老之学，它将先秦老子所谓"无为而无不为"的思想，变成了"无治而无不治"，在人文思想与思维上，有一个由内向外的转递。当老庄在对美问题作形上之玄思时，怎么也不会想到，汉初《淮南子》关于美，却同时作玄思、又作为实际问题来加以考虑。结果，汉人的眼光向外而不是心思专注于内，便能发现、肯定外在世界的美。《淮南子·坠形训》所谓"东方之美""东南方之美""南方之美""西南方之美""西方之美""西北方之美""北方之美""东北方之美"与"中央之美"①的论述，是一明证，其思维模式，显然源自先秦《周易》八卦九宫方位说。

时至西汉武帝时代，美范畴的演变具有回归于先秦儒家美学的特点。董仲舒《春秋繁露·循天之道》肯定"天地之美"："春秋杂物其和，而冬夏代服其宜，则当得天地之美，四时和矣。"该书《同类相动》篇又认为，"天地之美"缘自"命"："美事召美类，恶事召恶类，类之相应而起也。如马鸣则马应之，牛鸣则牛应之"，"美恶皆有从来，以为命"。这是以"命相"与"天人感应"说来解释美。又提出"化美"之言，《如天之为》篇称："故人气调和，而天地之化美。"并非"人"被"天"定，而是完美的人伦道德即"人气调和"，具有推助"天地化美"之功。《易传》云，"天地氤氲，万物化醇；男女构精，万物化生"。"化"这一范畴，揭示了万物潜移默化的性状与过程。《春秋繁露》说"美"，继承了"易"的化变思想，又主张"仁之美"在"天"之说。在先秦，"仁"本是一个儒学、伦理学范畴，指人际、人伦关系的和谐。《春秋繁露·王道者三》则说："仁之美者，在于天。天，仁也。"董子将作为"善"的"仁"，变成了"仁之美"，而且以"天"为美的本原，这是哲学兼美学的解读，浸透了天人感应以及官方经学的思想。此"美"，实指道德的完善。

董子之后，西汉关于美范畴的讨论，很有些特别之处。

刘向《说苑》有关于人的相貌、服饰与道德之关系的讨论："君子衣服中，容貌得，则民之目悦矣"，故"正其衣冠，尊其瞻视，俨然人望而畏之"。这里虽无"美"字，实际所讨论的，却是一个美学问题。《说苑》又说，"智襄子为室之美"，"智伯曰：'室美矣夫！'对曰：'美则美矣，抑臣亦有惧也。'智伯曰：'何惧？'对曰：'臣以禀笔事君。记有之曰：高山峻原，不生草木；松柏之地，其土不肥。'今土木胜人，臣惧其不安人也"。"室美"本不值得"惧"，然这里"不生草木""其土不肥"，是谓风水不吉利，故虽"室美"而"惧其不安人也"。

---

① 《淮南子·坠形训》，汉高诱注《淮南子》，第58、59页，《诸子集成》第七册。

西汉末年,扬雄《解难》说,"大味必淡,大音必希,大语叫叫,大道低回。是以声之眇者,不可同于众人之耳;形之美者,不可混于世俗之目"①。扬雄认为,"美味期于合口"之美,肤浅媚俗令人不齿。扬雄自视很高,虽然没有说过类似"美是难的"之类的话,但他所执著的所谓美,是有深度的,从其以"大味必淡,大音必希"说"美"看,实指老庄的所谓道玄之美。

世俗之美,是印度和中国佛教所消解的对象。一部《佛学大辞典》,说尽千言万语,却没有一个条目直接说到美。不过,世俗之美并非不在印度和中国佛教的文化视野之中,而是作为被解构者而"存在"。世俗之美包括艺术美和自然美等,都不是佛教所要肯定的。作为"原美""本美"的空、涅槃与佛性等本身,确是时时处处作为对立、对应的因素而暂时暂地"存在"着。

(八) 文

文,甲骨文写作 ✶(一期"乙"六八二〇)、✶(五期"合集"三六五三四)等。徐中舒主编《甲骨文字典》称,"象正立之人形,胸部有刻画之纹饰故以文身之纹为文"②。金文写法略似,如 ✶(史喜鼎)、✶(利鼎),均象人之文身。这文身,并非是纯然的审美,而是蕴含原始意识的图腾或巫术符号。在美学上,文的意识与理念的人文源头,固然在于原始图腾与巫术文化,而作为渐趋自觉的审美意识的表达,在于口头文学,这又与原始神话有关。在古代汉语中,"文"的意义,近于西文 literature(文学)而远不限于此,其义相应于"人文"或曰"文化",且兼"天然"义。此《易传》所谓"观乎天文,以察时变;关乎人文,以化成天下"。

《国语·郑语》记史伯之言,称"声一无听,物一无文",与《易传》所谓"物相杂,故曰文"义相通。《易传》有《文言》篇,专释乾、坤二卦卦爻辞的意义,此文,文饰之义。《论语》记孔子论文之处甚多:"郁郁乎文哉!吾从周""文王既殁,文不在兹乎""文质彬彬,然后君子""行有余力,则也学文"以及"子以四教:文、行、忠、信",等等,凡此所说的文,大凡指典章制度、善德善行完美的外在表现以及文学之类等意义。《论语》记孔子有"焕乎!其有文章"之说。"文章"的"文",并非指后世撰作之文,实指君臣、尊卑、贵贱与车舆、衣服、宫室、饮食、嫁娶与丧祭等一切社会政治、伦理、典章与制度。

《国语·周语下》说:"能文责得天地,天地所胙,小而后国。夫敬,文之恭也;忠,文之实也;信,文之孚也;仁,文之爱也;义,文之制也;知,文之舆也;

---

① 汉扬雄:《解难》,中华书局影印本。按:扬雄言及其撰《解难》缘起有云:"雄以为经莫大于《易》,故作《太玄》。客有难《玄》太深,众人之不好也。雄解之,号曰《解难》。"可见此文因释《太玄》而作。

② 徐中舒主编,常正光、伍仕谦副主编:《甲骨文字典》,第996页。

勇,文之帅也;教,文之施也;孝,文之本也;惠,文之慈也;让,文之材也。"又说:"经之以天,纬之以地,经纬不爽,文之象也。"

这是全面地论说文与敬、忠、信、仁、义、知、勇、教、孝、惠、让及天地的关系问题,将文提到与天地平齐的高度来加以审视,类于文化之义。有如《左传·昭公二十九年》所言,"经纬天地曰文"。"经纬天地者",改造、管理自然、社会以及人自身,这便是文,也就是《易传》所说的"人文"。《周易》贲卦,卦象䷕,离下艮上之象。此卦三阴爻、三阳爻交错,阴阳与刚柔相会。《易传》说,此乃"柔来而文刚""分刚上而文柔",便是所谓"天文"。与天文相应,便是"人文"。《易传》说,"柔来而文刚,分刚上而文柔,故小利有攸往,天文也。文明以止,人文也。观乎天文,以察时变。观乎人文,以化成天下"。人文之文,指人对自然(天)的改造与把握,犹如美学所谓"自然的人化""人化的自然"。从先秦到西汉,文这一范畴,从其由原始图腾、巫术与神话的氛围之中衍生之后,先秦时则更多地浸淫于儒家的道德人格之说。前述孔子所说的"文质彬彬,然后君子",指道德人格与君子形貌、气质、气度的温文尔雅。《荀子·不苟》说:"君子宽而不慢,廉而不刿,辩而不争,察而不激,寡立而不胜,坚强而不暴,柔从而不流,恭敬谨慎而容,夫是之谓至文。《诗》曰:'温温恭人,惟德之基'。此之谓矣。"①至文者,人格的文质与内外和谐状态,指崇高、典雅、纯净、完善的儒家人格。

文质这一对应范畴,先秦开始用以描述君子人格,又发展为指艺术审美,文范畴亦在其间受到关注与锻炼。战国末期《荀子·宥坐》云,子贡观鲁庙北堂,问教于孔子。孔子云:

> 太庙之堂,亦尝有说。官致良工,因丽节文。非无良材也,盖曰贵文也。②

这里仅仅说到文而未涉及质。而所谓"节文""贵文"云云,已关乎审美意义的文质关系。韩非子曰:"道者,万物之所然也,万理之所稽也。理者,成物之文也。"又说:"和氏之璧,不饰以五采,隋侯之珠,不饰以银黄,其质至美,物不足以饰也。夫物之待饰而后行者,其质不美也。"③韩非以道为物之本然,以理释文,凡此都与美范畴相勾连,文确是一个审美范畴。

---

① 《荀子·不苟篇第三》,清王先谦:《荀子集解》卷二,第 25 页,《诸子集成》第二册。
② 《荀子·宥坐篇第二十八》,清王先谦:《荀子集解》卷二十,第 346、347 页,《诸子集成》第二册。
③ 《韩非子·解老第二十》,清王先慎:《韩非子集解》卷六,第 107、97 页,《诸子集成》第五册。

西汉初年,文范畴的美学内涵又推进一步。时人以生于深山的天下名木作比,称名木本无所谓"文",因斧斤之功,才得舒其文采。这种关于文的思维方式,有类于尔后之《淮南子》。其文云:"锦绣登庙,贵文也;圭璋在前,尚质也。文不胜质,之谓君子。"①重质而轻文,"先质而后文"。虽皆从道德人格论文质,其实是从先秦儒家到西汉经学影响的传统审美观之一。在传统上,显然旁及先秦墨家"先质而后文"的"非乐"观。刘向说:周文王接民以仁,所以天下莫不归仁,这是文德的极致。文,实际是德性的显现;德性未达,则无文。德(质)主而文次,德决定文。质主天而文主地。文质犹天地,天主地次。

西汉扬雄一方面重质而轻文,《法言·吾子》称,"女恶华丹之乱窈窕也,书恶淫辞之淈法度也"。另一方面,《法言·修身》持华实即文质相副之说,所谓"实无华则野,华无实则贾,华实副则礼"。《法言·寡见》说:"玉不雕,玙璠不作器;言不文,典谟不作经。""华丹""淫辞"为扬子所不欲,显然主"文质相副"之说。

文作为美学范畴,偏重于对事物形式美的感悟、认知与规范。其初义,始于原古巫文化的人体装饰(文身)。当先秦儒家以天文、人文并提时,文的意蕴已经历史地沾溉哲学与伦理学因素。文与天道相连,提升了文的哲学品位;文与人道相系,在人格说意义上,建构起孔子所言君子人格的"文质彬彬"。此后在漫长的中国美学史中,有关文与质的论争绵绵不息,可谓源远而流长。

在汉译佛教中,与文相对应的美学范畴,付之阙如。如将文解为文字之义,则佛经有"文字"与"文字般若"等佛学范畴。《维摩诘经·观众生品》持"言语文字,皆解脱相"之见。该经《弟子品》认为,智者以不著文字为解脱,解脱即般若,舍弃文字即般若。般若中观,舍弃本身亦当舍弃。般若作为实相,本离文字又不离文字。

要之,前文所述八大范畴,为先秦至西汉中国美学史的重要范畴,各自起源于中华远古文化。与哲学的机缘不同,成熟有先后、内涵存差异,然而,都是中国佛教美学史发生之前,中国美学思想与思维广泛、深刻的体现。此外,诸如无、有、动、静、刚、柔、一、多、心、观、性、情与太极、无极等范畴,亦显得相当重要,必然给中国佛教美学的发生、发展与嬗变以巨大影响。这八大范畴,往往在汉译佛典中不同程度地出现,如早期佛经所谓"佛道""本无"等,都是很活跃的概念。或从相反角度,显示了其存在的意义。如美范畴,正如前述,

---

① 《淮南子·缪称训》,汉高诱注《淮南子》卷十,第155页,《诸子集成》第七册。

世俗、现实意义的美为佛教所消解,美色、美景之类,正是佛教修行所要破斥的对象,而空幻,正是破斥世间一切美丑与善恶、是非的一种境界。假设没有世间之美,也便无所谓佛教所言空幻。表面看,世间之美为佛教所否定,佛教不信任世俗之美,却在对美的破斥之际,显示了美这一中国美学史的原范畴被空幻所否弃而建构的意义。一定程度上,八大范畴的先期存在,是中国佛教美学史的本土的历史与人文底色,为其定下基调,成为绕不过去的一种语言文字的接引与"障碍"。在印度佛教入渐之初,往往以某些范畴,去"误读"佛言,如以"道"称佛性,以"气""本无"称佛性,等等。

二 五个值得注意的美学命题

从先秦到西汉,尤其在先秦时期,中国美学史出现不少美学命题,这里择要而简约言之。

(一)道法自然

通行本《老子》说:"故天大地大道大王亦大。域中有四大,而王处其一焉。人法地,地法天,天法道,道法自然。"①

这一老子名言,上承"有物混成,先天地生""吾不知其名,强字之曰道,强为之名,曰大。大曰逝,逝曰远,远曰反"②之言。其关键为一"大"字。

正如前述,这并非大小之大,实为太之本字,有原始、原朴、本原之义。

问题是,所谓"道大、地大、天大、王亦大",难道此道、天、地与王各为其"大"么?如是,则等于说各具本原。而《老子》的"大"作为本原,并非如西人柏拉图所说的"理式(idea)"派生万物,而是宋明理学所说的"月印万川""理一分殊"。世间之月确是唯一,明月高悬,只是唯一,别无他者。然世间"万川"又各具一"月",便是月之影。朱熹云,"太极"者,理之圆满。"人人有一太极,物物有一太极。"③万物本原为道(大),道犹皓月当空,万类无不沐浴其清辉。它只是一个,却在天下无数川流留下明丽的影子,使万物个个显出光辉。因而万物之美,总源于道之美,却并非美的分享与消解。万物之美圆融而俱足,是因为源于道这一本根圆融俱足的缘故。这用《老子》的话来说,叫作"道大,地大,天大,王亦大"。

有一个预设,即什么"法"什么的逻辑关系。

其一,道作为元范畴,具有形上性,然而其并非权威、异己,而是人可以效

---

① 通行本《老子》,清魏源:《老子本义》第二十一章,第19页,《诸子集成》第三册。
② 同上。
③ 《朱子语类》卷九十四,宋黎靖德编、王星贤点校:《朱子语类》第六册,中华书局1994年版,第2371页。

仿的。道在此岸,不离世间,与人亲和;不是对人的强迫,而本于自然的人文尺度。道的世间性,体现在道是人心的安顿与归宿,这便是徐复观所谓道者,"以求得人生的安顿"①。

其二,尽管道可供效仿而不异于人,而这效仿(法)有一过程。人不能直接与道作终极意义的"对话",这意味着人的美,永远无法接涉于道的绝对。人即使经过"人法地""地法天""天法道"几阶段,也难以证成绝对意义的道。这以《老子》的话来说,叫作"道可道,非常道"。

所谓"道法自然",是道的自根自法。本然如此者,道,即为自然。而人,只在经过"人法地""地法天""天法道""道法自然"之"时",才能渐渐接近于道的自然之境,却并非对道的绝对把握。道庄严矜持,可被向往,可远观而不可被亵玩。道的确不是宗教的权威与偶像,它无比崇高、冷峻而深邃。

(二) 致虚极,守静笃

通行本《老子》第十四章说:"致虚极,守静笃。万物并作,吾以观其复。夫物芸芸,各归其根,归根曰静,静曰复命。"②

其一,这一命题,为道预设了一个逻辑原点即静。道作为"根",灌注生气于万物,是谓"芸芸"之本因。万物以道为本根,原本为静。世间万物生成即道的展开与物化之动,由道之本静所推动。不静,不足以为动,动极即"万物并作",积聚"复归其根"之力;不动不足以为静,这便是"复命"。静而趋动,动而复静,这是道的大化流行。道不能不生万物,为"本静"之消解;亦不能不由万物复于"本静",此之谓"大曰逝,逝曰远,远曰反"。

其二,道不仅"本静",而且"虚极"。因静而虚,因虚而静。虚极者,"大象无形""无状之状"。虚者,无也,所谓"是故天下万物生于有,有生于无"是矣。无是什么?《老子》说:"视之不见,名曰夷;听之不闻,名曰希;搏之不得,名曰微。此三者不可致诘,故混而为一。"③从现象学解析,假定世界一切经验的事物现象与人的意识、理念,都可以拿走,都放在"括号"里,那么该世界还"存在"什么? 答曰:还"存在"一个"无"。无即"存在"。④ 无即"虚无",并非"虚空",亦非"空幻"。无属于道学范畴,不是佛学范畴。《老子》称无、言虚,言静而不言空,这是道学与后世佛学的根本区别之一。

其三,道即静且虚,而复便是道的本然。道、静、虚为体,复、动为用,体用

---

① 徐复观:《中国人性论史·先秦篇》,上海三联书店2001年版,第289页。
② 通行本《老子》第十五章,清魏源:《老子本义》,第12页,《诸子集成》第三册。
③ 同上书,第10—11页。
④ 参见叶秀山《世间为何会有"无"》一文,《中国社会科学》1998年第3期。叶秀山先生说,"经过胡塞尔现象学的'排除法',剩下那'括不出去''排除不出去的东西,即还'有'一个'无'。"

不二。这里"复命"的命,非指命理,指必然,指人力、人为不可违逆的"道"即本然。复,按《周易》复卦,卦象为☷,一阳息生于初,"一阳来复"之谓。可见此复,言说道往来不息的生机。

其四,道且静且虚且复。更关键的,是"致虚极,守静笃"这一命题所强调的,是"致""守"二字。道本无所谓目的,而论道却有指归。无疑,这一命题是就人生道路问题而言的。

就人而言,人致于、守于道,在于自由,在于顺其自然,趋向于"素朴而天下莫能与之争美"的人格理想与人生境界。问题是,这理想、境界往往难以趋赴与达到,人往往本然地难以回到他那"虚极""静笃"的精神故乡。人是这样的一种文化"动物",他创造文化,告别原朴与蛮野,在本质对象化而创造美的同时,也在异化自己的本质。就人而言,审美与反审美,因为是背反的,所以是同时进行、同时实现、同时解构的,反之亦然。在现实中,人对于不同历史与人文层次的超拔与堕落,是人的宿命。这种宿命,人能够逃避么?这是老子也是庄子哲学、美学的追问。

牟宗三说,《老子》的这一著名命题,实即提倡"无为",便是"无为而无不为",其反面是"造作"。

> 照道家看,一有造作就不自然、不自由,就有虚伪……
> 道家一眼看到把我们的生命落在虚伪造作上是个最大的不自在,人天天疲于奔命,疲于虚伪形式的空架子中,非常的痛苦。基督教首出的观念是原罪 original sin;佛教首出的观念是业识 Karma,是无明;道家首出的观念,不必讲得那么远,只讲眼前就可以,它首出的观念就是"造作"。①

"造作"所造成的精神痛苦有三:一、感官刺激的痛苦。《老子》所谓"五色令人目盲,五音令人耳聋,五味令人口爽,驰骋田猎令人心发狂,难得之货令人行妨"。魏源云,"爽,差也。谓失正味也,视久则炫,听繁则惑,尝多则厌,心不定故发狂,不知足以取辱,故行妨"。② 二、心理的痛苦。喜怒哀乐,人之常情。而老子以为,此亦痛苦。故应"不以物喜,不以己悲","宠辱不惊",体现于艺术审美,实乃"声无哀乐"。三、"意念造作"之痛苦。这便是牟宗三所谓"意底牢结","一套套的思想系统,扩大说都是意念的造作"。③ "意底牢

---
① 牟宗三:《中国哲学十九讲》,上海古籍出版社1997年版,第85、87页。
② 通行本《老子》第十一章,清魏源:《老子本义》,第9页,《诸子集成》第三册。
③ 牟宗三:《中国哲学十九讲》,第88页。

结",Ideology(意识形态)的别译,这是就社会的一些偏见而言的。破除"意底牢结",在牟宗三看来,便是"致虚极,守静笃"。

(三)大音希声

通行本《老子》云:"大白若辱,大方无隅,大器晚成,大音希声,大象无形,道隐无名。"

以通行本、楚简本与帛书本《老子》相比较,这一描述道的一系列命题,意义大同小异,除所言"大白若辱"比较难解外①,一般是好懂的。正如本书前述,这里的所有"大"字,均指原始、原朴之义。"大白""大方""大器""大音"与"大象",即"原白""原方""原器""原音"与"原象"的意思。所谓"大音希声"的"大音",指原朴之音,它当然是"希声"即无声的。按《老子》所谓"是故天下万物生于有,有生于无"这一见解,音乐之声为有,有生于无。无,即"大音"。学界有人往往以"最大的声音是听不到的"(意思是:"最大的声音"震耳欲聋,故"听不到")之类来释"大音希声"这一命题,非。其实,"大音希声"与这一论述中的其余同列命题一样,都在反复强调道之美、无之美的道家美学思想。原朴的白,好像黑一样。既然是原朴之道,无所谓白还是黑。原朴之道,无所谓方圆。原朴之器,是原本意义的"原器",总有待于完成(晚成),实际指有待于成器的原朴之道。原朴之象,是一种无(无象之象)。总之,道作为存在,无以名之。

(四)美之为美

通行本《老子》说:"天下皆知美之为美,斯恶已;皆知善之为善,斯不善已。"②

按学界一般理解,这里以美与恶对、善与不善对,可见老子所谓美,非道德意义之善,为一美学范畴而无疑。此恶既与美对,实指丑。陈懿典《老子道德经精解》云,"但知美之为美,便有不美者在"。陈鼓应将老子此句释为,"天下都知道美之所以为美,丑的观念也就产生了;都知道善之所以为善,不善的观念也就产生了"③。如是之解,似有理据。

可是,既然《老子》已经认识到美、丑的观念是相对、相应而相随的,又为何不直接说丑而要说恶呢?此恶,难道真的是丑么?

---

① 按:此句楚简本《老子》为:"大白若辱,广德如不足,建德如偷,质真如愉,大方亡隅,大器曼成,大音傲声,天象亡形,道隐无名。"帛书本《老子》为:"上德如沙浴(谷),大白如辱,广德如不足,建德如偷,质真如渝,大方无禺[隅],大器免[晚]成,大音希声,天象无刑[形],道无名。"
② 通行本《老子》第二章,清魏源:《老子本义》,第2页,《诸子集成》第三册。
③ 陈鼓应:《老子注译及评介》,中华书局1984年版,第68页。

其实,《老子》关于"美之为美"的言述,是一思想敏锐、深刻而振聋发聩的美学命题。《老子》以道的玄思所提出与追问的,并非"美的东西",而是一切"美的东西"何以为美这一根本问题。

从《老子》所谓"道可道,非常道"这一怀疑主义哲学、美学命题与思想来加以分析,《老子》所谓"美之为美"这一段话的大意是:如果天下的人都懂得美之所以美,善之所以善,那就"恶"(糟糕)了。因为所谓"美之所以美""善之所以善",指的是对于"原美""原善"的追问,这在《老子》看来,岂能人人"皆知"?《老子》对道的可知性,是怀疑的。"美之为美"这一追问的意思是,试图直探美学意义的"常道"但不可能。《老子》对"知"是怀疑而不信任的,因而有"绝圣弃知"之类的话。"弃知"实为必然。企望"皆知"于美之根本,不免背"道"而驰,南辕北辙。①

《老子》能提出"美为之美"这一命题,证明战国时人关于美的问题的思考,已经触及美的本原、本体问题。

(五) 非言非默

《庄子·则阳》属于《庄子》杂篇,学界一般以为由庄子后学所撰。这一道家语言哲学命题的深邃意义及人文影响的重要性,不言而喻。

考整个中国美学史以及中国佛教美学史,言意之辨,一直是其核心思想与思维的问题之一。在中国佛教美学史发生之前,这一哲学、美学的思辨及其成果,尤为值得加以注意。

发掘于1993年10月的楚简本《老子》,作为迄今所发现的最古的《老子》抄本,其思想与思维,显然更接近于由春秋末年老聃所撰写的《老子》原本,其哲学、美学思想的古朴与原始,表现在没有像通行本《老子》那样,具有诸多玄虚意义的命题。诸如"道生一,一生二,二生三,三生万物"与"道可道,非常道;名可名,非常名",等等,都是楚简本所没有的。应当说,楚简本《老子》关于言意之辨,没有发表尤为值得重视的见解。而通行本《老子》的语言哲学与美学的怀疑主义很强烈,它对语言抱不信任的哲学、美学态度是显然的。然而《老子》五千言,不是字字句句在不断言说"道"么?《老子》处在自相矛盾与尴尬的人文境遇之中。《老子》思想的残酷与冷峻,将其自己无情地放在永远受审判与怀疑的地位,把自己放在"括号"里"悬置"起来了。这便是说,关于绝对真理与绝对美,人是无以言说的,一旦言说,它总是不"在",这便是所谓"语言者,思想之牢笼"。然而又不得不不断地加以言说,否则,又何以证明绝对真理与绝对美是一个"在"呢?这又是所谓"语言者,

---

① 参见萧兵、叶舒宪《老子的文化解读》,湖北人民出版社1994年版,第1083页。

精神之家园"。

虽然通行本《老子》认为"道"(绝对真理)无可言说,但在年代稍后于通行本《老子》的《易传》中,情况却有了改变。《易传》所谓"书不尽言,言不尽意"这一命题,包含了对人类书写、言语揭示真理意义的肯定与尊重。《易传》有"圣人立象以尽意"的语言哲学与美学命题,这强调了汉代经学语言哲学的历史、人文之门。《易传》的这两个命题是并存的,是因为《易传》作为先秦儒家著述,又吸取道家哲学、美学思想与思维之故。

《庄子·则阳》说:"道物之极,言默不足以载。非言非默,议其有极。"①这一段言论的要义在于,就道即"物之极"而言,言说和沉默(不言说)都不足以表达。既不言说又非沉默,此论"道"之极致。

在语言哲学与美学观上,《庄子》这一论述,有执取"中道"的特点。其思维方式,读者可以在魏晋玄学的言意之辩以及中国佛学中再次见出,而与汉代经学的思维方式不同。

作为官方哲学的汉代经学,成就很高,而其思维特点可以用既烦琐又丰富来概括。汉人做学问往往皓首穷经,尊经是其传统。古文经学,宗"无一字无来历"之则;今文经学,宗"无一字无精义"之则。尤其经学中的易学,诸如卦气说、纳甲说、八宫说、互体说、五行说、爻辰说、飞伏说、阴阳升降说与十二消息卦说,等等,竟铺天盖地,千言万语,竞相言述易理。人们注读五经,愈说愈繁,连篇累牍,不厌其详,坚信语言、文字可以穷尽真理。如儒生秦恭注解《尚书·尧典》"曰若稽古"四字,竟然繁言三万。班固《汉书·艺文志》说,儒经"博学者又不思多闻阙疑之义,而务碎义逃难,便辞巧说,破坏形体,说四字之文,至于二三万言,后进弥以驰逐。故幼童而守一艺,白首而后能言"。

与经学烦琐相应者,是汉赋的华丽文章,大肆铺陈其事,渲染尽致。城市繁华,商贸发达,物产丰饶,宫殿崔嵬,服饰奢美,逐猎声势喧天与歌吹的欢畅淋漓,等等,一齐奔涌于笔端,抛却了先贤孔子"绘事后素"的古训,用如椽之笔,摹写赋家之心,以图囊括宇宙,总揽人物。经学与汉赋的语言哲学与思维方式,具有同一性。

经学烦琐,在炫耀学者有学问;汉赋繁丽,是宣说诗人具才情。

在理性上,两者都坚信真理与美,存在于语言、文字之中。这是《易传》所谓"圣人立象以尽意"的汉代版。其审美心态,在不甘于静默;它所认同的世界,是喧闹、宏富、多嘴多舌的,而不是一个沉默无言的世界。

这种语言哲学及其思维方式,在印度佛经以及中国佛学中也不缺乏,它

---

① 《庄子·则阳第二十五》,清王先谦:《庄子集解》卷七,第175页,《诸子集成》第三册。

严重地影响中国佛教美学思想与思维的建构。

　　五大美学命题,皆为道家美学范畴,是后代中国禅宗美学范畴与命题的思想资源之一。可以见出,这也是汉魏两晋南北朝佛教美学不可抹煞的"中国元素"。

第二章　外因:入渐于中土的印度佛教基本教义及其美学意义

"一石激起千重浪",大致两汉之际①,印度佛教开始入传于中土。作为一种异族宗教体系的"文化殖民"即文化传播,是人类文化交流史巨大而严重的文化事件之一。其人文意识反差之大,思想素质悖逆之巨,传播影响之烈以及意义、价值之伟,似乎怎么估计也不为过。这对于中华传统文化与信仰的冲击与摧毁,有时甚至是毁灭性的。否则难以理解,为何印度佛教入渐之初,会遭到那么多的误解、抵拒,激起剧烈的文化、哲学和美学的冲突。

这一文化传播,固然激荡人心而一时令人难以接受,却也春风化雨,独具魅力,好比既"金刚怒目",又"菩萨低眉"、往往平平和和、温情脉脉,"最是那一低头的温柔"。未知中华传统文化的哪一根神经,被神奇而神妙地触动了,用以抚慰本也饥渴焦虑的灵魂。

冲突与调和、抗争与妥协以及思性兼诗性、痛苦携欢愉,等等,一齐奔涌前来,令人目不暇接而深驻于心田。

中国美学的历史、人文,开始发生第一度深巨的嬗变。一种新奇、陌生而有味的"印度元素"参与进来,因佛教哲学,而渐渐催生中国佛教美学及其一系列意识、理念、思想与理想的建构。

美学意义的"印度元素",与"中国本色"进行了初步、绵长而广泛的人文"对话"。大致是"误读"的美学、"格义"的美学以及随后儒、道、释三学折衷调和的美学,等等。

欲治中国佛教美学史,首先必须厘清中国佛教美学思想与入渐的印度佛教基本教义的人文联系。简约而原则地论述印度佛教的基本教义及其人文品性,尤其是其中所蕴基本的哲学意识、理念、思想和美学的关系问题,显然

---

① 按:据《三国志·魏志·东夷传》注引述《魏略·西戎传》,"昔汉哀帝元寿元年(按:公元前2年),博士弟子景卢受大月氏王使伊存口授浮屠经。"这是印度佛教入渐中土的可考年代,时为西汉末年。《后汉书·楚王英传》称,楚王刘英晚年"更喜黄老,学为浮屠,斋戒祭祀",时为东汉初期。称佛教东来于两汉之际,是大致的说法。

是必要的。

黄心川《印度佛教哲学》有言:"佛陀严格地说不是一个哲学家而是一个宗教或道德的说教者,他象希腊的苏格拉底一样关心的是道德实践的问题,而不是哲学或理论探索的问题。"①此言有些绝对,佛陀"不是一个哲学家",不等于其说教本无哲学。

尽管如此,印度佛教的基本教义本身,从佛陀的说教到佛陀灭度后由其弟子结集口诵而后成文、发展的种种印度佛教经典,却具有深邃而葱郁的佛教哲学的思维与思想,终于成就庞巨而深致的佛教哲学体系。印度佛学作为一种东方神学,与美学结下不解之缘。它为中国佛教美学的发生与建构,提供了属于外来"印度元素"的丰繁而深邃的思维与思想资源。

第一节　印度佛教原始教义与大乘教义述要

一　印度原始教义之要

入渐于中华的印度佛教的原始教义②,大凡指释迦牟尼成佛所悟、所宣且为其弟子所记、口诵、辨说与成文的教义,包括四谛、五蕴、六道轮回、十二因缘、三法印、八正道与涅槃成佛等佛教思想学说。

其一,四谛,苦、集、灭、道之谓。谛(Satya),真际、真理之义。苦(Dukkha),人生皆苦:生苦,老苦,病苦,死苦,爱别离苦,怨憎会苦,求不得苦,五蕴灼盛苦。三世轮回,生死烦恼,莫不是苦。集(Samudaya),苦必有因,因缘之谓。一切皆"集聚"而成。诸条件同时互依为集,死则生彼,从彼生此。诸条件异时依生,亦为集。灭(Nirodha),苦必解脱,出离诸苦之谓,即寂灭涅槃。灭者,度、解缚之义,成佛而了生死烦恼。道(Magga),解脱之途,成佛、修证、

---

① 黄心川:《印度佛教哲学》,中国社会科学出版社1979年版。任继愈主编:《中国佛教史》第一卷,中国社会科学出版社1981年版,第501—502页。按:黄心川氏引述《中阿含·箭喻经》以说明此见:一执发童子问,"世有常,世无有常,世有底,世无底? 命即是身,为命异身异? 如来(tathāgata)终,如来不终,如来终不终,如来亦非终亦非不终耶?"佛陀以为,这类提问未契实际人生,且以"箭喻"一则作答:"犹如有人身被毒箭,因毒箭故受极重苦",却不急于"便求箭医",且主张"未可拔箭",而是先从理念、理论上论述、研究射箭者"如是姓、如是名"与"弓为柘、为桑""弓色为黑、为白""箭秆为木、为竹"等问题,岂非"愚痴人"耳?
② 按:印度佛教史将约公元前6、5世纪至公元前4世纪中叶,称为原始佛教时期;将约公元前4世纪至1世纪中叶,称为部派佛教时期。这里所说的原始教义,统指印度原始佛教与部派佛教时期所诞生、形成与流布的佛教基本教义。

修持的方法、路径。戒、定、慧与渐顿之谓。

其二,五蕴,色蕴(Rūpa)、受蕴(Vedanā)、想蕴(Samjña)、行蕴(Samskhara)与识蕴(Viññana)的总名。蕴,积聚义。色蕴,指一切事物现象。无论过去、现在与未来之世,无论内外、粗细、劣胜、近远,均称色蕴。受蕴,对境承受之义,大致指感觉,有苦、乐与不苦等三类。想蕴,对境而表象,显、想之象起而知觉生。行蕴,形者,形成有为,指先于行动的心的前驱力,类于心灵意志、能力。识蕴,对境而起了别、识知事物之心,类于心灵意识。舍尔巴茨基云:"一切存在元素最简洁的分类表述便是五组元素的划分。一、物质(色);二、感受印象(受);三、表象(想);四、意志或别的能力(行);五、纯粹感觉或通常的意识(识)。"①此言是。佛教缘起说,有如《杂阿含经》上所谓"此有故彼有,此生故彼生;此无则彼无,此灭故彼灭"。一切事物现象(法)无不因缘而起,处于瞬息万化、刹那生灭的相对关系(因果)与条件之中。缘起之缘(Pratyaya),攀缘义,指关系、条件。一切有情,因缘而生起。其间五蕴,指物、心诸条件的积聚。色蕴,指心识现象之外的一切事物现象。受、想、行、识四蕴,指彼此相缘且与色蕴相待的心识现象。五蕴说,并未绝对否认心识之外事物现象的实有,却不认为物、心有第一、第二之分。缘起说是对古印度所谓"自在化作因"神造说、"宿业"前定说、"多因结合"说、"偶因机缘"说与万类生起"天命"说的否定和扬弃。以物、心五要素的集聚,即从其关系、条件的积聚、作用来言述世界一切有情众生的缘起问题,是缘起说的逻辑展开,并未将事物现象本原的追溯归之于神、命或天,亦并非归于偶然因素,认定色、受、想、行、识五蕴的缘起实为必然。原始教义一般地接受所谓"宿业"前定、不可改辙的人文理念。五蕴说的底蕴是缘起;缘起说的理论支点是业。业(Kaman),音译羯磨,造作之义。分身、语、意三业,指行为、意志、作用等诸多身、心因素的集聚。五蕴说所强调的,是行蕴。业这一范畴,固然不同于西方基督教所谓原罪,而业力与行蕴之间的逻辑联系,尤为值得注意。

其三,六道轮回,指众生轮回六道途,又称六趣(趋)。众生因业而趣赴,谓之六趣。作为古印度婆罗门教基本教义之一,轮回说认为,婆罗门、刹帝利、吠舍与首陀罗四种姓,永处于生死相续、轮回不劫之中。印度原始佛教主张,众生在业报面前一律平等,即善德恶行,自作自受,并决定来世是否转生、出离苦海。六道者,地狱、饿鬼、畜生、阿修罗、人、天。地狱,梵语 Naraka、Niraya 等,本义苦具,依序在下,故曰地狱。佛经有"根本地狱""八大地狱""八寒地狱""十六游增地狱""十八地狱"与"一百三十六地狱"等说,竭力宣

---

① 〔俄〕舍尔巴茨基:《小乘佛学》,立人译,中国社会科学出版社 1994 年版,第 17 页。

说地下牢狱的苦厄。恶行满贯,感业未冶,业报深重者,坠入黑狱深渊。饿鬼,梵语 Preta,饿者,饥也;鬼者,畏也。虚怯多畏,悭贪堕落,故名饿鬼。饿鬼品类极多,夜叉、罗刹,通力害人。六道轮回的所谓饿鬼,饥渴无有穷时。畜生,梵语 Tiryagyoni,亦称傍生,指人类以外一切动物、禽兽之类。傍从而生,为畜养的生类。众生畜养,品性愚痴,不能自立,为人所畜养,故名畜生。阿修罗,梵语 Asura,容貌丑怪,品行无端,时与帝释天恶斗的大力神,八部众之一,神通颇大而无善德者;又称欲界众生,有思虑、有欲求者。苦乐参半,随业而浮沉,依止于修持而升降:修善得入天道;作恶堕于恶道。天,梵语 Deva,本义为光明、自然、洁净等,天界众生之谓。佛经指三界二十八天。欲界天六重,居于人间之上,有情欲诉求;色界天十八重,虽情欲断灭而有色相;无色界天四重,无色相而具有精神心识。二十八天,自下而上分为二十八等级,业根终未彻底除净,未超脱生死轮回。六道以地狱、饿鬼与畜生为三恶道,阿修罗、人与天为三善道。

其四,十二因缘,佛教缘起说的逻辑展开,即"十二缘起"。原为辟支佛的观门。众生涉三世而轮回于六道次第,指:无明、行、识、名色、六处、触、受、爱、取、有、生、老死。一、无明。梵语 Avidya,众生愚暗、烦恼之心,过去世的逻辑"原点"。又称痴。佛教称,痴者,十二因缘之母。二、行。身、口、意造作,通于"五蕴"之一"行蕴"。指主观心识偏执于意欲,为业惑。心识纷驰于外境,惑于色、声、香、味、触、法,为行。三、识。梵语 Parijñana,心的异称,了别之义。心住于了别为识。佛教以眼、耳、鼻、舌、身、心为六身识,因识而生是非、好恶,为分别,为爱憎。四、名色。五蕴总称。受、想、行、识四蕴,为心识法,无有形相。为方便,为假名;色蕴,指构成物体极微之质碍。色者,质碍之义。五、六处。亦称六入。眼、耳、鼻、舌、身、意为六根,内之六入;色、声、香、味、触、法为六境,外之六入。六根、六境互涉而生六识,为六处。此六处,为内之六入。六、触。梵语 Sparsa,又称致。六根又称六情,六情染污,即起色声香味细滑众念。由六处而触,由六入发展到能感触客体的阶段。触染不净之谓。七、受。亦称痛。一切主体感觉、感受的概括,后译受。属于触的阶段,仅为主体接触客体对象初步,已能深切感受痛痒悲喜。八、爱。贪欲之谓。所谓六身爱,指对色、声、香、味、触、法等六境的爱。爱为秽海,万恶归之。功名利欲,尤其两性欢爱,为佛教所断灭的根本之爱。九、取。执著之谓。由贪爱而执取。贪爱令五阴(蕴)盛猛,情滞于无量深渊,执取不已。十、有。佛教有实有、妙有与假有之说,此指假有。因取而必有(假有)。"有"有三,欲界、色界与无色界。追求、执取于外境,世俗意念无以摆脱,生死轮回,就是"有"。十一、生。彼有缘此生,欲海难填、机心种植为生。生,欲界色界无色界众患具备。十二、老死。生缘老死。老死之时,息绝身死。六根、六境闭堵,以致精神忧苦,灵魂难安。十二因缘,彼此因果相续,轮回不已。《长阿含经》卷一云:"从生到老死,生是老死缘。生从有起,有是生缘。有从取起,取是生缘。取从爱起,爱是取缘。爱从受起,受是爱缘。受从触起,触是受缘。触从六入起,六入是触缘。六入从名色起,名色是六入缘。名色从识起,识是名色缘。识从行起,行是识缘。行从痴(按:无明)起,痴是行缘。是谓缘痴有行,缘行有识,缘识有名色,缘名色有六入,缘六入有触,缘触有受,缘受有爱,缘爱有取,缘取有有,缘有有生,缘生有老、病、死、忧、苦恼(按:老死)。"①十二因缘,是一个轮回因果链,是小乘佛教未来、现在、过去的所谓"三世二重"说。其中,无明与行,为过去世二因;感识、名色、六处、触、受,为现在世五果。现在世五果,作为现在世的五因,感爱、取、有这现在世三果;爱、取、有作为现在世三因,感生、老死这未来世二果。如此推论,那么无明、行这过去世二因,也应该是由生、老死这未来世二果作为因而业感缘起的。这"三世因果",因即果,果即因,称"二重"。其间所不息的是业力。

其五,三法印。阿含经类经典总是强调,诸行无常,诸法无我,涅槃寂静,这是"三法印"的要义。② 法,梵语 Dharma,指一切事物现象,又指佛法即佛教真理。印,指印相、印契等,佛教真理的印可。诸行无常、诸法无我、涅槃寂静三大佛法命题,是佛教三"法"的"印"。诸行无常,一印,诸法缘起,无质的规定性,刹那生灭,迁流不已,念念生灭而无常。诸法无我,二印,一切事物现象无有自性,无我的我,主宰而常住义。五蕴集聚和合,为假有、假我而非实我、真我,假我即无自性。执著于我,假我。涅槃寂静,三印,涅槃,梵语 Nirvāna,又称泥洹、泥畔、涅槃那等,旧译为灭、灭度、寂灭等。灭,灭除生死因果、脱离轮回的意思。寂静,离弃于烦恼称寂,绝断于苦厄曰静。寂静即涅槃。涅槃寂静,空幻的意思,指佛教成佛的理想、境界。涅槃之境,指贪欲、瞋恚与愚痴等一切烦恼永除而出离诸苦。涅槃分"有余""无余"两类。前者,指烦恼已断而存今生的果报肉身;后者,指烦恼、果报、身心统归于寂而生死因果断灭。释迦在菩提树下悟道成佛,鹿野苑初转法轮及对诸弟子说法,是有余涅槃的境界;八十圆寂,入于无余涅槃之境。

其六,八正道。正见,正思维,正语,正业,正命,正精进,正念与正定,称

---

① 《长阿含经》卷一,《大正藏》第一册,"阿含部类",T01,P0007b。
② 按:吕澂云:"释迦论证人生'无常''无我'因而提出了三个命题:'诸行(行,指有为法)无常''诸法无我''一切皆苦'。三者合称为'三相'(相,指特征,即释迦学说之特征);又称'三法印'(法印,就是标志,指释迦与其他派别相区别的标志)。以后于'三相'之外,加入'涅槃寂静',称为'四法印'。后来人们认为无常、无我里已包括着苦,又把苦去掉,仍是'三法印'。"(吕澂:《印度佛学源流略讲》,上海人民出版社1979年版,第23页)

八正道。其道离弃偏邪,故称正。乃解脱、成佛的正确途径与方式。正见,即正观。离痴去邪,称为正见,无漏之慧。非颠倒之见,是谓正见。正思维,即思维之正。思虑度量事理而无分别,是对世俗思维的否定,佛国庄严清净,以无漏之心为体。正语,以佛智修持口业,离弃一切虚妄不实之语。五戒之一的不诳语,即正语,以无漏之戒为体。正业,以真智涤除肉身之一切邪业,而住于清净、离诸邪妄。正命,依止于佛的正法,令身、口、意三业离邪归正,正其根性。正精进,以真智会心、修持涅槃之道。以无漏勤持为体用,精勤进取。正念,意念持正的意思。以正慧对治心猿意马,心无驰散。正定,戒定慧而入于禅定之谓。妄念尽去,正智住于无漏清净的境界。

印度原始佛教,实以四谛说为其基本教义之纲。四谛之言,是人之生存、生命、生活本身的因果论。双重因果:一、苦果缘于集因,苦集二谛酿成世间生死因果;二、灭道二谛构为出世间因果链,灭为果而道为因。综观四谛,苦果集因而灭果道因。或者说,因造业而感苦果,由拔离有漏此因,而证印灭谛涅槃。四谛说的历史与逻辑原点,是"苦"。五蕴、六道轮回与十二因缘诸说,实际是印度佛教四谛说的苦(人生有苦)、集(苦必有因)的展开与解说,其间的人文思维方式,为因果论。三法印义,是四谛的苦必解脱(灭谛)说;八正道,指四谛说所谓解脱之途(道)。苦集灭道四谛,大凡可概言印度原始佛教教义的基本方面,所谓佛教"四大真理"。

当然,在印度原始佛教、部派佛教时期,佛教徒对原始教义的记诵、解读、遵循与讨论,同时还集中于世界起源于有神还是无神、世界究竟实有抑或虚妄、有我抑或无我这三大问题,大致触及本原、本体与主体三大哲学论题,与关乎人的生活、生存与生命本身的四谛诸说一起,因蕴于哲学而为佛教美学的发生与建构提供了可能的历史与人文契机。凡此,都与四谛说等具有历史与逻辑的内在联系,此勿赘。

二 印度大乘教义之要

约公元1世纪至7世纪,是印度大乘佛教起始、兴盛与转变的历史时期。公元1世纪初,为初期大乘宗般若经典;公元2世纪至3世纪,以龙树为代表的中观学兴起、传布;公元4世纪至5世纪,瑜伽行派兴起、传布;公元4世纪至7世纪初,大乘佛教所宗教义,是"缘起性空"说,不同于中观学的"空即中"之说,也不同于瑜珈行派的"离言法不空"。总体上,大乘(Mahāyāna)主普度众生的教义。大乘之兴,将此前部派佛教贬为小乘,指其为小根器人的教法。《十二门论》云:

> 摩诃衍(按:大)者,于二乘为上故,名大乘。诸佛最大是乘能至,故名为大。诸佛大人乘是乘故,故名为大。又能灭除众生大苦,与大利益事,故名为大。又观世音得大势至、文殊师利、弥勒菩萨等,是诸大士之所乘,故名为大。又以此乘能尽一切诸法边底,故名为大。又如般若经中,佛自说摩诃衍义无量无边,以是因缘,故名为大。①

乘即车乘。这是反复言说大乘何以名"大",可见其对基本教义十分自信。

印度大乘佛教教义可分三系:一、唯识之学。公元 4 世纪左右,弥勒(Maitreya)始创于前,无著(Asanga)、世亲(Vasubandhu)继其后。为瑜伽行系,主张"万法唯识"。二、般若之学,倡言性空,即"人法俱空"。中观之学主张离空、有二边而不执于"中",推重般若。兴起于公元 2 世纪中叶(早于唯识之学),以龙树(Nagarjuna)、提婆(Arya Deva)之说为代表。三、佛性之学,以"真常唯心"为宗要。印顺云:

> 太虚大师分大乘为三宗,即法相唯识宗、法性空慧宗、法界圆觉宗。我将印度之佛教,称之为虚妄唯识论、性空唯名论、真常唯心论。②

"虚妄唯识"(万法唯识)、"性空唯名"(般若中观)与"真常唯心"(涅槃佛性)说,为大乘三要,依次对应于唯识之学、般若之学与佛性之学。这里,试先从法相唯识学说起。

(一)唯识之学

法相唯识,瑜伽行派基本教义。瑜伽行(Yogācāra)亦称唯识派系,其创立者为弥勒。南朝真谛译《中边分别论》与唐玄奘译《瑜伽师地论》、唐波罗颇密多罗译《大乘庄严经论》等,都是以弥勒命名的著作。无著、世亲继后有关瑜伽行的系统著述,主要是《摄大乘论》(北魏佛陀扇多译;南朝真谛又译)、《唯识三十论》(又称《唯识三十颂,真谛译》)与《大乘百法明门论》(玄奘译)等。玄奘《成唯识论》,是对印度世亲晚年力作《唯识三十论》的解读之作。

唯识学的主旨,是"一切唯识",便是《唯识三十论》所言"是诸识转变,分别所分别,由此彼皆无,故一切唯识",万类都以"识"这唯一"存在"为"转

---

① 《观因缘门第一》,《大正藏》第三十册,"中观部类",〔印〕龙树造、鸠摩罗什译《十二门论》卷一,P0159c。
② 印顺:《大乘起信论讲记》,《妙云集》上编之七,三十九年(1950)香港大埔墟梅修精舍讲述。

变"(变现)的根因和根性。"诸识"(指"八识")都变现,称之为"分别"的见分与"所分别"的相分,其余皆不存在,唯有"识"才是存在本身。

唯识之学的逻辑结构是"八识"。"八识"之言,为世亲所立。① 这便是前六识(眼耳鼻舌身意),第七末那识与第八阿赖耶识。前六识为小乘原有,其中前五识大致相当于普通心理学所说的五官感觉。第六识"意"在"虚妄"这一点上,与前五识相通。②《唯识三十论》云:"次第三能变,差别有六种。了境为性相,善不善俱非。"大意:其一为"阿赖耶",其二为"末那","第三"即"能变",具有种种"差别",而其"性相"即基本的性和现行,分别是善性、不善性与非善非不善性。一切法皆唯识所"现"。"现"即"变现""显现",此之谓"能变"。

第七识是末那(Mana)。《唯识三十论颂》称其为"依彼转缘彼,思量为性相","四烦恼常俱,谓我痴我见,并我慢我爱,及余触等俱",而且"有覆无记摄,随所生所系"。③ 其性相、功能,一在"思量";二具"我痴""我见""我慢"与"我爱"这四"妄"即"四烦恼",而且具有"触"等杂染;三为"有覆无记"④;四具有"转识成智"之功。

第八识是阿赖耶(Alaya),又称藏识、种子识等。《唯识三十论颂》称"初识阿赖耶,异熟一切种"⑤,其性"无覆无记""非常非断"。理解与解读这一识,应该抓住如下几项:其一,阿赖耶"性相"。阿赖耶本义为"藏",具有"能藏""所藏"与"执藏"的功用,并非"藏"本身而指其保藏"种子"之功:"一切种相"的"此中何法名为种子? 谓本识中亲生自果功能差别"⑥。"种子"有二类:一为"本有",而如果只是"本有",阿赖耶识便不具有"转识"之功。二则为"熏生",如果不由"熏生",所谓"转识"与阿赖耶也便不具有因缘义。故"种子"作为"根本识",尤具"转识成智"功能。这便是《唯识三十论》所言"恒转如暴流"⑦。其二,与"种子"说相契的是"熏习"。《成唯识论》云,"阿赖耶识与诸转识,于一切时展转相生互为因果","如炷与焰展转生烧,又如

---

① 按:无著《摄大乘论》仅说前六识、阿赖耶识而未及末那识。
② 按:太虚《法相唯识学》说:"至第六意识与普通心理学所谓意识略同,唯从意识全部之领域及分类而言,则法相唯识学之意识较普通心理学为广。"(该书上册,商务印书馆2002年版,第42页)
③ 〔印〕世亲菩萨造:《唯识三十论颂》卷一,唐玄奘译,《大正藏》第三十一册,P0060b。
④ 按:前六识"有覆有记",末那识"有覆无记",阿赖耶识"无覆无记",此均言其各自的伦理属性。
⑤ 〔印〕世亲菩萨造:《唯识三十论颂》卷一,唐玄奘译,《大正藏》第三十一册,P0060b。
⑥ 唐玄奘:《成唯识论》卷二,《大正藏》第三十一册,P0008a。
⑦ 〔印〕世亲菩萨造:《唯识三十论颂》卷一,唐玄奘译,《大正藏》第三十一册,P0060b。

束芦互相依住"。① 所谓熏习,即令种子生起、增长。现行法"气分"染于阿赖耶这一"种子",或者说习气之功用,称"熏习"。《大乘起信论》云:"熏习义者,如世间衣服,实无于香。若人以香而熏习故,则有香气。"②其三,阿赖耶"种子",经"熏习"即现行生起,便是所谓能熏生种、种起现行,遂成有漏(烦恼)、无漏(清净)。其四,关于"三自性"说。与大乘唯识论阿赖耶"种子"说相契的,又有"三自性"说。《唯识三十论颂》:"由彼彼遍计,遍计种种物。此遍计所执,自性无所有。依他起自性,分别缘所生。圆成实于彼,常远离前性。"③"遍计所执",对一切事物现象思量、计较,陷于我执、法执"遍计"之心的前六识甚而第七识的境界之中;"依他起",指万类依因缘而起,故无自性。一切有漏、无漏之心、心所及其现行变现,均依种种因缘、因果、条件而生起,为"依他起性"。妄执于"依他"的因果,而成"遍计所执"之境;破斥"依他",遂成我空、法空的"圆成实性"之境。

可见,大乘唯识之学具有五要:一、以"识"为事物现象的唯一本原、本体;二、"八识"即前六识、第七识末那与第八识阿赖耶,以及"种子""熏习""三自性"等论说,是其逻辑结构与逻辑展开;三、印度唯识论宗佛教缘起说,强调识的"变现"即现行生起,遂成种种不同境界;四、阿赖耶识保藏的"种子",污染与清净之性兼具;五、修行的目的在于断灭"杂染"而入于清净"妙有"之境,须依次修持所谓"资粮位""加行位""见道位""修道位"与"究竟位"这五个阶位,而臻于圆成。

(二) 般若之学

此学属中观学派,亦称中观之学。般若性空之说,是印度大乘空宗的基本教义,以《大般若波罗蜜多经》与《中论》《十二门论》《百论》《大智度论》等为主要文本。

《中论》"三是偈":"众因缘生法,我说即是无(空)。亦为是假名,亦是中道义。"④这是般若、中观之学的典型表述。龙树《中论》,宗"缘起"而说"中道"。万法皆空,是因一切缘起;因缘起而一切皆空。空(Sūya 或 Sūnyatā),究竟而无实体,一切事物、现象究其本而无实性。这是一切佛说宗要。既然万法皆空,空即假有,则此空本身,亦为假名。诸法假名。中道,是对有、无而言的。非有非无,离弃空、有二边为中道。龙树解说中道有云:

---

① 唐玄奘:《成唯识论》卷二,《大正藏》第三十一册,P0008c。
② 〔印〕马鸣菩萨造:《大乘起信论》,梁真谛译,高振农《大乘起信论校释》,中华书局 1992 年版,第 75—76 页。
③ 〔印〕世亲菩萨造:《唯识三十论颂》卷一,唐玄奘译,《大正藏》第三十一册,P0061a。
④ 《观四谛品》,《大正藏》第三十册,"中观部类",〔印〕龙树《中论》卷四,T30,P0033b。

> 诸法不生不灭，非不生不灭，亦不生灭非不生灭，亦非不生灭非非不生灭。①
>
> 非无量非无量无量，非无边非无边无边，非无等非无等无等，非无数非无数无数，非不可计非不可计不可计，非不可思议非不可思议不可思议，非不可说非不可说不可说。②

般若中观学的主旨，反复以"非"这一言说，强调离弃生灭、断常、一异、去来即空有二边，而行中道之理。中道，非般若(Prajna)即无上智慧、究竟智、根本智所不能领悟。

既然中道无非假名，试问离弃空、有二边如何可能？离弃空、有为中道，而中道本自"无执"，否则，便堕入"恶趣空"。

般若中观之学，以空的无可执取为主旨。其思维，持否定的律则："不生不灭，不断不常，不一不异，不去不来，因缘生法，灭诸戏论。"③如是如是。这就是"八不中道"说，反复宣说中道实相观："一切实一切非实，及一切实亦非实，一切非实非不实，是名诸法之实相。"④

以事物、现象的生灭、常断、一异、来出(去)为执著，便是谬见。

(三) 佛性之学

亦称"真常唯心"学。按一般印度佛教史，大乘宗门仅"唯识""般若"二支。所谓佛性之学，普存于"唯识""般若"二支之中，似乎并无必要别立一支以自张其军。

由探究大乘有、空二宗可见，尽管"唯识"属有宗而"般若"属空宗范畴，两者均以一般意义的缘起论、佛性说为其基本教理，而问题是，同为有宗一系，除"唯识"之外，显然还有涅槃佛性之学即高扬涅槃、佛性大旗的另一支。在学理与旨趣上，佛性之学、真常之教，既不同于"唯识"，也有别于"般若"。大力宣说涅槃佛性之学的印度佛典，如《妙法莲华经》《大方广佛华严经》与《大般涅槃经》等入传中土后，"方有依三经立论开宗之事，故'真常之教'独盛于中国。而所谓'中国佛教'之三宗(天台、华严、禅宗)实亦皆以真常为归

---

① 《大智度初品中菩萨功德释论第十》，《大正藏》第二十五册，"中观部类"，〔印〕龙树《大智度论》卷五，P0097b。
② 《大智度初品中摩诃萨埵释论第九》，《大正藏》第二十五册，"中观部类"，〔印〕龙树《大智度论》卷五，P0094c。
③ 《大智度初品中菩萨功德释论第十》，《大正藏》第二十五册，"中观部类"，〔印〕龙树《大智度论》卷五，P0097b。
④ 《缘起义释论第一》，《大正藏》第二十五册，"中观部类"，〔印〕龙树《大智度论》卷一，P0061b。

宿,不过或依般若而发展至真常,或依唯识而发展至真常,或以自性直揭真常,稍有取径之异耳"①。涅槃佛性之学,以成佛为究竟旨归,它入渐于中土与中国文化、哲学传统相结合,对中国佛教、佛教哲学与中国佛教美学的影响尤为深巨。因而正如印顺所言,拟另辟一支略加论析。

佛性,佛的觉悟,正等正觉。佛性即"真常",如来的法性。"真常"者不易,如来者金刚不坏。可被遮蔽、可被彻悟(发见)而其性恒常,犹海水平静如镜,抑或浊浪奔涌,而其湿性未变。佛性深湛,常住而无有变易,诸妄一切圆灭,独妙真常。真如、如来藏与法性等,都是佛性的别称。

其一,"真常唯心"意义的佛性。

印度佛教各宗各派,无一不说佛性及与佛性说相契的缘起论,而佛性,在各宗派教义中的立论逻辑与强调的程度不一。原始佛教、部派佛教的所宗,如《阿含》经典虽明佛性之义,却并未深论。小乘、大乘诸宗均言佛性,而以大乘有宗一系的涅槃佛性之学为甚。主张净土信仰的"往生西方净土"说,称"西方"即"佛国",亦称"佛土""佛界"等,此言佛性清净之地。所谓"三部一论"②与三国吴支谦译《大阿弥陀经》等,均宗此说。《阿弥陀经》云:"闻说阿弥陀佛,执持名号……一心不乱,其临命终时,阿弥陀佛与诸圣众,现在目前,是人终时,心不颠倒,即得往生阿弥陀佛极乐净土。"故成佛即"往生"于"佛国",从而证得佛性。佛性者,佛之本性、根性。佛在何方?在"西方"。"西方有佛",故佛性在"西方"。可见这里所说的"佛性",俨然一"客观存在"。

然而,《维摩诘经·佛国品》言说"佛国",却主张其不在"西方"而在"人民"(按:众生)世间。此谓"菩萨弘其道义故,于佛国得道,恒以大乘正立人民得有佛土"。可见,佛性是"得道"的"人民"(众生)性,并非纯为"西方"性。印度禅学主旨,以静虑为禅,离欲为禅,弃恶为禅。禅之性,即佛性,实为无垢清净心,便是"见性成佛""佛在心中""即心即佛"。佛性,即离弃于烦恼而悟得的静寂之境、清净之心。

"真常唯心"说所谓佛性之学的逻辑预设,是"会三归一"的"一乘"说。《妙法莲华经·序品》:"佛世尊演说正法,初善、中善、后善。""初善",声闻

---

① 劳思光:《新编中国哲学史》第二卷,广西师范大学出版社2005年版,第179页。
② 按:"三部一论",指曹魏康圣铠译《无量寿经》两卷、后秦鸠摩罗什译《阿弥陀经》一卷、南朝宋畺良耶舍译《观无量寿经》一卷与北魏菩提留支译《无量寿经论》(世亲著)。

乘①；"中善"，辟支佛乘（缘觉乘）②；"后善"，菩萨乘③。虽三"善"同为佛的"正法"，而修持方法与境界有别。《法华》以众生"根性"有"罪根""钝根"与"利根"的不同而言分别说法依据，众生有种种欲望而滞累于俗世，故须比喻言辞，方便说法，开示以悟。《法华》《涅槃》与《华严》皆重"一乘"教法。正如《大般涅槃经·高贵德王菩萨品》云，"汝今欲尽如是大乘大涅槃海"④然。

"大涅槃"者，根本意义之证得佛性。《大般涅槃经》以"法性"为佛性。此"法性"之"法"，指一切事物现象，又称佛性。故"法性"（佛性）即指由佛法所悟彻而揭示之一切事物现象的本性、根性。就此意义言，《大般涅槃经》等称诸如"十二因缘""五蕴"与无常"四相"（生住异灭）等，均本具佛性。如"五蕴"所言"色"，《大般涅槃经》称，色即佛性而色即非佛性：

> 佛性者，异色非色，非色非非色；亦相非相，非相非非相；亦一非一，非一非非一；非常非断，非非常非非断；亦有亦无，非有非无；亦尽非尽，非尽非非尽；亦因亦果，非因非果。⑤

色与非色、相与非相、一与非一、非常与非断、有与无、尽与非尽、因与果，等等，都是"是"与"不是"、"不是"亦"是"的关系。如常者佛性，非常者非佛性，常与非常，亦一亦二，非一非二。涅槃，佛性的证得与实现。涅槃即灭诸烦恼、断灭染污、扫除虚妄，成就大觉智，亦即解脱，"解脱即是无上大涅槃"⑥。

可见，大凡常或曰真常者，皆为佛性。真常，如来佛法真实常住，亦称真如、法性、法身。《大般涅槃经》倡说"常乐我净"之境。常者，法身义；乐者，解脱义；我者，真我义；净者，清净义。此称"涅槃四德"。常谓恒常不坏；乐曰欢喜幸福；无妄执而为真常之我；净乃无垢、涅槃、佛性之妙境。便是佛性证得，为根本智、无分别智、第一义谛。不依于心识而不缘外境，故了一切境。

其二，"真常唯心"意义的成佛。

---

① 按：声闻乘，闻如来所言之教而开悟者，此《法华经》所谓"以佛道声令一切闻"。
② 按：《法华经》："从佛世尊闻法信受，殷勤精进，求自然慧，独乐善寂，深知诸法因缘，是名辟支佛乘。"
③ 按：菩萨乘，修六度之行，自度度他而臻佛果之乘教。《佛地论》二有云，"缘菩提萨埵为境，故名菩萨，具足自利利他大愿，求大菩提利有情故"。
④ 《光明普照高贵德王菩萨品第十之一》，《大正藏》第十二册，"涅槃部类"，《大般涅槃经》（北本），P0490a。
⑤ 《师子吼菩萨品第二十三之一》，《大正藏》第十二册，"涅槃部类"，《大般涅槃经》（南本）卷二五，P0770b。
⑥ 同上书，P0771c。

佛性本为真常,佛性常恒,无有变易。"第一义空"即"智慧","普在"而非"殊在"。《大般涅槃经》倡言,"一切众生悉有佛性""我常说一切众生悉有佛性,乃至一阐提等亦有佛性"①。

"一阐提"(Icchāntika)者,"一阐"名"信","提"云"不具"。小乘佛典说,"一阐提"不得成佛。"阿耨多罗三藐三菩提"(Anuttara Samyak Sambodhi)者,无上、遍知之义。佛法无上,智慧正遍,成佛而证印无上的正智正觉。大乘持众生皆有佛性、皆得成佛说,而且,连"一阐提亦具成佛"可能,便是"普度众生"。

佛性"普在"。而具有"普在"佛性,未必皆当成佛。且不说"一阐提"如能成佛,须"舍离本心(按:妄心)",脱胎换骨,即使一般众生如欲成佛,则必修持、禅定而证菩提。一切众生悉具佛性,仅是成佛可能。欲使成佛,则须历经长期修习或顿除妄念。正如《大般涅槃经》所以发问,"若一切众生有佛性者,何故不见(现)一切众生所有佛性?"②

佛性的实现即成佛,须"对治"其"心"(妄心),修行"六波罗蜜"即"六度":一、布施,二、持戒,三、忍辱,四、精进,五、禅定,六、智慧。对治,断灭烦恼之谓。一为"厌患对治",二乃"断对治",三则"持对治",四则"远分对治"。依次于心生厌恶红尘之念,以无间之道、缘四谛而断灭烦恼。守持解脱之道,不使烦恼重染于心,解脱、精进而入玄邃、空幻之途。

佛性即佛心。成佛即治"心"、正"心"而成"心"。

佛心,觉悟之心。无住心即是佛心,指本性无迷执、无滞累于妄念。印度佛教无论小乘、大乘,言"心"处不厌其烦,概而言之,为六"心"之谓:肉团心、集起心、思量心、缘虑心、坚实心与精要心。各宗派关于"心"的逻辑预设与表述,大不一致。而成佛,则印证诸如"坚实心"即自性清净心与"精要心"。

佛性者佛心,成佛者成心,佛法者心法。所谓欲界、色界、无色界的所有,只是一心。万法唯心,此为"真心""常心"。心从一主体、主观范畴,遂成一本因、本体,便是"真常唯心"。

于是,佛性之学关乎"一切众生悉具佛性",被逻辑地置换为"一切众生""悉具初发心"这一命题。众生之所以未能成佛,是因为"初发心"被业障、染尘遮蔽、蒙暗而未发明、开显的缘故。尽管人人皆具佛性,皆能成佛,而众生

---

① 《师子吼菩萨品第二十三之一》,《大正藏》第十二册,"涅槃部类",《大般涅槃经》(南本)卷二五,P0767a、P0769a。按:《师子吼菩萨品》多处言说"一切众生悉有佛性"义,如《大般涅槃经》(南本)卷二五,T12,P0769b。

② 《师子吼菩萨品第二十三之一》,《大正藏》第十二册,"涅槃部类",《大般涅槃经》(南本)卷二五,T12,P0767b。

之心并非佛性的实现。何故？此心是无常,佛性者,真常。此"心"为一般意义之心,被蒙蔽、被污染之众生"心"。众生本具"初发心",本为澄明、清净,此谓"真常之心"。而处于蒙暗状态、心垢境遇之中,为"非佛心",为"无常"。本原上,佛性与"初发心"合一,此就其逻辑而言。在现实世间,两者分立甚至暌违。因而,治心以求解脱,必要而重要。治心者,观悟佛的善美境界;观善美之境,可成大智慧。大智慧者,正智。得正智者,离生死苦海,得大解脱。解脱者,解心魔之谓。"魔有四种。一者烦恼魔,二者阴魔,三者死魔,四者他化自在天子魔。是诸菩萨得菩萨道故,破烦恼魔得法身故,破阴魔得道得法性身故,破死魔常一心故,一切处心不著故,入不动三昧故,破他化自在天子魔。"①因此,所谓佛学,实际是心学。

第二节 印度佛教基本教义的美学意义

在一些学人看来,所谓美学,简言之,无非是一门研究美的学问。作为人对现实世界的审美关系学,艺术审美现象,而且只有艺术审美,才是美学的主要研究对象。而正如世界一切宗教那样,印度佛教及其基本教义,属于与人学相对的神学范畴,其所思、所言,大凡不出何为佛,何为菩萨与般若、涅槃,以及成佛、解脱如何可能等主题,似与美学无涉。"在西方,曾有一个时期,至少把中世纪的一千余年,看做是美学的'地狱'。"因为西方中世纪是基督教盛行的历史时期,所以,"十九世纪的最早几部美学史著作,如科莱尔(Koller)的《美学史草稿》(1799),齐默尔曼(Zimermann)的《作为哲学科学的美学史》(1858),夏斯勒(Schasler)的《美学批评史》(1869)等等,都略去了中世纪美学。夏斯勒甚至认为,中世纪不仅没有理论形态的美学,也没有观念形态的审美意识,中世纪在审美方面是一片空白"②。

这一关乎美学也是关乎宗教的误会,多年之间,一直存在于中国美学界。其立论的主要依据是,既然美学是"人对现实的审美关系学",既然宗教的精神世界是非"现实"的,既然宗教包括印度佛教与中国佛教等的基本教义,一般都以否定现实美、世俗美及艺术美为旨要,那么,宗教、宗教学及其印度佛教、中国佛教的教义等,又有何"美学"可言?

然而,即使在西方中世纪"黑暗"时期,正如吉尔伯特·库恩所言,"美学

---

① 《大智度初品中菩萨功德释论第十》,《大正藏》第二十五册,"中观部类",《大智度论》卷五,P0099b。
② 阎国忠:《绪论》,《基督教与美学》,辽宁人民出版社1989年版。

在中世纪并没有被基督教的道义抵制、摧毁,也没有被神学完全搞乱"①。这一表述固然有些不够准确,应当说,中世纪因宗教的繁荣,而使这一历史时期的西方美学显得可能比古希腊、古罗马时更复杂、更绚丽多姿,神学与美学的历史与人文联系,将美学推向一个崭新的历史时期。

美学与宗教的关系,首先是美学与宗教教义、教理等知识结构的关系,同时关涉于宗教生活、宗教制度、宗教人格和宗教艺术等宗教文化各方面、各层次。就佛教美学而言,其学理之所以能够成立,是因为,首先印度佛教教义、教理的人文内涵和底蕴,是融渗于教义、教理的佛教哲学或文化哲学。美学,无论哪一种美学,不管其人文主题、逻辑架构、理论系统和历史形态有多么不同,都是关于世界现象及人的生活意象、情感、意志和理性、非理性等的哲学或文化哲学,美学和宗教教义教理包括佛学二者,同时相通于哲学或文化哲学。这是佛教美学包括中国佛教美学"何以可能"的基本立论依据。

宗教学属于神学范畴。考其与哲学的关系,大凡四类:"一、人们曾经把哲学与神学的关系设想为对立;二、另一方面,人们又试图把二者等同起来;三、此外,人们曾经把神学置于哲学之上;四、或者反过来,把哲学置于神学之上。"②译者李秋零将此概括为:"神学与哲学对立""基督教是真哲学""神学作为超自然启示的知识高于作为自然知识的最高形态的哲学"和"哲学关于上帝的自然知识高于神学"③。无论基督教、印度佛教还是本书将要论述的中国佛教,都涉及哲学或文化哲学与神学的基本关系。大凡哲学,皆是神学及印度佛学、中国佛学的人文精魂。印度原始佛教时期,原始佛教与耆那教争论不休的有关世界是否原于"地、水、火、风"和灵魂之灭与不灭等,都是哲学问题;部派佛教时期三次"结集",有关万法"实有"与"假有""无我"与"有我"等辨析,也是如此;大乘空、有二宗,无论是属于空宗的"中观",抑或属于有宗的"瑜伽行"的基本教义,如缘起论、二谛说、"八不"中道和"唯识"之学,等等,皆具哲学或文化哲学的底蕴。这为关于印度佛学的美学研究,开辟了广深而正当的学术空间,也为源于印度且中国化的中国佛教美学的哲学或文化哲学研究,"种植"了源自印度的人文基因,并且为因中国化而导致诸多问题的美学研究,提供了可能与必要。

东方印度佛教与中国佛教,正如西方基督教那样,其神学品性,固然与美学有相悖的一面,然而,既然神学实际是关于人、现实世界的另一理论表述与思想体系,某种意义上,神犹人而人犹神。就佛教而言,则佛犹人、人犹佛。

---

① 〔德〕吉尔伯特·库恩:《美学史》第五章,《美学译文》第1期。
② 〔德〕潘能伯格:《神学与哲学》,李秋零译,商务印书馆2013年版,第14页。
③ 参见李秋零《中译本导论》,〔德〕潘能伯格:《神学与哲学》,商务印书馆2013年版。

既然佛性即完善之人性,而人性即被"污染"的佛性,那么,美学与神学包括佛学的关系,既相悖而相合,既二律背反又合二而一,这是妥切的结论。

从文化人类学、文化哲学角度看美学,它不仅属于人学范畴,而且必与神学(佛学)相系。其一,两者都在一定意义上,满足向往精神自由的需要。不过,一在于审美,一在于信仰。其二,神学与美学,某种意义上都是人学的延伸与展开。离弃人学观念的神学与美学,正如离弃神学的人学及其美学,都是不可想象、不可思议的。美学之文化、文化哲学的土壤是人学,其实也可以说,美学的文化根基之一,同时是神学。美学所研究的人与现实世界的美及其审美关系,既存在、发展于人、人与现实、人与自然、人与自我的关系,又在人与神(佛)、人性与神性(巫性)、人性与佛性等之际。

海因茨·佩茨沃德曾受启发于恩斯特·卡西尔《人论》关于文化哲学的美学论断而提出:

> 我将在本文中提出美学的一个新方法。我的观点是,我们应该对美学进行反思,以置之于人类文化哲学更为宏大的语境之中。①

这一"美学"新方法,必将"重绘美学地图"②,对于本书所涉印度佛教美学与本书后文即将论述的中国早期佛教美学史而言,具有重要的方法论意义。中国佛教美学,固然在于中国文化、文化哲学与佛教及其审美之中,也必与入渐的印度佛教基本教义及其美学相系。

以"文化哲学的美学"观看待印度佛教及中国佛教美学,则无疑具有深邃的美学意义。佛教美学,应是作为"文化哲学的美学"的一个理论与学科新形态。

其一,"作为文化哲学的美学"认为,自古希腊哲学家、美学家柏拉图将美学一般地理解为"美的哲学"以来,西方美学及其历史流派纷呈,宗见林立,而始终有一红线贯穿,便是美学与哲学的天然"因缘",造就其美学主流,即"哲学美学"或"文化哲学的美学"。西方美学史上,无论所谓本体论美学、认识论美学、语言学美学抑或人本主义、神本主义还是科学主义美学,等等,都首先从哲学或文化哲学角度进行研究,概无例外。

这是因为,在一定意义上,美学的哲学根因、根性与哲学的美学意义,本

---

① 〔德〕海因茨·佩茨沃德:《符号、文化、城市:文化批评哲学五题》,邓文华译,四川人民出版社 2008 年版,第 46 页。按:此引文所谓"本文",指海因茨《美学与文化哲学,或作为文化哲学的美学》,亦即海因茨《符号、文化、城市:文化批评哲学五题》一书第三章。

② 同上。

具同质同构性。哲学固然不等于美学,然而哲学或文化哲学,必然是美学或文化美学(人类学美学)的灵魂。哪里有哲学或文化哲学,那里未必有美学;哪里有美学,那里必然有哲学或文化哲学。哲学或文化哲学,是美学或文化美学(人类学美学)学科意义上的人文学术之魂魄。美学或文化美学的研究对象,可以是文艺审美现象、审美心理,可以是自然、人文包括伦理道德、宗教信仰与科学技术之类,等等,而只有首先真正从哲学或文化哲学角度所进行的研究,才有可能是美学或文化美学,否则便只能是其他什么"学"甚或是"伪美学"。当然,这种以哲学或文化哲学为人文灵魂的美学的研究指向,不是一般的哲学或文化哲学问题,而主要是与哲学和文化哲学相系的世界意象、人之情感即感性、艺术及现象,等等。

早在 1871 年,德国古典哲学家、美学家康德就曾在其《纯粹理性批判》一书中指出:

> 我的理性的全部旨趣……汇合为以下三个问题:(1)我能够知道什么?(2)我应当做什么?(3)我可以希望什么?
>
> 很久以来,在纯粹哲学的领域里,我给自己提出的研究计划,就是要解决以下三个问题:(1)我能够知道什么?(形而上学)(2)我应当做什么?(道德)(3)我可以希望什么?(宗教)接着是第四个,也是最后一个问题:人是什么?(人类学……)①

"人是什么"("人何以可能")以及人与自然、人与现实、人与人、人与自我诸问题及其展开,即"人能知什么""人应何为""人追寻什么"等人生重大课题,既是哲学,也是美学所应优先研究的根本问题。美学与文化哲学的血缘联系,无可回避也不可抹煞。

其二,印度佛教的基本教义,具有葱郁而深邃的哲学素质与哲学意义。无论本书前文略说的四谛、五蕴、六道轮回、十二因缘、三法印诸说还是大乘的"虚妄唯论""性空唯名""真常唯心"等说,都是如此。汤用彤曾云:

> 佛法,亦宗教,亦哲学。宗教情绪,深存人心,往往以莫须有之史实为象征,发挥神妙之作用。故如仅凭陈迹之搜讨,而无同情之默应,必不能得其真。哲学精微,悟入实相,古哲慧发天真,慎思明辨,往往言约旨

---

① 〔德〕《康德书信百封》,李秋零译,上海人民出版社 2006 年版,第 199 页。

远,取譬虽近,而见道深弘。①

正如本书前文所述,佛陀的学说作为印度当时沙门思潮的一种,原旨并非哲学建构而重宗教信仰与道德说教,这并不能斩断佛教、佛法与哲学、哲思的天然联系。佛法广弘而其哲理幽微。其所论及,包括天地宇宙说、人生心性之见与修行成佛理想等,其间蕴含本原本体论、心性佛性论、语言现象论与般若涅槃的境界论等,无一不首先是佛教哲学或文化哲学。方立天说:"佛法就是宗教,佛法自身一般并非以哲学形态呈现于世,但是佛法包含了极其丰富的哲学思想,佛教哲学正是构成佛教信仰体系的理论基础,由此也可以说,佛法就是哲学。"②此言是。

既然如此,那么通过哲学或文化哲学这一中介,对印度佛教的基本教义包括中国佛教的基本教义即其佛学部分进行美学研究,应是顺理成章、可以期待的。

印度佛教基本教义的美学意义,是值得研究的一大题中应有之义。其间问题甚多,是因该教义体系蕴含着丰赡而深微的本原本体意识、静观归真意识、现象象喻意识及其人文创造意识,等等。宗教包括佛教,不仅是众所周知马克思所说的"精神鸦片",而且同时是有益的精神食粮。印度佛教教义的美学意义有许多方面,这里仅就其"死""死苦"教义的"美学"概而言之。

印度佛教"四谛"的第一谛所言人生有"苦"说认为,人的生老病死、富贵与贫贱等,人的生命、生存、生活现实本身一切皆"苦"。《增一阿含经》"四谛品"云:

> 彼云何名为苦谛?所谓苦谛者,生苦,老苦,病苦,死苦,忧悲恼苦,怨憎会苦,恩爱别离苦,所欲不得苦,取要言之五盛阴苦,是谓名为苦谛。③

苦谛说,是一个佛教哲学预设,的确揭示出世界与人类的一大"实际"。现实世界、经验人生,总有苦有乐,苦乐相伴,并非"一切皆苦"。苦谛说却超越一般世俗之见,预设"苦"因其普在性而具哲学形上意味。其间不可避免地蕴含一个审美判断,即由世间"人生皆苦"的判断,而彻底否定人生经验现实之

---

① 汤用彤:《汉魏两晋南北朝佛教史·跋》,《汤用彤全集》第一卷,河北人民出版社2000年版,第655页。
② 方立天:《绪论》,《中国佛教哲学要义》上卷,中国人民大学出版社2002年版。
③ 《四谛品》,《增一阿含经》卷一七,瞿昙僧伽提婆译,《大正藏》第二册,P0631b。

美及其审美愉悦。以世俗眼光审视,所谓人生"一切皆苦",完全是"错误"判断。可四谛说却以之为"真理"①。在美学思维上,四谛说关于"苦"的哲学,固然令那些未濡染于佛教、佛法的中国人深感惊奇、错愕,甚而认为不可理喻,可是这种预设,确是属于古印度智者悖于经验常理,而作形上假设的一种哲学兼美学的思维成果。它将世界、现实分为经验与超验、形下与形上两类,是所谓"两个世界"的理念。从而导引其信众从对于现实、世间之苦的彻底否定,来肯定出世间的乐,指引人们从世间、此岸"出走",向往、皈依于所谓佛土、佛国、涅槃。世俗之见,对"遁入空门"作消极意义的理解,不能享受其无上的精神性愉悦。而此愉快或称之为禅悦本身,虽并非审美,因其精神素质与底蕴,毕竟由其佛教信仰、佛教崇拜而起,可因佛教崇拜(信仰)与人的审美意识的异质同构性,遂使两者既背反又合一,既相对又相应,既相互乖离又相互容受,既相塞又相通,彼此沾溉而得滋养。

　　在一定意义上,审美是一种精神的自由与解放。科学意义的自由、解放,是人对事物本质规律的正确而准确的把握;人文精神的自由与解放,如佛教涅槃之境或般若之解脱然。其间显然有一定相通、相谐于审美自由的人文、心理与心灵的因素在。

　　苦谛说否定现实经验的人生,而否定本身必有所肯定,从而开拓、提供一个超越于经验的世间而促使精神空间得以形上提升。这种精神上的发现与提升及其四谛说等理论(教义)的创设,无疑本具一定的哲学素质与美学意蕴。作为"万物之灵",人无疑本具关于世界、人生意义追根溯源的精神本性,人总欲运用理性之力与精神内驱力,试图超越于有限而向往无限,便有所谓精神的"不安分"或曰"非非之想",于是从此"苦"向前推衍而及于"集""灭""道"三谛,便有出世间、彼岸(如地狱与佛国、净界之类)的先验遐思,或加以执著地追摄,或领悟而获某种意义的自由与解脱,从而实现不是经验意义的审美的"审美"。正如古希腊哲人所说的有"美的宗教"那样,某种意义上也可以说,印度佛教及中国佛教等,其实也是一种"美的佛教"。然而这种"美",确不同于世俗、经验之美。印度佛教四谛说之"苦"以及"灭"等言述,包含着人之生命的美学悲剧意识,与由佛教信仰、崇拜而可能达到的精神静虑、净化的"美"与"审美"。

　　再就四谛的苦谛即"死苦"言之,印度佛教所谓生命而非生活、人性而非人格意义的"死苦",必与"生"、与"乐"相携而行。这凸显了印度佛教哲学与美学意义的生死、苦乐观。世界上几乎没有哪一民族能像印度那样,早在公

---

① 按:谛,真实、真理之谓,与虚妄相对。事理不谬,名之为谛。

元前五六世纪的释迦时代,将"死"作为一种大"苦"及生死问题,作出如此具有独特人文视角的哲学兼美学的思辨与探问。

《论语》曾经记述孔子"未知生,焉知死"这一典型名言。在印度佛教入传中土之前,中国文化确具鲜明的"乐生"性格。在生死问题上,中国文化无疑以"生"为逻辑原点。梁漱溟云,对于中国文化而言,"这一个'生'字是最重要的观念"①。而对于印度文化和印度佛教而言,"死"及"死苦"确是"最重要的观念",它是以"死"及"死苦"为其逻辑原点的。中印文化及其佛教不同的逻辑原点,在人文品性上确无高下、优劣之别,而由此所导引的哲学思维与诉求判然有异,从而影响两大民族所各具的审美意识与审美理想的生成与建构。在生死问题上,为什么印度大德首先想到了"死"及"死苦",而中国则首先想到了"生"与"乐生"? 印度佛教所思、所言之"四谛""十二因缘"与"五蕴"等说,实际都将此作为中心论题。如"十二因缘"说作为辟支佛之观门,对人生烦恼加以总体性概括。"无明""老死"实际是人生烦恼的中心问题。人生的根本烦恼,首先是人自身死亡的不可避免,这是最大的"无明"。老、病与死尤其是死,如山沉重地压在众生心头,令人无奈、不安、焦虑甚而畏怖。因而,印度佛教有所谓"死门"说。《大方广佛华严经》曾以牵牛进屠场、步入死门为比,称众生深溺无常苦海亦是如此。佛教又有"畏怖"说。其"死畏"称,众生虽誓愿发广深、从佛的愿心,而犹恐未能斩灭烦恼、发善根而舍身命入涅槃。如此则造成关于生命的悲剧观与敬畏意识。佛教倡言"悲天悯人""悲智双运"。"悲天"者,敬畏于"死苦"之绝对;"悯人"者,则以悲愿爱慈导化众生脱"死苦"之海而登菩提岸。悲者下化众生的"无明";智者上达菩提而解脱。而人的一生,即使就生老病死的"生"而言,也是种种烦恼、困难、痛苦,如车轮般旋转不已,无有穷时,人生"苦海无边"。人生有苦,苦的根源,在于人自身之欲壑难填、永不满足。故欲求出离"苦海",是唯一的解脱之道。

印度佛教的基本教义关于生死的言述与思辨,并非纯为宗教说教,其佛学这一东方"神学",确是以哲学或文化哲学为其人文底蕴的。

"死"与"死苦"之类究竟是什么? E.云格尔的回答是:

> 死并不逊于生。死像一个谜,不可定义。在这一点上,死与上帝似乎有共同之处。②

---

① 梁漱溟:《东西文化及其哲学》,《梁漱溟全集》第一卷,第448页。
② 〔德〕E.云格尔:《死论》,林克译,上海三联书店1995年版,第5页。

实际上,"死"确是人生旅途的"上帝"。任何人都不能与"死"同时同在。维特根斯坦《逻辑哲学论》"六·四三一一"曾说,"死不是生。人不能活着经历死"。云格尔说:

> 谁能回答死,从而使我们能够认真地言说死?只有能够回答死的权威,才能负责地言说死。我们在此陷入了一种极大的困境,因为询问死的人从未亲身"经历过"死,而不得不亲身"经历"死的人再也不能回答死。①

所言是。"死"及"死苦",一大"绝对黑暗"之境、绝对真理之维。人只可尽可能地接近它而不能直接"经历"。迄今及永远,人类关于人死(死苦)的全部论述和学说,包括佛教有关言说,皆为"不实之词"。这是活着的人无法直接"经验"的缘故。因而,死及死苦与上帝同类。不同处仅仅在于,上帝作为真善美的化身,"创造一切"(按:当然未能"创造"他自己);而死作为绝对权威,与上帝同为形上,死为"原黑暗"。虽则并非创生之原,却是人类苦痛和烦恼这类"恶"因无明而堕落的根因。

可是,从神学哲学、神学美学角度审视,如果"所谓美,就是上帝的在场","只有在宗教里才存在着真正的美"②的话,那么笔者以为,所谓"美"及其形上意义,是并未直接经验的死的"在场"。必须强调指出,同样是死,司马迁称,有"轻如鸿毛"、有"重于泰山"的,死的意义有积极有消极。这并非否认死可以是绝对之美的"在场"。

假如承认这一点,那么在佛教里,同样"存在着真正的美"即绝对之美。死与死苦及其相系的佛教所谓空、佛、般若与涅槃等等,都是如此的美。此美,并非世俗、经验审美如一朵花的美、道德的善美或科学美之类,而是因形上、超验而"美",可以深蕴于人的灵魂,惊心动魄而令心灵静穆、净化与空寂。由于绝对形上,基督教神学美学以为,上帝之美,是不可能不存在的"存在"。印度佛教所言死、死苦等及其空幻、般若与涅槃之类,同样如此。

从死、生二维关系言,死"不是必须被言称的特殊事件,因为它终将来临。面对死,人不是临死之无望,而是始终及根本无望。只要人在,人就处于死的困境之中"③。这似乎是"绝对"悲观之言,其实未然。人现实生存过程

---

① 〔德〕E. 云格尔:《死论》,林克译,第9页。
② 〔瑞士〕冯·巴尔塔萨:《神学美学导论》,曹卫东、刁承俊译,三联书店2002年版,第79、11—12页。
③ 〔德〕海德格尔:《形而上学导论》,熊伟、王庆节译,商务印书馆1996年版,第121页。

的终点,为必然之死。就死本身而言,确为"根本无望"。实际是关于"死"问题的冷峻甚而残酷的理性判断。佛教所言,揭示出这是人生头等大事且无可选择,从"不二"角度,指明世俗、此岸的贫富、贵贱、荣辱与悲喜等一切的绝对平等性。

可以说,人的死是人类宗教、哲学与美学等的历史与逻辑原点之一。假定人可不死,则人类文化、宗教信仰、哲思和审美究竟会是一个什么样子,不可设想、不可思议。那一定是另一"话语"体系,另一思维模式,或是清汤寡水,淡而无味。

总之,从人类学、文化哲学与佛教美学角度看,印度佛教所说的死与死苦,作为"第一主题",无可回避。其基本教义的这一思想与思维,正是敏感而深刻地抓住了根本,从而奠定其佛学的一块基石,而且与"生""永生"[1]相联系。在印度佛教看来,尽管"谁要言说死,谁就必须对生有所理解",尽管人的生,因其必死无疑而可以是一出"美丽的悲剧",然归根结蒂,"人与死的关系使死作为一个事件受到关注,没有这个事件,则生者根本不可能理解自己"。[2]

古希腊哲人泰勒斯曾在回答"你认为人活在这个世界上,什么事情是最困难的"这一问题时说:"认识你自己。"在罗马国家博物馆里,收藏有一个以人之濒死为题材的古老的马赛克画作,其下方的一行大写希腊文字却是:GNOTHI SAUTON!(认识你自己!)[3]。这可确证,在古希腊、古罗马文化中,人之死也是其文化、宗教与哲学、美学等绕不过的一大主题,而且提升到"认识你自己"的哲思高度。与此不同之处在于,印度佛教关于死及死苦之见,被纳入其基本教义的四谛、五蕴、十二因缘与三法印等系统论说之中,而且蕴含超越世俗之生、死的葱郁的美学意义。

---

[1] 按:佛教所言"永生",涅槃之义。此《无量寿经》所谓"乐无有极"的"泥洹之道"。
[2] 〔德〕E.云格尔:《死论》,林克译,第14、13页。
[3] 同上书,第42页。

第三章　东汉：佛教中国化及其美学思想酝酿的初始

某一民族、时代对异民族文化思想、器物制度等接受的程度，决定于这一民族、时代所能容受、需要的程度。这往往是潜在而深层的一种文化之力，需要异民族文化包括宗教、哲学与美学文化来激发与唤醒。曾经发生在中印两大伟大民族之间的这一史无前例的宗教文化传播，不啻是一个漫长而艰难的文化历程。印度佛教的初传，无可逃遁地受到中国传统文化包括道教的抗争兼迎对，严重而生气勃勃地影响中国美学史的历史建构与进程。

第一节　佛经初译与教义"误读"

中国佛教美学史的缘起，首先与印度佛教文化的初传攸关。如果没有大约在两汉之际印度佛教的东传，则无所谓中国佛教美学的发生。印度佛教初传中土的确切时间，似尚难考定。概而言之，有所谓"三皇五帝之时""西周""春秋末年""战国末年""秦之时""西汉武帝之时"与"西汉成、哀之际"诸说，主要见于《弘明集》《广弘明集》卷一、卷一一与今人汤用彤《汉魏两晋南北朝佛教史》上册、任继愈主编《中国佛教史》第一卷等所引述。

诸说的共同之处在于：古时言述佛教来华，皆喜将入传时间尽可能前推，甚而至于"三皇五帝之时"。以严肃的"史"，附会类于臆说、神话，当不足采信。诸说作者，自汉魏六朝至唐，大凡铺陈其"古"，称说神异，愈见具体。尤其西晋惠帝（290—306 在位）时，天师道祭酒王浮《老子化胡经》出，所谓"老子化胡经"，即称言老子为佛之祖而入天竺教化"胡人"，"以谤佛法"。于是道、佛争先愈烈。信佛者大造伪书，以此自抬。亦可能因年代愈久，记忆模糊，遂离史实远矣。尽管如此，有的亦可能在传说、附会之际，有若干史影在。

印度佛教入渐中土诸说中，所谓"永平求法"说最为流行，而且为历代佛教徒所津津乐道，有关记载连篇累牍。其原因，在于该说富于一定的"诗意",可以抚慰与满足一定历史时期企望"自由"的焦渴的灵魂,是历史与虚构之间的一个精彩的人文"对话"。"永平求法"说,最早出于东汉《四十二章经》:

> 昔汉孝明皇帝,夜梦神人。身体有金色,项有日光,飞在殿前。意中欣然,甚悦之。明日,问群臣,此为何神也? 有通人傅毅曰:"臣闻天竺有得道者,号曰佛,轻举能飞,殆将其神也。"于是上悟。即遣使者张骞、羽林中郎将秦景、博士弟子王遵等十二人,至大月氏国,写取佛经四十二章,在十四石函中,登起立塔寺。①

这一记载,又大致见于东汉末年牟子《理惑论》。②

汉孝明皇帝即东汉初年汉明帝刘庄,年号永平,在位于公元57至75年。有关此说,有三点颇可注意:其一,按梦心理学说,大凡夜梦之境,不成逻辑,或许荒诞,而必以某生活经验为心理触因。明帝夜梦"神人",身具"金色","项有日光,飞在殿前",此"神人"之谓,源自《庄子》,有凌空飞行、长生不死、不食烟火的"真人""至人"形象。如《庄子·逍遥游》所谓列御寇。此篇记述"藐姑射山"有"神人","不食五谷,吸风饮露,乘云气,御飞龙,而游乎四海之外",可谓神通广大。可见明帝所梦"神人",在经验与心理上,是属于"道"的。其二,"通人傅毅"凭什么说明帝所梦者为"佛"? 如心中没有"佛"的理念,又如何能判定明帝夜梦的"神人"是"佛"? 可见早在汉明帝夜梦"神人"之前,傅毅已知西方有"佛"并且东传。据《后汉书·楚王英传》,其少时好游侠,交通宾客,晚年"更喜黄老,学为浮屠"。永平八年(65),汉明帝诏云,"楚王诵黄老之微言,尚浮屠之仁祠,洁斋三月"。楚王刘英与明帝刘庄为同时代人。《后汉书·明帝本纪》:"英常独归附太子,太子特亲爱之。"可见,刘英尚"佛"而刘庄"或已知之"西方有"佛"。因而,汤用彤先生说,"则感梦始问,应是谰言"③。其三,"永平求法"说遣使三人中有"张骞",尤为有疑。张骞(约前164—前114)为西汉武帝时人,曾先后两度出使西域:公元前139年,在匈奴为时十载,历尽艰辛;公元前119年即元狩四年,使乌孙,元鼎二年(前115)还汉,翌年卒。何以忽然成了东汉明帝指派的使者? 难道东汉另有"张骞"?

---

① 《四十二章经》,伽叶摩腾、法兰译,《大正藏》第十七册,P722a。
② 按:牟子《理惑论》,梁僧祐编《弘明集》卷一,《四部丛刊》本。《理惑论》作者,题为汉牟融,题名下注:"一云苍梧太守牟子博传"。《理惑论》前有牟子传,后有跋,本文凡三十七篇。
③ 汤用彤:《汉魏两晋南北朝佛教史》上册,中华书局1983年版,第16页。

明帝感梦求法或有其事,而非印度佛教入渐中土之始。

胡适曾云,考印度佛教入渐东土之证,须注意如下五点,"(一)第一世纪中叶,楚王英奉佛一案。(二)第二世纪中叶,桓帝在宫中祠祀浮屠老子。(三)同时(一六六),襄楷上书称引佛教典故。(四)第二世纪晚年,长江下游,扬州徐州一带,有笮融大宣佛教,大作佛事。(五)同时,交州有《牟子理惑论》的护教著作","然后可以推知佛教初来中国时的史迹大概"。① 此说是。

据有关史料:

> 昔汉哀帝元寿元年,博士弟子景庐受大月氏王使伊存口授浮屠经。②

这是正史所载佛经入传中土的第一条资料。伊存为大月氏王使者,西汉末博士弟子景庐受其口授浮屠经即佛经,时间在汉哀帝元寿元年即公元前2年。这一记载,为《三国志·魏志·东夷传》所注引。文中所言"景庐",《魏书·释老志》作"秦景宪"。

印度佛经以"口授"方式入传于西汉末年,其时在公元前2年,即哀帝元寿元年。大略言之,称其入渐于两汉之际,亦为学界所认可。

印度佛教入传中土,经由大夏、安息与大月氏,越过葱岭传入中国西北,最后到达中原。这一传播,从一开始即为人文"误读"。正如本书前引,东汉初楚王刘英"学为浮屠,斋戒祭祀","诵黄老之微言,尚浮屠之仁祠,洁斋三月,与神为誓",作为中国佛教史上有正史记载奉尚佛教的王族中人,已将浮屠看作与黄老同类。相传为后人所追述的明帝感梦求法,梦神人,其身有金色,项有日光,飞在殿前等情事,毕竟将佛"误读"为中国传统的神仙形象。

据比较可靠的记载,佛经入渐中土,在西汉末年。东汉有"浮屠经"的"口授",有所谓《四十二章经》等。

一般以为,《四十二章经》是中华最早节抄和传播的佛经。全经凡四十二篇简短经文,其意大凡论述出家或在家修持、禅定、布施以证智慧,即得四沙门果等义。内容多与"阿含"经合。如其第三章,说十善恶业与在家修持五戒十善义,见于《中阿含经》卷四二;第七章,说恶人害贤,犹如仰天而唾而污其身,见于《杂阿含经》卷四二;第十七章,说恒念无常则疾速得道,见于

---

① 周一良:《牟子理惑论时代考》之"附录二"《胡适先生讨论函》,见《周一良集》第三卷,辽宁教育出版社1998年版,第189页。
② 三国魏鱼豢:《魏略·西戎传》。

《杂阿含经》卷三四;第三十二章,说勇励精进,灭欲念以成道,见于《增一阿含经》,等等。可见,《四十二章经》可能是小乘"阿含"经义的节译。《四十二章经序》仅称"写取"此经。大凡佛经名称,都以经义标立于题,如《金刚般若波罗蜜经》,总括一经主题。而《四十二章经》,却以此经共四十二章结构为题名,不合印度佛经常式。因此,有关此经为"阿含"系的诸经节抄之说,比较可信。《出三藏记集》与《历代三宝记》,都说此经见于《旧录》(为晋成帝时支敏度所撰,约与道安同时),可见,大概在安译、支译之前,《四十二章经》作为简易、通俗的读物,已有译传。

　　《四十二章经》经义,以扬善惩恶而说传统美德是一特色。"众生以十事为善,亦以十事为恶。""何等为十？身三、口四、意三。身三者:杀、盗、淫;口四者:两舌、恶口、妄言、绮语;意三者:嫉、恚、疾。如是十事,不顺圣道,名十恶行。十恶若止,名十善行耳"①,此言身、口、意三业。所谓"两舌",搬弄是非;"恶口",恶毒诅咒;"妄言",讹说假话;"绮语",阿谀奉承。而将佛道称为"圣道",可见确为"误读","圣道"为儒家言。《四十二章经》关于道德立佛之说,亦很显明。"佛言:'财色于人,譬如刀刃有蜜,不足一餐之美。小儿舐之,则有割舌之愚也'。"②这是比喻智、愚,言辞美丽而尖锐。又以"气"这一中国传统生命文化的基本范畴言说佛性,称"佛言:'人愚吾以为不善,吾以四等慈护济之,重以恶来者,吾重以善往。福德之气,常在此也。害气重殃,反在于彼也'",以"气"说与成佛相关的愚智、善恶之理。这是中印文化之间所发生的一场初起而艰难的人文"对话"。"气"是中华文化的独特范畴与思想,始于中华原古以易筮为代表的巫术文化。印度文化与佛教本无这一范畴与理念。《四十二章经》,大约是初始"写取"、节译的明证。《四十二章经》又以中国先秦道家的"道",来译说佛教本义。问:"何为之道(按:实指佛)？道何类也？"答:"道之言,导也,导人至于无为(按:实指空)。牵之无前,引之无后,举之无上,抑之无下,视之无形,听之无声。四表为大,绵绖其外,毫厘为细,间关其内,故谓之道。"这是以"道"比附于"佛"。

　　然而,《四十二章经》毕竟为吾中华,带来了印度崭新的文化观和宗教观,开始改变、重塑中国人的意识、灵魂和宗教信仰。其中最重要的,是"佛"等这些人文、宗教范畴的引入。《四十二章经》接着说:"佛言:'一日行常念道行道,遂得信根,其福无量'。"③"信根"与"无量"等,都是崭新的佛教概念范畴,为中华原本所无。

---

① 《四十二章经》卷一,《大正藏》第十七册,P0722b。
② 同上书,P0723a。
③ 同上书,P073a。

据南朝梁僧祐《出三藏记集》与魏晋时人所撰经序、僧传,东汉桓帝建和二年(148),原安息国太子安世高抵达中国洛阳,始而译经凡三十五部。现存凡二十二部,二十六卷①。其中主要经典有:《安般守意经》一卷,《阴持入经》一卷,《百六十品经》一卷,《大十二门经》一卷,《小十二门经》一卷,《四谛经》一卷,《八正道经》一卷,《十二因缘经》一卷,《人本欲生经》一卷,《大安般经》一卷,《五阴喻经》一卷与《阿毗昙九十八结经》一卷等。安世高所译,多属小乘经典,属于"上座部"的"说一切有部"理论系统。译者博学多闻,精于小乘"禅数"之学。僧祐《出三藏记集》称其"博综经藏,尤精毗昙","讽持禅经,略尽其妙"。安世高来华后,雅好汉语,译笔追求本旨,偏于直译。所译重在定、慧二说;专在传播止、观法门,以"禅数"之学为要。《安般守意经注序》云,"安世高善开禅数",是。

"禅"者,禅定、禅观之谓。禅(Dhyāna),禅那略称,思维修、静虑义。心静定于一境而内观于心。静即定,虑即慧。康僧会说:"夫安般者,诸佛之大乘,以济众生之漂流也。"又说,安译《安般守意经》传"四禅"之学。"一禅","小定三日,大定七日,寂无他念,泊然若死";"二禅","弃十三亿秽念之意","意定在随,由在数矣。垢浊消灭,心稍清净";"三禅","若自闲处,心思寂寞,志无邪欲","行寂止意,悬之鼻头";"四禅","还观自身","众冥皆明"。② 安般守意者,或释:"安为身,般为息,守意为道";或释:"安为生,般为灭,意为因缘,守意为道也。安为数,般为相随,守意为止也";或释:"安为定,般为莫使动摇,守意莫乱意也"。较流行的译文是:"安为清,般为净,守为无,意名为,是清净无为也。"③"数息""调息",是《安般守意经》所倡言入定的重要法门。正如道安所云:"安般者,出入也。道之所寄,无往不因;德之所寓,无往不托。是故安般寄息以成守,守四禅寓骸以成定也。"④这便是所谓"安名为入息,般名为出息","出息亦观,入息亦观。观者谓观五阴,是为俱观"。⑤ 安世高又译介数法毗昙之学,如四圣谛、五蕴、六道轮回、八正道、十二因缘以及十二门禅、十二处与十八界诸说,作为佛教基本教义,都入渐于中土。

稍迟于安世高,大月氏僧支娄迦谶(简称支谶),于东汉桓帝末年(167)

---

① 按:其中最先汉译之佛经,为《明度五十校计经》,译成于汉桓帝元嘉元年即公元151年。
② 《康僧会序》,《佛说大安般守意经》卷一,《大正藏》第十五册,P0163a、b。
③ 《佛说大安般守意经》卷一,《大正藏》第十五册,P013c、P0164a。
④ 道安:《安般守意经注》"序",梁僧祐《出三藏记集》卷六"经序",金陵刻经处本,石峻、楼宇烈、方立天、许抗生、乐寿明主编《中国佛教思想资料选编》第一卷,中华书局1981年版,第34页。
⑤ 《佛说大安般守意经》卷一,《大正藏》第十五册,P065a、P0167a。

来到洛阳,译传印度大乘经典。其禀持法戒,以精勤著称于世,宣示佛法,志存高远。支谶译经之可考者,为《道行般若经》十卷,《般舟三昧经》二卷与《首楞严经》二卷,凡三种。东晋道安认为,支谶所译佛经,还有《阿阇世王经》二卷,《阿閦佛国经》一卷,《内藏百宝经》二卷,《兜沙经》一卷,《方等部古品曰遗日说般若经》一卷,《问署经》一卷,《孛本经》二卷,《胡般泥洹经》一卷与《宝积经》等,凡九种。另有《伅真陀罗所向宝如来三昧经》一卷,道安未计入。共十三部二十六卷,现存九部,《首楞严经》《方等部古品曰遗日说般若经》《胡般泥洹经》与《孛本经》四种支译缺佚。僧祐《出三藏记集》添《光明三昧经》一卷,以为支谶所译,其实系支曜所译。

　　支谶所译众经比较重要的,是《道行般若经》(亦称《般若道行品经》)和《般舟三昧经》二种。原由竺朔佛传入,支谶为口译者。般若性空之学,就此在中土流播,肇始于支谶的译介。它体现了龙树之前所入渐的印度大乘经义。支译本《宝积经》《阿閦佛中经》与《般舟三昧经》,构成大部《宝积》的基本部分;《道行般若经》,是大部《般若》的主要部分;《兜沙经》,实为此后入传的《华严》"序品"。虽然《道行般若经》等是最早入传中土的大乘经典,而以流播的广泛深远言,实际是该书所辑入的《般若波罗蜜多心经》(《心经》)与《金刚般若波罗蜜经》(《金刚经》)。

　　安译与支译,是东汉末年桓、灵二帝时期印度佛经汉译的重要两翼。前者重禅法,间及毗昙学之学;后者重般若性空之学。另有竺佛朔、安玄、支曜与康孟祥诸人,也来华从事佛典的译传。

　　佛经的翻译,自东汉末到宋代,千余年间为中外佛教学者所从事的崇高事业,从一开始就有严肃的态度与严格的规范。译经者既然是佛陀及其学说的崇信者,那么在译事中,总是抱着一种崇拜"真理"的态度,虔诚而近乎苛刻地严格守持自己的译笔,以便向中国佛教信众传达佛经的真谛,是必然之事。虽然佛经译传之初,尚未像此后大规模国家译场那般设译官,且分任译主、证义、证文、书字梵学僧、笔受、缀文、证梵语(参译)、刊定与润文等九种职位,以便严格把关而不使经义走样,但是译经之初,译者大凡力求忠于原著,以直译取胜。道安的《道地经·序》,称安世高"音近雅质,敦兮若朴,或变为文,或因质不饰";其《大十二门经·序》说,"世高出经贵本不饰"。僧祐《出三藏记集》云,支谶译笔"了不加饰";竺佛朔"弃文从质";《高僧传》又称支曜、康巨等辈"并言直达旨,不加润饰"。

　　可见最初一批佛经译文,都有尚"质"、轻"文"的特点。

　　然而,由于佛教初传,在理念、语言与文字等方面的准备不足或严重欠缺,从译事开始,便存在如东晋道安在《摩诃钵若波罗蜜经抄序》中所总结的

"五失三不易"情况。道安说:

> 译胡为秦,有五失本也。一者胡语尽倒,而使从秦,一失本也;二者,胡经尚质,而秦人好文,传可众心,非文不合,斯二失本也;三者,胡经委悉,至于叹咏,叮咛反复,或三或四,不嫌其烦,而今裁斥,三失本也;四者,胡有义说,正似乱辞,寻说向语,文无以异,或千五百,刈而不存,四失本也;五者,事已全成,将更傍及,反腾前辞,已乃后说,而悉除此,五失本也。然般若经三达之心,覆面所演,圣必因时,时俗有易,而删雅古,以适今时,一不易也;愚智天隔,圣人巨阶,乃欲以千岁之上微言,传使合百王之下末俗,二不易也;阿难出经,去佛未久,尊大迦叶,令五百六通,迭察迭书,今离千年,而以近意量裁,彼阿罗汉及兢兢若此,此生死人而平平若此,岂将不知法者勇乎? 斯三不易也。①

这在中国译经史上,称为"五失本三不易"。其大意是,五失:其一,梵、汉语法有异,只得改变语序以符汉语文法;其二,印度原典文辞尚朴素,而汉语好修辞,故有辞不达意之"失";其三,印度佛经不厌其烦,尚说一理,每每以逻辑反复辩论,汉译只得删繁就简;其四,佛经原著不乏注说讲解,汉译不得不斩芜杂而存本真;其五,原著言述佛法,喜横生枝节,往往重复讲论,汉译当简约说之。三难:其一,般若经义,古奥而时俗有变,使今之汉人每每难以理解;其二,俗愚、佛智天各一方,而且印度佛典所传,又是千年之前佛陀所宣说的微言大义,所译欲使佛智在华入乡随俗,合乎中国口味,是以"上智"就"末俗",尤为困难;其三,佛陀所说,经其弟子阿难、大迦叶等口传,离当今已逾千载,故汉译欲以"近意""量裁"佛经古义,虽兢兢业业如阿罗汉,欲深悟生死之法,却只能"平平"而已,又怎能懂得佛的勇猛精进之道呢?

这里道安所说,是一家之言。有些见解,如"胡经尚质,秦人好文"云云,未必契其实际,然而总体言之有理。佛教教义入渐之始,作为异族宗教的思想与思维,必然水土不服,一时难以生存。为求在中土站稳脚跟,日益流播,不得不"削足适履","谬称知己"。安世高、支娄迦谶等"胡僧"的汉语水平,固然了得,而毕竟是"外来和尚",以中华传统文化的广博深邃,如何能在较短时日之内皆了然于心呢? 因而,不同程度的"误读"是必然的。而且,即使完全是所谓"中国通",亦难免"误读"。以当时皇皇中华的文化自信,译经力求符契中国风、中国味,也是必由之事。根本的一点是,作为民族文化思想与

---

① 道安:《摩诃钵罗若波罗蜜经钞序》,梁僧祐《出三藏记集》"经序",金陵刻经处本,《中国佛教思想资料汇编》第一卷,中华书局1981年版,第43—44页。

思维的深层部分,在译经上,两大民族文字语言体系往往在格格不入之际,寻求妥协与折中,做到既冲突又调和,是情理中事。

东汉末年,重要译者还有支谦和康僧会。支谦最早译成《无量寿经》与《维摩诘经》等。还有竺法护所译《般若经》《华严经》《涅槃经》等类佛经。又,释道安的译经地位崇高,此不赘。

此外东汉末年,受教于安世高的严佛调,为汉人中第一位出家人。《出三藏记集》称其与安玄合作翻译佛经之外,曾撰写第一部出自中国和尚的佛学著作《十慧》一卷(或云"沙弥十慧章句序"),属于小乘"禅数"之作。

正如前述,东汉末年三国初,中国佛教史上有《牟子理惑论》一著,作者题为汉牟融,书题之下小注:"一云苍梧太守牟子博传。"《牟子理惑论》三十七篇,前"序"后"跋",载于《弘明集》卷一。但该书作者是否为牟融、牟子,迄今没有定论。

该书文体,以问答方式阐说佛教基本教义,以及当时中国人对佛教教义的理解。

> 问曰:何以正言佛,佛为何谓乎?牟子曰:佛者,谥号也。犹名三皇神、五帝圣也。佛乃道德之元祖,神明之宗绪。佛之言觉也。恍惚变化,分身散体,或存或亡,能小能大,能圆能方,能老能少,能隐能彰,蹈火不烧,履刃不伤,在污不染,在祸无殃,欲行则飞,坐则扬光,故号为佛也。①

这里,大致除称"佛"为"觉"符契印度"佛"的本义外,其余都是当时中国人所理解的"佛",类于"皇神""帝圣",善于神仙方术,神通广大,有类于前述《四十二章经》,是将"佛"巫术化、"诗意"化。《牟子理惑论》所谓"道之为导也",显然受《四十二章经》影响。《牟子理惑论》云:

> 问曰:为道者或辟谷不食,而饮酒啖肉,亦云老氏之术也。然佛道以酒肉为上戒,而反食谷,何其乖异乎?牟子曰:众道丛残,凡有九十六种。澹泊无为,莫尚于佛。吾观老氏上下之篇,闻其禁五味之戒,未睹其绝五谷之语,圣人制七典之文,无止粮之术。老子著五千之文,无辟谷之事。②

道家老子与"佛道"都不事"辟(避)谷","无止粮之术",故佛、道合一,"澹泊

---

① 《牟子理惑论》,《中国佛教思想资料选编》第一卷,第3—4页。
② 同上书,第13页。

无为,莫尚于佛"。因而佛徒"食谷",并非"乖异"。

> 问曰:子之所解,诚悉备焉,固非仆等之所闻也。然子所理,何以止著三十七条,亦有法乎?牟子曰:……故有法成易,无法成难。吾览佛经之要,有三十七品;老氏道经亦三十七篇,故法之焉。①

在牟子看来,全部佛经要义凡三十七。通行本《老子》共八十一章,分道经、德经两部分,而"道经亦三十七篇",此为释、老共"法"。牟子见《老子》道经有三十七章,撰《理惑论》而设问、答三十七条(三十七问题),以比附于《老子》文本体例。

《牟子理惑论》为答"疑"之论。"理惑"者,以释、老共通的"理"来解"惑"。该书最后说"于是惑人闻之,踧然失色",自称:"鄙人矇瞽,生于幽仄。敢出愚言,弗虑祸福。"于是"愿受五戒,作优婆塞(比丘)",皈依佛门。

正如梁启超所云:"要之,秦景宪为中国人诵经之始,楚王英为中国人礼佛之始,严佛调为中国人襄译佛经之始,笮融为中国人建塔造像之始,朱士行为中国人出家之始。初期佛门掌故,信而有征者,不出此矣。"②其间,在严正史影之中,颇为不乏的,还有颇具诗之神话的意趣在。

第二节 道教创立与佛教的人文联系

伴随着印度佛教入渐于中土、东汉佛经初译及其"误读",中华宗教史上另一重大事件,是正式创立于东汉顺帝(126—144)期间的道教。佛学界有学人以为,"从现存道教资料来看,道教的创立没有受佛教的影响",其理由是,因为"佛教大量译经是在汉桓帝末以后"(汉桓帝刘志[132—167],146—167年在位)。确是道教创立于前而似乎其"创立没有受佛教的影响",可是关于这一问题,却并非如此简单。

且从道教创立的文化成因说起。简略地说,中华上古与先秦时期,正如本书"导言"所述,以巫为文化基因的方术及鬼神观念,早已风行于世且深入人心。巫是东汉道教创立的文化远因。假定没有原古巫文化,道教也许不会诞生或是另一副文化面貌。1918年8月20日,鲁迅《致许寿裳》信曾云:"前

---

① 《牟子理惑论》,《中国佛教思想资料选编》第一卷,第15页。
② 梁启超:《四十二章经辨证》,梁启超《佛学研究十八篇》,台北中华书局1976年版,第10—11页。

曾言中国根柢全在道教,此说近颇广行。以此读史,有多种问题可以迎刃而解。"①1927年,鲁迅在《而已集·小杂感》中又指出:"人往往憎和尚,憎尼姑,憎回教徒,憎耶教徒,而不憎道士。懂得此理者,懂得中国大半。"鲁迅斯言,人们往往觉得很难理解,不敢苟同。其实,鲁迅正是看到了道教之"根柢""巫"为中国文化"根柢"这一点。

在先秦道家哲学中,源于原古巫文化的"道",作为哲学本原、本体范畴,使得巫在道家哲学体系中无立锥之地。然而,这不等于说先秦的道家文化,只有道哲学而没有巫文化遗存,更不是说,在自先秦至东汉道教创立之前这漫长的文化历程中,中国文化唯有老庄道学与孔孟仁学而无巫文化的遗承或复活。通行本《老子》有"长生久视"之说。汉高诱注:"视,活也。"所谓"长生久视",即"长生不老"。《庄子》有"神人"说:"藐姑射之山,有神人居焉,肌肤若冰雪,绰约若处子,不食五谷,吸风饮露,乘云气,御飞龙,而游乎四海之外。"②虽是一则寓言,毕竟奠定了东汉道教神仙形象的原型之一。《庄子》还有所谓"导引""坐忘"与"守一"之说。凡此,与《山海经》所言"不死之山""不死之国""不死民"与"不死之药"③等,可谓遥相呼应。并且,从上古、先秦到东汉道教创立,关于道的思想意识,有一个不断置换、发展的历史与人文过程。这就是,大致从上古到先秦,巫是道的原古文化根因、素质与方式;春秋战国时,道主要作为哲学本原、本体意义而存在和发展。这当然不是说,此时道家文化便只有哲学而无其他属巫的文化遗承。时至西汉的黄老之学,高诱所谓"托名黄帝,渊于老子"之言,道出了老庄之学与儒术对接、消解老庄哲学的玄虚性,且将哲学转化为治术的历史与人文真实,把原先所谓"无为而无不为"这一著名而深邃的哲学命题,变成了"无治而无不治"的现实治世之术。直至东汉道教创立,黄老之学遂演变为黄老神学,最后成为黄老神道,哲学老子终于被尊为道教教祖。

这一演衍转递,从西汉初期推行黄老治世之术开始,便逐渐走上神化黄帝与老子的道路。

陆贾《新语·至德》:"君子为治也,块然若无事,寂然若无声,官府若无吏,亭落若无民。"天下原本并非"无事""无声""无吏""无民",否则不成其天下,但治术却要在"若(好像)无事"之类上下工夫,达到如《老子》所说的"治大国如烹小鲜""无为而治"的目的。"无为而治"这一命题,始见于《论语》,可见,即使原始儒家,也与道家"无为"有相合的一面。当然,先秦原儒

---

① 鲁迅:《致许寿裳》,《鲁迅全集》第十一卷,人民文学出版社1981年版,第353页。
② 《庄子·逍遥游第一》,清王先谦:《庄子集解》卷一,第4页,《诸子集成》第三册。
③ 按:依次见于《山海经》的《海内经》《大荒南经》《海外南经》与《海内西经》。

的"无为而治",偏于以仁义、以道德治世。西汉黄老之学与阴阳五行相结合,以演衍为新的阴阳数术,是神化黄老的关键一步。阴阳之说肇始于战国邹衍,其深观阴阳消息而作怪迂之言。五行相生相克,在哲学上,揭示了事物之间的一种必然联系;在文化上,却具有太多巫的气息与文化烙印。黄老之学本为道、儒的结合体,再相合于阴阳五行,徒增其神秘甚至怪诞的思想成分。汉时阴阳数术,遂成东汉道教创立的文化助因之一。又,《庄子》以哲学雄视于天下,而在哲学之外,又崇神仙。其《大宗师》篇称"黄帝"得道,"以登云天",羽化登仙。黄帝作为中华"人文初祖",早在先秦末年《吕氏春秋·名类》的"五德终始"说中,已经塑造完成。"黄帝"已经具有一定的神性。《老子》一书,本无神化黄帝与老子之言。时至汉代,情况就不同了。《老子河上公章句》①一书,将黄老思想神仙方术化,推崇长生术与善恶报应说,释《老子》所言"谷神不死,是谓玄牝",并加以重新解说,称"玄,天也,于人为鼻;牝,地也,于人为口",以"玄牝"为天地创始、人类"不死"之"由",成为日后道教徒吐纳导引、吸风餐露、炼形养神与追求长生不死的理论基础之一。东汉明帝、章帝时期,蜀人王阜著《老子圣母碑》有云,"老子者,道也"。"道"既然"先天地生",岂不是"老子"其人也是"先天地生"的;既然其"先天地生",那么,老子就是"神"。故王阜说:老子"乃生于无形之先,起于太初之前,行于太素之元,浮游六虚,出入幽冥"。这种将老子等同于道、神仙的逻辑及其言说,拉开了老子为道教教祖的历史与人文序幕,跨越了从哲学到宗教的鸿沟。旧题刘向所撰《列仙传》,记录上古三代到西汉成帝之时神话传说的神仙,凡"七十一",与后代葛洪《神仙传》序所说相符,也为神化黄老助一臂之力。《老子铭》一书说,世好道之人,触类旁通。其以老子所言混沌之气,合三光为终始,观天而作谶语,升降于斗星,则随日九变者,与时消息矣。神化黄老而推波助澜,道教将道家哲学言述所包含的巫谶因素,推向于极端,恰与东汉"谶纬神学"(实为谶纬巫学)合流。

作为东汉道教创立的文化助因,两汉官方的主流文化,可以用"儒学经学化,经学谶纬化"来加以概括。从秦始皇到汉武帝如此崇信神仙、方士之举,不难见出巫思想、巫思维的严重程度。董仲舒的"天人感应"之说,充满了巫气十足的阴阳灾变与报应迷信,他重拾先秦关于天、天命之思,称颂其为"百神之大君"。"罢黜百家,独尊儒术"的结果,极大地推动了儒学的经学化与巫学化。"国家将有失道之败,而天乃先出灾害以谴告之。不知自省,又

---

① 按:此书相传为河上公或为河上文人所撰。《史记》最早提到"河上丈人",《史记·乐毅列传》:"乐臣公学黄帝老子,其本师号曰河上丈人,不知其所出。"有关此书的作者与年代,学界歧见不一,有"西汉""东汉"等说。

出怪异以警惧之。尚不知度,而伤败乃至。"①如果说,西汉经学是儒学被神化,那么,兴盛于两汉之际及东汉的谶纬文化,便是以巫为人文根因的粗陋的神学。谶,《四库全书·总目提要·易类六》云,"诡为隐语,预决吉凶"。东汉许慎《说文》云,"谶,验也。有征验之书,河洛所出书,曰谶"。纬,与经相对应,是对儒经作神秘而迷信的解读与崇拜。西汉末谶术横行,所谓"王莽改制",从制造符谶开始。《汉书·王莽传》称其依"白雉之瑞"这一谶语,而被册封为"安汉公",又靠所谓"白石丹书",成为权倾于天下的"摄政王"。最后,竟以所谓"天帝行玺金匮图",与"赤帝行玺,某传予黄帝策书"的图谶符命,登上了皇位。东汉开国光武帝刘秀,未登龙廷先发谶语:"刘秀发兵捕不道,卯金修德为天子"②,暗示为帝者非己而莫属。又于东汉中元元年(56),宣布"图谶天下",遂使谶纬风靡于世。从此,凡言五经皆凭谶为说,纬书反被尊为"秘经",一时地位反高于"五经"。东汉建初四年(79),汉章帝集群臣于白虎观(在洛阳未央宫中,属未央局部),以讲议"五经"异同为名,行图谶、纬说与宣示"君权神授"之实。纬书空前地神化孔子,《春秋纬·演孔图》称,孔圣乃母梦中与黑帝交媾而生,故为"黑帝之子",为"玄圣","长十尺,大九围"。谶纬巫学,一时甚嚣尘上,为道教的创立,准备了条件,酝酿了时代与人文迷氛。

两汉"儒学经学化,经学谶纬化"。作为儒家者流,似乎与东汉道教的创立没有多大联系,其实,它与前述黄老的被神化,源于同一文化根因。两者都是原古巫文化及其神仙方技之类在汉代的重新复活。一般而言,大汉是一个"利令智昏"的时代,儒家的实用理性、实用哲学大盛于世。封建中央集权,极需实用理性的儒术,作为治术及其意识形态来治理天下。源远流长的原巫文化传统,因其"实用"于统治之术而被重新唤醒,并且以经学与谶纬巫学的绝对权威与方式,磅礴于朝野,以至于这一伟大民族的时代心智,一时间乌云密布,有些昏昏沉沉。然而,这并非等于是理性心智的彻底泯灭。道教的创立,固然是两汉黄老神道的必然趋势与结果,也是经学权威与谶纬巫学大力推助的产物。从时代的文化意绪看,确是非理性呼唤了独尊老子、追求长生的中华道教的诞生。但这一民族不灭的人文心智与哲学之魂,又是看似"装神弄鬼"的道教潜存不息的理性底蕴。从西汉末年的《天官历包元太平经》到东汉中期的《太平清领书》,从《周易参同契》到《老子想尔注》,都在在证明,道教及其创立,主要是道、儒文化思想及其理性、非理性长期酝酿、奠基、冲突与调和的产物。

---

① 汉班固:《董仲舒传》,《汉书》卷五六。
② 《后汉书·光武帝纪》。按:刘字,繁体为劉,从卯从金从刀,故言。

于是,先是西汉末年汉成帝时齐人甘忠可,撰作《天官历包元太平经》十二卷,称说"天帝使真人赤精子,下教我此道"。"天帝"委派"真人赤精子"下凡,来向"我"(甘忠可)传"道",大有所谓"天降大任于是人也"的意思。继而东汉顺帝年间,由琅琊(今山东临沂北)人宫崇献其师于吉所获的"神书"——《太平清领书》(《太平经》凡一百七十卷)给皇室。《后汉书·襄楷传》称该书为"于吉于曲阳泉水上所得","其言以阴阳五行为家,而多巫觋杂语"。《太平经》分甲乙丙丁戊己庚辛壬癸十部,每部十七卷。此书被尊为"天书""神书",为道教思想之魂。其传播,可以看作道教(太平道)创立的重要标志。据《后汉书·刘焉传》《三国志·魏志·张鲁传》所记,几乎与于吉等辈同时,张鲁祖父张陵(张道陵)在四川鹄鸣山(今四川仁寿)创"五斗米道",也以《太平经》昭告天下,以符箓咒言驱神禁鬼,劾苦疗疾。

正当西汉末佛教初传之后,道教的创立并非偶然,它是中华民族宗教意绪与信仰高涨的生动体现。先秦非"两个世界"的人文理念,此时几乎被打破。道教的创立,并非与佛教的初传初译毫无联系。从《太平经》经义内容来看,其道教教义颇受佛教某些思维模式与思想的影响是显然的,可以说是佛教中国化、本土化的表现之一。

其一,在《太平经》的"承负"说中,具有佛教"三世业报"思维方式的影子。

> 力行善反得恶者,是承负先人之过,流灾前后积来害此人也。其行恶反得善者,是先人深得积畜大功,来流及此人也。能行大功万万倍之,先人虽有余殃,不能及此人也。因复过去,流其后世,成承五祖。小周十世,而一反初。或有小行善不能厌,图图其先人流恶承负之灾,中世灭绝无后,诚冤哉。承负者,天有三部,帝王三万岁相流,臣承负三千岁,民三百岁。皆承负相及,一伏一起,随人政衰盛不绝。①

善有善报,恶有恶报的思想,在先秦战国中后期的《易传》中早已有之,《易传》云:"积善之家,必有余庆;积不善之家,必有余殃。"这一报应思想,基于中华传统巫文化,重于道德,不具有佛教"业力"果报之思。而两者共通之处,在于都讲因果。佛教讲人过去、现在与未来的"三世因果报应",之所以报应轮回不绝,是众生"业力"未灭的缘故。《周易》巫术文化,是将"行善"或"行恶"(道德行为)作为巫术前兆,由此前兆,导致"善报"或"恶报"之果。

---

① 《解承负诀》,《太平经》乙部,王明《太平经合校》,中华书局1960年版。

道教《太平经》"承负"说，固然不可能具有佛教那般的"业力"思想，也不承认有什么"轮回"。可是，《太平经》却承认一个血族的"先人"与"后生者"、"先祖"与"后世"之间必有"承负"。

> 承者为前，负者为后。承者，乃谓先人本承天心而行，小小失之，不自知，用日积久，相聚为多，今后生人反无辜蒙其过谪，连传被其灾，故前为承，后为负也。负者，流灾亦不由一人之治，比连不平，前后更相负，故名之为负。负者，乃先人负于后生者也。①

道教主"乐生"之义。从"先人"到"后世"，是血族群体生命的延续，"承负"，大致基于"一个世界"理念的不断延续的"生命遗产"。当然，鉴于等级观念，该"承负"的"生命力"，"帝王""臣"与"民"是不同的，依次分别为"三万岁""三千岁"与"三百岁"。可见，如果说佛教的"三世果报"是以"业"为因而谈"承负"的，那么，道教则是以"生"为因而说"承负"。

这里值得注意的是，道教固然认为"人人各一生，不得再生也"，"今一一死，乃终古穷天毕地，不得复见自各为人也，不复起行也"②。道教承认，人的现世善恶行为，依"承负"又必致两大结果，一是因善行而长生不死成仙；二是由恶行而短命成鬼，坠入"阴界"（阴间）受罪惩。不同于佛教"地狱"比如"八大地狱"等说，在思想旨趣上，道、佛确为不同甚而对立，但这不会影响道教在思维方式上，对佛教有所借鉴和汲取。"承负"说，是其中比较典型的一例。它将佛教的"三世业报"，转变为人的血族群体的"世代果报"。它去除"三世业报"轮回说的思想内核，留下了关于"因果报应"的思维方式。如果没有"三世业报"说入渐于中土，且为《太平经》作思维方式意义的吸纳，那么，道教"承负"说本不可能出现。

《太平经》庚部卷一一四，有所谓"超凌三界之外，游于浪合之中"一语。任继愈主编《中国佛教史》认为，此"'三界'应为天、地、人三者，而没有如佛教所说'欲界、色界、无色界'的意思"③，此言果然不错。然而，如果由此否定佛教在思维方式上对道教具有影响这一点，大约又是欠妥的。"天、地、人"之说，早在先秦战国《易传》中就已存在，《周易》六十四卦每一卦以五、上两爻象天，初、二两爻象地，三、四两爻象人，"天、地、人"是一个天人合一、天人感应的思想与思维结构，的确不同于佛教"三界"说。可是，两者思想上的差

---

① 《解师策书诀》，《太平经》丙部，卷三九，王明《太平经合校》，中华书局1960年版。
② 《冤流灾求奇方诀》，《太平经》己部，卷九〇，王明《太平经合校》，中华书局1960年版。
③ 任继愈主编：《中国佛教史》第一卷，中国社会科学出版社1981年版，第136页。

异,并不能妨碍《太平经》在思维方式上,借鉴于佛教"三界"说。西汉末佛教初传、东汉佛经初译之前,《易传》有"天、地、人"之"三才"即"三极"说,并无"三界"一词即可证明。《太平经》中"三界"一词的出现,必来自佛教。所谓欲界,芸芸众生为欲所缚的处所;色界,虽在欲界之上,仍为"色"所累,以修持,可依次为"初禅""二禅""三禅"与"四禅"此四"天"和"净梵地",终而未断孽缘,人的精神尚为"质碍"所困;无色界,在色界之上,又称"四空处",依次为"空无边处""识无边处""无所有处"与"非想非非想处"的"四空天",是自由、解脱的境界。

其二,《太平经》等道教典籍中,已出现诸多来自于佛教的术语或范畴,可以看作道教接受佛教思想影响的又一明证。

郭朋说:"例如:'本起''转轮''九龙吐神水''受记''精进''三灾''三界''降伏''幽显''烦恼''众生''妄语''善哉''善哉善哉''所说竟''开示''白衣''四十八部戒''法界''因缘''究竟''度世'等等。"①尽管这些术语或范畴,未必每一个都出现在东汉初译的佛经之中,也未必个个出现于《太平经》,这正如王明《太平经合校·前言》所说,"佛教的名辞如'本起''三界''受记'等都是仅见于《钞》甲部;就时代说,这些名辞也是比较《太平经》为晚出的"。《太平经钞》十卷,由唐人闾丘方远所节录,难以证明这些术语或范畴都是东汉《太平经》所原有,可是,也不能由此而轻易否定《太平经》接受佛教思想影响这一史实。汤用彤说:

> 《太平经》者,上接黄老图谶之道术,下启张角张陵之鬼教,与佛教有极密切之关系。②

比如"因缘"这一佛学范畴,《太平经·三者为一家阳火数五诀》说:"天、地、人共同功,其事更相因缘也。无阳不生,无和不成,无阴不杀。此三者相须为一家,共成万二千物。"这"因缘"一词,出现于《太平经》庚部卷一一九,是道教对佛教的思维方式的借鉴,因这借鉴而具有新的思想意义。思维是思想的理性基因与结构方式,也可以是思想本身。天"阳"、地"阴"、人"和""三共同功"的大化流行,借用佛教"因缘"范畴来加以表述,遂使中华传统阴阳互化与天地人三者的运变说,增添了更多、更深邃的哲学形上意义。这是竭力言说万物变化的神速与空灵,呈现出新的时代人文、哲学素质与面貌。顺便补充一句,在《太平经》的这一论述中,还融和了《周易》的思想。《易传》在谈

---

① 郭朋:《汉魏两晋南北朝佛教》,齐鲁书社1986年版,第32—33页。
② 汤用彤:《汉魏两晋南北朝佛教史》上册,第73页。

到古筮法时说:"乾之策二百一十有六,坤之策百四十有四,凡三百有六十,当期之日。二篇之策,万有一千五百二十,当万物之数也。"《周易》六十四卦,分上经三十,下经三十四,此所谓"二篇"。六十四卦,共三百八十四爻,有阴爻、阳爻各为一百九十二。一百九十二乘以老阳之数九,乘以四时之数四,得六千九百一十二策;一百九十二乘以老阴之数六,乘以四时之数四,得四千六百零八策。两策数相加,共为一万一千五百二十策。《易传》说,此象"万物之数"。《太平经》取其大略,称"万二千",象征万物,故有"万二千物"的说法。

"本起"这一佛学术语,也为《太平经》所运用。其甲部"太平金阙帝晨后圣帝君师辅历记岁次平气去来兆候贤圣功行种民定法本起"这一标题,就有"本起"一词。该部述教祖老子生平传记,以神话铺陈其事。任继愈主编《中国佛教史》认为,这不是《太平经》深受佛教影响的有力证明。理由是,"讲佛陀传略的《本起经》的翻译皆在《太平经》成书以后,如汉灵帝、献帝时由康孟祥和竺大力译《修行本起经》、昙果和康孟祥译《中本起经》、三国吴支谦译《瑞应本起经》等"①。汉灵帝刘宏(156—189),在位22年(168—189);献帝刘协(189—220在位),是汉朝最后一帝,康孟祥等僧所译《修行本起经》与《中本起经》等,确"在《太平经》成书以后"行世。可是,这不是道教《太平经》思想未受佛教影响的一个证据。数部"本起经"晚出,不等于在此之前,社会上没有"本起"这一佛教理念的流布。如果未曾流布,《太平经》甲部的标题何以有"本起"这一术语?而且,"本起"与该标题"定法"的"法",也是从佛教借鉴而来的。安译《安般守意经》一卷,固然仅在众多小乘佛经之中"舀一瓢之饮",然而,安世高博通小乘佛典,未必不知"阿含"四部。② 比如《长阿含》第一分第一诵,收《大本经》等四经。所谓"大本"者,"太本""原本"之谓,亦即"本起"之义。此经言述毗婆尸③等七佛的种姓、生处、出家与成道等本生因缘。又,《长阿含》第二分第二诵《小缘经》第五,说四种姓"生起因缘"等。《中阿含》的《长寿王品》第七,收十五经,其第一称《长寿王本起经》。不必例举经文,仅经题之中,便有"本起"这一术语,是一明证。汤用彤说,"本起为汉魏译本所通用之名词"④,显然并非游谈。

可见,道教与佛教的人文联系,一开始就表现为彼此的借鉴与汲取。适逢佛教初传之时,道教的创立及其《太平经》等道教典籍的思想的传播,使中

---

① 任继愈主编:《中国佛教史》第一卷,第136页。
② 按:包括《长阿含》《中阿含》《杂阿含》与《增一阿含》。
③ 按:毗婆尸(Vipasyin),又作毗体尸,过去七佛之首,释迦牟尼成佛前称名。
④ 汤用彤:《汉魏两晋南北朝佛教史》上册,第75页。

国佛教美学在东汉时期的酝酿,增添了复杂而多维的历史与人文因素。

第三节　佛教美学思想的初始酝酿

所谓佛教美学思想的酝酿,是指它的积渐过程及其结果。自两汉之际印度佛教东渐,经东汉 200 年左右的初传,其广度与深度,都处于初始阶段而难称普及与深入人心。佛教先是在朝廷、王族与少数士子中间传播。这是发生在中印异域文化与宗教之间一场充满艰难与误读的人文"对话",彼此深感惊奇、困惑、恐惧而又同情。

虽然如此,佛教入传,却开始了中华文化、哲学与艺术美学的剧烈嬗变。当中华历史上第一个"学为浮屠"的贵族楚王刘英"信佛",当第一个信奉佛教的帝王汉桓帝刘志于宫中立黄老、浮屠之祠,当第一个中国人严佛调出家做和尚的时候,人们也许始料未及,这种剧变,已经能够让人仿佛听到它那隐隐涌动的潮声了。

就安译禅数学与支译般若学思想而言,已经开始中华佛教美学思想的初始酝酿。

其一,安译禅数学,属印度小乘一系。禅,指禅定、禅观;数,指数息、数法,重于身心修持。吕澂云:"所谓'数',即'数法',指毗昙而言。"① 禅数学是禅学与毗昙学的合称,两者在身心入定修为上,具有共同、共通性。

安译《安般守意经》云:"安般守意。何等为安?何等为般?安名为入息,般名为出息。念息不离,是名为安般。"② 这是指控制呼(出息)吸(入息)而意守的禅定,《安般守意经》所谓"从息至净是皆为观,谓观身相堕,止观还净,本为无有"③。

所谓"数法",似乎与世俗意义的审美无甚联系。然则值得注意的是,早在印度佛教入渐中土之前,先秦儒、道两家,作为中华审美的两大代表,一主"有"的审美,主要关于道德人格及其艺术等(儒);一主"无"的审美(道)。通行本《老子》"致虚极,守静笃"与《庄子》"心斋""坐忘"等说,都指审美过程中,主体的审美心灵以"无"为境的问题。"有"的审美,重于经验而大凡趋于形下;"无"的审美,起于经验、形下,又上升为超验而形上,从而达于哲学意义的本原、本体。就道家"无"的审美而言,审美的发生、过程与结果,必忘

---

① 吕澂:《中国佛学源流略讲》,中华书局 1979 年版,第 28 页。
② 《佛说大安般守意经》卷一,安世高译,《大正藏》第十五册,P0165a。
③ 同上书,P0167c。

其功利荣辱,收摄纷散之心而刹那移情,凝神观照,它是对儒家所说"俗有"之境的挥斥。而《安般守意经》所谓"数法""禅数",其要旨在于,通过数息入定,"眼不观色,耳不听声,鼻不受香,口不味味,身不贪细滑,意不志念,是为外无为。数息相堕,止观还净,是为内无为也"①。达于"六根清净",拒绝经验层次世俗的诱惑,要求破斥俗有、超越道无而入于佛之空幻。起码在佛教教义上,这是倡言不同于儒"有"、道"无"的第三种"审美"之境,这是吾中华旷古而未有的。

斥有、祛无而守空(守意),是安译《安般守意经》关于"空"的"审美"的根本之点。此之所谓"断内外因缘"、弃"十二因缘"的轮回,而得趣于禅定之"乐"。《安般守意经》有所谓"守意"即禅定的"四乐"说。"守意中有四乐。一者知要乐;二者知法乐;三者知止乐;四者知可乐。是谓四乐。"②初禅:"离生喜乐地";二禅:"定生喜乐地";三禅:"离喜妙乐地";四禅:"舍念清净地"。又说:"守意中有四乐。一者为知要乐;二者为知法乐;三者为知止乐;四者为知可乐。"③以此"四禅"即"四乐",对治"四欲"④。得"乐"必"非身"。"非身"者,须作人的肉身"不净"的"观想"。所谓"观想",比如,眼见肉身肥硕,当念死尸肿胀;白净肌肤,只当是一副白骨;浓发黑眉,看作朽败发黑;朱唇明眸,意想其腐血紫赤。这里,关于身体的哲学与美学诉求,是对肉身与人的欲望的断然拒绝。与审美相勾连的人生悦乐,不是经验层次上人的五官的快感,也并非精神臻于道无之境那种本原、本体之美所唤起的精神愉悦,恰恰在于,在消解俗有五官的快感与道无本原、本体的美感时,那种空寂的精神状态与心灵境界,便是因禅定、禅观而达成的空幻之境。

为求达于此境,在于破斥世俗(世间)的有、无。为破斥有、无,关键在于从缘起说,领悟世俗的苦厄与丑恶。作为佛教基本教义之"四谛"说,何等为四?一苦、二集、三灭、四道。人生本苦,苦必有因,苦可解脱,解苦之途,此之谓四谛。其中,人生本苦为四谛说的逻辑原点。只有尽可能渲染此苦,才凸显从一切苦厄拔离的必要,只有离苦才能得乐,离苦即得乐。怎样通过慈航之渡而得"大欢乐"?《安般守意经》给出的药方,是"守意"即禅定、禅观,因定而观得"根本乐"。无所生起世俗之乐,即为"根本乐"。

"守意"所"守"之境为空。不使心神纷散而具机巧心、分别心等,有类于

---

① 《佛说大安般守意经》卷一,安世高译,《大正藏》第十五册,P0169c。
② 同上书,P0164a。
③ 按:《妙法莲华经·安乐行品》有"四安乐行"说:一、"身安乐行";二、"口安乐行";三、"意安乐行";四、"誓愿安乐行"。
④ 按:《法苑珠林》卷二所谓"四欲",指"情欲""色欲""食欲"和"淫欲"。

审美的"凝神观照"。精神凝注于审美对象而无及于其他,此"时"(一刹那,瞬时),审美对象就是主体的整个心灵、整个世界。物我两忘、主客浑契,审美心神排除杂念、分别与功利之心等,做到"忘乎所以"。佛教的"守意"与此相通,两者"异质同构":一在"空";一在"无"。无论"守意"抑或审美,在排除机巧、分别与杂念、功利等心灵因素方面,在心神结构、心神对于外界的"孤立"状态和氛围等方面,两者相通而具有一定的同构性。"守意"即"非身"。"非身"有二要。除了前述对肉身作如是"不净"之想外,无疑还须"眼不视色,耳不听声,鼻不受香,口不味味,身不贪细滑,意不志念",对肉身及其欲望进行精神的洗涤与否弃。否弃了肉身和五官欲望的真实性,肯定"禅数""禅观"精神(念)的真实性,则入定于禅乐之境。而审美,无论艺术审美还是对自然美等的审美,都须因凝神专注于审美对象,而瞬时进入无物无我、无是无非、无得无失的境界,这实际是直觉移情。以通行本《老子》的话来说,就是"致虚极,守静笃"。

释道安《安般守意经注》"序"称:

> 得斯寂者,举足而大千震,挥手而日月扪,疾吹而铁围飞,微嘘而须弥舞。①

这一"寂"的境界,学界称其为"禅观"的"神通",不可思议。"寂",相通于庄生"心斋""坐忘"②之境。"心斋""坐忘"有如佛教的"守意"。又如老子"虚极""静笃"。虚者,无;静者,笃于无也。然则各自所"守"有别,道家"笃"于无之美;佛禅则"守意"在空幻之境。从美学言,佛禅这一"美感"体验如此惊心动魄,"美"得令人不可思议。

其二,支译的历史与人文功绩,是将属于印度大乘空宗一系的般若思想,译介于中土。般若之思,从此参与了中华古代美学思想体系的建构,并施加影响于深远。

支译般若学,也以缘起说、因果论为基本教义的基础,在这一点上,它与安译禅数学无有区别。然则,安译所传小乘学,重在宣说"业感缘起"而高标

---

① 《安般守意经注》"序",梁僧祐《出三藏记集》"经序"卷六,金陵刻经处本,《中国佛教思想资料选编》第一卷,第34页。
② 按:《庄子·内篇·人间世》云:"'敢问心斋'。仲尼曰:'一若志,无听之以耳而听之以心,无听之以心而听之以气。听止于耳,心止于符。气也者,虚而待物者也。唯道集虚。虚者,心斋也'。"《庄子·大宗师》云:"仲尼蹴然曰:'何为坐忘?'颜回曰:'堕肢体,黜聪明,离形去知,同于大通,此谓坐忘'。"(清王先谦:《庄子集解》卷一,第31页;《庄子集解》卷二,第47页,《诸子集成》第三册。)

"人无我"①即"非身",倡言"安般守意"。大乘空宗般若学,主张诸行无常、诸法无我,称言"人无我""法无人",是在人、法二空意义上,立"无有自性"(空)之说。

对于中国美学而言,般若与佛一样,是一全新的概念与理念。般若即佛教智慧,大不同于《老子》所说的"智慧"②。般若,梵文 Prajñā 音译简称,即般若波罗蜜。"智度"是其意译,"觉有情"与"自觉觉他"之谓。意即通过"菩萨行",以般若之智达于佛之空幻而普度众生。这一"智慧",为印度佛教入传中土之前所无,当然也不是那时中国美学的一个命题。自从支译般若学参与中华古代美学思想体系的建构,中国美学从此在一定程度上,拓宽了它的思维广度,加深了其思想深度。

在讨论般若即"智慧"的美学意蕴问题时,有必要简略追溯"智慧"一词及其人文意义。

拙著《周易的美学智慧》曾经指出,在西方古代,"智慧"典出于古希腊神话。相传雅典城邦以希腊神话传说的智慧女神雅典娜为保护神,素以"爱智"(哲学即"爱智")闻名于世。又有缪斯为希腊神话九位文艺与科学女神的统称,都是主神宙斯和记忆女神的女儿。其中,刻利俄管历史,欧忒耳珀管音乐诗歌,塔利亚管喜剧,墨尔波墨涅管悲剧,忒耳西科端管舞蹈,卡利俄珀管史诗,波吕许尼亚管颂歌,埃拉托管抒情诗,乌拉尼亚管天文。这与雅典娜司纺织、制陶、缝衣、油漆与雕刻等技艺一样,其"智慧"都是世俗性的。然而缪斯又能"预知未来",是希腊原古巫术占卜的"诗性"表述。因而,古希腊"诗性智慧"的人文原型,无疑具有原始神性、巫性的根因和根性。维科《新科学》有云:

> 缪斯的最初的特性一定就是凭天神预兆来占卜的一种学问。
> 这种学问就是按照神的预见性这一属性来观照天神,因此从 divinari(占卜或猜测)这个词派生出神的本质或神学(divinity)。
> 这就证明了拉丁人为什么把明断的星相家们称为"智慧教授"。③

---

① 按:也称为"无我"。在"有我"抑或"无我"问题上,印度小乘之学内部曾有争论。部派佛教犊子部,以"不可说的补伽特罗(pudagala)"为"我",而此"我",不可以称为"五蕴之我",也并非"离五蕴而存有之我";经量部提出"胜义补伽特罗"说,指"真我"。"无我"说的逻辑是,既然万法是五蕴集聚,这便是正如《中阿含经》卷三〇所说,"若见缘起便见法,若见法便见缘起",那么,"诸法"即是"无我"。

② 按:通行本《老子》云:"智慧出,有大伪。"该"智慧",指为道家所攻击的儒家思想。

③ 〔意〕维科:《新科学》上册,第一章,朱光潜译,人民文学出版社1986年版。

这就雄辩地证明,智慧的原始意义是与原始占卜(巫术)相联系的;在神学和人学(按:此处实际指巫学)意义上,智慧都是一个意蕴深刻隽永、诗意葱郁的文化学范畴,以至于维科干脆称这种智慧为"诗性智慧",并不惜在其篇幅浩繁的《新科学》中用了近一半的文字来加以认真探讨"。

中华古代文化,充满了深刻的人文智慧。《论语·里仁》记孔子之言云,"朝闻道,夕死可矣"。此"道",即先秦原始儒家所倡言的人生智慧。《论语·雍也》记孔子之言云"务民之义,敬鬼神而远之,可谓知(智)矣"。孟子发展了孔子的人生智慧说,其云:"虽有智慧,不如乘势。"① 意谓人生的最高智慧,是审时度势。战国中期的道家,向中国文化和美学贡献了另一"智慧"说,所谓"大道废,有仁义,智慧出,有大伪",将儒家"智慧"贬得一无是处,推崇其"道"(此即"大道")即道家所说的最高人生智慧。但是无论儒、道的智慧说,其思维与思想的阈限,都在此岸、人间,与入渐的印度佛教智慧观及其美学意蕴有别。佛教所谓般若智慧,尽管与原古印度的巫术文化不无人文联系,却由巫文化走向宗教,历史地陶铸为别异于中华的"智慧"说。其主要涵蕴有二:一、指对圆融涅槃之境的觉悟,洞见佛性,烛照实相。照彻名智,解悟称慧。二、指圆成涅槃的方式与途径。解粘而释缚,涤垢以离尘。出离生死、登菩提而转痴迷者,佛教曰智慧。

第一,"空"这一佛学理念的译入,丰富了中国美学原本的思想学说。

从哲学本原、本体言,原先的中国,主要是关于有(儒)、无(道)的哲学和有、无之际(儒道之际)的一种古代东方美学。或者,还可加上后世几乎湮没无闻的先秦墨家逻辑思辨(名学)的美学,等等。佛教般若空智(空性)这一全新概念与理念的入渐,打破哲学本原、本体意义之中国美学思想体系原本的基本格局。人们惊奇地发现,美,不仅在儒之有与道之无,在儒、道的有与无之际,在墨的逻辑名学之中,而且存在、运化于佛的般若性空之中,在般若性空和儒、道、墨思想与思维的历史、人文联系之中。

支译本原、本体意义的般若性空,往往译作"本无"。《道行般若经·照明品》说:"般若波罗蜜即是本无。""何所是本无者?一切诸法亦本无","一本无,无有异。"② 一切事物、现象因缘而起,刹那生灭,故空无自性。无论世间法或出世间法,皆无例外,均为"本无"。"本无"者,实乃"本空"之谓。以"本无"代译"本空",是又一"误译"。般若学的传入,将美学本原、本体论移植于另一哲学土壤。美可由"空"而生起,"空"也可以是美的本原、本体。在人文理念与理论上,这是在开始消解传统儒、道、墨诸家美学本原、本体说之

---

① 《孟子·公孙丑上》,清焦循:《孟子正义》卷三,第108页,《诸子集成》第一册。
② 《照明品第十》,《大正藏》第八册,《道行般若经》卷五,P0450a。

后所诞生的一种新的美学本原、本体说。

> 本无亦无所从来亦无所从去。怛萨阿竭本无,诸法亦本无。诸法亦本无,怛萨阿竭亦本无。
> 诸法本无无所挂碍。怛萨阿竭本无,诸法本无碍。
> 过去本无,当来本无,今现在怛萨阿竭本无等无异。是等无异为真本无。①
> 般若波罗蜜,本无所从来去,亦无所至如是。譬如梦中见须弥山本无。
> 般若波罗蜜亦本无如是。譬如梦中与女人通视之本无。般若波罗蜜亦本无如是,所名本无。②

"须弥山"即"本无",就连"譬如梦中,与女人通"这般梦境与生活体验,都是"本无"(空幻)的"美"境,其余岂非更不在话下!《道行般若经》强调"空"时指出:

> 无所从生无形住,诸法无所从生无形计。如水中见影,诸法如水中影见,如梦中所见等无有异。③

"一切"皆"本无"(空)。试问这世界还有什么不是"本无"(空)?没有。这便是前引《道行般若经·照明品》所谓"一本无,无所异"。既然一切都是"本无"(空),那么,自当"佛"亦"本无"。佛是什么?是空,是涅槃。作为空幻、涅槃的佛本身,也与世界一切事物、现象一样,是空的。佛"本无"(空),是世界一切唯一而普遍的真实存在(真如),除此别无其他真实。因而,"本无"理所当然是美的本原、本体,并非传统所说的儒之有、道之无与墨之名(逻辑思辨),等等。中国美学的天空,自此真的开始有些变了,变得可能让那些习惯以儒的"实用理性"与道墨思维思想的人,觉得不可理喻。

第二,与佛的空幻、涅槃本原、本体意义相契的,是与崇佛对象相关的主体的心灵、精神与境界。可一言以蔽之:无所执著。

如所谓"无想",灭想之谓,也是《道行般若经·道行品》所说的"不当持想"。"持想"或曰"行想",即囿于形下经验而"想入非非",是世俗芸芸堕入

---

① 《本无品第十四》,《大正藏》第八册,《道行般若经》卷五,P0453a。
② 《昙无竭菩萨品第二十九》,《大正藏》第八册,《道行般若经》卷九,P0475a。
③ 《萨陀波伦菩萨品第十八》,《大正藏》第八册,《道行般若经》卷九,P0471c。

虚妄深渊的一大病根。众生总是将经验世界妄作"持想"的对象,从而滞累于此"想",将虚妄设想为"真实",这是要不得的。其苦果,即所谓心有痴想即"持想"滞累。而无念无想是涅槃。

"无处所","无住"之谓,亦即"心无所住"。指思想、思维、精神不住于"行色"(名言及诸法)。《道行般若经·道行品》说,"菩萨行般若波罗蜜,色不当于中住;痛痒、思想、生死、识,不当于中住。何以故?住色中为行识,住痛痒、思想、生死、识为行识。不当行识,设住其中者,为不随般若波罗蜜教"。这里的关键是"不当行识",即不妄执于"名""色",否则,便亦假亦妄。

"无所从生",即所谓"无生"。指"心无所动",无有贪求,视诸法而无动于衷,无生灭变替,这便是观。"无形",即"无相",指名言仅达于事物假相,而未能揭示万法的真实,从而斥破作为"事相"(形相)的现象世界。

"无想""无处所"(无住)、"无所从生"与"无形"(无相)等,即"无念""无住""无生"。正如"空""幻"那样,都在否弃世俗意义上一切事物现象质的规定性,以及主体的世俗性认知与体会,亦即对"空""幻"即般若性空的观照,唯有斥破一切世俗念想、认知与领会,才能得以实现。这一实现,便是所谓"无得""无著",即无所执著。将世俗意义的事相、形象,本质及其发展变化的美,加以彻底扫除,从而做到心灵、精神与境界"空诸一切",一种被称为"般若性空"的"美",却在否定时被肯定。

第三,"般若性空"的"美"与"美感"究竟是什么?很难对其进行知识论意义所谓定量甚或定性的指称与分析。在此,世俗价值意义的审美判断,无济于事,也不能套用世俗审美标准而妄评之。"般若性空"的"美",唯有在否定世俗的分别、功利、生死、悲喜与真假、善恶、美丑之时,才可领悟、体会。无论是"色"(一切事物现象),还是对主体、主观(痛痒、思想、生死、行识)所引起、所体会的苦乐与好(美)丑等,都"无住"即无所执著,这就是佛经所谓"无著""无缚""无晓","无所生乐是故为乐""是为乐无所乐"①。"无所生乐"与"无所乐"之"乐",都不是指世俗快乐。凡此,才得悟入"自然""清净"即空幻之境,"美"与"美感"蕴含于其间。

佛教也讲"自然"。所谓"自然",实际指主体无著、无缚、无晓(无知),也便是空,对于痛痒(触)、思想(念)、生死与行识而言,所谓"过去色""当来色"(未来色)与"现在色",一切皆空。在先秦老庄美学那里,自然作为原朴之美,是道,即无。通行本《老子》云"道法自然"。这里所言"自然",指性空与般若空智的一种新的"美"与"美感"。所采用的是老庄之言,所指却是性

---

① 《道行品第一》,《道行般若经》卷一,《大正藏》第八册,P0428c。

空这一般若智慧。可谓明修栈道,暗度陈仓,以本土本有的"自然"这一范畴,来"误读"佛教之"空"。

佛慧意义的"自然"之"美"及其"美感",《道行般若经·清净品》又以"清净"二字加以概括。"舍利弗白佛言:清净者,天中天! 为甚深,佛言甚清净。舍利弗言,清净为极明。天中天! 甚清净。舍利弗言,清净无有垢。天中天! 佛言甚清净。舍利弗言,清净无有瑕秽。天中天! 佛言甚清净。"①清净,离弃尘世物欲;烦恼,分别心与机心之谓。该经《清净品》所谓"清净为极明""清净无有垢""清净无有瑕秽",等等,归根结蒂一句话:"清净者,天中天",是清净之中的清净之境。

佛教所谓"天",有最胜之光明、自在、清净的意思,亦称"无趣"。趣即趋。众生向往之佛土、佛国,就是最胜、最乐、最善、最妙高的,故名为无上之"天"或"天中天"。"天",又指清净之极致,其"美"庄严崇高,无以复加。佛教入渐中土之前,中华传统文化语汇中,只有道家所言"清静",而断无"清净"一词。清净是典型佛家语。净者,无垢、空寂、明觉之谓。就佛教所观照、领悟佛法的感受言,以为般若波罗蜜之境,清净即空幻,空幻无所有无所系缚。这是"大乐""本乐""原乐"的所在。这也是"无美之言""无乐之乐",即《大智度论》所言"惔然快乐者。问曰:此何等乐? 答曰:是乐二种。内乐涅槃乐。是乐不从五尘生。譬如石泉水自中出不从外来。心乐如是","能除忧愁烦恼心中喜欢,是名乐受"。②

东汉佛教初传、佛经初译之际,中国佛教美学的初始酝酿,除以上所述,还体现在如下三个方面。

第一,为传播佛教教义以启人崇佛,遂造佛塔,建佛寺,绘塑佛像,以开风气之先,创中华艺术审美新门类。

最早记载这一艺术审美新门类的,是撰著于东汉的《四十二章经·序》。该"序"云,东汉永平年间,明帝感梦遣使求法,"至大月支国,写取佛经四十二章,在十四石函中,登起立塔寺"。后于东汉末年《牟子理惑论》,又有大致相同的记载,然而更为详尽:"于是上悟。遣使者张骞、羽林郎中秦景、博士弟子王遵等十二人,于大月支写佛经四十二章,藏在兰台石室第十四间。时于洛阳城西雍门外起佛寺,于其壁画千乘万骑,绕塔三匝。又于南宫清凉台及开阳城门上作佛象。明帝存时,预修造寿陵,陵曰显节,亦于其上作佛

---

① 《清净品第六》,《道行般若经》卷三,《大正藏》第八册,T08,P0442a。
② 《大智度初品中放光释论第十四之余》,《大正藏》第二十五册,"中观部类",〔印〕龙树《大智度论》卷八,P0120c-0121a。

图象。"①

有关汉明帝感梦遣使求法的记载,为求渲染佛法的神奇,而不可避免地具有某些虚构成分,而且年代愈晚近,这种虚构愈明显,这可以从《牟子理惑论》描述寺塔与佛像始创的情节更详尽、更生动处见出。然而正如本书前引,既然早在西汉末年(具体为汉哀帝元寿元年即公元前2年),印度佛经已入传中土,既然东汉初年明帝之时,已有"楚王英诵黄老之微言,尚浮屠之仁祠",那么明帝感梦遣使求法,或然还是颇为可信的成分,只是"感梦"云云,大约属于有所虚构而已。而东汉初年,是否已在中原大地"登起立塔寺",便不纯是一个虚饰、想象的问题。

中国佛塔与佛寺的创建理念,源于印度。据《长阿含经》第四《游行经》所记,释迦佛圆寂之后,其舍利(灵骨)分为八份,各地建塔以为供奉。据《八大灵塔名号经》云,此八大佛塔分别建于:其一,迦毗罗卫城蓝毗尼(佛陀诞生处);其二,摩揭陀国尼连禅河畔(佛陀成道时沐浴处);其三,波罗奈斯城鹿野苑(初转法轮处);其四,舍毗罗卫国祇树给孤独园(说法处);其五,曲女城(说法处);其六,王舍城(说法处);其七,广严城(说法处);其八,拘尼那揭(说法处)。此外,有婆罗门为收藏佛舍利的坛子而建造佛塔;孔雀部族人(Mauryas)也在佛陀圆寂处建造佛塔。凡此,《大般涅槃经》也有相似记载。渥德尔称,"这些早期宝塔也许不过是半圆形土冢,有点像史前期的坟墓,非常不同于后来的砖石高塔结构"②。拙著《建筑美学》(1987)曾据有关文字资料指出,塔,梵文 Stupa,巴利文 Thūpo,汉译"窣堵坡""塔婆",本义为"累积"。"窣堵坡"的最早型式,是"一个坟起的半圆堆,用砖石造成,梵名安达(Anda),其义为卵,其下建有基坛(Mēdhi),顶上有诃密迦(Harmika),义为平台,在塔周一定距离外建有石质的栏楯(Vēdika),在栏楯的四方,常饰有四座陀兰那(Torana),义为牌楼,这就构成所谓陀兰那艺术"③。在今印度中央邦马尔瓦地区保波尔附近,有桑奇(山奇)大塔,其始建于公元前273至前232年的阿育王时代(据考:约建成于公元前250年)。公元前下半叶至公元1世纪初,安达罗王朝加以重建。塔四周建石质栏楯。兰楯四方,饰以牌楼者凡四,亦称天门。其形制,于两石之上戴以柱头,上横架上、中、下三条石梁。石梁中间以直立短柱相构,整个造型稳健神圣,其上饰以对称的浮雕,多取材于佛陀本生故事或佛传故事。在犍陀罗艺术时代来临之前,当时印度尚未受到希腊神像雕塑艺术的影响,并且在当时印度佛教理念中,佛陀如此庄

---

① 《牟子理惑论》,《中国佛教思想资料选编》第一卷,第10页。
② 〔英〕渥德尔:《印度佛教史》,商务印书馆1987年版,第208页。
③ 常任侠:《印度与东南亚美术发展史》,上海美术出版社1980年版,第12页。

严而伟大,凡胎俗子如果直接面对佛陀形象,便是冒渎神佛。因而雕刻佛陀形象,当时是不被允许的。即使雕刻佛陀说法情景,"也只是弟子围列左右,中央却不设佛体,而留下一棵菩提树或莲座算是象征"①。

印度佛塔起源悠古,它是中国佛塔的重要母体与"印度元素"。印度部派佛教时期,相当于中国西汉,尚无成文佛经,亦未造佛像,仅以佛塔为崇拜对象。印度贵霜王朝的迦腻色迦王时代(78—123),佛教隆盛,逐渐出现成文佛经,大多书于桦树皮与贝叶之上。公元1世纪后期,印度出现原始佛像。据考,曾从地下发掘迦腻色迦王时的古钱币一枚,上刻镌释迦佛像,四周有一拼音"佛"字,以希腊字母拼写。在今阿富汗西部(毗邻于古印度迦尔拉巴特),有佛塔遗址发现,遗址年代约在公元一二世纪,证明此时印度佛教及具佛塔等艺术,已向外传播。汉桓帝建和二年(148),安息僧人安世高来华传小乘,虽无直接证据称其同时携来小型佛塔等佛教艺术品,但将其相应的理念入传中土,是可能的。公元1世纪中叶稍后,汉明帝遣使往大月氏求法,并"写取"佛经四十二章,亦难以一概否定。只是如果说在汉明帝时代使者已从西域将佛像携回,似乎不太真实,东汉《四十二章经》序也未言佛像来华之事。

这当然不等于说,汉明求法使者归来肯定未将塔寺理念等输入中土。鉴于印度佛陀圆寂未久,便有塔的建造及其崇拜,且此后曾极为繁盛,遂有佛塔"八万四千"的传说。因此,印度佛塔艺术及其理念较佛像为先传渐于中土,是情理中事。似乎可以说,《四十二章经》序所言"登起立塔寺",要比《牟子理惑论》所谓"时于洛阳城西雍门外起佛寺","绕塔三匝",且"又于南宫清凉台及开阳城门上作佛象",等等,显得更符合历史真实。此二说都是"塔寺"并提,是因在中国往往塔、寺同建、共存的缘故。这与印度早期先创制佛塔、再有佛寺的情况不同。当然,在稍为晚近的印度佛教建筑艺术中,有一种"支提"窟,塔柱建于石窟之内,佛徒绕塔柱而礼佛,大约这是《牟子理惑论》所言"绕塔"之本。

正如中国佛教一样,佛寺佛塔的建造,从一开始就走上一条中国化的道路。这中国化,其实是整个中国佛教美学史值得研究的一大重要课题。

方立天氏曾云:"所谓佛教中国化是指,印度佛教在输入过程中,一方面是佛教学者从大量经典文献中精炼、筛选出佛教思想的精神、内核,确定出适应国情的礼仪制度和修持方式,另一方面使之与固有的文化相融合,并深入中国人民的生活之中,也就是佛教日益与中国社会的政治、经济和文化相适

---

① 参见拙著《建筑美学》"塔的崇拜与审美"章,云南人民出版社1987年版,台北地景出版股份有限公司1993年版。

应、结合,形成独具本地区特色的宗教,表现出有别于印度佛教的特殊精神面貌和中华民族传统精神的特征。佛教是一种系统结构,由信仰、哲学、仪礼、制度、修持、信徒等构成,佛教中国化并不只限于佛教信仰思想的中国化,也应包括佛教礼仪制度、修持方式的中国化,以及信徒宗教生活的中国化。印度佛教传入中国后,形成了汉地佛教、藏传佛教和傣族等地区佛教三大支,佛教的中国化,一定意义上也可说就是佛教的汉化、藏化和傣化。"①

  这里所说的佛教"中国化",首先属于中国化的"汉地佛教"范畴;其次,虽然这里未曾直接提到佛典的传译、佛教艺术的创作等和佛教美学的中国化,然而作为"一种系统结构",其中国化"由信仰、哲学、礼仪、制度、修持、信徒等构成",其中"哲学"一项,确与佛典传译、艺术创作相联系的佛教美学的中国化,密切攸关。美学的哲学之魂和哲学的美学意蕴,是一个问题的两个方面,既要看到美学与哲学的区别,又要注意两者本在的人文联系。印度佛教初传时,表面上,是选择什么汉语言文字译传印度佛经,所谓"误译"如以"本无"译"空"等,在所难免,在佛寺、佛塔的建造上,必与印度的原型大异其趣。考其原故,乃因中印两大民族的文化及其哲学不同而已。文化底蕴或曰超拔即文化精神,归于哲学,从而与哲学相系的佛经艺术现象等,建构其上。归根结蒂,深层次的佛教中国化,必然首先是哲学或文化哲学及其美学的中国化。

  就佛塔、佛寺而言,"据说,我国之塔,当以汉明帝永平十八年(75)所建之洛阳白马寺为最先"②。当初白马寺的主题建筑,为一方形木塔。塔据寺之中心位置,四周廊房相绕。稍后,三国时笮融在徐州建造的浮屠祠,亦建木塔在祠域内。这种佛塔,已与印度塔大异其趣。舍去印度山奇大塔那样的四座天门牌楼,木制结构,且与寺建造在一起。寺、塔合建形制,源于印度"支提"窟。古印度的一种"支提",建于石窟或地下灵堂之内,称"塔柱",以供佛徒绕塔礼佛。在中国,这里原先的塔柱,已演变为中国的方形木塔,窟殿已由地下上升到地面,改制成脱胎于中国古代民居或宫殿一般形制的寺了,这多少可以看做关于佛的某种神秘观念的稍稍淡薄,是佛的神圣目光向世俗社会开始投去的短暂的一瞥。从此开始了寺庙、佛塔彻底中国化的文化与审美历程,即寺、塔分建,将塔建于寺外,或仅建寺或仅建塔。

  前文所以称"据说"云云,其"因缘"在于,历史上道、佛两家互为争先,以此自抬,比如当西晋末年王浮《老子化胡经》出,佛家往往也就"夸夸其谈"。

---

① 方立天:《佛教中国化的历程》"引言",《汉魏南北朝佛教》,《方立天文集》第一卷,中国人民大学出版社 2006 年版,第 410 页。
② 《刘敦桢文集》一,中国建筑工业出版社 1982 年版,第 4 页。

据南朝齐王琰《冥祥记》所言,《牟子理惑论》称"时于洛阳西雍门外起佛寺",指的就是洛阳白马寺。杨衒之《洛阳伽蓝记》卷四有云,"白马寺,汉明帝立也,佛教入中国之始",大约是后人据传说而追记的,连同前文所引刘敦桢氏所言,其历史真实性自当待考。然而,佛寺包括佛塔的中国化,确曾而必然是早晚要发生的文化和美学事件。那么,佛寺这一中国新的佛教建筑样式,又究竟如何起源呢?

中国佛寺,正如佛塔一样,无疑诞生于印度佛教入渐中土之后。甲骨文、金文中均无"佛""塔"二字。① 然金文有"寺"字,不免让人深感诧异与困惑,难道说,早在中华青铜时代就已经有佛寺这一建筑型类?

金文寺写作寺(见于沃伯寺簋),考其结构上从止(趾之本字),下从又(表示手),故寺字本义,手足之谓。供人使唤者,寺也。《周礼·天官·寺人》有"寺人"之说,其注云:"寺之言侍也。"《六书正》卷四说:"寺,古侍字,承也。从寸,之声。寸,手也,会意。"这是释石鼓文寺。上从止,下从寸。人手腕处称寸口,中医诊脉按人手腕处,为寸关尺之术。石鼓文寺从寸的"寸",代言手。手、寸相通。中医把脉须按准手的寸口,寸具规矩、法度义。汉字如封、导(導)与射等,皆从寸而具此义。东汉许慎《说文解字》第三下云:"寺,廷也。有法度者也。从寸,之声。"可谓的论。《周礼·天官·寺人》称:"寺人,掌王之内人及女宫之戒令,相道其出入之事而纠之。"可见寺字引申义,指宫廷掌管"王之内人及女宫""出入之事"的侍臣,侍臣懂"官之戒令"、法度。

寺为宫廷近侍,为阉人。《诗·大雅·瞻仰》有"匪教匪诲,时维妇寺"的吟唱,以"寺"与"妇"并提。从秦始,宦侍者有以任外廷之职,其所居官舍遂称为寺。如自北齐始至清代,掌管刑狱的官署,称大理寺。秦置奉常官职,掌管礼乐及郊庙与社稷祭祀之类事项。西汉景帝中元六年改称太常,为九卿之一。北齐设太常寺。至于鸿胪寺,始设于秦。秦至汉初称典客,汉武之时改称鸿胪,掌管朝廷贺庆、凭吊之礼。武帝太初初年改名大鸿胪,东汉为大鸿胪卿,有布达帝命、接应宾客之职。北齐置鸿胪寺,直至清末而废。

东汉鸿胪寺,可能是中国佛寺之"寺"这一文字的称谓之始。相传明帝求法使者蔡愔等归汉时,有印度僧人迦叶摩腾(或称"摄摩腾")等首度来华。② 鉴于鸿胪寺有接应宾客的功用,迦叶摩腾等初次来华住在洛阳鸿胪

---

① 按:佛这一汉字,为梵文 Buddha 音译"佛陀"简称;塔这一汉字,为巴利文 Thūpo 音译"塔婆"简称。
② 按:《魏书·释老志》、梁慧皎《高僧传》称,与迦叶摩腾同来中国洛阳的,有竺法兰。竺法兰与迦叶摩腾,为中天竺人。

寺,是可能的事。这大概便是为什么后代供佛像、僧人住地奉佛与信徒烧香拜佛的处所称为"寺"的缘由了。有鉴于《四十二章经》关于明帝求法及其"登起立塔寺"的记载,在中国佛教史上一直具有深远影响这一点,由东汉末年《牟子理惑论》继而大张其说,称述"时于洛阳城西雍门外起佛寺",且其壁画"绕塔三匝"云云,于是,所谓洛阳白马寺、塔,作为中土佛寺、佛塔的起始,几成定说。称寺、塔之名为白马,是因当时迦叶摩腾等曾以白马驮印度经卷回到洛阳的缘故。进而,由《高僧传·摄摩腾传》将鸿胪寺与白马寺相联系,称"腾所住处,今洛阳城西雍门外白马寺是也"。

由此可见,我们的古人是怎样"美丽"地将史实与传说对接起来的。史实只有一个,而关于它的言述与想象甚而虚饰,却可丰富迷人。这便是二者的背反兼合一。有关传说,可能离史实有一定距离,而传说之中,又肯定有若干史实存焉。以常理推论,佛教入传之初,有异域僧作为宾客居住于鸿胪寺,进而兴建佛寺(塔)建筑,且仍以"寺"命名,作为崇佛与译经场所,为必然之事。至于其最初是否称为白马寺、塔,也许难以做进一步的追究。

作为佛教建筑的"寺",从一开始,就走上了文化与审美意义的本土化、中国化的道路。

正如本书前述,由于从印度"支提"窟演变而来的中国佛寺、佛塔往往分而建之,且不说中国人又往往将塔造得尽可能的巨硕高大,这主要体现以"儒"崇尚正大、端严美学风格的中国气派,有如以体硕、高耸形象为主要特征的后代楼阁式塔与密檐式塔那样,在建筑美学的理念上,显然较多地汲取中国传统建筑亭台楼阁的深刻影响;且不说中国佛塔的塔檐、塔层数,绝大多数为奇数,有一、三、五、七、九、十一、十三、十五甚至十七檐、层等,偶数檐、层者极为罕见,这在文化与美学上,自当也是本土化、中国化的;早在殷代,当关于"间"的建筑意识发生之时,"一座建筑的间数,除了少数例外,一般采用奇数"①。尤其在先秦道家哲学创立、发展为东汉道教之后,土生土长的道教,崇"玄者,自然之始祖,而万殊之大宗也。渺昧乎其深也,故称微焉。绵渺乎其远也,故称妙焉"。"其贵无偶"②的哲学与美学信条,中国佛塔檐、层的尚"奇",便显然与此有关。且不说正如前述,当中国人一旦开始建造佛寺、佛塔时,寺、塔的地理、环境位置关系,是本土化、中国化的;且说即就佛寺本身而言,其文化、美学意义的本土化、中国化风格,更为明显。这便是佛寺平面的中轴线布局。中国传统建筑文化中,无论民居还是宫殿、陵寝等的平面,都崇尚中轴线,如明清北京紫禁城(现北京故宫)的平面布局。因而一般而言,

---

① 刘敦桢主编:《中国古代建筑史》,中国建筑工业出版社1980年版,第9页。
② 按:参见葛洪《抱朴子·内篇·畅玄卷第一》,第1—2页,《诸子集成》第八册。

"中国佛寺的平面布局,亦呈对称构图,常为三大殿层层递进,有颇严格的中轴线,主题建筑设在中轴线的高潮点上",如后代禅宗寺院盛行所谓山门、佛殿、法堂、僧房、库厨、西净、浴室组成的"伽蓝七堂"制,即为显例。其实,这种表现于佛寺平面的中轴线的文化与美学意识,从中国佛寺建造之时,就已开始得以贯彻。从美学言,中国佛寺,虽然源于印度的"支提"窟,但如不加以改造发展,照搬过来,那样神秘、局促与小家子气,显然是不如人意的。因而古代的寺(塔)建造艺术家们,主要从传统的陵墓建筑受到启发而加以改造,冲淡了神圣的灵光,唤来了世俗的诗意。这种本土化、中国化的"美学",改印度支提的阴郁为明丽、祛空间的局促为开敞,营构了平面中轴对称布局,从而呈现出平稳、坦荡、大气与趋于世俗化的美学追求和审美风色。

这里值得做进一步讨论的,是所谓"笮融礼佛":

> 笮融者,丹阳人。初,聚众数百,往依徐州牧陶谦。谦使督广陵、彭城,运漕恩图画,遂放纵擅杀,坐断三郡委输以自入。乃大起浮图祠,以铜为人,黄金涂身,衣以锦采,重铜槃九重,下为重楼阁道,可容三千许人,悉课读佛经。令界内及旁郡人有好佛者听受道,复其他役以招致之。由此远近前后至者五千余人户。每浴佛,多设酒饭,布席于路,经数十里,民人来观及就食且万人,费以巨亿计。①

这是关于中华建寺、造像与浴佛,见于正史的最早记载。

笮融礼佛,其时在汉末,其地为徐州。汉末距佛教东来已二百余载,此时受众渐多。笮融依徐州牧陶谦,推行信佛者可免徭役之策,加以徐州本为刘英奉佛之处,文脉深厚,因而,其"大起浮屠祠",规制恢弘而佛像庄严,又"悉课读佛经",为真实可信之事。这一记载,将"浮屠寺"写为"浮屠祠",亦反映当时理念上祠、寺未分的古貌。祠(祠堂)是纪念祖宗、伟人、名士事迹而修造的供舍,始于汉。《汉书·循吏传》有"吏民为立祠堂,及时祭礼不绝"之记。祠不同于寺,而所谓"浴佛",源于印度悉达多太子事,称其在兰毗尼园无忧树下降生、有九龙吐水洗浴其身的神话传说。佛教史多以四月八日为佛诞日,当时难陀与伏波难陀龙王吐水清净,以浴太子,是谓"浴佛"。汉末如此大规模的礼佛法事,当为中土"浴佛"信仰之始。至于汉末佛像的塑造,亦已成熟,可从《三国志》这一记载看得分明。

除文献记载,一些考古资料也可印证东汉佛教艺术的历史存在。据南京

---

① 陈寿:《三国志》卷四九《吴书·刘繇传》。

博物馆、山东省文物管理处合编《沂南古画像墓发掘报告》,在沂南的一处东汉墓中,发现此墓中室八角柱南、北二面上端各雕刻一立童形象。其头戴露顶之冠,顶部以带束发,穿下摆具有花瓣之饰的上衣;又以花巾束腰,巾下部垂流苏,双手前捧一物,如鲇鱼之状。此与一般神仙形象似无甚差异,学界对其是否属于佛教,尚有不同意见。关于内蒙古和林格尔小板申一号墓前室顶部的"佛像"是否真实,也有争论。而"山东长清孝山堂祠堂佛像、四川乐山城郊麻浩和柿子湾崖墓浮雕坐佛以及四川彭山东汉墓、四川绵阳何家山1号墓、绵阳白虎崖墓中出土摇钱树上的陶制或铜铸佛像、江苏连云港孔望山摩崖石刻雕像中的佛像等",则"基本可以确认"①。

颇为值得注意的是,其像头部周围刻一圆环,可以看作佛光之状的刻画。佛光者,佛"放大光明"之谓。佛经指释迦牟尼眉宇间放射光芒,象喻佛的无上智慧如光普照,称宝光。东汉画像墓的立童佛光,显然是画像石艺术中所出现的佛教因素,其艺术与宗教灵感,可能来自印度犍陀罗佛教造像头、背部有佛光之造型的借鉴。佛教,无论中印,都具有光崇拜。所谓"放大光明"者,喻佛之智慧。破暗为光,现法曰明。从佛经所言可知,佛光普照世界及众生心田,而祛世界之丑恶、不公与人生之苦厄、无明,为大智大明、大净大德。以佛光之照临一切,不仅是佛教的光崇拜(此源自印度原古火崇拜、太阳神崇拜),而且因崇拜之中蕴含以"光世界"这一"理想"诉求,不免趋入审美之域。从大乘有、空二宗言之,无论"涅槃妙有"抑或"般若性空"所证之境,实际都有一个"理想"在,而沾溉于审美。

值得称奇的是,据考古,四川乐山一东汉石墓,有石刻佛像,此像为坐姿,高39.55厘米,宽30厘米,虽面部已残损,但其头部的佛光雕刻却颇为清晰。学界以为,坐像似身披通肩袈裟,其右手作上举状,伸出五指,手掌向外,好似作"施无畏印"②。据考,该作品完成于东汉后期。③ 这是东汉时期印度佛教入渐于川蜀的明证。而东晋之前文史典籍与中国佛教文献中,缺佚佛教入川的记载。因而学界有人认为,有关这一石墓佛像的理念及其雕刻艺术,可能并非从西域经敦煌一路入传。究竟如何,有待于进一步研究、考辨。

总之,东汉始造佛塔、建佛寺、绘塑佛像作为风气之先,为中国美学史及其佛教美学首次触及了一个佛教崇拜与艺术审美的关系问题。

---

① 孙昌武:《中国佛教文化史》第一册,中华书局2010年版,第184页。按:此资料与看法,由《中国佛教文化史》一书采自俞伟超《东汉佛教图像考》,《文物》1980年第5期。
② 按:施无畏印,佛教手印之一。《守护国界主陀罗尼经》云:"右手展掌,竖其五指,当肩向外,名施无畏。此印能施一切众生安乐无畏。"
③ 参见闻宥《四川汉代画像石选集》,群众出版社1955年版,第59图。

宗教崇拜，是对象的被神化同时是主体意识的迷失。对象之所以神秘伟大而不可思议，是主体意识迷失的缘故。崇拜之所以发生，是主体心灵"跪着"的缘故。崇拜夸大了对象的尺度，扭曲了对象的性质，它是与主体心灵的被贬损、被矮化同时发生、同时建构、同时消解的。而艺术审美，又偏偏是积极性的人的本质力量，通过意象系统（形象与情感等）方式的一种对象化，作为对主体意识的肯定，是审美意义的主体意识的现实实现。佛教崇拜与艺术审美是背反的。可在这一背反之中，佛教崇拜又偏偏在迷幻的心灵结构中，让人体会到佛（神）的绝对的"真善美"。佛的完美或称圆美，恰恰是属人而非属神的审美理想，并将这理想作为人生的终极关怀。佛的空幻与慈悲，曲折地体现出人所向往、追求的人性的自由与人格的伟大。就此而言，佛教崇拜与艺术审美二者又是合一的。

这就等于说，佛教的逻辑预设，本在于否定现实、排斥艺术，其基本教义如四谛、六道轮回与十二因缘诸说，都在在证明现实的丑恶、虚妄与人性、人格的黑暗。全部佛教教义，本是对于自然美与现实美（艺术美）的否弃。据不完全统计，一部丁福保《佛学大辞典》收录词条三万六千余，几无一个词目为直接、正面谈论与肯定世俗之美的。① 然则，艺术、审美作为人类把握世界、现实的四大基本实践方式②之一，本具顽强之文化生命力，也是人性、人格的构成要素之一。这正如拙著《建筑美学》所言，中国初始的佛教艺术，包括塔、寺与佛像之类，其宗教主题是鲜明而强烈的，通过艺术刻画旨在宣传寂灭无为的佛教教义。但创造这种佛教艺术的，即使最虔诚的佛教徒，也必须在一定的现实关系中"修身立命"，难以截然摆脱所谓世俗人情的"纠缠"和"污染"。这就似乎本来就存在着一种"力"，决定了在这种宗教宣传品中，有可能冲破浓重的宗教迷雾，让世俗人情微露曙光。法轮未转，"食轮"先转。法轮的美丽流转，注定是依存于世俗"食轮"的。因而，就东汉初始的塔、寺与佛像修造而言，艺术审美的宗教化兼宗教崇拜的艺术化，两者同时发生、同时建构、同时消解，上演一幕人与神（佛）、崇拜兼审美彼此冲突、和合的历史、人文悲喜剧。

第二，印度佛教东渐，开始促成中华民族时代意绪的人文嬗变，从"乐"的美学开始趋于"悲"（苦）的美学。

正如本书"导言"所述，中土从先秦至西汉的文化及其哲思、美韵，原是

---

① 按：丁福保《佛学大字典》仅收录"二美"词条云："定慧之二庄严也。《叶字义》曰：'二美具足，四辩澄湛。'"此"二美"之"美"，指"禅定"、"智慧"。
② 按：笔者以为，人类把握世界与现实的基本实践方式，为求神（宗教与巫术等）、求善（道德、功利）、求知（科学、技术）和求美（艺术、审美）四类。

以"乐"为主流的。"乐"(按:与此相关的有"礼",并称"礼乐")为这一漫长历史时期的重要美学范畴之一。先秦、西汉之时,时世常在艰危之中,悲为人的七情之一。浩瀚的文化典籍有关悲苦的记述,可以说连篇累牍。其"悲"(忧患)作为一种审美意识,发蒙很早。如早在《易传》称文王即"作易者,其有忧患乎"之前,郭店楚简《性自命出》篇就有"凡忧患之事欲任,乐事欲后"之说,而且称言,"凡至乐必悲,哭亦悲,皆至其情也"。《诗经》有云,"心亦忧止,忧心烈烈","心之忧矣,不遑假寐","知我者,谓我心忧;不知我者,谓我何求"云云。至于战国末期大诗人屈原所谓忧愁、忧思而作《离骚》,"恐皇舆之败绩,哀民生之多艰"等,是典型的诗的审美。

这里有两点值得讨论。

一是印度佛教入渐中土之前,中国人有关"悲"(苦)的美学理念与意绪,大多都是"伤时忧国"型的。"伤时"具有美学的人文因素,是对于时世的忧虑;"忧国"者,忧家国社稷之危,忧天下之谓。《庄子》有一重要美学命题,称"人之生也,与忧俱生"。所谓人之"生",指人之今生、现世,指人的生存、生活而非生命本身。庄生所言此"忧",大凡还是生活(人生)之"忧"。《庄子》哲学、美学的思维阈限,仅止于此岸人生的"无"。《庄子·秋水》以"北海若"口吻说:

> 夫物,量无穷,时无止,分无常,终始无故。是故大知观于远近,故小而不寡,大而不多,知量无穷;证曏今故,故遥而不闷,掇而不跂,知时无止;察乎盈虚,故得而不喜,失而不忧,知分之无常也;明乎坦途,故生而不说,死而不祸,知终始之不可故也。计人之所知,不若其所不知;其生之时,不若未生之时;以其至小,求穷其至大之域,是故迷乱而不能自得也。①

庄子美学"得而不喜,失而不忧"的"无常"观,是"无"的境界,其"时无止"的时间意识,是很"美学"的,然而亦仅止于现实、人生的"无",自当并非佛教之"空"。

二则佛教入渐之前,中国人固然以人生之悲(苦、忧)为美学诉求之一,尤其先秦老庄哲学、美学,因自觉意识到"时"的问题,而显然具有相当的思想与思维深度,然而,老庄所谓人生之"乐",是从人生忧苦境遇之中"出走"的"无"的"乐",所谓"无为""淡泊"与"逍遥游"等,都是其所追求的"天乐"

---

① 《庄子·秋水第十七》,清王先谦:《庄子集解》卷四,第101—102页,《诸子集成》第三册。

"大乐"之境。此类佐证实在过多,反而不值得在此多有例举。而《易传》所谓"乐天知命,故不忧"、所谓"和兑(按:此悦之本字)"等易学命题,不必赘述,也能说明问题。

笔者一直以为,佛教东来之前,中华民族有关悲喜、苦乐的人文理念与意绪,重在生活之悲而非生命之悲,是人格之悲而非人性之悲。这正如前引《易传》所谓"乐天知命"而"不忧"。故印度佛教入渐前,中国人大致认为,人的快乐既然在世间、此岸,就不必向往出世间、彼岸的"乐"和"美"。先秦儒家所谓"性与天道","圣人存而不论",大致如是。"圣人"连"天道"都尚且"不论",更何谈彼岸的"美"及其"乐"?

可这种"乐"的美学,自两汉之际印度佛教始传、东汉佛经初译而开始被打破,成为东汉末"悲"的美学诉求发生的一个人文触因。

正如本书"导言"所述,印度佛教"四谛"说,首先是以"苦"这一逻辑预设为其教义的基石的。诸法缘起。缘起即无自性,故空。茫茫宇宙与人生,无论成毁,都苦海无边而现实人生毫无欢愉安乐。佛教有二苦、三苦、四苦、五苦、八苦乃至一百一十种苦等"无量诸苦"说。生老病死为四苦,再增怨憎会苦、爱别离苦、求不得苦和五取蕴苦为八苦,等等。尤其欲海难填即"求不得苦",是绝对而无有穷时、穷尽的。佛教种种"苦"说,大致始于西汉末年而入渐于中土,又大致至东汉末年,好比久旱逢甘霖,尤得中华本是焦虑的人心。遂使朝野得佛教风气之先者,开始重新审视中华原有的人生悲喜、苦乐观,开始从人的生命而非生活,从人性而非人格的"悲""苦"角度与视野,营构一种新的美学理念。

大教东来,真正拓进了中华审美形上的思维与思想,开始改变中土原本仅从生活与人格维度看待、认识苦乐、悲喜的"思维定势"。这当然并没有什么不可以,自有其值得肯定的文化与美学品格在。与印度等民族文化、宗教和审美相比,中华本土原本的审美理念自有其自身的文化优势在,或曰没有也不必分其高下、优劣。然则,佛教"四谛""六道轮回"与"十二因缘"等基本教义的输入,尤其其中的哲学高度与深度,将苦乐、忧喜预设为形上而超验之维,不啻是一种人的生命与人性意义真正具有哲学深度的预设。其无关乎人的生活的贫富与苦乐如何,也不管其人格的善恶、高下。将苦、悲认作人生而有之,生本身即为苦、悲,以为芸芸众生,唯有通过佛教修为,涅槃成佛,自性清净,才得舍苦得乐、祛悲为喜。这是与"究竟智"相契相起的"根本"之乐、"根本"之喜的境界,可以看作一种深层的"美学"。

东汉末年,宦官专权,外戚把持朝政,政治黑暗,加上连年战乱,民不聊生。发生在汉桓帝延熹九年(166),与始于灵帝建宁二年(169)、直至熹平五年(176)的前后两次"党锢之祸",遂使汉末之天下从"故匹夫抗愤,处士横议"的"清议"政事,不得不向"清谈"方向发展,文人士子的生存处境尤其精神、思想的危机与痛苦,倍增于前。恰逢此时安译、支译佛典的"苦空"之思,已由王廷、贵族向社会下层传播。正如前引,当丹阳人笮融礼佛时,"三千许人","悉课读佛经","每浴佛,多设酒饭","民人来观及就食且万人"。如此倘非夸诞情事,则说明在东汉末年,佛教已经开始向普通民众普及。王廷、贵族及依附于权贵的文人士子,其心灵始被深深地触动,一种从未有过的生命的悲怆,在胸中涌动,凝铸为深郁的诗的歌吟,仿佛到处可以听到时代的叹息,似乎中国人在一夜之间,突然领悟到生命与人性的本在的悲苦了。

这一点,只要诵读一下汉末《古诗十九首》之类的作品,大约不难理解。该诗第三首有云,"青青陵上柏,磊磊涧中石。人生天地间,忽如远行客"。陵柏、涧石,本无情之物,勾起诗人有关人生寄旅之忧思。第四首,"人生寄一世,奄忽若飘尘",似乎是对第三首的生动诠释。大千世界,刹那生灭,人若微尘,倏忽而逝。第五首,"上有弦歌声,音响一何悲!""清商随风发,中曲正徘徊。一弹再三叹,慷慨有余哀。不惜歌者苦,但伤知音稀"。"弦歌""何悲","清商""徘徊","一弹""三叹",歌"苦"而"知音"难觅,显然是天涯孤寂,有切肤之痛。第十一首,"四顾何茫茫,东风摇百草。所遇无故物,焉得不速老。盛衰各有时,立身苦不早。人生非金石,岂能长寿考?""四顾"于茫茫荒草,喟叹人生速朽,不免悲从中来。第十三首,"浩浩阴阳移,年命如朝露。人生忽如寄,寿无金石固"。不必多作注解,人生速逝的人文主题,再次得以强调。第十四首,"白杨多悲风,萧萧愁杀人。思还故里闾,欲归道无因"。"悲风"四起,愁绪"杀人","故乡"安在?归途"无因"。第十五首,"生年不满百,常怀千岁忧。昼短苦夜长,何不秉烛游"。生命如此短促,生命结束之后是漫漫长夜,此乃"千岁忧"。第十九首,"明月何皎皎,照我罗床帏。忧愁不能寐,揽衣起徘徊。客行虽云乐,不如早旋归。出户独彷徨,愁思当告谁?引领还入房,泪下沾裳衣"。月光清冷如水,"忧愁"而难寐,不免心起"彷徨"。人生如"客",旅在他乡,虽有人称言为"乐",其实非矣。不如趁早寻找回家的路。然而精神故乡的归路,又在何方?不免泪湿"裳衣"。

《古诗十九首》反复吟咏的,主要即佛教所言"生命空幻"的美学主题,却以类似先秦道家"虚无"之言来组其诗章。这一篇东汉末年的无名氏之作,真正是当时民族文化心灵受佛教美学精神濡染的典型体现。其实,它是以佛教"悲""苦"观为美学品格的建安风骨、魏晋风度的审美前奏,值得重视而从容含玩。

第三,西汉末年大教东传于中土与东汉佛经初译及其流播,为中国美学史及其佛教美学增添了来自于佛教的新名词、新概念与新范畴,又基本以先秦老庄的道家语汇、概念与理念来加以"误读",中国美学原本的哲学基石,因佛教入传而开始被撼动。

首先,正如《中国美学范畴史》"导言"所述,中国美学,原本具有一个"气、道、象动态三维的人文、哲学结构"。自佛教东来,这一结构便开始受到一定的冲击与融合。作为另一"话语"系统,在印度佛经或传抄的佛教教义中,首先,"气"这一重要的中华文化学与哲学、美学范畴,在印度佛教中自当原本是不存在的。可是,当佛经的翻译与传抄遭遇印度佛教哲学之时,汉传佛典亦偶尔以"气"言之。

《四十二章经》有云,"佛言":"福德之气,常在此也。害气重殃,反在于彼也。"安译《安般守意经》:"息有四事:一为风,二为气,三为息,四为喘。有声为风,无声为气,出入为息,气出不尽为喘也。"《安般守意经》又以"空""气"并提:"意定便知空,知空便知无所有。何以故?息不报便死。知身但气所作,气灭为空。觉空随道也。"这里,"意定"即"守意";"守意"便"知空";"知空"便知"无所有"。"意定",是早期经译的"误读"处,实际佛教所言"空",并不等于"无所有"。"无所有"者,并非什么都没有。如理解为"什么都没有",并非佛教所言"空"。而此将六根之一的"身"解读为"但气所作",便知这一译义,无疑深受中国传统"气"说的影响。此指"身"之根因(本原)为"气",而此"身",乃世俗的身体而非指六根之"身"。又,"气灭为空"这一命题,指生命之气一旦灭除而故"空"。其思维,以"气灭"代佛教"缘起"说,是译经者谬采中华传统之"气"说。以"气灭"比拟佛教的"刹那生灭",是被译经义对中华传统"气"文化、"气"哲学的一种留恋与妥协。

《安般守意经》又说:"为善恶因缘起便覆灭,亦谓身亦谓气生灭。念便生,不念便死,意与身等同,是断生死道。"

从佛教"缘起"说角度看待道德的"善恶",便无所谓道德"善恶"。这可称之为"身"业及"身"业的破斥,"缘起"即所谓"气生灭"。而"气生灭"即"念"之生起。因而,可称此为"不念"①,即可断灭生死,故"空"。这是将"缘起""念"与"气生灭"放于"一锅煮"。"气生灭"本为先秦庄子哲学与美学的一个"话题"。《庄子》曾说,"气聚则生,气散则死"。其本义是,人生命肉体的生或死,在"气"的"聚""散"之际。而"气"本身无所谓生死。"气"如"死",则并非"气"。作为万物(佛教称"诸法"或"万法")本原、本体的"气",何以会"死"?此所以《庄子》说:"通天下一气耳。"然而这里却言"念

---

① 按:在唐代南宗禅那里,"不念"亦称"无念"。法海本《坛经》有"以无念为本"之言。

便生,不念便死",凸显初译之佛学,深受传统庄学思维与思想的羁绊。佛经所谓"念",大凡具二义。一指"境"的"意守"为"念"。《大乘义章》十二所云"守境为念"。二则指叠字"念念"之"念",指"刹那"(瞬时),指观悟佛法之极短即短得不能再短的"时"。似乎直指悟佛之时间,实为"刹那"悟入。佛经有"念处"之言。"念"者,能观之智;"处"者,所观之境。于"念"之上,不起妄心与滞累,直悟顿了,有类于审美的直觉。而此"念便生,不念便死"云云,笼统地以"生""死"说佛的真境或世俗之境,自当不够准确。因为所谓佛的真境,恰恰为佛教意义的"无生"(亦佛经"八不中道"所言"不生不灭"的"不生")之境。涅槃成佛、般若性空之真境,境界有别,而大凡皆可以"无生"言之。佛教所言"生死"即妄境而以"无生无死"为真境。

其次,以"本无"说"性空""真如""实相"。这在前文已有论及,这里再作简略说解。"本无"是佛教、佛学"如""真如"与"实相"等的早期译名,实指般若学的"性空"义①。支译《道行般若经》卷五《本无品》云:

> 诸法无所从生,为随怛萨阿竭教,是为本无。本无亦无所从来,亦无所去。怛萨阿竭本无,诸法亦本无。诸法亦本无,怛萨阿竭亦本无。
> 一本无等,无异本无,无有作者,一切皆本无,亦复无本无。……过去本无,当来本无,今现在怛萨阿竭本无,等无异。②

怛萨阿竭,即多陀阿伽度、多陀阿伽陀(Tathāgata)等,如来的早期译称。《玄应音义》三云,"怛萨阿竭,大品经作多陀阿伽度,此云如来"。这一大段言述,反复阐"诸法本无"义,并说在"本无"这一点上,万事万物"等无异"。

"本无"的思想与思维,原于老庄,虚静无为之谓。万物的逻辑原点,在于且虚且静。《老子》曰:"是故天下万物生于有,有生于无。"这是关于"本无"的经典性解说。万物的逻辑原点是"无","无"是虚、静的,万物"本无"且生成万物之美;而必回归于"本无",这是通行本《老子》所谓"反(返)者,道之动"的意思。故"本无"者,原美之谓。"本无"并非指美的东西,而是无数美的东西之所以为美的逻辑根因、根性。这是老庄"本无"美学的见解与思路。

然而,《道行般若经》却以"本无"说性空、真如、实相,开始拉开魏晋佛教"格义"美学的灿烂的人文序幕。

---

① 按:三国时期,支谦重译《大明度经》,依然袭用"本无"译名,东晋"六家七宗"有"本无"宗。
② 《本无品第十四》,《道行般若经》卷五,《大正藏》第八册,P0453b。

支译《道行般若经》作为般若类经典，因其为初译，曾被僧叡《大品经序》诟病为"典谟乖于殊制，名实丧于不谨，致使求之弥至而失之弥远"①。然而，正是这一初译的不足，留下中印佛教传播史上，因"初译"而尤具冲突、调和的鲜明的时代烙印。以"本无"说"性空"，等等，在中国佛教美学史上所深具的价值与意义，不容忽视。

一是以"本无"说"性空"等，虽以老庄代佛言，作为"无奈"之举，却暗合印度小乘尤其"说一切有部"、关于"一切法自性有"②的佛学主张。这里，有事物现象、本质皆为实有的思想与思维因素在。《道行般若经》尽管是大乘空宗的般若类经典，支谶也是般若之学的译师，这两点却无碍于支译对所谓"三世实有，法体恒有"佛理的传达。在佛教史上，《道行般若经》的经义，有自小乘"实有"说向大乘"性空"论转嬗的理论倾向。因此，支译以"本无"说"性空"之类，确在无意之间，达到对事物现象、本质美丑的一种肯定。

二是般若性空之学的原始主张，是说诸法（一切事物现象）缘起，无自性，故曰性空。可是支译却说，此"性空"即"本无"，所谓"何所是本无者？一切诸法亦本无"③。支译还以《庄子》"野马"之喻来说此"性空"。《庄子》以所谓"野马也，尘埃也"指喻"道无"境界，此"野马"，指狂放飞卷的野间云气，作为"本无"之喻，只是比喻佛教意义的"俗有"义。其实从佛教而言，无论儒家所主张的"有"（伦理道德之类），抑或道家所谓"道"即"无"（审美境界等），都为世俗之"俗有"。支译"本无"义，实离"性空"本义甚远，此乃以老庄说佛耳。如佛陀泉下有知，必然要被佛陀笑，他也许会说，"我播下的是龙种，收获的却是跳蚤"。然而，这一"南橘北枳"之译，却折射出中华传统文化、哲学尤其是老庄美学的顽强生命力。当印度般若性空之学及其美学诉求开始逐渐传播于中土之际，这一佛教教义的中国化，这种语言的"方便说法"，可让一时难以为人所理会的般若学在中土变得亲切可人而容易被接受。

三是般若性空之学，原旨在于无所执著。《道行般若经·清净品》说：

> 知色空者是曰为著。知痛痒、思想、生死、识空者是曰为著。于过去法知过去法是曰为著。于当来法知当来法是曰为著，于现在法知现在法

---

① 梁僧祐：《出三藏记集》卷八，金陵刻经处本。
② 按：这里所言"一切法"，包括有为法（一切依缘而起，刹那生灭，处于永恒的造作与轮回）、无为法（不依因缘，跳出轮回，实即性空、真如、实相，亦即般若之境）两种。
③ 《照明品第十》，《道行般若经》卷五，《大正藏》第八册，P0450a。

是曰为著。如法者为大功德,发意菩萨是即为著。①

这一段短短经文,一连用了六个"著"字。著者,执也,固执、滞累于心之谓。《大般若波罗蜜多经》七十一云,"能如实知一切法相而不执著故,复名摩诃萨"。执,分法执、我执两类,起于妄见。无所执著,即既不执于有,又不执于空;既不执于真如,又不执于假有;既不执于空、有二边,又不执于中道,这是大乘般若性空、中观学最根本、最重要的思想。无所执著,作为佛学命题,其实也是一个美学命题。两者区别在于,般若性空之说,彻底斥破法执、我执,连斥破本身亦不能被执著。好似"药到病除"而"药"未出,依然止于滞累之妄境。前引六种"著",都在彻底斥破之列。老庄亦言"无所执著",包括不执著于功名利禄与社会意识形态等,道家反对"造作",提倡"自然无为"②。而"无"本身,确是其执著对象,"本无"之"道",正是道家所追求与执著的哲学与美学理想。这也便是《老子》之所以说"致虚极,守静笃"。

从美学角度看,般若性空之学,以彻底的无所执著为"原美"。它彻底消解了世俗质素与色彩的"本美",似乎永远飘浮、显现于形上的逻辑预设之中,永远不应被作为执取与追求的对象,就连这"无所执著"本身,亦不可执著。而老庄的"无所执著"说,实际上以执著于"本无""自然""无为"为真、为善、为美,是与《道行般若经》的"无住""无想"等说有别的。《道行般若经·泥犁品》云:"般若波罗蜜无所有,若人于中有所求,谓有所有,是即大非。"③此是。

尽管如此,时至东汉,中国美学史因佛教东来而呈现了一种前所未有的新气象,开始形成新格局。且不说汉字原本无"佛"及其概念与理念,这一汉字的创设,对于中国文化及其哲学与美学来说,真是非同小可。且不说甲骨文至今未检索到"空"字,证明中国人关于"空"义的认知是较晚的。空,从宀,工声,本指建筑物空间。宀,音 mián,《说文解字》:"宀,交覆深屋也。象形。"段注:"古者屋四注,东西与南北皆交覆也。有堂有室,是为深屋。"而宀,甲骨文 ∩、∧,皆屋顶之象形。显然,此"空"未具任何哲学、美学的形上

---

① 《清净品第六》,《道行般若经》卷三,《大正藏》第八册,P0446b。
② 按:牟宗三云,"照道家看,一有造作就不自然、不自由,就有虚伪。造作很像英文的 artificial 人工造作","道家一眼看到把我们的生命落在虚伪造作上是个最大的不自在。人天天疲于奔命,疲于虚伪形式的空架子中,非常的痛苦。基督教首出的观念是原罪 original sin;佛教首出的观念是业识(karma),是无明;道家首出的观念,不必讲得那么远,只讲眼前就可以,它首出的观念就是'造作'",并将 ideology(意识形态)译作汉语"意底牢结"(参见牟宗三《中国哲学十九讲》,第 85、87 页)。
③ 《泥犁品》第五,《道行般若经》卷三,《大正藏》八册,第 P0441a。

意义。《论语》有"空空如也"①这一命题，一般理解为"什么也没有"，属经验层次的思想与思维，未涉于哲思、美韵。而正如前引，如安译《安般守意经》"气灭为空"这一命题，尽管以"气灭"译佛教"刹那生灭"不免是"误读"，却是中国佛教史与中国佛教美学关于"空"从未有过的新的理念与思想。刹那生灭者，空也。因其哲学意蕴葱郁深邃而具有美学品格。佛经说，因缘所生起，即诸法（一切事物、现象）究竟而无自性，故空。这使得中国原本的"空"义，一下子从形下向形上之义提升，无疑极大地开拓了中华民族的哲学与美学的思辨空间。人们由此对诸如"空空如也"这样的老命题进行重新解读，称言"空之又空，如也"。此"如"，真如、真理之谓。遂使"空空如也"，成为大乘空宗般若之学、中观说的一个通俗说法。《牟子理惑论》有"佛者，言觉也"这一见解，而佛即空，故悟"空"者，"觉"之谓。众生之觉悟为佛，便是悟"空"的自由。作为佛教教义，与审美攸关。先秦有"禅"字，义为封土为坛，洒地而祭。"禅让"一词，表帝位让授于贤者。后代唐孔颖达说，"若尧舜禅让圣贤，禹汤传授子孙"。此"禅让"之"禅"，无甚哲学、美学的思维与思想深度。岂料初译佛经以"禅"（禅那）一词译"禅定"，"思维修"与"静虑"诸义不仅是教义而且是哲学、美学意义的一大创设。"色"字本义初浅，初译佛经又以该字指称一切事物、现象，有变碍、质碍、假有之义，其义深矣。又如"法"义，亦较中华本义大为开拓而尤显深远。

佛经初译，带来中国哲学、美学初步然而深刻的变化。尽管初传之际，固有"夷夏之辨"的中土信徒或士子，曾以"道术"比拟佛法，以"神仙"称述佛陀，以"灵魂不灭"类比"佛性常住"，以"无为"言说"般若"，等等，但中国文化、哲学和美学的嬗变与转递，是实实在在而值得充分肯定的。

别的暂且不说，仅《四十二章经》两条材料，大约也能说明问题。其一，正如前引，"佛言：财色于人，譬如刀刃有蜜，不足一餐之美。小儿舐之，则有割舌之愚也"。"财色"如"刀刃有蜜"，如果如"小儿舐之"，是"割舌之愚"。这不是"美"而是丑，美的理念嬗变了。

其二，有故事公案云，沙门夜诵《遗教经》，其声悲苦，思悔欲退。佛问之曰：汝昔在家，曾为何业？对曰：爱弹琴。佛言：弦缓如何？对曰：不鸣矣。弦急如何？对曰：声绝矣。急缓得中如何？对曰：诸音普矣。佛言：沙门学道亦然，心若调适，道可得矣。在此弹琴之喻中，佛与沙门言对，多持老庄口吻，其

---

① 按：《论语·子罕第九》说："子曰：吾有知乎哉？无知也。有鄙夫问于我。空空如也。我叩其两端焉。"《正义》曰："夫子应问不穷。当时之人，遂谓夫子无所不知，故此谦言无知也。"孔子说自己"空空如也"，是自谦之词，转义指一无所有。（清刘宝楠：《论语正义》卷十，第179页，《诸子集成》第一册。）

中如"调适"之"适",直接采自《庄子》。这就是"误读"。然而,不取"弦缓""弦急"而取"急缓得中",分明是佛教大乘"中观"之义,实以佛教理念重新识读中华传统文化的"中"。

可以说,自东汉佛经初译而开始普及,中国文化及其哲学、美学便增添一大新元素。从哲学、美学分析,儒家"有"、道家"无"与佛家"空",开始"对话"并且开始建构一种历史与人文新格局。中国佛教美学的新发展,是可以期待的。在这一新格局中,佛家的空,确为中国文化、哲学与美学的人文新成员与新因素。在与本土之儒"有"、道"无"美学的人文"交往"中,佛教之"空"的佛学及其哲学、美学的中国化,逐渐得以"历史地生成"和展开。

第四章　汉末三国：佛教中国化及其美学思想酝酿的继续

三国（220—265）时期的佛教美学，依然基本处于初始、酝酿阶段。时日匆匆且战乱连年，中华这一伟大民族的头脑，总在焦虑不安之中，一般难以具有沉思深切的时候。然而，佛经的进一步译传及其佛教信仰的流向民间，恰与那些上层统治者的倡导，相得益彰。其间关键的一点，是译师的辛勤劳动及其新译佛经所传达的佛学理论，丰富了中华佛教学者和信众的信仰世界与思想情感。此时，中国美学在继续坚持其中华固有人文立场的同时，不得不进一步改变与拓宽审美与理论视野，新型的佛教艺术继续得以滋长，以安慰那焦虑、饥渴的灵魂。它是东汉佛教美学酝酿期的继续。而三国魏玄学的初起，尤其是王弼的"贵无"之思，成为美学意义的佛、玄"对话"的一个辉煌序幕。

第一节　重要佛经的译传

三国历史短暂。据僧祐《出三藏记集》卷二，三国时期所译佛经仅为四十二部六十八卷，这不包括自三国至南朝梁之际所佚失的佛经在内。隋费长房《历代三宝记》卷五以为，这一历史时期，共译经三百十二部四百八十三卷。两者相比，相去甚远。这类有关史籍记载的真伪，这里暂且不予考稽、讨论。

三国之时，佛教继续向中土四处流播，主要在吴、魏发展。蜀国偏处西南，也可能已有佛教传入。《出三藏记集》卷二载录蜀《首楞严经》《普曜经》二种，各为两卷本，都早已亡佚，故南朝梁之后，历代经录仅为吴录、魏录。

三国吴，都于建业，偏安江左。佛教早自北地南传。有天竺人维祇难，始奉"异道"（信"火祀"的婆罗门），转而以沙门来华，于吴黄武三年（224），与同道竺律炎至武昌，携胡本《法句经》，参与此经译事。吴都建业，时为南地译经重镇,其译师以支谦、康僧会为首。

据《出三藏记集》卷十二《支谦传》,支谦原籍大月支,生于汉地,"年十岁学书,同时学者皆服其聪敏。十三学胡书,备通六国语"。其受业于支谶的弟子支亮,为支谶般若之学再传,于吴黄武元年(222)自洛阳经武昌至建业,黄武(222—228)至建业年间(252—253),译毕《大明度无极经》四卷、《维摩诘经》二卷与《太子瑞应本起经》二卷等。其中《大明度无极经》,是支译《道行般若经》的重译。据《开元释教录》卷二,支谦所译,另有《大阿弥陀经》较为著名。全译包括大乘般若、宝积、大集等佛典凡八十八部一百十八卷(现存五十一部六十九卷)。支谦传承支谶般若之学。支敏度云,"越(按:支谦名)才学深彻,内外备通,以季世尚文,时好简略,故其出经,颇从文丽。然其属辞析理,文而不越,约而义显,真可谓深入者也"①。作为中国佛教史早期译者之一,支谦是三国译经最多的,且其经译、经注文辞以简约流利见长,雅好意译而难能可贵,然有僧肇所言"理滞于文"②的缺憾。

三国吴另一重要译经者是康僧会。"其先康居人,世居天竺","既而出家,砺行甚峻。为人弘雅有识量,笃志好学,明练三藏博览六典,天文图纬,多所贯涉。"③康僧会于吴赤乌十年(247)来至建业,先后译《六度集经》(即《六度无极经》九卷,现存八卷)与《吴品经》(《般若》五卷,今佚)。其早年曾从承安世高所传"安般守意"之学,为《安般守意经》《法镜经》与《道树经》等汉译本作注、撰序,弘传禅法。比较而言,康僧会对于佛学的贡献,以撰述重于经译为特点,是中国佛教史、中国佛教美学首重佛、道、儒三学趋于合一的一名学者。

三国魏,都于洛阳,其文化传承宗东汉之余绪。魏时,有天竺僧昙柯迦罗、安息沙门昙谛与康居和尚康僧铠等相继来抵洛阳。洛阳与建业同,是三国译经的重地。据梁慧皎《高僧传》卷一《昙柯迦罗传》,昙柯迦罗,又称法时,中天竺人氏。家道荣华,修持梵福。幼而颖悟,博览诗书,皆文义通透。至年二十五,偶入僧房而观览《毗昙》,殷勤悟省,深悟因果,妙达三世。知佛法宏旷,为俗书所不能及。于是舍弃俗荣,出家精苦,皈诵大小乘经及诸部《毗尼》。昙柯迦罗于魏废帝邵陵厉公嘉平年间(249—254)在洛,译出《僧祇戒心》即摩诃僧祇部戒本一卷,传授律学,此乃三国时中华佛教重大事件之一。原先汉地虽佛法渐行,而戒律未有严规,仅剪除头发即算"削尽三千烦恼丝",受中华传统道教祠祀影响较大。佛教戒律典籍的译出,令各有凭依,

---

① 《合〈首楞严经〉记》,梁僧祐《出三藏记集》卷七,金陵刻经处本。
② 僧肇:《注维摩诘经·序》,《出三藏记集》卷八,金陵刻经处本。
③ 《高僧传·康僧会传》,梁僧祐《出三藏记集》卷一三,金陵刻经处本。

成为中土佛教严谨禀受归戒的开始。迦罗被后世尊为律宗始祖。

安息昙谛(法实)于魏高贵乡公正元二年(255)来抵洛阳,译《昙无德(法藏)羯磨》一卷,与前述《僧祇戒心》共为受戒依据。当时依此受戒的,著名者有朱士行等沙门。佛教史一般以士行受戒,为中土华人正式出家之始。康居康僧铠于嘉平四年(252),在洛阳译《郁伽长者所问经》一卷与《无量寿经》二卷。龟兹沙门帛延于高贵乡公甘露三年(258),在洛阳译出《无量清净平等觉经》二卷、《首楞严经》二卷与《菩萨修行经》一卷等。这二人于佛学皆多有建树。

值得再提的,是三国重要佛教人物朱士行,他是中土以沙门身份西行求法的拓荒者。《出三藏记集》卷一三《朱士行传》称,其为"颍川人也。志业清粹,气韵明烈,坚正方直,劝(欢)、沮不能移焉。少怀远悟,脱落尘俗"。其出家之后,深潜于《般若》慧海,每以旧译谬失原旨为憾恨。又闻西域有《大品般若》经典完备,故"誓志捐身",西行求取"真经"。"遂以魏甘露五年(260),发迹雍州,西渡流沙,既至于阗,果写得正品梵书胡本《大品般若》九十章,六十万余言。"然而,由于小乘学者阻挠,朱士行未能将此经及时遣送汉地,直至晋武帝太康三年(282),才由其弟子弗如檀诸人送抵洛阳,由竺叔兰、无罗叉译出于晋惠帝元康元年(291),名《放光般若经》。而朱士行本人一直留驻于阗,圆寂时年八十。

三国经译,成就虽高,作为早期译文,究竟未尽佛旨之妙。支谦之译,大凡亦具这一特点。试以《维摩诘经》译文为例。此经译本,共有六种:其一,东汉严佛调本《古维摩经》一卷;其二,三国吴支谦本《佛说维摩诘经》二卷;其三,西晋竺法护译本《维摩诘所说法门经》一卷;其四,西晋竺叔兰译本《毗摩罗诘经》三卷;其五,姚秦鸠摩罗什译本《维摩诘所说经》三卷;其六,唐玄奘译本《佛说无垢称经》六卷。其中,严佛调与竺法护、竺叔兰等三译本,现皆不存。

以支译、什译与奘译略作比较,已能说明问题之一二。如同一《维摩诘经》梵本"第七",支谦本以"观人物品"为题名,而后的罗什与玄奘本都题名为"观众生品"。"众生"旧译"有情",梵语 Sattva,萨埵。"有情"也罢,"众生"也罢,显然不等同于"人物(人)"。以"人物"译 Sattva,未妥①。又如,同是《维摩诘经》的《观众生品》第七这一部分,什译本有云:"又问:欲除烦恼,当何所行?答曰:当行正念。又问:云何行于正念?答曰:当行不生不灭。"②

---

① 按:支谦译《佛说维摩诘经》以"人"代"众生"之译处甚多。该经卷上《菩萨品》云,"一切人皆如也",不如玄奘译本卷二《菩萨品》"一切有情皆如也"契合原意。
② 《观众生品第七》,《维摩诘所说经》卷二,鸠摩罗什译,《大正藏》第十四册,P0547c。

玄奘本为:"又问:欲除一切有情烦恼,当何所修? 曰:欲除一切有情烦恼,当修如理观察作意。又问:欲修如理观察作意,当云何修? 曰:欲修如理观察作意,当修诸法不生不灭。"以什译与奘译相比,其义大同。而奘译强调直译,保持梵本反复问辩的特点,"如理观察作意"作为直译,反不如什译"正念"简洁明了。而支谦的译文是:"又问:既解尘劳,当复何应? 曰:已解尘劳,当应自然。又问:何以施行,而应自然? 曰:不起不灭,是应自然。"①"自然"一词,正如前述,原自通行本《老子》"道法自然",指本来如此。以"自然"一词意译,附会先秦老学,见不出佛教修持的禅法旨趣,不如"正念"贴切。心若驰散,何以为正念?"不生不灭"者,涅槃之谓。佛法常在,无所谓生灭,故云"不生不灭"。按佛教常识,所谓涅槃,涅者不生,槃者不灭,不生不灭即涅槃。以"正念"这八正道之一为修行门径,即能悟入"不生不灭"的涅槃之境。支谦却以"不起不灭"为译,译言似欠规范。再如,支谦译"摩诃般若波罗蜜"为"大明度无极"。以"大"释"摩诃(Mahā)",自准确无疑;以"明"释"般若",有所牵强;以"度无极"释"波罗蜜"(达于彼岸义),显然不够妥切。"无极"一词,原于《庄子·逍遥游》"无极之外,复无极也"句,与佛教所谓"彼岸"相去甚远。这是早期经译的"误读"。

凡此"误读",作为佛教中国化、本土化现象,在经译尤其是早期经译中,可谓屡见不鲜。吕澂先生曾以"如性"这一佛学概念的汉译为例,谈到这一问题:

> 例如,关于"如性"这一概念,当初译为"本无"。现在考究起来,这是经过一番斟酌的。"如性"这个概念来自《奥义书》,并非佛家所独创,表示"就是这样",只能用直观来体认。印度人已习惯地使用了这一概念,可是从中国的词汇中根本找不到与此相应的词。因为我国古代的思想家比较看重实在,要求概念都含有具体的内容,所以没有这类抽象含义的词。所谓"如性"即"如实在那样",而现实的事物常是以"不如实在那样"地被理解,因而这一概念就有否定的意思:否定不如实在的那一部分。所以"如性"也就是"空性",空掉不如实在的那一部分。印度人的思想方法要求,并不必否定了不实在的那部分以表示否定,只要概念具有否定的可能性时就表示出来了。所以佛家进一步把这一概念叫作"自性空","当体空"。从这个意义上说,译成"本无"原不算错。而且"无"字也是中国道家现成的用语。要是了解"本无"的来历,本来不会

---

① 《观人物品第七》,《佛说维摩诘经》卷二,三国支谦译,《大正藏》第十四册,P0528b。

产生误解。但这种用意只有译者本人了解,译出以后,读者望文生义,就产生了很大的错误。最初把这一概念同老子说的"无"混为一谈,以后联系到宇宙发生论,把"本"字理解为"本末"的"本",认为万物是从无而产生。这一误解并未因它的译名重新订正而有所改变。例如,以后"本无"改译为"如如""真如"等,反而错上加错,以至于认为是真如生一切。这种不正确的看法,代代相传,直到现在。总之,我们不能把中国佛学看成是印度佛学的单纯"移植",恰当地说,乃是"嫁接"。两者是有一定的距离的。这就是说,中国佛学的根子在中国而不在印度。①

这一长段引文,对于如何理解印度佛教、佛学中国化、本土化,具有启发意义。任何中外文化包括中印佛教、佛学的交流、传播,本因、本体即所谓的"根子"是"中国"而非其他。印度佛教典籍的译介,自始至终都是不同程度的"误读"或可称为"格义",都是"中体"而"外用"。愈是早期,这一"误读"的可能性程度愈大。就印度佛教言,"如"即空幻。"如性"者,空性之谓。空性即实相即法性,亦即"自性"。何为"自性"? 祛除他性而存在的,即是"自性"。"自性"本空。早期经译,将"如性"译为"本无"之因在于,中国传统人文意识及其哲学,眼睛是"向下看的",此即一般地追求经验实在,以先秦儒家的"实用理性"为典型,所谓"性与天道,圣人存而不论"。先秦道家的哲学眼光,先"向上看",再"向下看","向上看"为的是"向下看"。它固然追求超验、形上的"无"(道本身),但此"无"之所以被预设为哲学的本因、本体,是因为可以"无"来说明"有"(经验实在)。"无",不能离弃"有",尤其不能否定"有",且须落实到"有"。"有"是其哲学的归宿处,认为离弃了"有","无"就毫无价值。这便是通行本《老子》为何是一部关于"道"(无)、"德"(有)而非仅仅是"道"经的缘故,更是帛书本《老子》体例"德"经在前、"道"经在后的理由。假如将先秦儒家经典《论语》中"空空如也"这一命题作哲学的理解,那么其意思是,这一世界,除了经验实在及其"实用理性",其他都是"没有"的。这一思维和思想定势,在魏晋裴頠的"崇有论"中,仍然表现得很鲜明。当然,先秦道家的"本无"哲学,就"无"本身而言,毕竟是超验而形上的。当印度佛教东来时,中国人开始只能从"有"、从"无"或从"有"与"无"之际,来"误读"印度佛教的"空"义;或者一些下层信众,将佛教的"西方极乐",理解为"实在"的"有"而加以崇拜、向往;或者以道家的"无",来比附于佛家的"空"。于是在早期佛经的汉译中,以"本无"译"如性"义,"理"所"当

---

① 吕澂:《序论》,《中国佛学源流略讲》,第3—4页。

然",不足为奇。

从美学看,比如植物花蕾之美究竟是什么,仅从"有"的角度,所谓花之美,就是这朵花的美,因而除了美的东西,世界上没有什么本因本体的美。从"无"的角度看,花的美固然是美的东西,而花之所以美,是因为有"无",这便是《老子》所谓"美之为美"①。试问"无"本身美么?老庄哲学并未从理论上回答这一问题,但可以让人从一系列的论述中,体会到其肯定性的答案,如"素朴而天下莫能与之争美"然。那么"空"(如性)本身美不美?如从"有"角度看,既然"空"就是"没有",既然世界已是什么都"没有"了,则自当无所谓美、不美或丑;从"无"角度看,所谓"空"之"美",也是不可理喻的。因为原本中国人的心目中,只有"有"与"无"这两个"世界"(实际二者都属于此岸、世俗、现实这"一个世界"),那么这第三个佛教意义的"空"世界,到底美、不美抑或丑?从未想象、思考过。固然不能以经验实在之"有"来言说佛教之"空"比如"如性",而以曾经领悟到的"本无"之美,来比附"空"之"美",既是人文的无奈,也是一种必然。于是,由大教及其哲学的东来,中国美学的天地便开始进入一个"空"的时代,不再仅仅株守于"有""无",而渐渐形成"有""无"与"空"三维冲突、回互、涵泳与创新的时代。

第二节　佛教美学思想的再酝酿

三国这一历史与人文时期,历时不长,佛教美学的再酝酿经历了一段比较复杂的过程。天下三分,世乱不已,时代意绪摇荡而多变,并且佛教初传,信众对于教义的领会接受歧义尤多,因而佛教美学的再酝酿具有颇为奇异的时代色彩。这可从三方面来加以讨论。

一　"佛国"信仰、理想及"如来种"与审美

所谓"佛国",即佛教的"理想国",佛所住、所化之国土。所住者,净土;所化者,秽土为佛所化之谓。亦称"佛国"。净土即佛国,所谓"西方极乐世界",为佛教所向往的理想彼岸。

在中国佛教及其佛教美学史上,传达"佛国"信仰、理想的,主要是弥陀经典。其中最早出现的,是曹魏康僧铠所译《无量寿经》上下卷本与孙吴支

---

① 《老子》说:"天下皆知美之为美,斯恶已;皆知善之为善,斯不善已。"(见通行本《老子》第二章,清魏源:《老子本义》上篇,第2页,《诸子集成》第三册。)

谦所译《大阿弥陀经》二卷本。① 此类弥陀经典,第一次向中华人众描述了极乐无尽、美妙无比的"第二世界"即"西方净土极乐",它与烦恼、丑恶的现实世界("第一世界")形成强烈反差,具天壤之别。

《无量寿经》卷上曾不无真实地揭示世间"贫穷乞人底极斯下,衣不蔽形食趣支命,饥寒困苦人理殆尽"②的惨状。该经卷上云,贫者只要信仰佛教、信仰《无量寿经》,那么西方极乐世界遂由无量寿佛接引而"应念即至"。西方极乐之境,以金银、琉璃、珊瑚、琥珀、砗磲与玛瑙等宝物铺地,无有山河坎坷与四时交替,只见遍地华林,"行行相植,茎茎相望,枝枝相准,叶叶相向,华华相顺,实实相当",每当"微风吹动,吹诸宝树,演无量妙法音声"。③ 天人世界,姿音微妙,慧心超然,活得自在。正如《大阿弥陀经》卷下所云,"恣汝随意皆可得之"。所谓"无有诸痛痒,亦无复有诸恶臭处,亦无复有勤苦,亦无淫佚嗔怒愚痴,亦无有忧思愁毒",一个没有"五恶"(杀生、偷盗、邪淫、妄语、饮酒为"五恶")的和美世界。如此庄严、幸福的"西方净土",无论上、中、下三类信徒,皆具往生机缘。上者,出家剃度为沙门,修持各类功德戒律,一心专念阿弥陀佛,可"愿生彼国";中者,可不剃度出家,专念阿弥陀佛,随缘修持功德布施行善,也得"愿生彼国";下者,虽未修功德,更不剃度,唯一心念佛名号,也能超度而非常"方便"。

这一类弥陀经典的说教,目的在于启人信仰。为求众生虔诚信仰,须有一个足以吸引众生的"愿景"为指引。"佛国"说,在苦难深重的芸芸众生面前"放大光明",在社会下层民众间培养、吸引了大批崇拜与信仰者,也是那些贪得无厌、欲壑难填者的一种精神"拯救"。它在美学上,曲折而隐约地提出了相通于审美理想的一个目标。

大凡宗教包括佛教信仰,皆与审美理想相通。佛教所谓"信"(信仰),以为成佛之"根",即为"信根"。"信"这一汉字,大约始见于《论语·学而》篇所言"信近于义"的"信",具"诚"义,"专一守诚"之谓。印度与中华佛典都大力倡言"信"。此"信"有"能生""增上"佛慧之义。佛教又倡"信根""信力"说,要求凡习佛而成佛者,必先"起信"。习佛、成佛的首要在于"信"。佛

---

① 按:康僧铠《无量寿经》译本、鸠摩罗什(姚秦)《阿弥陀经》译本与畺良耶舍(刘宋)《观无量寿经》译本,被后代净土宗尊为"净土三大部"。支谦《大阿弥陀经》二卷译本、西晋竺法护《无量寿经》三卷译本以及北魏菩提留支所译世亲《无量寿经论》等,都是宣说"佛国"的重要的净土弥陀经论。隋费长房《历代三宝记》等称汉末安世高译《无量寿经》二卷与支谶译《无量清净平等觉经》二卷,非。
② 《佛说无量寿经》卷上,曹魏康僧铠译,《大正藏》第十二册,"宝积部类"(无量寿经类),P0271c。
③ 同上书,P0270c。

教有"信根""勤根""念根""定根"与"慧根"等"五根"说,且以"信根"为首,可见以"信"为"根"是第一义。"信"佛之"三宝"而坚定不移、五体投地。大约印度佛教东渐之初,其经、律、论的主题之一,便是有关"信"的理念。"为汉魏时期的旧帙,似无疑问"的《牟子理惑论》,以问答方式,破中华本土之旧"信",而俯就印度佛教之新"信",大力倡言佛教信仰。如此文一开头即提出"信"之与否问题云,"牟子既修经传诸子,书无大小,靡不好之。虽不乐兵法,然犹读焉。虽读神仙不死之书,抑而不信,以为虚诞①,可见对待中华本土古籍,有"信"有不"信"的态度。又称:"大道(按:指先秦道家之'道')无为,非俗所见。不为誉者贵,不为毁者贱。用不用自天也,行不行乃时也,信不信其命也。"将对于老庄道学的"信"之与否,看作"命里注定"。实际以为,道(自然无为)本契于人的性命、精神、灵魂,并非天命、人命之外另有什么"道",道与"天""时""命"同在。又问:"吾子讪神仙,抑奇怪,不信有不死之道,是也。何为独信佛道当得度世乎?佛在异域,子足未履其地,目不见其所,徒观其文而信其行。夫观华者不能知实,视影者不能审形,殆其不诚乎?"②一问一答,凡三十七。都在于解芸芸之疑惑而启其"信根""信力"。

考察对于佛教信从的文化本涵可知,信者,非外力强迫而实为众生灵犀内在之需。在佛教看来,信是心法、心所法的本始。"信"为善根,无"信"不立。智度大海,信为能入,智为能度。佛教所言信,是崇拜与审美互相蕴含。无信则本有之信根无以发蒙,诸法实体、三宝净德无以实现。佛教信仰,本属于崇拜范畴;这崇拜,寄寓着有关"西方净土"的"理想";"理想"即向往("往生西方极乐")。此之谓"信乐",一种崇拜与审美兼得之境。

支谦所译《佛说维摩诘经·佛国品》,为中华佛教信徒提供了一个成佛即"往生西方净土"的信仰与理想。该经"佛国"说,偏重于言说秽土如何为佛所化而为净土的问题。

《佛说维摩诘经·佛国品》指出,"跂行喘息人物之土,则是菩萨佛国"。这并非说"跂行喘息"之人所居之"土"即"佛国",实指秽土如何为佛所导化而为"佛国"之意。所导化的途径,唯有修行、布施、念佛。如释迦成佛前的"菩萨行"。"菩萨行"者,经过布施等六度,自利利他,自觉觉他,求圆满佛果,是菩萨大行。

佛国亦称佛土、佛刹、佛界、净土、净刹、净界与净国等。佛国依佛身的生身、法身之别,可分生身土、法身土二类。法身土即净土;生身土可由秽化净。

---

① 《牟子理惑论》,《弘明集》卷一,《四部丛刊》影印本。《中国佛教思想资料选编》第一卷,第2页。
② 同上书,第11、14页。

前者为实土,后者为权土。权土的"权",权巧、权变、善巧、方便之谓。佛土又有十种——遍行土、最胜土、胜流土、无摄受土、类无别土、无染净土、法无别土、不增减土、智自在土与业自在土,体现出佛国说的丰富性与复繁性,也体现了菩萨行丰富的修持内容。

支译《佛说维摩诘经》云:

> 菩萨智慧为国故,于佛国得道,能以正导成就人民生于佛土。
> 菩萨持戒为国故,于佛国得道,周满所愿以十善行,合聚人民生于佛土。①

这里所言"人民","众生"旧译。译义不甚贴切,意思是明白的。众生何以往生佛土,因"菩萨智慧"故也。关键是"智慧","智慧"者,心净而已。众生往生西方,菩萨欲得净土,唯净其心。心净即佛土净。菩萨行所化之净土,其实不在西方而在心中,净土即净心。佛国净土,指由秽转净而生起的佛教心灵理想国。

在中国佛教史上,佛国净土说,有所谓"极乐净土""弥勒净土""净琉璃净土""莲华藏净土""唯心净土"与"人间净土"等多种。《佛说维摩诘经·佛国品》所言,实为"唯心净土"兼"人间净土"说,它在中国佛教史与中国佛教美学史上,具有重要而深远的影响。如后之唐代禅宗《坛经》所谓"随其心净则佛土净",以及《大珠禅宗语录》卷下所录,皆为《维摩诘经》"佛国""唯心净土"说的沿承与发展。②"人间净土"说,人人都以清净心为其理论基石,即人人都有自"净"、成佛的可能。这种清净心与可能,《维摩诘经》称为"如来种"。维摩诘问文殊师利:"何等为如来种?"文殊菩萨回答:

> 有身为种,无明与恩爱为种,婬怒痴为种,四颠倒为种,五盖为种,六入为种,七识住为种,八邪道为种,九恼为种,十恶为种:是为佛种。③

"有身",指眼耳鼻舌身意六根的身相。"有身"者,非觉体之谓。"无明",十二因缘之一。愚暗之心,无了悟诸法、佛慧之明。无明即痴暗之心,心无慧明。"恩爱",贪爱的一种,指血亲、家庭成员之间感恩、溺爱的妄情妄念。众

---

① 《佛国品第一》,《佛说维摩诘经》卷一,三国支谦译,《大正藏》第十四册,P0520b、P0520a。
② 按:《大珠禅师语录》卷下云:"经云,'欲得净土,当净其心;随其心净,即佛土净'"一语,采录于支译《佛说维摩诘经·佛国品》。
③ 《如来种品第八》,《佛说维摩诘经》,三国支谦译,《大正藏》第十四册,P0529c。

生从无始起,种种恩爱贪欲,未了业缘,故有轮回。"婬怒痴"即"贪怒痴",旧译"三毒烦恼"。无量劫中,"四颠倒"即为"四倒",四种颠倒妄见。其一,妄执于生死无常、无乐、无我与无净;其二,于涅槃常、乐、我、净又妄执于无常、无乐、无我、无净。前者指"有为"意义的"四倒";后者指"无为"意义的"四倒"。"五盖",指五种遮蔽、覆盖:贪欲蒙蔽慧心;瞋恚使明心蒙暗;心昏身重如嗜睡;心的躁动不安,忧恼不已;于佛法持犹豫态度而难以精进。"六入",指六根(眼耳鼻舌身意)、六境(色声香味触法)、六处的旧译。"七识住",识的安住、识的执取,名识住,指欲界、色界、无色界因识而执求,共为七种。"八邪道",指邪见、邪思维、邪语、邪业、邪命、邪方便、邪念与邪定,与八正道相背悖。"九恼",指九种灾难与烦恼,亦称为九难九罪报。"十恶",即十不善,指杀生、偷盗、邪淫、妄语、两舌(离间语)、恶口、秽语、贪欲、瞋恚与邪见等十种恶。

有身、无明与恩爱、婬怒痴、四颠倒、五盖、六入、七识住、八邪道、九恼与十恶,是佛教竭言人间(此岸)黑暗与人性的丑陋、污秽。可是,佛经却认为这些是"如来种",即成佛、人间净土的出发点与条件,好比高原陆地不生莲华,倒是卑湿污土能生莲华。这便是说,清净佛法缘于众生烦恼,"如来种"在秽土中。"如是虚无不入尘劳事者,岂其能发一切智慧?"①佛教的逻辑原点总是如此,先是否定世间现实与人生的一切真善美,却又无可逃遁地将其作为"如来种",这是以否定现实、人生的方式,以达成新的肯定。必有所否定才得有所肯定。"如来种"说,正是"人间净土"的典型见解。有如正因出于"淤泥",才能成就"莲华"的"亭亭净植"。美丑总是相对相应、相反相成、相比较而存在、发展和消亡。

《佛说维摩诘经》的佛国说,主旨在于"净土"即"净心"与"佛国"在人间。在美学上,它其实没有直接提出什么是美学的问题,没有提出、回答诸如什么是美、什么是审美等问题,不是那种庸常的美学概论。可是,《维摩诘经》以及其他诸多佛典,其实都在不同程度上,不可能不触及美学问题,因为大凡美学或文化学美学之魂,必与哲学或文化哲学所尤为关涉的世界、人类意象、情感、意志和价值、理想等主题因缘相系,在逻辑上,佛教愈是试图首先将世俗之美及美学问题拒于佛门之外,便愈证明世俗美与美学存在的真实性与顽强性。否定本身的前提,必为世俗美与美学的肯定,否则否定者何、何以否定?从大的方面看,美与美学问题,蕴含于世界和人类生存、生命和生活的一切领域,一切哲学或文化哲学所俯瞰与沉潜之处。只要世界、人类的意象、

---

① 《如来种品第八》,《佛说维摩诘经》,三国支谦译,《大正藏》第十四册,P0529c。按:该引文中"虚无"一词,来自老庄之语,为"空幻"义之旧译;"尘劳"一词,为"烦恼"之旧译。

情感、意志、风俗与价值、理想等成为关注、观照的对象,那么,诸如自然、文化及其哲思、宗教、道德、经济、军事、科学、技术等人类意识、思想与实践等,都可有一定的美学或文化美学在。当然,其中艺术领域与自然景观等,只要以一定的哲学或文化哲学的理念加以观照,可以是典型的审美和美学领地。美学的哲学根性与哲学的美学意蕴,为一体二维即一个问题的两个方面。人是什么、人应当如何与人走向何处这三大问题,可以而且应该是哲学或文化哲学意义的追问,它们也是美学、文化美学意义的追问。这并非什么美学混同于哲学,而是两者的交融互渗。所不同处在于,如说哲学是关于自然、人生与人脑思维的思辨和发问,那么,它可以而且应该是关于人存在的本原、本体以及如何存在、存在终极等的理趣本身。通常的情况总是如此,即使那些非理性、无意识与下意识等心灵学、心理学问题,也是哲学或文化哲学通常所研究、思考的对象。它总是对非理性问题的理性思考与理性体现。美学的成熟和独立,并不意味着能离弃于哲学或文化哲学而自行其"是"。不过,诸如意象、情感诸问题,美学自然要比哲学更为直接、更为强调。美学是哲学的诗化、诗化的哲学。它也可以是对诸如非理性、直觉等的哲学思考与表述。美学或文化美学,是"活"在意象、情感和理想之类中的哲学或文化哲学。美学或文化美学的研究范围,本来就不限于艺术及其审美——它们仅仅是美学或文化美学所应当研究的重镇而已。它当然并非艺术及其审美的全部,却是哲学或文化哲学的素质、层次、根因与意义等所"关怀"的领域。那种将美学等同于艺术学甚或文论、又将哲学等同于美学的观念与做法,显然是非美学的,或者可称之为"伪美学"。

就正在讨论的《佛说维摩诘经》与本书后文将会研究、探讨的其他佛教典籍而言,企望在其中找到直接性的哲学理论与美学理论,是徒劳的。但这不妨碍我们对其进行美学或文化美学的研究。

这是因为,诸多中国佛教教义本身,实际是被佛教化(宗教化)了的哲学。前文所说比如人是什么、人应当如何以及人走向何处等根本性的哲学问题,在中国佛教教义和佛教践行中,皆存在而关系到佛教美学的全局和深层。依佛教教义,虽然总是否定、贬损世俗意义的艺术、审美,佛教作为一种宗教践行,又催生、激励与改变中国艺术审美的诸多品类与性格,几乎渗透于中国艺术的一切领域。它并非在理论上讨论美是什么与审美是什么之类,却不乏对一些"原美"问题的关注与追问,确是从别一角度提出问题,值得思考、追究。

这里所谓佛国说,既是佛学、又是美学问题而无疑。

作为成佛理想的"佛国",作为佛徒所憧憬的一种境界,作为由佛教所提出的一种社会理想,不啻是企图用以改造世界的一济"良方"。人是世界上最不安分的一种"动物",一种"文化的""符号"与"哲学的""动物",总也有一种根因于人性的原始"冲动",愿意并且迫切地将自己的"本质力量"或积极、或消极地加以"对象化",让人性之中高贵的理性、情感、意志与理想等做出"越界"的挪移,"从而造成'先验幻想'。上帝和以上帝为对象的理性神学就是这种越界使用(按:亦可称'挪移')的结果之一,而运用理性来证明上帝存在的试图就是其最集中的表现"①。佛国理想本身,作为佛徒所向往的"上帝"的"存在",是人类理性糅合非理性之原始人性的一种"先验幻想",确是"证明上帝存在的试图"的"最集中的表现"。它便是佛国之"美"。其理想本身是非理性的,而关于佛国理想的思维和逻辑预设,倒是理性的。如果是非理性的,则何以能作一定的逻辑预设?大凡人文理想,无论逻辑地"种植"于世间抑或出世间,其人文根因和根性一概都在世间。这是因为,大凡出世间、彼岸之类,都是世间、现实、此岸的另一逻辑表述。作为佛国理想之"美",仅仅是世间、现实美之绝对、夸大而颠倒的一种人文符号。佛国理想,必包含着对于美的追求与企盼因素。虽则《维摩诘经》的佛国说,不如前述《大阿弥陀经》等"净土三大部"所谓"净土"那般具体、生动与诱人,然而,从其对人间"秽土"的否定中,可以体会其所追求的"唯心净土"兼"人间净土"的"完美"。对"秽土"的否定,同时是对"净土"的肯定,可证其对于人间美、丑的判断实际是有标准的。尽管这一标准不是世俗意义上的,以佛教言之,并非"第一义谛"(真谛),却依然不失为一种改变了世俗通常的思维与思想逻辑的审美判断标准。否则,又何以能够判断孰"秽"孰"净"?

当然,《佛说维摩诘经》佛国说的审美理想因素,并不是直接以系统的理论形态来表述的。它仅仅在其字里行间让人意会得到,它以"净心"即"佛土净"的逻辑来加以言说。这种以佛教教义所表达的审美理想因素,从对世俗现实的"秽"的破斥之中,通过"净心"修持,达到"佛国"之"净"的理想之境。正如太虚(1890—1947)所言:"今此人间虽非良好庄严,然可凭各人一片清净之心,去修持许多净善的因缘,逐步进行,久而久之,此浊恶之人间便可一变而为庄严之净土,不必于人间之外另求净土,故名为人间净土。"②

可见,《佛说维摩诘经》"佛国"说的审美理想因素,是在治世先治人、治人先治心的实践逻辑设计之中体现出来的,它实际是将全部的审美期待,押在所谓人人各具的"如来种"上。"如来种"说,又实际是后世晋宋之际,义学

---

① 李秋零:《康德哲学中的宗教问题》,刘光耀、杨慧林主编《神学美学》第 2 辑,上海三联书店 2008 年版,第 191 页。
② 《创造人间净土》,《太虚大师全集》第 47 册(附录),上海大法轮书局 1948 年版,第 427 页。

高僧竺道生(355—434)所言"一阐提人皆得成佛"与人人各具"佛性"说的前期表述,证明此"佛国"说对人的本性的求"净"、向"美",以及对世间现实的由"秽"转"净",没有丧失信心。

二 "不二入"① 与审美

僧肇曾说,《佛说维摩诘经》"语宗极,则以不二为言"②。"不二入",是《佛说维摩诘经》的一大宗要。该经"不二入品"有云:

> 其乐泥洹,不乐生死为二,如不乐泥洹,不死乃无有二。何则?在生死缚,彼乃求解,若都无缚,其谁求解?如无缚无解,无乐无不乐者,是不二入。③

类如该"不二入"之言,《维摩诘经》支谦本共译列三十一例,反复辩说"不二"佛理,是维摩诘与文殊等八千菩萨之间的答问或默然心会。

不二者,一实之理。色空不二,染净不二,善恶不二,空有不二,止观不二,迷悟不二,世间出世间不二以及前引所谓生死、缚解、无乐无不乐不二等等,都如此。不二,平等而无分别之谓。领悟"不二入"或云"入不二"的佛理,则为平等觉。平等,万类因缘而生起,皆无自性,故曰空,就空而言,万类平等。理、智冥合而为平等。觉,觉悟之佛慧。悟入不二之境,即为平等觉,实为如来正觉。

一切事物现象究竟不一抑或不二,这是哲学、美学追问的重要命题之一。以经验、世俗的眼光看,万类不一而分别。天地、男女、真假、善恶与美丑等,难道会是不二而无分别么?显然不是。可从超验而非世俗角度看,世间万类共具一本原、一本体。万类不二。先秦老子以"道"为一切事物现象的本原、本体,这是老子的哲学"不二"观,以"无"为美的美学,是一种以道为"不二"的美学。西方神学美学以"上帝"为美,所谓"绝对之美",即"上帝的临在"。这也是"不二"之美,是一切世间事物现象本原、本体美的宗教神学的表述。中国佛教的任一教义,都以否弃世间现实、经验之美为前提,也否弃与此相应的丑,用《维摩诘经》的话来说,即无"虚妄分别"。在空这一点上,万类一如。世俗世界美、丑不一,万类不可同日而语,而且同样是美事物、丑事物,也是千

---

① 按:此"不二入法门"的"不二入",亦即"入不二";此"入",悟入之义。支谦之后罗什与玄奘译本,都作"入不二"。
② 僧肇:《注维摩诘经序》,梁僧祐《出三藏记集》卷八,金陵刻经处本。
③ 《不二入品》,《佛说维摩诘经》卷二,《大正藏》第十四册,P0531c。

姿百态,无限丰富。可是,无论世间全部的美、丑事物怎样地无限多样,其本原、本体都是空,这便是"不二"。"不二"即是"空",无所谓世俗意义的美丑,却是《维摩诘经·不二入品》所蕴含的"原美"亦即"原丑"。"不二"之"美",因"不二"而不仅作为本原、本体的万类一律平等,且作为现象的万类也一律平等。就涅槃(旧译泥洹)而言,可谓不生不灭。涅者不生;槃即不灭。不生不灭,是谓"大涅槃"。诸法本"无生",故本"无灭"。这便是佛教哲学、美学"无生"即"无灭"的理论。从空以及空的"原美"和"原丑"意义分析,既然无所谓"生",那也就无所谓"灭",这是生、灭不二。同理,既然无所谓"缚",也就无所谓"解",既然无所谓"乐",也无所谓"不乐",它们都是"不二"的"原美"即"原丑"。此其一。

其二,大凡《美学概论》一类总是说,审美,无论是对艺术的审美,还是对自然景观的审美等,从其发生、过程到结果,无一不是天人、物我、主客的浑契、互渗。这当然并无什么不对。所谓"浑契""互渗",亦即"合一"。审美瞬间发生,为审美直觉、审美移情。此时无论天人、物我抑或主客,皆处于"浑契""互渗"之境,双方各以对方为对象,无有分别。这也可以《佛说维摩诘经》"不二"一语来加以表达。然世俗意义的审美,"不二"于有;佛教"不二入品",是说"不二"于空。世俗审美发生、进行之时,审美主体的审美心灵在瞬时之际,以通行本《老子》言,即"致虚极,守静笃",用《庄子》的话来说,是"心斋""坐忘"的实现。"虚者,心斋也。"①所谓"堕肢体,黜聪明,离形去知,同于大通,此谓坐忘"②。无论"心斋"还是"坐忘",都是主体心灵的"浑契""不二"之境。这里关键是"虚""忘"二字。"虚"其怀,"忘"其利,审美的心灵、心境便"当下即是"。瞬间"忘"于荣辱得失,"忘"于柴米油盐,心灵专注、沉浸于虚无之中,从而发生审美的直觉与移情,这便是虚,便是无,便是没有是非、得失之类分别,便是道家"不二"的审美。这"不二",因为是世俗的,尽管其"不二"于虚、无,以佛教空观的眼光看,却还是一种"有",或者可以说滞累于"有",是被佛教所主张加以斥破的。佛教"不二"于"空"的审美观,不仅挥斥世俗意义的美丑,不仅以为如道家那般以虚、无为美的审美是一种世俗的滞累,而且在实际上是将审美看作"空诸一切"的过程。佛教所谓"不二"的审美这一命题如果成立,则意味着世间的一切,包括审美与非审美、"原美"与"原丑"等,无有区别。这一审美的发生、过程与结果,实际是"空"的实现。"空诸一切",即万类"不二"。显然,世俗"不二"(指天人、物我、主客的浑契)的审美与佛教"不二"的审美,在形式、结构上具有相通之处,两者

---

① 《庄子·人间世第四》,清王先谦:《庄子集解》卷一,第23页,《诸子集成》第三册。
② 《庄子·大宗师第六》,清王先谦:《庄子集解》卷二,第47页,《诸子集成》第三册。

存在"异质同构"关系。一则"有"(虚,无)而一则"空",是为"异质";两者相通于"不二",是为"同构"。佛教"不二"的审美,无是无非,无生无死,无善无恶,无染无净,无悲无喜,无缚无解。

三 譬喻与审美

早在东汉末年,随安世高、支娄迦谶诸人有关佛经的译传,佛教文学及其理念已开始入渐于中土。作为"方便"①说法的一种方式,在安译、支译等早期汉译佛经中,佛教文学因素已经存在。如安译《五阴喻经》一卷,后世异译为《杂阿含经》卷一〇,是文学譬喻颇强的一个文本。陈允吉先生、胡中行教授主编《佛经文学粹编》一书,选注《杂阿含经》(求那跋陀罗译)、《中阿含经》(僧伽提婆译)、《妙法莲华经》(鸠摩罗什译)、《佛说观佛三昧海经》(佛陀跋陀罗译)、《大般涅槃经》(昙无谶译)、《佛说譬喻经》(义净译)《优婆塞戒经》(昙无谶译)与《大智度论》(鸠摩罗什译)凡"譬喻"二十则②。其中多为后代译出,搜罗详备而洋洋大观。

譬喻者,比类也,佛门"方便"说法之一。《法华文句》云:"譬者,比况也;喻者,晓训也。托此比彼,寄浅训深。"以经义之玄奥,不譬不喻不足以悟其真实。《佛经文学粹编》云:"譬喻系佛门权巧方便的说法手段之一,其特点在借熟稔亲切的事物'托此比彼,寄浅训深',俾以帮助信众喻解抽象难懂的法理。古印度高僧众贤《顺正论》云:'言譬喻者,为令晓悟所说宗义,广引多门,比例开示'。这套方法之滥觞,可追溯到印度的《奥义书》时代和佛教草创阶段。"③所言是。佛经之中的各类譬喻运用很多。《涅槃经》卷二九曾云,佛陀说法,有八大譬喻:一、顺喻;二、逆喻;三、现喻;四、非喻;五、先喻;六、后喻;七、先后喻;八、遍喻。佛教史又有"法华七喻":火宅喻、穷子喻、药草喻、化城喻、衣珠喻、髻珠喻、医子喻。《中阿含经》卷六〇《箭喻经》有著名"箭喻":好沉思默想者鬘童子问释迦佛陀,要求解惑,否则不肯从佛陀出家修行。如问:"如来终,如来不终,如来终不终,如来亦非终亦非不终耶?"这其实是佛教修行、佛学与哲学的根本问题,其为抽象。佛陀为其说法解难,以箭为喻:假如有人身中毒箭,生命垂危,赶快拔箭疗毒才是上策。却先逐一讨论

---

① 按:方便,又称善巧、权智等。方者,法也;便者,用也。佛理、佛慧不可言说,又不得不说。以寓言、故事与譬喻等方式加以言说,是为"方便"。《大乘起信论校释》云:"略说方便有四种。云何为四?","一者行根本方便";"二者能止方便";"三者发起善根增长方便";"四者大愿平等方便"。〔印〕马鸣菩萨造,梁真谛译,高振农校释,中华书局1992年版,第139页。
② 参见陈允吉、胡中行主编《佛经文学粹编》,上海古籍出版社1999年版,第419—468页。
③ 同上。

身毒者何人、箭弓以何材料制成、是何颜色,等等,是庸人的"坐而论道"。

> 犹如有人身被毒箭,因毒箭故受极重苦。彼有亲族,怜念愍伤,为求利义饶益安隐,便求箭医。然彼人者方作是念:"未可拔箭。我应先知彼人如是姓,如是名,如是生为长短粗细,为黑、白、不黑不白,为刹利族、梵志、居士、工师族,为东方、南方、西方、北方耶?未可拔箭,我应先知彼弓为柘、为桑、为槻、为角耶?未可拔箭,我应先知弓扎,彼为是牛筋、为獐鹿筋、为是丝耶?未可拔箭,我应先知弓色为黑、为白、为赤、为黄耶?未可拔箭……彼人竟不得知,于其中间而命终也。"①

这一"譬喻"构思美丽,含蕴隽永。某人被毒箭射中,危在目前,其亲族悲忧无比而送医救治。而在救治之前,先得研究一番那射箭者姓甚名谁,身份出身,箭由何方射来以及弓箭由什么材料制造、箭为何色等问题,难道是有什么必要的么?如此则未等问题研究清楚,那中毒箭者早就魂归西天了。可见该"箭喻"的喻义,在于言说世间芸芸众生身罹苦厄荼毒,最要紧处是立即拔离诸苦,没有必要先来空谈玄义,坐以待毙。

三国支谦译《佛说维摩诘经》中,有诸多精妙的维摩居士不可思议神通的文学性描述。尤其《诸法言品》②,描述维摩诘称病而佛陀遣弟子前往问疾(探病),几乎谁都未敢前往,最后"智慧第一"的文殊乃往。情节曲折,颇完整而传神,文学性甚强。作为叙事之铺垫,先一一叙说舍利弗、大目犍连、大迦叶、须菩提、富楼那、迦旃延、阿那律、优波离、罗睺罗与阿难等十大佛弟子"故我不任诣彼问疾"的理由之后,最后才是文殊师利不同凡响的"出场",有"千呼万唤始出来"的审美构思与效果,着意渲染其"出场"的庄严氛围。《维摩诘经》注一云,维摩居士自妙喜国化生于此,暂栖于凡尘,所谓晦迹五欲,超然无染,清名远闻,其智慧隽拔,辩才无碍,非"智慧第一"如文殊菩萨者而不能对。该经想象丰富而奇特。写维摩诘所居斗室,竟"包容三万二千师子座,无所妨碍",而每一"师子座","高"为"八万四千由旬"。③ 这一类"神话",既是佛教的幻想,又是文学性葱郁而美丽的艺术夸张。

与此相关的,此经《观人物品》④有"天女散华"喻:维摩诘室有一天女,

---

① 《中阿含经》卷六〇《箭喻经》,瞿昙僧伽提婆译,《大正藏》第一册,P0804c-0805a。
② 按:此即后之鸠摩罗什译本、玄奘译本《维摩诘经》之《问疾品》。
③ 按:师子座,即狮子座。佛教称,狮为百兽之王,佛乃众生之王,故师子座即佛座。由旬,梵语 Yojana,又译为"俞旬""由延"等,为古印度帝王行军计程单位,或为三十里,或为四十里。
④ 按:什译本为《观众生品》,奘译本称《观有情品》。

闻佛陀说法而现其身,即以天华洒落诸菩萨大弟子头上,纷纷坠落于地。可是,当天华洒落大弟子舍利弗头上时,便滞累于头而不再坠地。佛陀所有其他弟子大发神力,希望帮助舍利弗,但是,粘于舍利弗头上的天华,任什么法力也不能令之去。天女问舍利弗是何缘故,并说天华是"无所分别"的象征。诸菩萨断灭一切"分别想",便"天华"乱坠,毫不滞碍,可证这是悟入于"不二"之境,而作"生分别想"者则相反。

宣说"无分别"教义,虚构"天女散华"而著华未堕的情节故事,很"美学"、很美丽。

此经也有诸多文学类譬喻,具有相当的审美特性。如其卷一《善权品》,有所谓"是身如聚沫,澡浴强忍;是身如泡,不得久立;是身如野马,渴爱疲劳;是身如芭蕉,中无有坚;是身如幻,转受报应;是身如梦,其现恍惚;是身如影,行照而现;是身如响,因缘变失;是身如雾,意无静相;是身如电,为分散法"①,如此精彩的一段言述,一连十个譬喻,竭力阐说"身"作为六根之一的因缘烦恼,显得生动而明彻。

关于佛经"譬喻"文学和审美问题的研究与讨论,梁晓虹《佛教与汉语史研究》一书第五部分"其他——佛教文化:从汉语对佛教譬喻的取舍看比喻的民族差异",分佛典譬喻为三:其一,"充满譬喻的寓言传说故事"。包括"借用已有的寓言传说,为说法所用",如《阿含经》及一些专门的譬喻经类所说"譬喻"和"佛及弟子们的故事,其中包含有丰富的譬喻内容。如'十二部经'中的'本生(Jataka)经''本事(Itivrttaka)经''因缘经'(Nidana)中就有不少用作譬喻的故事,故可称为广义的譬喻经"。其二,"一般修辞之譬喻。即指一般常说的明喻、隐喻和借喻等类譬喻"。包括"喻空""喻和合所成之人身及人身之秽浊""喻不存在之物,不可能之事""喻幻中出幻,妄中出妄""喻微小与巨大""喻数量之多""喻三乘""喻清静(净)、吉祥""喻佛法与涅槃"与"喻希有珍贵"等十类。其三,"浓缩于词语的譬喻"。如"法水"这一佛学范畴,见《无量义经·说法品》:"法譬如水,能洗垢秽","其法水者,亦复如是,能洗涤众生诸烦恼垢"。如"法轮"范畴,"如车轮运转,摧辗山岳岩石",譬而喻经义。②

中国古代美学与文论有"赋、比、兴"说,涉于美学意象、情感等诗性问

---

① 《善权品第二》,《佛说维摩诘经》卷一,三国支谦译,《大正藏》第十四册,P0521b。按:同是这一段经文,什译为:"是身如聚汪,不可撮摩;是身如泡,不得久立;是身如炎,从渴爱生;是身如芭蕉,中无有坚;是身如幻,从颠倒起;是身如梦,为虚妄见;是身如影,从业缘现;是身如响,属诸因缘;是身如浮云,须臾变灭;是身如电,念念无住。"

② 参见梁晓虹《从汉语对佛教譬喻的取舍看比喻的民族差异》,《佛教与汉语史研究——以日本资料为中心》,上海古籍出版社2008年版,第447—470页。

题。其中"比"即类于"譬喻"。

叶嘉莹先生曰,"赋、比、兴"者,即"至于表达此种感发之方式则有三,一为直接抒写(即物即心。按:指'赋'),二为借物为喻(心在物先。指'比'),三为因物起兴(物在心先。指'兴')"①。比,"借物为喻"。借物以托情,谓之比。中华本土的所"比"所"喻",一般在于世俗情事与情思。印度佛教及其"譬喻"类经说入传于中土,以佛法的深奥而幽微,一般信众恐一时难得悟解,便为佛教"譬喻"存在、运用的必要性与合法性提供了依据。佛法幽深,"譬喻"类经说,犹在众生目前权宜地"开"出一个"通孔",导引其趋于"佛"的"光明"而向往之。"譬喻"具有发蒙之功,尽管本为权宜之计。

印度佛教经、律、论中所寓"譬喻"无数,至三国之前通过译传的,仅仅是其中一部分,却已能略窥其"全豹"。从佛教文学、诗学而言,佛教"譬喻"丰富、拓深了吾中华文学、诗学之美的精神世界与表现手段,自无疑问。如喻"无常""空幻"之类,"其中梦、幻、泡、影、雷、电、响、水月、镜像等事物和现象均为人所熟悉,乃至在汉语中发展有'梦幻泡影''电光石火''水月镜花'等成语"②然。譬喻或曰比喻,正是文学、诗学所必需的以"意象"抒情、喻理的根本方式之一。佛教譬喻,两栖在佛学与文学、诗学之际。譬喻必关乎"能喻"与"所喻",即"能指""所指"。前者为喻体,后者为喻义。两者相反相成,不分无比,不合不比。

刘向《说苑·善说》记惠子论"譬",说"弹之状如弹丸",则"未喻";皇甫湜《皇甫持正集》卷四《答李生第二书》又《第三书》,根据"岂可以弹喻弹"的意思,称比喻的辩证原则:一方面"凡喻必非类",另一方面"凡比必于其伦"。《全唐文》卷七二一杨敬之《华山赋》形容山势说"上上下下,千品万类,似是而非,似非而是",这恰是皇甫湜那两句话的恰当诠释。比喻是文学意象类比的特色,一到哲学思辨里,就变为缺点,是不严谨的比类推理(analogy)。正如《墨子·经下》:"异类不比,说在量";《经说下》:"木与夜孰长,智与粟孰多。"③逻辑思维认为,"异类不比",形象思维却认为,"凡喻必以非类"。

  木的长短属于空间范围,夜的长短属于时间范围,是"异类"的"量",所以不比。但是晏几道《清商怨》的妙语:"要问相思,天涯犹自

---

① 叶嘉莹:《中国古典诗歌中形象与情意之关系例说》,《古代文学理论研究》丛刊第六辑,上海古籍出版社1982年版。
② 梁晓虹:《从汉语对佛教譬喻的取舍看比喻的民族差异》,《佛教与汉语史研究——以日本资料为中心》,第464页。
③ 《墨子·经说下第四十一》《墨子·经说下第四十三》,清孙诒让:《墨子闲诂》,第196、216页,《诸子集成》第四册。

短",不就把时间上绵绵无尽期的"长相思"和空间上绵绵远道的"天涯"较量一下长短么？……所以,从逻辑思维的立场来看,比喻是"言之成理的错误"(Figurae un errore fatto con ragione),是"词语矛盾的谬论"(eine contradictio in adjecto),因而也是逻辑不配裁判文艺(dass die Logik nicht die Richterin der Kunst ist)的最好证明。①

所言是。佛教"譬喻"的美丽,既"言之无理"又"言之成理",其美的魅力,在于"凡喻必非类""凡比必于同伦"两者之际。"譬喻与审美"这一重要问题,本书后文尚有进一步的论述,这里暂且勿论。

第三节　佛学对王弼玄学美学理念的影响

美学意义的佛、玄"对话",以两晋为盛,起始于三国曹魏时期。有些令人诧异的是,早在王弼"贵无"玄思之中,已可能有"佛"的思想因素存在,成为中国佛教美学史佛、玄"对话"的最早尝试。玄学对佛学、佛学对玄学的影响,是双向的。这里,试讨论佛学对玄学美学理念的影响这一问题。

魏晋玄学,为"贵无""崇有""独化"三系,且以"贵无""独化"为主要。就"贵无"一系而言,据《晋书》四三《王衍传》,曹魏正始(240—249)年间,"何晏、王弼等祖述老子,立论以为天地万物,皆以无为为本"。"以无为为本",正是"贵无"论玄学的美学主题。王弼说:"故竭圣智以治巧伪,未若见质素以静民欲;兴仁义以敦薄俗,未若抱朴以全笃实;多巧利以兴事用,未若寡私欲以息华竞。"②以"道"(玄)的"见质素""抱朴"与"寡私欲"来对治"儒"的"巧伪""薄俗"与"巧利",以达成"静民欲""全笃实"与"息华竞"的治世目的,是整个魏晋玄学,尤其是王弼玄学及其美学的基本主题。在王弼看来,传统意义的"儒"的"竭圣智""兴仁义"和"多巧利"的思虑与作为,是儒家名教的弊端。祛弊别无他途,唯以宣扬、推行"道"(玄)的"自然"。为求达此治世目的,何、王以"崇本举末"的哲学理念与方法,提出"名教本于自然"这一哲学、美学命题,将"名教""自然"化,或云:扬"自然"而不抑"名教"。何晏对正始名士夏侯玄关于"天地以自然运,圣人以自然用"的见解深表同意;王弼则以为,"名教"虽为"儒"的政事、制度与伦理,而其人文、哲学的根(原型),是"道"(玄)所推崇的"自然"。自然、名教都根始于朴。两者

---

① 钱锺书:《旧文四篇》,上海古籍出版社1979年版,第37、38页。
② 魏王弼:《老子指略》,《王弼集校释》上,楼宇烈校释,中华书局1980年版,第198页。

仅在朴的散、聚之际。朴散为器(名教),朴聚为道(自然)。朴者,一也。既然能散而为器,在一定条件下,为何不能重聚为朴?王弼汲取老子返璞归真的思想,来沟通、凿透名教与自然的逻辑联系。"王弼说:"用夫无名,故名以笃焉;用夫无形,故形以成焉。守母以存其子,崇本以举其末,则形名俱有而邪不生,大美配天而华不作。故母不可远,本不可失。仁义,母之所生,非可以为母。"①王弼以"无"(自然)为"母"(体),以"仁义"(名教)为"子"(用),其所持哲学、美学的立场与态度,是"守母以存其子,崇本以举其末",如此则"大美配天而华不作",从而达成天下大治。这也便是所谓"正始玄风"与"名教本于自然"说。当王弼称"自然"为"母""名教"为"子"时,并非一般地否定儒家名教,而是为理想的名教寻找一个被称为"自然"的哲学之根。既然"名教本于自然",那么"名教"的人文血脉与本性,是属于"大美"之"自然"的。

这里,人们也许几乎看不到王弼的玄学与美学之思究竟如何受到佛学的濡染,王弼的人文思维阈限似乎仅在道(玄)、儒之际。王弼生当魏时,命祚短促,一生专治玄学,为玄学鼻祖之一。从现存何劭《王弼传》、《魏志》卷二八《锺会传》注、《世说新语》卷二"文学篇"及有关注、《晋书》卷七五"范甯传"、《文心雕龙》"论说篇"与《博物志》卷六"人名考"等资料,似乎并未发现其学说、思想与佛学具有确凿而明晰关系的文献记录。然而,仔细阅检现存王弼著述,颇感王弼玄谈受佛学的影响,是可能的事。这表现在若干著述用词上。

其一,王弼注《老子》通行本第十八章"大道废,有仁义"一句有云:"失无为之事,更以施慧立善,道进物也。"②"施慧立善"的"慧",可以看作佛学"慧"概念的移用。《老子》通行本第十八章说:"大道废,有仁义;智慧出,有大伪;六亲不和,有孝慈;国家昏乱,有忠臣。"这是说,因为道家所倡言的"大道"被废除了,才不得不以儒家的"仁义"治世;因为儒家的"智慧"流行,才导致世间有机巧虚伪;因为社会六亲不和睦,才有子孝父慈家庭伦理之则的推行;因为国家不安天下大乱,才有忠臣的出现。凡此,都是战国中期道家③对儒家包括对儒家"智慧"的抨击。这一"智慧"具有贬义。王弼注《老子》此句时,也说"故智慧出则大伪生也"。可是,王弼所言"施慧立善"的"慧",与"善"相对,它与"善"一起,都是对"无为"之"道"的描述与肯定。《老子》所

---

① 魏王弼:《老子道德经注》,《王弼集校释》上,第95页。
② 同上书,第43页。
③ 按:据考,通行本《老子》为战国中期太史儋所编纂,不同于郭店楚简《老子》。参见拙著《中国美学的文脉历程》第二章第四节,第147—171页。

言"智慧"与王弼《老子》注所言"慧",在人文内涵与品格上是相反的。后者可能是王弼因受佛学"慧"观的影响而移用的一个新概念。

"慧"字独用,除一些佛经、佛典之外,可能这是第一例。慧,作为佛学范畴,与智相对。在佛学中,如果说,智指达于"有为"事理之相,那么,慧指"无为"的"空理"。这便是佛经所谓"观达为慧"。观者,观照;达者,洞达。真心澄明,自性无暗,自是澄心观照。佛经所言慧,本指内观以悟入于空相空境。值得讨论的问题是,一般意义的佛教慧学之思,是否可能对魏王弼具有潜移默化的影响?答案是可以肯定的。否则,作为玄学鼻祖之一的王弼,又何能有"施慧立善"之言?当然,王弼在其玄学著述中移用慧这一概念,其意自当并非在于空理,而是不自觉地"以空说无"而已。

其二,王弼注《老子》第二十一章"孔德之容,惟道是从"有云:"孔,空也。惟以空为德,然后乃能动作从道。"①这里,笔者请读者注意这"空"字及其概念的运用。在佛教入渐之前的中华典籍中,空,本为一建筑学概念,首指原始穴居的内部空间,"空"字从穴便是明证。进而转义指一切空间,属于哲学范畴。或指什么也没有(无),正如前述,《论语》有"空空如也"一语,指空无所有。佛教般若性空之学所谓空,并非指"没有",而指一切事物现象刹那生灭,故无自性,故曰空。一切事物现象皆是虚妄,皆为空,且连空也是空的,这是指一切事物现象自性的永恒消解,即自性空;空是永远而彻底的无所执著,不仅法空,而且我空。魏王弼在此,自当并未说到这一层意思。这里的两个空字,都作"无"解,是对道(玄)即本原、本体之"无"的一种语言文字描述。可问题是,这里王弼为何不直接说"无"而要说"以空为德"呢?"以空为德"即"以无为德"(按:德,性也。)"以无为性",是借佛教以"空"说"无""以空会无"的又一显例。

其三,王弼《论语释疑》说:"道者,无之称也,无不通也,无不由也。况之曰道,寂然无体,不可为象。"②这里,笔者再请读者注意"寂然无体"的"寂"。在《老子》通行本中,称"道""寂兮寥兮",又说"道"者,"其中有象""其中有物"云云,前者见于《老子》第二十五章,后者见于第二十一章。从这两章关于"道"的分析可知,《老子》虽然首次提出"道"作为世界及其美的本原、本体说,可是"道"在《老子》通行本中,还不是一个彻底形而上的范畴,因为在"道"中,还是"有象""有物"的。《老子》所谓"寂兮寥兮"的"寂",不同于佛教之"空寂"是显然的,它通于"无""虚"与"静"之义。

王弼重新解读"道"的精义,渗融自己的哲学见解,称"道"者,"寂然无

---

① 魏王弼:《老子道德经注》,《王弼集校释》上,第52页。
② 魏王弼:《论语释疑》(辑佚),《王弼集校释》下,第625页。

体,不可为象"①。这是一个重要的思想。

从"不可为象"可知,王弼玄学的"道",比《老子》以及《庄子》更形上、更抽象、更空灵。

《易传》曾说:"形而上者谓之道,形而下者谓之器。""道"形上而"器"形下。那么试问,处于形上、形下之际的,又为什么?笔者以为便是"象"。《易传》说:"见乃谓之象。"象,并非客体实存,它是"见"(现)之于"心"的,指人的心理图景、印迹与氛围,是一种心灵映现,当然具有一定的形上品格,却并非绝然抽象与空灵。作为心灵映现,"象"沾溉些具象因素,因而一定程度上又具有一定的形下因子。结论:"象"在形上与形下之际。

《老子》哲学、美学之"道",固然抽象而形上,却在其思维品格上,还残留着一定的"象"甚至"物"(器)的人文因素,否则,《老子》通行本何以称"道""其中有象""其中有物"?

王弼则不然。王弼论"道",拒绝"象"与"物"的因素,所谓"寂然无体,不可为象"这一句话,便是明证。这显然受佛教"空寂"之思的濡染与影响。

佛教所谓"空寂",简言之,无相无执为空,无灭无起曰寂。凡"空寂","寂然无体"之谓,当然是"无相"(无象)、"不可为象"的。可见王弼此言,依然是"以空释无"而已。

王弼释《易》,"尽扫象数"。在理念与方法上,当受佛教"无相"说的影响而无疑。"无相"者,绝众相(象)之谓。难怪王弼首开以义理说《易》的风气。"无相"者,空幻之谓。王弼释《易》,虽未能以空理说易理,也未能像明末智旭那般以禅慧悟易理,却以个别佛学概念而阐易理的深湛意义。

在言、意之辨问题上,王弼提出与论述了著名的"忘言""忘象"说:

> 故言者所以明象,得象而忘言。象者所以存意,得意而忘象。……然则,忘象者,乃得意者也;忘言者,乃得象者也。得意在忘象,得象在忘言。②

虽然"言"能"明象","象"可"存意",而如果"存言",便难以"得象";"存象",则难以"得意"。这是因为,如果"存言""存象",主体便执滞于"言""象",所"存"者,唯"言""象"而已。因而,唯有"忘言""忘象",才能使"言""象"背后的"意"、实即玄学的真理"带上前来",放大光明。

如此说来,"言""象"作为符号与心灵的图景、印迹、氛围等,同时是对于

---

① 魏王弼:《论语释疑》(辑佚),《王弼集校释》下,第624页。
② 魏王弼:《周易略例·明象》,《王弼集校释》下,第609页。

真理的阐扬兼遮蔽。在佛教看来,佛教真如、真理、空幻、佛性与法性之类,总是"无相"即"无言""无象"的,仅仅为求化导众生,"言""象"才得作为"方便权智",成为暂且施设的化导方式。正是在这一点上,玄学大家王弼以其深睿的智慧,将空理会于玄理,以"忘言""忘象"之说,重新阐解《老子》通行本所言"道可道,非常道",以及《易传》所言"书不尽言,言不尽意"的道家语言哲学与美学。在玄学的美学上,王弼并非像佛教基本教义那般彻底否弃言、象符号,然而坚信,如果执累于言、象,由于言、象为个别而有限,必导致人的认知、审美滞累于符号(能指)的感性经验、世俗层次,无缘进入真如理性与深度的审美。当然,在佛教宣说"无相"的同时,自当并未一概否定"方便善巧"即言、象符号的意义与价值。可是,假如人们一旦执滞于这一"方便善巧"方式,那么,一切佛理、佛慧及其空之美蕴等必将与美学无缘矣。

在中国美学史上,王弼的"忘言""忘象"说,是所谓"言外""象外"之说的历史与人文先河。苏东坡《宝绘堂记》指出,"君子可以寓意于物,而不可留意于物"。所谓"留意于物",拘累于言、象符号之谓。明人彭辂《诗集自序》说:"盖诗之所以为诗者,其神在象外,其象在言外,其言在意外。"

汤用彤先生《言意之辨》云:

> 忘象忘言不但为解释经籍之要法,亦且深契合于玄学之宗旨。玄贵虚无。虚者无象,无者无名。超言绝象,道之体也。因此本体论所谓体用之辨亦即方法上所称言意之别(辨)。①

以汤用彤的博学与佛学功底的深厚,自不可能不知王弼在宗于道家学说的同时,也受到佛学思想濡染的真实。应当说,"超言绝象"这一命题,作为"道之体",也可用于解读佛教所反复宣说的"空"。王弼受佛学的一些影响于此可证。

吕澂先生曾经指出:

> 玄学为何晏、王弼所首创,他们用道家的思想去诠释儒家的《易经》《论语》,从而提出许多"新"义。足以代表他们思想的有名命题是王弼的所谓"得象在忘言","得意在忘象"(《周易略例·明象》)。这是取自《庄子·外物篇》的一句话"得意忘言",对《周易》的"言不尽意""立象尽意"加以引申的。看起来,般若理论的所谓"无相"(无名相)"善权"

---

① 汤用彤:《言意之辨》,《汤用彤学术论文集》,中华书局1983年版,第218页。

(方便)与忘象、忘言之说是会有交涉的,这一交涉,尤其是与支谦改译的《大明度经》(按:《大明度无极经》)有关系。《经》的第一卷说:"得法意以为证",支谦在注中说:"由言证已,当还本无"。这就很象"得象在忘言""得意在忘象"的说法。①

吕澂的结论是,"王弼受般若思想的影响也是有可能的"②。并进而指出,王弼"特别提出了'忘象'来,这就是一种新的说法,很有可能是受到了般若'无相'的启发。不过,这一点在王、何的著作中没有明文说到,因为当时一般对外来学说是抱着拒绝的态度,很注意所谓严夷夏之防,当然他们决不会说出自己是受到佛家的影响的"③。此言是。

---

① 吕澂:《中国佛学源流略讲》,第32—33页。
② 同上书,第33页。
③ 同上书,第34页。

第五章 西晋:晋代中国化的佛教美学思想

两晋时期的中国美学,具有以玄为基质、以佛为灵枢、以儒为潜因的玄佛儒相会的人文特点。道释儒共同构建了两晋文化与美学的基本格局,而以玄(道)为其主要的思想与思维形态。自然、名教、有无、体用、本末、一多、理情、动静、才性与言意之辨,等等,构成两晋美学的主旋律。

这一历史时期的佛教美学,始终渗融、辉煌于其间,尤以所谓以空会无、以无说空的"格义"美学为学术主流。

汤用彤说,两晋"《般若》大行于世,而僧人立身行事又在在与清谈者契合,夫《般若》理趣,同符《老》《庄》。而名僧风格,酷肖清流,宜佛教玄风,大振于华夏也"①。两晋玄风盛行而佛慧凑泊,儒亦不甘于寂寞,所谓晋人风度、人格之美与思辨之美,灿然无比。人的解放,伴随以文的解放,也是美的解放。

其间,西晋(265—316)历史五十一载,虽历史短暂,作为两晋佛教美学的前期,正值晋室一统天下之时,不乏其瑰丽、独异之处。这里,且先论说西晋的佛教美学思想。

第一节 佛经译传与时代理绪

西晋王朝,是在直接推翻曹魏政权之后建立起来的。司马氏以宫廷政变的方式,使显赫于三国的曹氏统治成为过去,又在晋太康元年(280)剪灭东吴而终于天下归晋,结束了始于东汉献帝初平元年(190)董卓乱京的天下大乱。苦难深重的中华民族,似乎直到此时,才得到一个喘息之机会。岂知短暂统一的西晋,建立在更为强大、残酷的门阀地主豪强的统治之上,统治者的极其贪婪、骄奢、腐败与天下生灵涂炭、水深火热,为申言"普度众生"的大乘

---

① 汤用彤:《汉魏两晋南北朝佛教史》上册,第108页。

佛教的进一步传播提供了丰厚的文化土壤与社会需要,以拯救焦灼、痛苦的民族灵魂。崇拜佛祖,"善者此言"以改恶从善而怀菩萨心肠。尤其,先是长达十数年的"八王之乱",继而发生"永嘉之乱",不仅导致天下倾覆而晋室东渡,而且有力地将天下人心日益驱赴于佛殿之前。

> 风俗淫僻,耻尚失所,学者以老庄为宗而黜六经,清谈者以虚荡为辨而贱名检,行身者以放浊为通而狭节信,进仕者以苟得为贵而鄙居正,当官者以望空为高而笑勤恪。①

此时,"六经"一时被黜,"名检""节信""居正"与"勤恪"等遭到贬损与嘲讽。于是,佛教的进一步传扬与浸淫在所难免。尽管治理天下,终究不可以不倚仗于儒,而道亦来相辅,然而佛教也是不可或缺的。无论如何,让大批民众成为善男信女,拜倒于佛殿之下,这对于最高统治者的统治而言,一般总要安全、有效得多。

据法琳《辨正论》卷三,西晋之时,有佛寺凡一百八十所,僧众共三千七百余,以洛阳、长安为传教的重镇。仅洛阳一地,至晋永嘉时,有寺四十二所。可见,此时佛教的影响力已未可小觑。洛阳城西白马寺、石塔寺、城内东牛寺、满水寺、大市寺、竹林寺与愍怀太子浮图等,凡此寺塔的建造似雨后春笋,崇佛之情日重。大批下层民众拜倒于佛门,佛法也深得上层贵族名士的青睐。据《晋书》卷三七所载,中山王司马耽信佛,元康元年(291)《放光般若经》译出之际,有中山王与众多僧人出城南四十里迎取佛经。梁《高僧传》卷一云,惠帝时河间王司马颙镇守关中,对西晋名僧帛远(法祖)虚怀敬重,待之以师友之礼。太仆石崇富甲一方,曾与晋武帝舅王恺竞比谁更为富有,王恺以皇亲国戚自恃,出示晋武帝所赐珊瑚宝物以炫耀自己,岂料被石崇以铁如意击个粉碎,出示其自家收藏珊瑚树六七株之多,每株高三四尺之巨,不由使王恺掩面而退。② 据《弘明集》卷一《正诬论》,石崇盛宴宾客时,席间女优因吹笛不慎谬失音律而被立屠于席间。可是,如此豪侈、残忍之徒,居然也"崇奉"佛教。石崇托名事佛,可了无禁戒,真是不怕遭灭顶之灾的报应。当时社会风气及官宦信佛的奇诡,于此可见一斑。这一切,都与时代、民族的审美理绪攸关。

另一方面,自当亦有真心信佛者。晋愍帝(313—316在位)时,丞相府参军周嵩(东晋时官至御史中丞)崇信佛教,态度之虔诚自不待言。《晋书》卷

---

① 《晋书·愍帝纪》引东晋干宝《晋纪总论》。
② 参见《晋书》卷三三《石苞传》附"石果传"。

六一称其被王敦杀害时,仍笃于事佛,临刑之时还在诵经。《法苑珠林·感应缘》说,其家人避兵南奔时,仓皇间仍随行掩藏《大品》般若经典与"舍利"(实为佛徒骨烬)。又据《冥祥记》所言,西晋开始已有佛事法会的举行。晋阙公则为人恬淡萧疏,唯勤于佛事,晋武帝时殁于洛阳,道俗同好为其大做法事于白马寺中,通宵达旦。宵夜时分,忽闻空中有唱赞之声,信众抬头仰视,只见一人形魄壮硕,仪容服饰,庄严而伟美,自称阙公则,已往生西方极乐世界,今与众菩萨共赴听经。合堂惊羡,欢呼雀跃,都说是亲眼目睹。这诚然是神话虚构,但由此可见礼佛的时代意绪何等狂热。而佛教法会始于晋初洛阳白马寺以超度亡灵之事,大约属实。

大凡佛教的逐渐普及,首先离不开有关佛经的译传,西晋亦然。

西晋佛经的译传,具有如下特点。

其一,时至两晋,译经的品类与数量大增。西晋时期,经译遍及三藏。《阿含》《般若》《华严》《法华》《律藏》以及论、传等,都有大量的始译与再译,可谓品类齐全。其中,尤以般若类经典的影响为巨。《般若》是重译,《中论》《百论》《十二门论》与《大智度论》为初译。这不等于说两晋时小乘经典未受重视。其实,此时有关四部《阿含》的翻译,除《杂阿含经》为南朝宋时译出外,其余三部即《中阿含经》六十卷、《长阿含经》二十二卷与《增一阿含经》五十一卷,都全译于此时。它们的译者,依次为僧伽提婆、佛驮取舍与昙摩难提、竺佛念。西晋历时虽短,而译经很多。据梁僧祐《出三藏记集》卷二,除亡佚的译经,西晋译经凡一百六十七部三百六十六卷。① 尽管由于时日久远,这一历史时期究竟有几多译经,恐未能确指,而译经之全、之多,则是可以肯定的。

其二,西晋佛教活动,除建寺造塔、举办法会、吸纳信徒之外,主要还在译经方面。此时最优秀的佛典译者,当推祖籍月支、自幼长于中国内地的竺法护,他在晋武帝泰始二年至怀帝永嘉二年(266—308)间,译出经、论凡一百五十四部三百零九卷,其中六十四部失佚,现存九十四部。② 竺法护所译佛典《光赞般若经》《正法华经》《渐备一切智经》《弥勒成佛经》与《普曜经》等,在中国佛教史及中国佛教美学史上影响较大。

汤用彤云,西晋译家以竺法护为代表,"实后世之所仰望"。"护公于《法华》再经覆校,于《维摩》则更出删文,《首楞严三昧》译之两次。《光赞》乃《大品般若》《渐备一切智德经》,乃《华严》之《十地品》。皆中土佛学之要

---

① 按:隋费长房《历代三宝记》卷六称,西晋译经为四百五十一部七百七十七卷,唐《开元释教录》卷二载为三百三十三部五百九十卷。
② 按:此据梁僧祐《出三藏记集》卷二所刊录。《历代三宝记》卷六刊为二百一十部三百九十四卷,《开元释教录》刊为一百七十五部三百五十四卷,该二书所录可能有错讹。

籍,晋世所风行者。"又说:"护公于佛教入中华以来,译经最多。又其学大彰《方等》玄致,宜世人尊之,位在佛教玄学之首也。"①此持论有据。梁僧祐《出三藏记集》甚至说,"经法所以广流中华者,护之力也"。如《光赞般若经》十卷,译出于晋武帝泰康七年(286);《正法华经》十卷,译出于泰康七年(286);《渐备一切智德经》十卷,译出于元康七年(297);《普曜经》八卷,译出于晋怀帝永嘉二年(308),等等。其译从准"天竺",力求合于原旨,努力做到忠于祖本,所译不厌其详,改变往昔一些译人动辄删削的偏颇。

此时,从事译传的国内外沙门及优婆塞,还有竺叔兰、帛法祖、法炬、法立、卫士度、安法钦、无罗叉(无叉罗)、疆梁娄至、帛远支法度、若罗严、支孝龙、法祚与聂承远、聂道真父子等。此时,佛教学者已不满足于通过准确的翻译,将印度佛学本义介绍于中土,而是在努力准译的前提下,进一步为经文作注、讲解。中华最早一批义学沙门开始走上历史舞台,时代正在孕育属于这个民族自己的般若学者。竺法护在泰康七年翻译《光赞般若经》时,聂承远笔受。梁《高僧传》称,"时有清信士聂承远,明解有才,笃志务法,护公出经,多参正文句",又云"承远有子道真,亦善梵学。此君父子,比辞雅便,无累于古"。聂承远且于惠帝年间(290—306 在位)自译《超日明三昧经》二卷与《越难经》一卷。又有法祚其人,俗姓万,今河南沁阳人,深谙佛理,曾为《放光般若经》作注解,并撰有《显宗论》,一时名重于关陇。竺道潜,俗姓王,今山东临沂东南(古称琅琊)人,梁《高僧传》卷四称,其年仅二十四而宣讲《法华》《大品》,听者云集。支敏(愍)度于惠帝年间,在三国吴支谦译本《首楞严经》基础上,参以晋竺法护、竺叔兰两译义义,撰《合首楞严经》八卷;又合支谦、竺法护、竺叔兰之三译为一部,成《合维摩诘经》五卷。晋室东渡后,支敏度创"心无"宗,为东晋"六家七宗"之一。

应当指出,西晋译经的这两大特点,尽管反映了中华佛学、佛教传播不小的推进,但与东晋及此后一些时代的译传相比较,还是属于初前性的。然而西晋文化、哲学与审美及其佛典的译传,作为汉魏与东晋南北朝之间的一个中介,依然有其独特而重要的地位,它在中国佛教、中国佛教美学史上的意义仍不容忽视。

从两汉经三国到西晋,时代理绪发生了剧烈的震荡与变异。西汉末年印度佛教入渐于中土之时,当时的中华文化及其价值体系几乎是儒之经学的一统天下。从西汉董仲舒的"天人三策",倡言"罢黜百家,独尊儒术",到东汉白虎观会议,两汉经学走完了其儒学经学化、经学谶纬化的历史全程,其美学

---

① 汤用彤:《汉魏两晋南北朝佛教史》上册,第 114 页。

也相应地以"经"为人文特征。经学的美学一旦被"谶纬"所限制,审美遭受了空前的挫折,整个思想界唯有学术而几乎没有新的思想,弄得十分迷信而且庸俗不堪。此时,只有东汉唯"物"思想家王充(27—约97)"疾虚妄"的美学,才显示出一些"无神"说的顽强生命力,试图改变"虚妄之言胜真美也。故虚妄之语不黜,则华文不见息;华文放流,则实事不见用"①的人文局面。所谓"虚妄之言",指谶言纬语。回顾两汉之际,有古文经学家桓谭(前23—56)力斥谶纬而首倡"神灭"之言,"精神居形体,犹火之燃烛矣……烛无,火亦不能独行于虚空"②。东汉王充则改造了桓谭关于人之生命肉体、精神的烛火之喻,称"火灭光消而烛在,人死精亡而形存。谓人死有知,是谓火灭复有光也"③。虽然这里没有确凿证据证明,该烛火之喻乃受佛教"灵鬼"之说而成,然而,佛教有关人生命肉体与灵精关系的思考,难说不是对于王充烛火之喻"无神"论生成的一个反戟,大约应是王充站于传统儒道的立场,对于佛教"有神"说的一个推拒。其唯"物"的理性,既是对于经学"谶纬",亦是对于佛教"灵鬼"的怀疑。汤用彤说:"夫历史变迁,常具继续性。文化学术虽异代不同,然其因革推移,悉由渐进。魏晋教化,导源东汉。"④从三国魏至西晋,玄学的"出场",一时使得传统儒学、儒术"斯文扫地"。有玄学贵无派代表人物何晏、王弼倡言"名教本于自然"在前,遂使正始(240—249)玄风独扇。继而嵇康(224—262)、阮籍(210—263)大声疾呼:"越名教而任自然。"名士们白眼礼俗,放逸山林,恨别庙堂而雅爱老庄。

那么,这些魏之名士,为什么都以玄(道)为思想武器,去对治传统儒学、儒术而不向佛祖这一"印度导师"去寻找灵魂的救赎呢?这是当时印度佛教入渐中土未久而尚未真正成其汪汪大泽的缘故。然则魏晋玄学兴起,偏偏无可逃遁地成为佛教得以玄学化的历史与人文温床。此时,道(玄)的强势进入,不啻是对两汉经学日渐衰朽的一个惩罚。诸多魏晋名士非难六经,张扬人性自然与精神自然,求人的"解放"与文的"解放",一时为时风所趋。阮籍大倡"非君"论,其《大人先生传》称"盖无君而庶物定,无臣而万事理",这可以说是中华古代最早的一则"无政府主义"宣言。曹魏之时,孔融这位孔氏二十世孙,居然连儒家十分敬畏的"血亲"关系也横加抨击。"问:父之于子,当有何亲?答:论其本意,实为情欲发耳。问:子之于母,亦复奚为?答:譬如物寄瓶中,出则离矣。"真正是离经叛道之言。在此,人们忽而想起所谓"无

---

① 王充:《论衡·对作篇》,第280页,《诸子集成》第七册。
② 桓宽:《新论·祛蔽》,严可均《全后汉文》,中华书局影印本。
③ 王充:《论衡·论死篇》,第204页,《诸子集成》第七册。
④ 《汤用彤学术论文集》,第214页。

父无君"、四大皆空的佛教言说。实在难以想象,倘若孔融未染于佛教思想的若干影响,则何出此言?

回顾东汉末年,宦官专权,外戚把握朝政,政治的黑暗与社会的混乱已甚,而理势矛盾不可调和,于是,自以为"社会良心"的文人学士,便"清议"政事,臧否人物,这便是《后汉书·党锢传》"序"的所谓"故匹夫抗愤,处士横议"。可是专制黑暗政治的"卧榻之侧",岂容文士们叽叽喳喳、横加责疑与抗拒?于是便加以镇压,汉桓帝延熹九年(166),酿成中华历史上第一次"党锢之祸"。一时间,二百余党人入狱,可谓头颅掷处,血迹斑斑。又在建宁二年(169)与熹平五年(176),再度株杀、流放与囚禁党人六七百众,酿成第二次"党祸"。从此天下文士噤若寒蝉,再也未曾亦不愿"清议"朝政、关心天下。

这便是魏晋玄学及其玄风之远在的历史、人文成因之一。魏晋名士隐逸山林,回归田园,甚或放浪形骸,心不在朝堂之上。他们有一肚子的痛苦、悲愤与怀才不遇,却能将"心"放下,活得潇洒或是假装活得潇洒风流;他们背俗反常,在"三玄"(《老子》《庄子》《周易》)的阅读之中"讨生活",在林泉、诗文、药、酒甚或佛典之际寻觅、徘徊与清谈。清谈,也称为清言、玄言、玄谈、谈玄,为魏晋名士一种美丽的生活事件与精神事件。诸多宇宙与人生的大问题,哲学、美学、审美、艺术与人物品藻等,一齐奔来心头,形诸笔端或作为谈资与谈助。他们试图逃避政治樊篱,崇尚思辨理性,发为名理辩诘与打造人格范型,体现所谓魏晋风度(或曰晋人风度)。其间,"佛"这一人文主题,也时时呈现。汤用彤有云:

> 魏初清谈,上接汉代之清议,其性质相差不远。其后乃演变而为玄学之清谈。此其原因有二:(一)正如以后之学术兼接汉代道家(按:指西汉初期的黄老之学,非指道教、道术)之绪(按:由严遵、杨雄、桓谭、王充、蔡邕以至于王弼),老子之学影响逐渐显著,即《人物志》已采取道家之旨。(二)谈论既久,由具体人事以至抽象玄理,乃学问演进之必然趋势。①

此说甚是。清谈"话题",除老庄哲学、大易文化,除名教自然、体用、一多、有无、形神、动静、才性、言意与内圣外王问题,等等,也有玄佛关系以及重新解读儒学经典之类,所谓"人的解放"与"文的解放"在这里孕育、发展与完成。时代理绪如江风夜月之涵涌,推波助澜。从哲学、美学的大势分析,魏晋所关

---

① 《汤用彤学术论文集》,《汤用彤论著集》之三,第205页。

注的根本问题,已由先秦诸子心性说,经两汉宇宙论,发展为此时的本体观。作为魏晋之一阶段的西晋,也如此。西晋的时代理绪,因玄学的发展而沉潜激荡。这起于三国魏的玄学,为当时及此后佛学的入渐、流播及美学的弘扬,准备了一个时代、人文背景、学术之基与精神底色。正是玄学本身,遂使佛教哲学与美学一开始就逐渐玄学化。

至于西晋的艺术与审美意绪,也时为"佛"所濡染。

汉末古诗十九首与"建安风骨"那般的悲郁、慷慨之意绪,固然已成过去,时人确因佛教基本教义的进一步入传,加深了其关于人的生命"悲""空"的感悟。在陆机"诗缘情而绮靡"之情感的"温柔"中,不时有"苦寒"之吟。其《赴洛道中作》之二云:"顿辔倚高岩,侧听悲风响","抚枕不能寐,振衣独长想"。潘岳《哀永逝文》《西征赋》《秋兴赋》与《怀旧赋》等,多有时代意绪低沉、忧伤的歌唱,可以看作佛教苦空之思的时代折射。张协《杂诗》十首之四云:"轻风摧劲草,凝霜竦高木。密叶日夜疏,丛林森如束。畴昔叹时迟,晚节悲年促。岁暮怀百忧,将从季主卜。"刘琨《扶风诗》写道:"据鞍长叹息,泪下如流泉","烈烈悲风起,泠泠涧水流。挥手长相谢,哽咽不能言。浮云为我结,归鸟为我旋。去家日已远,安知存与亡?"细细品味玩索,大凡也是悲愁而叹人生短促一类的老主题,显然有佛教悲、幻之思绪存矣。

西晋之时,这种受佛教苦空思想影响的时代理绪,开始多少体现在文论、美学的论述之中。

这一时期,魏曹丕《典论·论文》那般所谓"文以气为主"的文论、美学命题,忽而成为过去;傅玄(217—278)、左思与皇甫谧(215—282)的若干文论见解,尚来不及纳佛教思想于其篇什之间;固然在挚虞(?—311)《文章流别论》①中,似乎未能明显见出其所受佛教思想的影响,而在陆机(261—303)《文赋》中,这种影响却是难以排除的。《文赋》在谈及文章构思尤其文学创作构思的心理状态问题时,有所谓"精骛八极,心游万仞"以及"观古今于须臾,抚四海于一瞬""罄澄心以凝思,眇众虑而为言"等精彩之见。其中"须臾""澄心"云云,显然采自佛教教义。须臾,瞬时之谓。诸法(一切事物现象)刹那生灭,须臾而已,时之极速之谓。《梵语杂名》云:"须臾,乞沙拏 Ksana,刹那也。"《楞严经》二云,"沉思谛观,刹那刹那。念念之间,不得停住"。《探玄记》十八云,"刹那者,此云念顷。于一弹指顷有六十刹那"。此"念"作名词,亦即"刹那"。佛教有"念念"之说。诸法本自空寂,代谢无住,刹那刹那,念念生灭。这也便为"一瞬"之义,倏忽而逝矣。陆机《文赋》以"须臾"二

---

① 按:此为挚虞所编《文章流别集》中的"论"部分。《文章流别集》及所附"志""论"已佚。

字言述时"观"的极速,其意虽未指称创作之"心"悟入空幻之境,却是极为灵动地写出了构思之"心"的空灵之美,可被看作佛教理趣、现象直观在中国文论、美学表述中的初始运用。佛教有"谛观"即"澄观"之说。此喻佛心如泉一般清彻,言心的清净与空幻。"观"者,观悟真如之谓。陆机所谓"澄心",即"澄观"义。此言创作构思须"凝思"而心无杂念。至于言及文学之类审美标准问题时,所谓"虽逝止之无常,固崎锜而难便"一语中的"无常"一词,则更可见出陆机《文赋》受佛教思想意绪影响的明显印痕。

第二节 空之美蕴

两晋之时,中国佛教关于般若类佛典进行了比较集中的译传。在东汉末年,支谶译《道行般若经》十卷与三国吴支谦译《大明度无极经》六卷之后,又有西晋竺法护译《光赞般若经》十卷,竺法兰、无罗叉译《放光般若经》二十卷。般若,梵语 Prajñā,佛教所谓"无上智慧"(简称"慧")。此指佛教"六度"即布施、持戒、忍辱、精进与禅定之后的最高阶位、品格与境界,被誉为"诸佛之母"。《大智度论》卷三四云,"复次般若波罗蜜是诸佛母。父母之中母之功最重,是故佛以般若为母"①。《大品般若经》曰:"摩诃般若波罗蜜,是诸菩萨摩诃萨母。能生诸佛,摄持菩萨。"道安指出:"般若波罗蜜者,无上正真,道之根也。"②这是以类于玄学口吻论说"般若"要义。两晋包括西晋之时,般若类经典大行于世,般若学逐渐深入人心。僧祐《出三藏记集》卷八云:"摩诃般若波罗蜜者,出八地之由路,登十阶之龙津也。"又云:"般若'经类',荡荡焉,真可谓大业者之通涂(途),毕佛乘之要轨也。"

般若学之精义,曰空。无论《光赞般若经》还是《放光般若经》,谈论最多的,是"空问题"。

竺法护所译《光赞般若经》卷六《三昧品》有所谓"十六空"说:

> 内为空、外亦为空、内外悉空、空亦曾空、至号大空、真妙之空、清净之空、有为空、无为空、自然相空、一切法空、无所得空、无有空、自为空、

---

① 《大智度论释初品中信持无三毒义第五十二》,《大正藏》第二十五册,"中观部类",〔印〕龙树菩萨《大智度论》卷三四,T25,P0314a。
② 按:道安《合〈放光〉、〈光赞〉随略解序》云:"《放光》《光赞》同本异译耳。"前者,"于阗沙门无叉罗执胡,竺法兰为译";后者,"护公以其年十一月二十五日出之"。《中国佛教思想资料选编》第一卷,中华书局1981年版,第41—42、41页。

有所有空,无所有空。①

《放光般若经》卷四《问摩诃衍品》又有所谓"十九空"说:"内空""外空""内外空""空空""大空""最空""有为空""无为空""至竟空""原空""无作空""性空""诸法空""自相空""无所得空""无空""有空""有无空""余事空"。②

凡此种种"空"言,这里暂且不作详解。因为佛经关于"空",除此处所谓十六空、十九空之类,还有二空、三空、四空、六空、七空、十一空、十三空与十八空诸说,过于复杂烦琐。就这里所引竺法护译《光赞般若经》而言,其卷六《三昧品》有"十六空"说,卷一又列为"二十一空";《放光般若经》卷四,除前引"十九空"说外,又言"十七空"。

凡此"空"论,一因印度佛经言说"空"原本有重复、烦琐之处;二则入渐中土后,因译笔不同而呈为种种"空"说,不足为奇。佛学之所以言"空"不厌其详、不厌其烦,考其原故,在理念上,因空义无以言述又不得不言述之。强调空义即便被说以千言万语,亦永远说不尽。仅就此而言,空义的魅力已是很"美丽"的了。中国美学史上,汉代儒家经学典籍及其汉注与清儒的经注等,也连篇累牍,所谓"一语说之万言""幼童而守一义,白首而后能言",说不尽千言万语而犹不足。这在崇尚所谓"立象以尽意"的汉儒及清儒看来,当然是美与善的,犹如西人所言"语言(文字)乃精神之家园"。美具有历史性、时代性,今人认为不美甚至丑的,在古人心目中未必不美。否则,他们何必那般津津乐道呢?因而中华传统儒经的美,以西人的说法,即所谓"语言乃精神之家园"而非"语言乃思想之牢笼"的美。人们坚信,真善美就"在"语言文字之中。说得愈多,便愈美、愈真、愈善。

然则,佛经言"空"之美蕴,却在"语言(文字)乃精神之家园"与"语言(文字)乃思想之牢笼"此二者之际,是两者的既二律背反又合二而一。佛经以假言施设,即"方便说法",启芸芸之悟门,探佛教之真谛。真谛不可言说、不可思议又不得不言说之。这里的美蕴,的确"在"不可言说与可以言说之际。

当然,西晋佛学所说的种种"空",就其语言"权智"意义而言,是各有其义的。如:所谓内空,指"六根"即眼耳鼻舌身意之空;外空,指外在色声香味触法之空;内外空,指内六入(六根)、外六入(六尘)合为"十二入"之空。又

---

① 《摩诃般若波罗蜜三昧品第十六》,《光赞般若经》卷六,竺法护译,《大正藏》第八册,P0189b。
② 《问摩诃衍品第十九》,《放光般若经》卷四,西晋无罗叉译,《大正藏》第八册,P0023a-b。按:原文甚长,恕不赘引。

如:空空、一切法空,指空本身亦为空;大空,原始、根本之空。此大,太之谓,太者,原之谓;有为空,属有为法。欲界、色界、无色界,皆空;无为空,属无为法。无生、无住、无灭皆空;至竟空,即毕竟空的早期译名,诸法毕竟不可得,即《放光般若经》所谓不可得原空;性空,因缘所生法(一切事物现象),刹那生灭,故无自性,故曰性空。此所谓一切诸法皆空。

正如前文所云,"空"这个汉字,从穴从工。穴者,穴居也,指建筑(古时中国称宫室)的一种原始样式。因而汉字"空",原指建筑空间及其在时间的变化,引申指空间的时间之变与时间的空间存在。没有时间的空间与没有空间的时间,都不可思议。

佛教所言空,梵文 Bunyatā,其本义,自当并非指建筑空间及空间在时间中的变化,也并非中国传统哲学、美学意义的空间(时间),而是"超时空"的一个假名。从建筑时空、物理时空到般若性空之"空"的文脉意义传递,改变了中国人关于空性的人文理念,佛教之传布有功于此。

什么是"超时空"?一切物质、经验世界,都非"超时空"。所谓"超时空",必非物理、生理之时空,而是一种超验的人文、心理时空。佛教所谓空,作为纯粹超验的人文与心学范畴、一个假名,用以表达人们关于宇宙、人生的领悟与认识及其图景、氛围与理想等。

什么是"无"?叶秀山先生曾经说,假设人们将这个物质、经验世界的所有一切都拿走(所谓"放在'括号'里"),那么试问,此时这世界还存在什么?回答:还"存在"一个"无"。

什么是"空"?且让笔者进而再作一个假设:假如将这物质与经验世界的一切(按:且将其称之为"有")与"无"统统拿走("放在'括号'里")作一个悬置,那么试问,这世界又究竟如何呢?答曰:"空。"

空,不是什么又不不是什么。佛教所言空,是消解了一切事物现象(有)而"存在"一个"无"、继而消解"有""无"之时的世界的一种"状态"。这"状态",是为人们所领悟的一种人文心灵图景、氛围与理想,佛教称为如,或曰真如、真谛。

如者,如法(一切事物现象)之实相。实相即真如。真如者,如真之谓。空是人们所领悟、体会与向往的一种绝对的真善美,一种涤除、斥破任何痛苦、烦恼、丑恶与死亡等的绝对理想之境,它可望、可追、可寻而永不可即。空性体现了彼岸的"乌托邦"。它实际是人所永远向往却永远不可实现的"绝对自由"境界。

尽管般若性空学说称言"空"有种种,实际从大乘空、有二宗而言,"空"大凡有二:空宗"以空为空",有宗"以空为妙有"。前者无执于空而后者执于空(妙有),两者的美学诉求自是有别。这一问题,本书其他地方还会论及,此不赘。

再说一般意义的空,正是在"绝对自由"这一点上,空之美蕴即是斩断因缘。从世间看,美是积极的人的本质的对象化,是人性与人格的自由实现。世俗之美,是人的相对自由的现实实现;从佛教真如、真谛看,美又是人对绝对自由之境的无限向往,空之美蕴在于"绝对自由"。

好似穿鞋之类。儒道释三家都以"自由"为美。儒家认为穿鞋为美,美在人为、规矩。道家则说,赤足不穿鞋为美,美是自然、天性。这两家,实际都以人的"相对自由"为美。而佛家,却将无论穿鞋还是天足不穿鞋此二类都看作对人的"绝对自由"的束缚与烦恼。无论入世抑或出世,都没有脱离尘世的轮回与纠缠。在佛家看来,这是入世之儒与出世之道的局限和悲哀,都并非真正的解脱。佛教所倡言与追求的空幻或是对于空幻之永恒的消解,作为弃世之境,作为"绝对自由"的"原美""本美",因其未染于世俗,或是从世俗泥淖之中拔离,是人性与人格的彻底解脱。无念、无想、无住,即彻底之解脱,离缚而得大自在谓之解脱,此解脱即空之美蕴。有问:何为"解脱"?文殊反诘:谁缚汝?答:没有谁缚我。文殊开导:既然无缚,则妄念为缚,庸人自扰。一切愚痴凡俗,如是如是。因而,唯心本是清净,无念无滞,则为解脱。无想、无念、无住即无缚,无缚即解脱,解脱即空诸一切,即自在即美矣。这也便是心念不起,无所执著。这也便是"禅乐"。"禅乐"者,关于"空"的崇拜兼审美之"乐"。"乐"者,主体精神愉悦之谓。大凡精神愉悦,可从道德从善处得之;可从艺术审美、自然审美得之;可从宗教(佛教)崇拜得之;也可从艺术、自然审美兼宗教(佛教)崇拜而得之。精神解脱之"乐",兼备崇拜与审美:是审美之中蕴以崇拜,崇拜之中蕴以审美;是审美的崇拜,崇拜的审美。无念、无想、无住、无缚,便"心常乐一",此"心"常在愉悦而不纷驰于外境,是审美与崇拜的二者兼具,相反相成。

就般若性空而言,"心常乐一"之"乐","究竟"之"乐",尤其不同于世俗审美意义之"乐"。这是"万事不起"之"乐","四大皆空"、不恋红尘即入"乐"境。在佛教看来,人生快乐之原,在于佛、菩萨与空等,且般若性空与菩萨行之境皆为"乐",而境界自有不同。可是,此"乐"都是"假号"(假名),尤不应执著。无所执著,即空即乐。

  所名曰佛,诸佛之法,亦无实字,但假号耳。①

---

① 《摩诃般若波罗蜜假号品第八》,《光赞般若经》卷三,《大正藏》第八册,P0168b。

有其假号,亦无所住亦不不住。①

既然连佛、菩萨、佛法、道(即般若性空)与空等皆为"假号",那何必执著;倘执著于此,本在、原在之美必不在当下。斥破法执、我执及一切"假号",遂使"元审美"成其为可能。

第三节 形象与方便:"三十二相""八十随形好"

印度佛教由小乘发展到大乘时期,有一大嬗变。原先,小乘信徒仅崇拜释迦佛,以为其"天上天下,唯我独尊"。大乘信众,则以般若空智、以空及空而又空的无所执著为世界的本涵与无上智慧,佛法的庄严与崇高地位,无与伦比。佛,不仅指释迦,而且只要成就般若空智,都可成佛,都可称佛。佛者无尽无数,开悟者即佛。对于大乘而言,佛已并非释迦牟尼专名,唯自觉觉他、达于般若性空之境,无不是佛。

佛法即般若空智,作为成就"诸佛"的根因与根据,都被提升为悟空、成佛的唯一依归与标准。

然而,这一般若智慧的绝对超验、形上而抽象性,却不易被广大信众所认识与领悟,般若之境的空灵之"美"及其空幻的"审美"体验,也并非能轻易获得,反倒阻碍众生的崇佛与成佛之路。于是,便有所谓"佛身""法身""色身"与"三十二相"兼"八十随形好"等种种佛教理论与形象描述的呈现,作为"权智方便",凿通世间、出世间之际的种种障壁。

一 关于"佛身""法身"与"色身"

早在东汉支译《佛说百宝经》中,已提出"佛身"之说。继支译之后,三国吴支谦译籍所谓"佛身"等说,已是弘传,凡此,可见于支谦所译传《大明度无极经》《佛说维摩诘经》而尤其是《佛说慧印三昧经》等。其说要旨,是将般若空智等同于佛法,将佛法、佛性简称为佛,又将佛神格化,进而渲染无比佛力的所谓"神通",以激起崇拜之情。佛身者,葱郁而爗然无色,不可见,不可得,不可言,不可知,不可思议,神通广大,以法身无相为体,寂同法相,妙等真如。任继愈主编《中国佛教史》第一卷有云,这是"把'法身'与'佛理'等同,把'法身'与'无相'、'法相'、'真如'当作同类性质的概念"②。其实,固然

---

① 《摩诃般若波罗蜜假号品第八》,《光赞般若经》卷三,《大正藏》第八册,P0168c。
② 参见任继愈主编《中国佛教史》第一卷,第378—379页。

"佛身""法身"以及"色身"三者属于同一系统的概念,"法身"之类,与"佛理"(佛法)"无相""法相""真如"等,在意义上亦相勾连,但若细细推敲琢磨,仍不难发现其差异。

首先应予指出,大乘关于"佛身""法身"与"色身"这一系列范畴、概念的创设,在佛教思维上具有相反相成的特点。其一方面,将"佛身"等加以无限神化,将其说成如佛法、般若、无相、真如之类的绝然抽象与形上,特具神秘性与神通性,以便让众生为之顶礼膜拜;另一方面,恰恰为了让众生领悟其不可思议的神秘、神奇与神妙之真谛,在假言施设方面又走上一条世俗化之路。既神格化,又世俗化,在人文意绪上,实质是一个既崇拜、又审美的动态结构。

其次,这里应着重指明,有关"佛身""法身"之类,皆具一个"身"字。世俗意义所谓"身",指肉身;佛教指"身"为"三世"(身业,口业,意业)之一、"二苦"(身苦、心苦)之一与五根(眼,耳,鼻。舌,身)之一。佛经有称肉身为"身城",为心之牢狱,为诸佛所弃舍,而凡夫俗子滞累于此。作为般若波罗蜜、空、佛性与成佛的重大障碍,是佛教基本教义所否弃、讨伐的对象。因而,所谓"心"的解脱,是舍"身"而悟空。

然而,这里所言"佛身""法身"与"色身"等的"身"之义,指佛法、佛性的示现,或者可以说,是指成佛的津梁、方便与形象。佛身,法身、化身与应身的总名,既是佛的神通幻化,又是佛法与佛性的示现。佛身这一范畴、概念,除涵蕴佛法、佛性形上、超验的空寂、般若外,兼指契于佛法、佛性的"方便善巧"即"应化"与"受用"。佛法、佛性本自空寂,而其"应化""受用",便是其示现、权智、方便。

西晋竺法护的诸多译籍译传大乘"佛身"等说,较前贤更见透彻,其重心,在于弘传与"法身"相契的佛法、义理。

"法身",佛的真身。就大乘般若学而言,法身是法性的显现;以身现法性,故名法身。隋慧远《大乘义章》有云,所谓法身,一指一切功德修为而成就法身,二指以成就之身而显其法性。法身的本蕴是法性(佛法,佛性);以"诸功德法"即"菩萨行",进行修持而回归法性之境。两者都以"成身"为圆满具足。真等正觉之身,谓之法身。法身的底蕴,无垠无极,无相无形,不方不圆,不可量度,不可思议,不可言说。真如平等,自觉觉他。诸法的真正觉智,假以"身"示现,称法身。超乎时空和言语,则竭言法身本蕴即法性,所谓遍一切处且总摄机权方便。然而值得注意的是,作为大乘菩萨行意义的法身论,从"六度"看,法身,目睹为空,耳闻无声,鼻嗅无香,口语无言,身不触细滑,意则无虑,尽管不可避免地以"身"示现,却无有"相好"。

此"相好"之相,指法身的"三十二大人相"(略称"三十二相");好,指

"八十随形好"("八十好")。法身以"三十二相"兼"八十好"为示现,示现即"相好"本身即"色身"。

所谓色身,是色法所成之身,分实色身与化色身二种:前指如来修成无量功德、感无比的相好庄严;后指如来、诸佛以大悲愿而为芸芸众生变现种种相好。这里的关键词,又是"相好"二字。

可见,心法示现即法身,色法示现为色身。法身与色身并非无涉,后者又是前者的示现。佛法形上而空幻,其"美"空灵,其示现即法身;法身本蕴的示现,又为色身。佛教有"度脱身"与"度脱示现"的不同说法,前指佛之空幻本体的示现;后指应机化导众生成佛、成菩萨而由本体示现为诸种形象。

二 关于"三十二相"兼"八十随形好"

从佛法到佛身、法身与色身,所谓三世十方诸佛,周遍娑婆世界即"三千大千世界",不可胜数。世界这一范畴,梵语 Loka,指无尽时间的迁流,过去、现在、未来三世之谓;界为界域,无垠空间之谓。

印度佛教入渐中土之前,古代中华唯有"天下"而无"世界"之说。一般而言,"天下"时空性有限,"世界"则无尽无垠。佛教关于"世界"的想象与思维空间,十分奇特、丰富而宏伟,其"三千大千世界"说云:

> 如一日月周行四天下(按:四部洲),光明所照,如是千世界。千世界中有千日月,千须弥山(妙高山,世界中心之山)王(动词:统率),四千天下、四千大天下、四千海水、四千大海;四千龙(梵名:那伽 Naga)、四千大龙;四千金翅鸟(天龙八部众之一,祥鸟)、四千大金翅鸟;四千恶道("六道轮回"说中的地狱、饿鬼与畜生为三恶道)、四千大恶道;四千王、四千大王;七千大树、八千大泥犁(地狱),十千大山,千闫罗王(地狱之王),千四天王(居妙高山半腰处,帝释天外侍),千忉利天(帝释天,又称三十三天),千焰摩天(欲界第三天),千兜率天(欲界第四天),千化自在天(乐变化天),千他化自在天(欲界第六天);千梵天(色界初禅天),是为小千世界。如一小千世界,尔所小千千世界,是为中千世界;如一中千世界,尔所中千千世界,是为三千大千世界。①

这"三千大千世界",指物理时空与心灵时空的广深与悠远,是印度佛教以宗教语言文字所描述、想象的物理与心理宇宙,也是"亿万诸佛"与佛教所钟

---

① 《世纪经阎浮提洲品》,《长阿含经》卷一八,佛陀耶舍、竺佛念译,引自陈允吉、胡中行主编《佛经文学粹编》,第518页。

情,特具神话、诗情与美的精神家园。佛教有"芥子纳须弥"之说,见于《维摩诘经·不可思议品》"芥子纳须弥"之叙。须弥山,佛教"世界"中心之山,至高至伟,坚不可摧,芥子至微至小,岂有芥子之内纳得须弥乎？真是大胆奇特的想象。"世界"无比神奇,美"不可思议"。竺法护所译《贤劫经》云,该"娑婆世界",仅现世"住劫"之中,便千佛出世。"娑婆世界"的"四天下"的每一方"天下",都生成"百亿万佛",而尚未包括"世界"的无数其他佛,其数的浩大无比,难以形容。这世界是佛世界,赋予了中华文化一种属佛的新的"世界"意识与理念,其深巨的历史、人文影响,不容低估。

世界是"百亿万佛"的世界,因佛之绝对形上、空幻、抽象且神通广大而不可思议。于是,便以种种形象来加以形容。所谓"三十二大人相"兼"八十随形好",便是佛的色身意义的形容。《中阿含经·三十二相经》专述"三十二相",西晋时尚未译入;最早译入"三十二相""八十种好"说的,是东汉末支道林所译《道行般若经》,而并未详言。仅称"身有三十二相,见已大欢乐""亦复当得三十二相,八十种好"①;《涅槃经》《无量寿经》及后世鸠摩罗什所译《大智度论》等诸多经论,也有有关言述。《妙法莲华经》云,"金色三十二,十力诸解脱","八十种妙好,十八不共法"②,都有载录而言有所异,其佛教精神、其崇拜兼审美之义与性则同。竺法护的诸多译籍亦有译传。

这里先一一列出"三十二大人相",随后略加评说。

一、足安平相。双足安立、平稳。喻佛的安忍、安住、安详与安乐之义。《嘉祥》义疏:"安详者,示大人之相。又,安详者,动寂无碍也。"

二、千辐轮相。佛足底有千辐轮似的纹样,喻法轮常转。

三、手指纤长相。佛教以手指结印为示现。此喻佛吉祥之相。

四、手足柔软相。以手足柔润、软绵、温热为吉相。

五、手足缦网相。手足具有缦网交互纤纬连络如鹅、鸟之足的纹样。鹅在佛教喻吉祥。《金光明经》二云,"足指网缦(纹),犹如鹅王"。

六、足跟满足相。足跟多肉而圆,是圆果与祈冀圆满具足的"满足愿"的象喻。

七、足跌高好相。足背隆起,喻佛慧高妙。

八、腨如鹿王相。股浑圆多肉好比鹿中之王。鹿为佛教吉祥的神性动物,有九色鹿之喻。佛教有"鹿菩萨"说。

九、手过膝相。双臂下垂,指尖过膝,是吉相。《三国演义》称刘备"两耳

---

① 《摩诃般若波罗蜜道行经·萨陀波伦菩萨品第二十八》,《道行般若经》卷九,《大正藏》第八册,P0471b、0472a。

② 《譬喻品第三》,《妙法莲华经》卷二,《大正藏》第九册,P0010c。

垂肩,双手过膝",是受佛教"相好"的影响。

十、马阴藏相。男根隐于下腹内,如雄马的性器。

十一、身纵广相。身躯高度,与双臂侧平伸直的长度等齐。

十二、毛孔生青相。一一毛孔发青光,是佛放大光明与解脱的象喻。《法华经·如来神力品》:"一切毛孔,放无量无数色光。"青光,清净、静虑之喻。《华严经》云:"得于一毛孔,现不思议佛刹无障碍解脱门。"

十三、身毛上摩相。身躯毛发右旋而偃伏。《大日经》疏云,"左手是三昧义,右手是般若义,十指是十波罗蜜满足义"。佛教以右喻智慧、金刚界。

十四、身金色相。佛"本生"乃为金色王,遇大旱十二年,仅存一食而供养辟支佛,得大慈悲,金色是佛之本色。

十五、常光一丈相。佛无量而放大光明,又称常光一寻相。如众生利根福重,佛则放无量光明。

十六、体肤细滑相。皮肤细腻、软滑、滋润与清净的喻示。

十七、七处平满相。双足、双肩、二掌与头顶"七处"的中部,都平满、端正而无缺陷。佛教以"七"为吉数,有具足梵行之义。

十八、两腋满相。腋下充满、无深陷之态,圆满之喻。

十九、身如师子相。身躯雄武、威严、健顽如狮子王。《无量寿经》卷上:"人雄师子,智慧深妙。"①师子即狮子,喻佛的勇猛精进。所谓"狮子吼",喻佛之说法,其音声无畏,无坚不摧,化导众生,催人警省。

二十、身端直相。身姿端正而无偏斜,喻佛心端肃而庄严。

二十一、肩圆满相。双肩丰腴、多肉、圆满。具足无缺之喻。

二十二、四十齿相。口有四十齿。菩萨行有"四十阶位"说:凡十发趣、十长养、十金刚与十地。"四十"喻具足义。

二十三、齿白齐密相。牙齿洁白、齐密。以"白"喻清净心,以"齐"喻平等觉,以"密"喻坚实心。

二十四、四牙白净相。四齿洁白、干净,喻说法清彻义。

二十五、颊车如师子相。双颊饱满如狮,牙床(车)坚实如狮。

二十六、咽中津液得上味相。食谷香而胃口好,食欲为佛教所节制的"四欲"之一,此相所示,为健康之食欲,并非提倡纵欲。

二十七、广长舌相。舌广且长,柔软细薄,展之则覆面而至于发际,奇异如狮舌之相。喻法音雄辩,语必真实,信而无妄。

二十八、梵音深远相。佛的音声清净而远闻。《法华经》云:"梵音微妙,

---

① 《佛说无量寿经》卷上,曹魏康僧铠译,《大正藏》第十二册,"宝积部类"(无量寿经类),T12,P0267b。

令人乐闻。"

二十九、眼色如绀青相。双目色青而含赤,眼色神异。绀青,又为佛毛发之色。

三十、眼睫如牛王之相。睫毛长密、色深,好比牛王。《大品般若经》:"世尊眼睫犹如牛王,绀青齐整,不相杂乱。"

三十一、眉间白毫相。双眉之际有白色毫毛,右旋而放大光明。《大品般若经》三十一有言,"世尊眉间有白毫相,右旋柔软,如睹罗绵,鲜白光净逾珂雪等,是三十一相"。

三十二、顶成肉髻相。头顶有肉隆起如髻形,象喻无上智慧。

佛教又有"八十随形好","随形"者,随"三十二相"之谓,为"三十二相"的进一步展开。

简言之,则"八十随形好"如次:

一、无见顶相;二、鼻高不见孔;三、眉弯如初月;四、耳轮垂埵;五、身坚实如那罗延(按:力士,梵天的异称);六、骨际如钩锁;七、身一时迥旋如象王(按:瑞兽。《瑞应本起经》:"菩萨初下,化乘白象,贯日之精,因母昼寝而示梦焉,从右胁生。");八、行时足去地四寸而见印文(按:"去地四寸",喻步健无碍。"见印文",即见"步步莲华");九、爪如赤铜薄而润泽;十、膝骨坚而圆好;十一、身洁净;十二、身柔软;十三、身不曲(按:喻正体、正觉);十四、十指圆而纤细(按:喻十波罗蜜、十法界);十五、指纹藏覆(按:《大乘义章》:"包含、蕴识名藏。");十六、脉深不现;十七、踝不现;十八、身润泽;十九、身自持不透迤(按:喻佛之庄严、自在);二十、身满足;二十一、容仪备足;二十二、容仪满足;二十三、住处安无能动(按:《顿悟入道要门论》:"问:心住何处即住?答:住无住处即住。");二十四、威震一切;二十五、一切众生见之而乐;二十六、面不长大(按:佛典有"面善圆净如满月"喻);二十七、正容貌而色不挠(按:容端严貌平和,色不邪,理无差,曰正);二十八、面具满足;二十九、唇如频婆果色(按:频婆,古印度的一种果树,其实赤凡。《华严经·入法界品》:"唇口丹洁,如频婆果。");三十、言音深远;三十一、脐深而圆好;三十二、毛右旋;三十三、手足满足;三十四、手足如意;三十五、手纹明直;三十六、手纹长;三十七、手纹不断;三十八、一切恶心之众生,见者和悦(按:恶心、妄心、我执,亦称"众生垢");三十九、面广而殊好;四十、面净满如月;四十一、随众生之意和悦与语;四十二、自毛孔出香气;四十三、自口出无上香;四十四、仪容如师子;四十五、进止如象王;四十六、行相如鹅王;四十七、头如摩陀那果(按:摩陀那果,大如槟榔,可入药,此喻佛果救治人心);四十八、一切之声分具足(按:声分,说法义);四十九、四牙白利(按:自利利人,人我兼利);五十、舌色赤;五十一、舌薄(按:"不妄语"之喻);五十二、毛红色;五十三、毛软净;五十四、眼广长;五十五、死门之相具(按:佛圆寂时死门之相具足。佛教称,自此世至他世必过一门,为死门。有六验。其中一验:生"人"。为善者将死,先自足冷至脐,而后气尽。二验:生"天"。为善者将死,头顶尚温,而后气尽。三验:生"饿鬼"。自顶冷至脐,腰下犹温,而后气尽。四验:生"畜生"。自顶至膝而冷,膝下犹温,而后气尽。五验:生"地狱"。自顶冷至足,足底犹温,而后气尽。六验:入于"涅槃"。罗汉、菩萨入灭,心、顶数日皆温。此指佛圆寂相);五十六、手足赤白如莲华之色;五十七、脐不出;五十八、腹不现;五十九、细腹(按:细滑之腹,佛教有"细色"说,谓色身妙好);六十、身不倾动(按:《涅槃经》二八云:"身戒心慧,不动如山");六十一、身持重;六十二、其身大(按:《楞严义疏》三云:"周遍含摄体无不在,物无不且");六十三、身长;六十四、手足软净滑泽;六十五、四边之光长一丈(按:《赞阿弥陀佛偈》:"佛光照耀最第一");六十六、光照身而行;六十七、等视众生(按:等视即等观。《涅槃经》一云:"等观众生,如视一子");六十八、不轻众生(按:平等觉。《往生论》按:"平等是诸法体相");六十九、随众生之音声,不增不减(按:《般若心经》云:"诸法空相,不生不灭,不垢不净,不增不减");七十、说法不著(按:宣说佛法而不执著);七十一、随众生之语言而说法(按:随众生之音声、语言而宣说佛法,自觉觉他);七十二、发音应众声;七十三、次第以因缘说法(按:以次第缘而宣说佛法。次第缘,"四缘"之一);七十四、一切众生观相不能尽(按:众生本具佛性,因无量烦恼所碍,故众生观相而无尽。此反说佛观智、观慧即观相的彻底);七十五、观不厌足(按:佛观遥深而没有满足之时);七十六、发长好(按:剃度即削发,此反说佛性清净生于尘缘烦恼之理,不垢不净之谓);七十七、发不乱(按:剃度,"削尽三千烦恼丝",此喻烦恼尽而佛相清净);七十八、发旋好(按:右旋为吉);七十九、发色如青珠(按:清净之喻。青色摩尼珠,示佛相圆融);八十、手足为有德之相。①

关于色身意义的"三十二相"兼"八十随形好"说的美学意义,试概言如次:

第一,数的崇拜与审美。关于数,印度佛典在在多有的数的崇拜,其中最著名的,当为对"八"与"十"的崇拜。这里,暂且不言"十"。就"八"而言,有"八正道""八不中道"诸说,还有"八大菩萨""八金金刚""八百功德"与"八相""八法"与"八解脱",等等,还有所谓"八十无尽"等言说,无不体现出对"八"与"八"的倍数的虔诚崇拜之情。崇拜不等于审美,而审美却与崇拜相

---

① 按:关于"三十二相""八十随形好",参见丁福保《佛学大辞典》,文物出版社1984年版,第138、60页。

互融摄。这是因为，无论崇拜抑或审美，都体现出主体心灵对客体对象的一种情感上的信任和美好联系，都达到物我、主客的浑契状态。不同之处仅仅在于，崇拜是客体对象的被神化，同时是主体自我意识的迷失，对象的"能"与"势"被主体心灵所夸大了，于是主体心灵心悦诚服，甚至进入迷狂状态。从历史过程看，崇拜感是一种悲剧性的狂欢。崇拜作为瞬时的快感，却依然是一种精神的满足与审美之倒错的替代。佛教关于"数"的崇拜，因崇拜而有可能进入某种审美关系，确因此时主、客之间形成了一定的信任与美好情感联系的缘故。无论"三十二相"还是"八十随形好"，都包含了对"八"的倍数的尊重与崇尚。这种数的崇拜，固然是对"数"的审美的压抑，却同时又是关于"数"的审美的召唤。

第二，相、好的崇拜与审美。"三十二相""八十随形好"的关键，在相、好二字。佛教所谓"相"，指一切事物、现象的表征且想象于心，联系于对事物、现象的真谛的领悟等。佛教有"相即"说，《般若心经》所谓"色不异空，空不异色；色即是空，空即是色"，便是典型的佛教"相即"之言。因而，未可仅从表征意义，偏颇地理会佛教所谓"相"。所谓"实相无相"，即指佛性、佛法的深蕴，性相不二就是相即。所谓"好"，佛教并未离"相"而独言"好"，"八十随形好"，是随"三十二相"而致完善的"好"。佛典有"好相"与"相好"说。"好相"，指妙好之异相；"相好"，指佛的示现，以"身"显示佛性（空）微妙的相征。就佛而言，佛即"实相"，"实相"者，"无相"；就化身佛而言，则"相"有"三十二"而"好"具"八十"；就报身佛而言，则具八万四千乃至无量的"相"与"好"。"好"者，"三十二相"的庄严与美，及其令众生悦乐的美感。其间所融渗的崇拜之情，可以让信众的心灵达到如痴似醉的程度。"三十二相""八十随形好"，是崇拜与审美的二律背反又合二而一。就信众的即时感受而言，很难以理性分析而分清何为崇拜、何为审美，这种浓烈的宗教情感从来不拒绝审美的渗入。"三十二""八十"，正如"八万四千"之类，作为佛教所特有的数喻，正如前述，也是崇拜兼审美的复合体。佛之色身的虚构、想象，既出于崇拜，又出于审美之需。作为佛性与佛法的真实示显与变现，充满佛教的神性，不令人奇怪。比如：所谓"常光一丈相""广长舌相""眉间白毫相""身金色相"与"四边之光长一丈"，等等，并非世俗之相、好。然而，其中诸多相、好的世俗现实性十分显明，如"身端直相""四牙白净相"以及"眉弯如初月""身不曲""身不倾动"与"发不乱"之类，与常人无异。其所叙说与描绘的，不啻是一种兼具一定神性理念的"人体美学"。"三十二相"与"八十随形好"，总体上给人一种既具神性、神通而具"特殊功能"，又如凡夫俗子那般心宽体胖、精顽身健而具有丰腴之福相的可爱形象。最有趣的是，在"八十随形好"

中,居然还有"发长好""发不乱"与"发色如青珠"如此三"好",难道佛不是"削发为僧"的么？然而总体而言,佛慧外彰,名曰相；正智即实相；"方便"说法,姿容可羡,悦愉人情,称之为好。这是佛相庄严、善德圆满的示现,以便邀人顶礼崇拜,而审美蕴含其间。

第三,佛的色身"三十二相""八十随形好",意在反复述说、强调佛相的庄严、美好。尽管其间重复甚多,其言有所矛盾不周,尤其所谓"八十随形好"说,所叙之缺乏逻辑性,一睹便知。然而在佛教看来,无论"三十二相"还是"八十随形好",都为放大光明、朗照世界的佛慧的形象显现。通体神通,无量功德,不可思议。这种形象显现,将般若空智世俗化也人格化了,随之,大开从佛学到美学的"方便法门"。

在本来意义上,美学不仅研究、追寻世界本原、本体及其大化流行的"原美""本美",而且研究、追寻这"原美""本美"的无数现实实现方式及其过程与成果。从本原、本体而言,人之积极的本质力量的对象化即美,这一美的实现,总与一定的形象、情感相联系,其方式、过程与成果,是美从本体界到现象界的现实实现。

可是佛教基本教义的逻辑并非如此。其逻辑原点,是以对一切世间、世俗现实的真善美的否定与拒绝为前提的。这种否弃愈是彻底,建构其上的"佛国"论、涅槃说等便愈坚不可摧、庄严神圣,所谓般若智慧的"真理性"便愈不证自明,便愈能化导芸芸众生,去向往"佛国"的"真善美"。否则,假如此岸、世间还有哪怕是一丁点儿的真善美,那么,芸芸众生究竟还有多大必要去向往"佛国"、遁入空门呢？众生又有什么必要非得涅槃成佛呢？或者说,那完美无缺的"佛国"世界与成佛境界,对于处于"水深火热"之中的众生而言,究竟还具有多大吸引力？

于是,愈是将世间、彼岸说得"一无是处",愈是将佛、佛国与般若空智描绘得"尽善尽美",在佛教看来便愈顺理成章,合乎佛教逻辑本身。

然而,这其实是一大逻辑的"困难"。困难在于,只有彻底否定此岸的现实之美,才能彻底肯定彼岸佛国及其佛智之"美"。可是,佛国、佛智的"美",难道不就是以彼岸为逻辑预设、实际是改造此岸现实而以彼岸方式所肯定的此岸之美？事实上,现实是最强有力的,不是可以被随意否定的。作为逻辑预设,佛教尽可以在现实世界之外,预设彼岸这另一"世界",便是佛教的"两个世界"说。此说的基本主张,乃以彼岸为真实、此岸为虚妄。然而,被佛教斥为"虚妄"的此岸现实,恰恰是真实的存在。佛教所谓彼岸及其"美",其实不过是"理想"意义上此岸、现实的一个侧影。从人文本涵而言,佛教基本教义及其关于美的诉求的立足点,始终在此岸、现实而非彼岸、非现实。因而,由此岸、现实所存在、引起的问题,只有放回于此岸、现实,才可能求得解决。于是,在彼岸、佛国这一"理想"与此岸、现实之间,便不得不寻求一种"妥协"方式。

这一"妥协"方式,便是佛教所谓"方便法门"。

从佛教美学来看,"方便法门"的要素之一,是"形象"。

与相对酷严的小乘成佛条件与诸多戒律相比,大乘空、有二宗,主张人人皆可成佛,及其后代禅宗所谓"明心见性""即心即佛",等等,都是"方便"得多的成佛说,它其实是建构在世间与出世间、此岸与彼岸、人性与佛性、俗谛与真谛之间的一种"妥协",而与美、审美相关联的"形象"活跃其间。

方便,梵语 Upāya,方法使用之谓。《维摩诘经》与《妙法莲华经》等都专设《方便品》,以言述佛教的"方便"思想。"方便"是趋智、达如的津渡。般若者,洞达之慧名;方便者,权变之智称。方便又称权智。佛性、佛法、般若、真如等等,空幻而幽微,作为最高的智慧之境,芸芸众生不易悟入,故有诸如"三十二相""八十随形好"此类"方便""形象"的方式与途径,作为启悟之法门,发暗之机枢而于佛教之中发抒其活跃的生命。而且,就悟得的佛智而言,以形象与方便悟契,实是不得已而为之的权宜而已。

岂料"方便法门"一开,事情就发生了奇异的变化。好比《水浒传》里的"洪太尉误走妖魔",三十六天罡、七十二地煞由此大闹天下。本是空幻、清净之境,忽而有一种被称为"形象"的东西,作为"权智",从"方便法门"进入,其实也不得不"进入",因为,既然法不可说又不得不说,则以形象说法,是不可避免的。于是,凿通从本体界到现象界的障壁,一切佛教艺术及其审美,包括这佛之色身的"三十二相""八十随形好"以及佛教手印,等等,都来做了中国佛教美学的"主角"之一。佛教最神圣、庄严、伟大而最推崇的,是佛陀(释迦)崇高、清净无畏的"形象"。佛教说,世尊形相,盛设庄严;佛国净土,金碧辉煌。一切有关佛的诗唱、音声、画绘、建筑、石窟和文字、言语等"说法"方式,都借以无数形象,将"美""唤上前来"。一切形象,不等于佛、佛法与佛境,而倘无形象,则此之一切便无从谈起。

在中国美学史上,形象这一范畴的起始,在先秦《易传》之中。《易传》所谓"在天成象,在地成形",该形、象虽未连缀为一词,却是形、象并提。《易传》有"形而下者谓之器,形而上者谓之道"之言。笔者由此推见,形而"中"者,必为象。象在器、道之际。象是什么?《易传》说,"见(现)乃谓之象"。象是"见"于心的,指人的心灵图景、印迹、印象与氛围,等等,比"器"抽象,又不如"道"的绝对抽象。形与象所构成的"形象"一词的意蕴,具有一定的抽象性,却又与"形"(器)相联系,实为"半具象、半抽象"。

形象作为一大诗学范畴,显然不同于另一诗学范畴"意象"。意象指心灵之象。而形象者,固然维系于心,也是心的"意象"的一种,却是形诸外的。它首先是五官可以感觉的具体有形的对象,是具体有"形"之"象"。此"形",指生命、生活现实之中存在的人或物的本来面目。如写实主义绘画,以生活的本来面目画人状物等。形象(意象)一词,英语 Image,学界常有人误以为是外来语。笔者发现,其实早在西汉初期《淮南子·原道训》中,已有所谓"大道坦坦,去身不远。求之近者,往而复反。迫则能应,感则能动。物穆无穷,变无形象"①之说,这是说,作为本原、本体的"大道"的运化,无感性形象可言,却分明可被"迫应""感动"。东汉王充《论衡》有云:"金翁叔,休屠王之太子也,与父俱来降汉。父道死,与母俱来,拜为骑都尉。母死,武帝图其母于甘泉殿上。"休屠王"拜谒起立,向之泣涕沾襟,久乃去。夫图画,非母之宝身也,因见形象,泣涕辄下,思亲气感,不待实然也"。② 这"形象",指所绘休屠王之母的"图画",显然具有一定的艺术审美因素。

在佛典中,形象是梵语 Pratimā(钵罗底么)的意译,佛相庄严之谓。兼指佛像、菩萨像的种种具体规格与做法。佛教建筑(寺塔),佛、菩萨、力士与飞天等佛教造像,及其一切仪容、庄饰,都是方便、形象与庄严,都是从世间通于出世间的菩萨行。自然也包括供养,以食施与,以衣施与,常事法会,遂得三十二相、八十种好,这便是佛教所推崇的"形象"之"美"。佛的形象,在意蕴上,是一个崇拜兼审美的复合结构。它一方面,是以形象"方便善巧"这一方式,成为众生悟契于般若空境、成佛与向往佛国的导引之途;另一方面,将本体界佛慧形上的"美",贯彻于形下的现象界。开启"方便法门",在佛教崇拜甚或精神迷狂的人文机缘与处境中,欣喜而静穆、幸福又慈悲地实现为佛教艺术及其审美。"三十二相""八十随形好",正如一切形象、一切佛相庄严一样,都是"出淤泥而不染"的"美"。

第四,就"三十二相""八十随形好"而言,这是触及身体文化、身体哲学与身体美学的一个重要命题。许多佛典都说,身者,万恶之源。佛教有关于杀、盗、淫三者的"身业"说,称"身业"乃欲界之恶业,"身"为"火宅",逃之唯恐不及。所谓"身苦",作为"二苦"(另一苦为"心苦")之一,陷智慧于"身见"而迷妄,以致称众生的肉身,无非一副"臭皮囊"与"劳杂子"之类,凡此都对身体(佛教称"肉身")表示极大的不信任,甚至加以断然拒绝。正如西方学者所言,"身体最突出的负面意象如下:它被视为心灵之牢笼、令人丧志之

---

① 《淮南子·原道训》,汉高诱注《淮南子》卷一,第 13 页,《诸子集成》第七册。
② 王充:《论衡·乱龙篇》,第 158 页,《诸子集成》第七册。

玩物、罪恶之源、堕落之根"①。其逻辑是,"将灵魂最大限度地从身体中分离出来","最终达到灵魂完全独立的境地"。②

西方美学史上,古希腊柏拉图"理式"论及其"灵魂回忆""灵魂升华"说,此后普罗提诺"极其耻于存在于肉身中"与笛卡尔"我思故我在",等等,都是要么将"身体"置于被否弃、被"审判"的地位,要么并不把"身体"放在其哲学、美学的视野之内加以思考、研究。这是因为人们坚信,神、上帝是一个纯粹的"灵",在神学"关怀"之中的哲学、美学的理性、知识,已足以达到人之精神的升华和灵魂的拯救。人是"理性之动物""思之动物"而非同时是"身体"之"动物"。这一哲学与美学诉求,直到叔本华、尼采、弗洛伊德等那里,才有了真正改观。中国美学史关于身体意识、身体美学的理念和诉求,始于先秦。然而如《论语·学而》篇曾子所言"吾日三省我身"的"身",指我"自己"而并非指人的肉体之"身"。儒家所谓"身体发肤,受之父母,不敢有所毁伤"与"舍身取义""杀身成仁"等信条,主要关乎政治道德,《黄帝内经》有所谓"夫精者,身之本也"的"身体"观,却以主要从身体之自然看待身体问题。关于身体,老庄"道"论的美学虽有涉及而未多加注意。

在沿承印度佛学与中华本土化的中国佛学、美学中,身体问题无可回避。其表现为:一、认为身体遮蔽了对于真理的发现,阻断灵魂之回归。如果"沾染"身体之"恶业",涅槃成佛便断无可能。身体作为世俗、感性和欲望的渊薮,实际是涅槃成佛、证悟般若智慧的最大障壁。诸多佛教戒律如所谓"身戒"之类,都对治于身体。禅修、调息、守意、入定云云,一概如此。二、佛教同时又有"佛身""法身"与"色身"诸说,在成佛、般若的"方便"意义上,让身体占有一席之地,承认身体在佛教理论与修为实践中的应有地位。凡此两点,是"身"的否定与肯定的二者得兼,这是身体问题在佛教哲学、美学中的"尴尬"处境和"圆融"地位的同时解读。身体,显然并非佛教美学的"终极关怀",却是这一"终极"作为特殊"语言符号"的导向"载体"。正如佛、菩萨等塑像及佛的手印之类一样,佛的"三十二相"与"八十随形好",除了状佛的"变现"和"神通"外,也是这样的一种"载体"。由于在一定程度上,有限地保留一点儿感性与意象而可诉诸感官,从而在同时对于佛的哲学本体和意象的双重了悟与观照中,与审美发生联系与融会。然而,从芸芸众生的"身"到"佛身"的实现,跨越诸多修持阶段或一悟顿了,最终还是对于身体(肉身)的彻底消解。这是值得注意的。

---

① 〔美〕理查德·舒斯特曼:《身体意识与身体美学》,程相占译,商务印书馆2014年版,第1页。
② 同上书,第29页。

第四节　佛教美学对向、郭玄学美学的影响

魏晋玄学,可分"贵无""崇有"与"独化"三系。

西晋时期的玄学,由魏发展而来。从曹魏"正始玄风"何晏、王弼倡言"贵无",至魏末(249—265)嵇康、阮籍的激烈玄辩,成为西晋玄学的铺垫与基础。

西晋元康(291—299)年间,由嵇、阮所倡言的"越名教而任自然"的玄思、玄风,狂放过甚,大批士子口尚虚诞,身则放荡不羁,于是,正如《晋书·裴頠传》所言,便有裴頠(267—300)"深患时俗放荡,不尊儒术","论释其蔽"而撰《崇有论》,述"崇有"之见。

裴頠《崇有论》的批判对象,为何、王"贵无"说与嵇、阮"越名教而任自然"的玄风。《晋书·裴頠传》所录裴頠《崇有论》云:"夫至无者,无以能生。故始生者,自生也。自生而必体有,则有遗而生亏矣。生以有为己分,则虚无是有之所谓遗者也。"裴頠"崇有"说的根本主张,是"无"者,"无以能生","故始生者,自生"。其逻辑依据,即所谓"虚无"是"有之所谓遗者","遗有"即"无","无"即"没有"。既然这世界原本什么都"没有"("有之所谓遗者"),怎么能由此而生"有"呢? 因而,要说世界万有何以"始生",裴頠的回答是:"故始生者,自生也。"

裴頠的"崇有"思想,确是有感而发,对治于"狂玄"时弊。《崇有论》说,"贵无"必"贱有"。"悠悠之徒","遂阐贵无之义,而建贱有之论。贱有则必外形,外形则必遗制,遗制则必忽防,忽防则必忘礼。礼制弗存,则无以为政矣"。裴頠是"名教"的自觉维护者,他以他的"崇有"哲学来阐说"名教"的合理性。

几乎与元康时期"崇有"玄学振扬于一时所相应的,是向秀(227—272)、郭象(253—312)以"名教即自然"为旗帜的玄学思想。向秀辞世之时,郭象十九岁。向秀雅爱老庄,为《庄子》作注,发明旨趣,振扬玄风,阅览者莫不超然解悟。后郭象注《庄子》,向秀有前驱之功。郭象少有才具,好庄学而善清谈。《晋书·郭象传》:"先是,注《庄子》者数十家,莫能究其旨统。向秀于旧注外而为解义,妙演奇致,大畅玄风。惟《秋水》《至乐》二篇未竟而秀卒。秀子幼。其义又零落,然颇有别本迁流。象为人行薄,以秀义不传于世,遂窃以为己注。乃自注《秋水》《至乐》二篇,又易《马蹄》一篇。其余众篇,或点定文句而已。其后秀义别本出。故今有向、郭二《庄》,其义一也。"这便是向、郭

注《庄子》的一段因缘。向秀基本非西晋(265—316)时人,其入于西晋,已值暮年。向秀注《庄子》未竟而卒,其所注在当时未行于世。郭象续注《庄子》,大部一循于向注,仅"自注《秋水》《至乐》二篇、又易《马蹄》一篇"而已。这在《庄子》三十三篇注中未占有重要地位,因而可以说,郭注约同于向注。①

向、郭注《庄子》,标举"自然"之说。其《知北游》注云:"谁得先物者乎哉?""吾以自然为先之,而自然即物之自尔耳。"这大致依袭先秦老庄的思路与思想。《老子》通行本有"道"者"先天地生"而"道法自然"之说。

这里所谓"自然","本然如此""原本就是这样"之谓。《老子》通行本曾说:"故天下万物生于有,有生于无。""天下万物""生"于阴阳(有),阴阳指阴气阳气,指天地;阴阳(有)"生"于"道","道"即"无",此之为"有生于无"。

可向、郭《齐物论》注却说:"无即无矣,则不能生有。""无"既然即"没有",那么此"无",便"不能生有",所谓"有"之"生",便失却依据,老庄那般主张"无中生有",不可思议。

向、郭此说,类同于裴頠"崇有"之见,斩断了原先《老子》《庄子》关于"无中生有"的逻辑之链。向、郭也许与裴頠一样,囿于经验哲学"崇有"理论的束缚,达不到"贵无"玄思的深度。在美学上,如将"无"理解为美的本原本体,将"有"理解为美的事物,假定"无不能生有"这一命题可以成立,那么,便可以得出美的本原不能"生"出万物之美的结论,人为地斩断了本体界、现象界的逻辑之链。

然而,世界万有总是处于生生不息的大化流行之中,万有"始生"于何,是哲学必须回答、不能回避的问题。《老子》通行本称,万有"始生"于"道"。所谓"道生一,一生二,二生三,三生万物",是对"故天下万物生于有,有生于无"之说的逻辑展开。《庄子·天地》篇也说:"泰初有'无',无有无名。一之所起,有一而未形,物得以生,谓之德。"②是对《老子》"道生万物"说的逻辑性说明。正如前引,裴頠却提出"故始生者,自生也",既与《老子》的"道法自然"说相勾连,又有别于此。

向、郭与裴頠的哲学见解,似乎无多差异,其实不一。

向、郭固然称"无既无矣,则不能生有",这与裴頠所谓"夫至无者,无以能生"相似。然而,向、郭《齐物论》注谈及"然则生生者谁哉?块然而自生耳"之后,又说了一段重要的话:"自生耳,非我生也,我既不能生物,物亦不能生我,则我自然矣。自己而然,谓之天然。""天然",《庄子》说,犹"毛嫱丽

---

① 按:《晋书·郭象传》称"象为人行薄,以秀义不传一世,遂窃以为己注",当属不为贤者讳之言,可信。
② 《庄子·天地第十二》,清王先谦:《庄子集解》卷三,第73页,《诸子集成》第三册。

姬,人之所美也。鱼见之深入,鸟见之高飞,麋鹿见之决骤,四者孰知天下之正色哉?"①但在向、郭看来,所谓"块然而自生",固然如裴頠所言,乃"有"之"自生",却并非等于"我生"。向、郭所言"我生"的"我",究竟指什么?答曰:"自然"或曰"正色"。这便是向、郭所谓"我自然"之意。"我自然",实指"道"(无)。"道"(无)又为何要称作"我""自然"亦即"我自然"呢?《老子》通行本有"道法自然"之言,道自本自法,意即"无"自本自生。可是,裴頠则主张"有"自本自生。两者所预设的哲学与美学的逻辑原点不同。在《老子》那里,世界及其美的本质是由"无"而"生"。"无",世界生气灌注的原本状态。《老子》断无"无生"("不能生")之言。正因"道"(无)作为"我"的人文、哲学品格在于"不能生",所以才得称之为"我自然"("自己而然,谓之天然")。"我自然","无"的原本独立自存之意。其"存在",是不需要任何条件、没有任何理由的。

向、郭注《庄子·齐物论》篇"吾所待又有待而然者邪"一语有云:"若责其所待,而寻其所由,则寻责无极而至于无待,而独化之理明矣。"如果追问其有关"无"生"有""道生万物"的条件,从而寻找其根因,那么,最终只能追问到"无极"那里,只能发现"道"(无)及其原美的"存在",是没有任何条件与原因的,从而关于"道"(无,"我自然")"独化于幽冥之境"的道理,亦就明了。而裴頠"崇有",却将美的本原本体归之于"有"。作为魏晋玄学、美学的一派,"崇有"论的形上思维,"滞累"于经验实事。

这是向、郭所贡献于魏晋玄学美学、中国美学史的一个思想。在哲学思维上,向、郭将"道"(无)及其原美"孤立"起来,称其为"我自然""无待""独化"而"存在"("原在")。

向、郭这一思维、思想的形成,不能不是颇受佛教思维、思想影响的一个结果。

其一,关于"无生"。佛教以为,无生者,无生灭之谓。斥破生灭、烦恼,曰无生。无生与有生相对,众生妄见生灭,便是有生、有灭的无边苦海。佛经有云,无生者,实相也。生为虚妄。而愚痴者,漂溺于生死。无生,即涅槃即真实即真理,众生的生存及其人性与人格,须解脱于诸法因缘、生灭之中。

中国哲学与美学,自先秦至西汉末年印度佛教入渐,都是生命哲学与生命美学,特别重视"生",从来不具有"无生"的思维与思想。然而自印度佛教入传,即渐渐发生变化。人们将所谓涅槃之境,认同为"无生"的一种"常"的境界。佛教所言"常住",是佛法无生灭变迁之谓。离弃一切生灭之相,"无

---

① 《庄子·齐物论第二》,清王先谦:《庄子集解》卷一,第15页,《诸子集成》第三册。

生"而"常住"。"无生",是"无生无灭,不迁不变"的略语。然而西晋向、郭《庄子注》,虽受入传之佛学思维与思想的影响,却是直观而不无偏颇地将"无生"理解为"不能生"(不生),仅在提出与论述"道"(无)的"我自然"的属性时,持"无""则不能生"之说。以"不能生"来置换"无生",是向、郭重新解读"道"(无)之生成论时,对佛教"无生"说之颇为生硬的说法。当然,这仅仅是就其思维方式而言。

其二,关于"无待"。一切事物现象都是在与他事物、他现象的必然联系之中存在和发展的。孤立存在,便是不存在。如佛教"十二因缘"说,寓三世因果轮回之理,言众生无始以来,如轮一般旋转于生死而无有穷已。因缘轮回,坠堕三道,备受苦毒。佛教看世界看人生时所强调的,是诸事物、现象之间的必然联系,便是缘起、因果之说。所谓刹那生灭,瞬息万变,一切无常,诚然是矣。在因果意义上,佛教持"有待"之见。

在持"有待"说的同时,佛教又持"无待"之见。须从"即有待即无待"处,理会佛教"有待""无待""真实"关系的"究竟"。众生常在三世轮回中,此"有待"之时也;一旦成佛而致于涅槃,便跳出轮回,拔离诸苦,达于"无待"之境。佛教有所谓"无依"说,言述"无依之境",称佛的空相(按:亦相空之谓),无所滞累系缚,作为本真、本美、本善的"存在",是绝对"无依"即"无待"的,此即"无依涅槃""无余涅槃",或称"无余依涅槃"。涅槃之境,无条件、无因果,不与他事物、现象相联系,似一"孤立"的"存在",或称之为"本在"。因缘俱灭,心相皆尽,故得涅槃。

正如前引,向、郭所言"我自然"("自己而然""天然"),就佛教美学而言,指的便是"道"(无)那种"本在"而"无待"之"美"。这里,可将向、郭"无待"之说,看作受佛教"无依('无余依')涅槃"说影响的一个明证。它是一种"道"濡染于"无"的理想化世界状态与品格。

尤为值得注意的是,《大般涅槃经·师子吼菩萨品》说:

> 得大涅槃者,为断众生一切生死、一切烦恼、一切诸界、一切诸谛故。断于生死乃至断谛,为得常乐我净法故。①

断灭生死,即为"无生"。佛教有所谓"我"说。"我"者,常一之体,此即"真我"非"妄我",非"我执""法执"之我。佛教所谓"人我""法我""自我"与

---

① 《师子吼菩萨品第十一之三》,《大正藏》第十二册,《大般涅槃经》(北本)卷二七,P0538c。

"他我"①等,都是"妄我"(妄执之我)而非"真我"之"我"。《大般涅槃经》此所言"我者,谓大涅槃"之"我",乃"无执"之"我",它湛然圆明,常寂不坏。世间究竟有"我"还是"无我"？常一不变即是"我"。既然一切事物、现象刹那生灭,无论物质世界抑或精神世界,都是无常的,那么,世间即无常"无我",也便是"无生"。因而《大般涅槃经》说,无我、无生者,即了生死。"不生(无生)者,名为涅槃。"②

美国学者休斯顿·史密斯云：

> 我们可以从"涅槃"谈起,他用这个字来称呼他所看到的生命目的。从字源学上看来,它的意思是"吹熄"或"熄灭",不是及物性的,而是象火停止燃烧了。没有了燃料,火就灭了,这就是涅槃。③

理解了"涅槃"本指这一点,才能理解向、郭注以"我自然"这一玄学概念,来描述、规定"道"(无)的哲学、美学性格这一问题,是对佛教关于"无执"之"我"说的一个借鉴,不失为玄学理念及其人文品格的表达,而离佛教所谓"涅槃"之境,尚有很大的距离。

其三,关于"独化"。《庄子》云,得"道"之"逍遥游",便"独与天地精神往来"。此"独",在儒的入世、道的出世与佛的弃世三种人生境界中,指主体的精神与天地自然的浑契合一、相互应答与交通,而且有所不同。向、郭《庄子注》所谓"独化",从其"道"(无)"则不能生有"(无生)、"无待"之说来看,是说"道"(无)独存于天地之间而自本自化。这里,对于佛教有关"空寂"的人文思想与思维因子,或有所汲取。

佛教有所谓"独空"之见。何谓"独空"？一切事物现象(法)在"空"这一点上是"平等"而"唯一"的。"空",独立自存。这种自存之状态,绝对无条件、无因果。

空理一也,此之谓"独空"。它是独一无二之"存在"。向、郭所谓"独化"之"独",因其本具"无待"之性,而已有佛教"空"的思维因子存在。"空"者,实乃"寂"之谓。《维摩诘经·弟子品》说："法常寂然,灭诸相故。"寂与静不一,静的生成,是有条件、有原因的。寂则离烦恼、弃生死(按:此指事物现象

---

① 按："人我",人生之妄执;"法我",妄执于外境、外物;"自我",自我之妄执;"他我",他执之谓。此四"妄我",皆是虚妄、妄执。
② 《光明遍照高贵德王菩萨品第十二之一》,《大正藏》"涅槃部类"第十二册,《大般涅槃经》(北本)卷二一,P0490b。
③ 〔美〕休斯顿·史密斯:《人的宗教》,刘安云译,刘述先校订,海南出版社2013年版,第108页。

的生灭变迁,非指人的生存、死亡),是一种寂照之慧。寂为涅槃。寂乃"真常"之"我",寂为"独",不"独"何以为寂?

因而可以说,向、郭"独化"说,因其由"无生"("不能生")、"无待"而来,这"独化"之"独"中,存有"空寂"的因子。

可是试问,"空"抑或"寂"、抑或"空寂",作为一种"独"的存在本身,是运化流迁还是常住不坏的?

"空""寂"之境,"真常"之谓。"常住"者,不生不灭,不迁不化。《涅槃经》阐述涅槃的理念与思想,可谓丰富而深刻,其主题,其实可以用此经《如来性品》四所言"如来常住,无有变易"八个字来加以概括。涅槃者,真常,如来。如其"变易",则不可理喻。而向、郭所言"道"(玄),其性迁流而变易,这与佛说有别。

可见,向、郭关于此"道""无生""无待""独化"之说,虽或濡染于佛说,最终还是坚守于"道"生万物、"道""化"万物及其美的玄学立场,向、郭毕竟是玄学家而非佛教徒。

第六章　东晋：晋代佛教美学思想中国化的深化

时值东晋(317—420),总体而言,作为佛教"格义"美学典型的晋代佛教美学,加速其递进的历史步伐,拓展其嬗变的人文内蕴。以释道安、鸠摩罗什、慧远、竺道生与僧肇等为代表的佛学思想,促使晋代的佛教美学趋于深化。其间,所谓"六家七宗"的"格义"的美学,与僧肇的佛教美学思想,更富于形上的思辨性;慧远佛教美学思想的中国化与世俗化,具有鲜明的中华之时代与人文特色;竺道生的涅槃佛性与顿悟说,揭示了"禅悟"与"诗悟"的文脉联系。晋人风度、人格之美的塑造,由于佛教的有力滋养,可谓独具魅力。

第一节　南北两地的佛教流播格局

东晋时期,天下分治,佛教流播,分为南北两大地域,各具特色,从而形成颇为不一的人文、美学时代、地域的氛围与格局。

在北方,匈奴、羯、鲜卑、氐与羌等所谓"五胡"建立"十六国",战乱百年,生灵涂炭,遂使标榜"救众生于水火"的佛教,在"误读"之中日益深入人心。此时,各割据政权的统治者相互攻伐,大都笃信与扶植佛教。其中,尤以羯人后赵、氐人前秦、羌人后秦与匈奴人北凉最为突出。石勒(274—333)、石虎(295—349)的后赵统治时期,天下穷奢极侈,劳役烦苛,干戈不息,百姓苦难深重而赴诉无门,便唯寄望于"慈悲戒杀""放大光明"的佛教。而滥杀成性、残暴无比的统治者,时有惴惴于佛教因果报应之说,企望于"良心"的救赎,以期"放下屠刀,立地成佛"。其内心虚弱、惶恐,期冀佛陀救世度人,做一精神支柱。

在南地,自316年西晋亡而晋室南渡,至东晋立(317年,晋元帝建武元年)而都于建康,大批中原士人、王室贵族与平民百姓纷纷南下,他们被称为"侨人",其中半数以上的南移人口集中居住在建康、扬州等地,这对于东晋南地佛教的发展与走向起了重要甚而是关键的作用。在佛教文化、佛教美学的文脉上,东晋南地与西晋具有更多、更直接的人文联系。东晋政权,主要为南渡士族与南地原有士族联合支持之下而建立起来的。一百余年的统治,既时时深受北地"五胡十六国"的攻伐、侵扰,又深陷于王室内部,以及王室与士族、中央集团与地方割据之间的不断争斗之苦。天下无有宁日,百姓颠沛流离,烽烟四起而人的性命朝不保夕,遂使"救苦救难"的佛教成为安慰人心、企望"脱弃苦海"的一剂良药。

比较而言,东晋之时南北两地的佛教,同在时世艰危、天下大乱、民人苦痛与人心思安而不得的时代条件之下流播与发展,都得到相当众多统治者的推崇与扶持,却依然各具特点。

其一,北地统治者信佛,大凡直接出于统治天下之需,作为"胡人",需通过信佛,来提振称雄天下的自信心。他们重用汉人,如石勒,提掖汉族士人张宾为汉人"君子营"的首要,参与军政决策,又主张研读汉籍,推行学官制度与九品官人法等,做一些以"汉"治"汉"的事;他们自号为"国人",严禁以"胡"为称,为其自己入主中原"正名"。《晋书·刘元海载记》记述匈奴刘渊自称"汉王"的理据说:"夫帝王岂有常哉。大禹出于东夷,文王生于西戎,顾惟德所授耳。"又说"吾又汉氏之甥"云云,力图证明其统治的正当性。但又以为,统以汉族儒家思想、仪规与典章制度来治理天下,毕竟并非万全之策、长久之计。以为必须有一"尊神"来正"名分",做精神支柱,这便是来自异域印度的"佛"。石虎以"佛是外国之神",自称"朕生自边壤"而认"佛"为"同道",声称"佛是戎神,正所应奉"。① 这种以"佛"为"近缘"的"亲近感"与"自豪感",正是"胡人"崇信佛教的内在心理根据与动力之一。

南地统治者推崇佛教,因其非"胡",故其信仰并非为证明自己统驭天下的正当性,而为一般时势所趋。东晋朝廷奉佛者众,如晋元帝(317—322 在位)、晋明帝(323—325 在位)都礼敬沙门。据《辨正论》卷三,元帝曾建瓦官、龙宫二寺,度丹阳、建业千僧;明帝亦造皇兴、道场二寺。其奉信佛教与治理天下切要的问题,当首推"沙门"应否"尽敬王者",实质上,是佛陀与皇上孰为天下之首的问题。当然,在这一问题上不免有长期而激烈的争辩,这影响着全社会的审美趋向与氛围。晋咸康五年(339),庾冰辅佐王事于晋成帝,代成帝诏示天下百姓称,"沙门应尽敬王者",引起朝廷反复论议,三度而未决。可见,上层统治集团内部传统儒家政治、道德斥佛力量是很强大的。此后于隆成年间(397—401),再度引起争议,先由太尉桓玄重提往昔之争,

---

① 梁慧皎:《高僧传》卷九,金陵刻经处本。

继而有大德慧远,以其崇高的权威,著《沙门不敬王者论》五篇,遂使争议暂息。建康佛教因而势若燎原,也可证传统儒学及其政教思想虽则根深蒂固,到底有难敌佛教之时。

其二,北地上层社会佛教的开始流播,偏于宗教信仰与禅学践履,南方则重于般若义学的玄谈。

如北地石勒、石虎杀人无数,残暴成性,却终生信奉佛教。他们的信仰并非出于对佛教义理、境界的真正领悟,而是热衷于佛教三世因果、神奇方术的缘故。北地佛教隆盛,初与西域沙门佛图澄(232—348)在后赵的大力弘传密切相关。早在西晋永嘉四年(310),佛图澄来抵洛阳。后佛图澄通过石勒手下大将军郭黑略"以道化勒",于是获取信任。《高僧传》卷九称,石勒"有事必咨而后行",尊佛图澄为"大和上"(大和尚)。石虎也"倾心事澄,有重于勒"。石虎曾请教什么是佛法,佛图澄以"佛法不杀"来加以引导。"不杀生",仅为佛教五戒之一,佛图澄故意以偏概全,以"不杀"谬读整个佛法,这是劝善戒恶的良苦用心。石勒、石虎信奉不已,视佛图澄为"神异",为政治"导师",曾在数十年间,大力资助佛图澄在诸多州郡建造佛寺、佛塔八百九十三处,可谓空前之举。又首度明令汉人可以出家为僧,此得风气之先。前秦苻坚与后秦姚兴等辈亦雅笃于佛教。苻坚及其弟苻融礼敬高僧道安,与其交厚,主要并非钦佩道安学识渊博与佛理玄深,而是崇敬其能"预知吉凶""料事如神"。公元383年8月,苻坚未听从道安劝谏,举兵八十万南下伐晋,结局艰危,溃不成军,由此因淝水之败而更为迷信神佛。后秦姚兴少崇三宝,大力倡佛,以为"佛道深邃,其行唯善,信为出苦之良津,御世之洪则"①,这是以"信"而非"空"为佛法的"第一义"。姚兴曾派人迎罗什入长安,如获至宝,其实并非深谙佛法之故,而是崇信其为神巫方士一类。龙飞二年(397),后凉驻守张掖的沮渠男成起兵反叛,吕光平叛之前,鸠摩罗什预言平叛必败,果确如其言。自此吕氏叹服罗什有"神算之能"。

可见此时北地上层社会崇佛,多偏于信奉因果报应之说与佛教神通之类,对那些具有思想与思维深度的教义根本尚未多加留意,往往仅在宗教信仰的层面,依稀体会佛、佛国与佛教的真实和美好,从崇拜与审美的关系角度分析,显然是精神迷狂意义上的崇拜甚于精神清净的"审美"。

相比之下,东晋南地的佛教,固然自当不无迷狂与迷信,然而受士族理趣的深巨影响,是不争的事实。东晋朝廷诸多达官贵族于信奉佛教之时,亦崇尚玄学,雅爱清谈。据《世说新语·文学》篇,《高逸沙门传》云,王导任丞相

---

① 梁慧皎:《高僧传·鸠摩罗什传》,金陵刻经处本。

时,过江左而称言"声无哀乐""养生"与"言尽意"三理而已。这是说,其清谈的话题与主题,在于西晋嵇康的"声无哀乐"以及由先秦老庄传承而来的"养生"、西晋元康年间玄学"崇有"派裴頠的"言尽意"诸说。凡此"三理",大致皆属老庄范畴。又如,《晋书·庾亮传》称庾氏善谈玄,性耽庄老。东晋名士,以老庄玄义为清谈,固不足奇。奇的是,他们往往既爱老庄,又钟佛法,在精神境界上,玄、佛对谈,亦玄亦佛,出入于无、空之际。东晋朝廷臣属中,与当时名僧大德交游者,除前述王导、庾亮等辈,还有周凯、谢琨与桓彝等人。据僧祐《出三藏记集》卷一二,王洽(王导之子)曾与支道林(支遁)讨论"即色游玄论";王珣(王羲之姪,书法家)、王珉(王洽之子)从佛僧提婆研学《毗昙经》。殷浩、何充、周崇、谢安、王恭、王羲之、顾恺之、孙绰与郗超等辈,都玄、佛兼擅,雅好般若、老庄之学。而名僧竺法雅、支道林、于法兰、于法开与于道邃等,兼具玄学化的思想倾向。汤用彤氏指出:"及至哀帝,复崇佛法。深公、道林,复莅京邑。虽留驻不久,然废帝、简文之世,佛法清谈复极为时尚。溯自元、明重名理,而潜、遁见重。成帝之世清谈消歇,而名僧东下,清流之中心乃在会稽一带。及哀帝后,而佛法清言并盛于朝堂。"① 这一段史事,言述玄、佛之映对。不仅如此,一些帝王一边信从佛教,一边好玄思清谈之旨。晋元帝、晋明帝都游心于玄无之境,托情乎道之蕴涵,兼与法师呼朋引类。晋哀帝也好重佛法,诚邀竺道潜入宫宣说《大品》,而且雅爱黄老,辟(避)谷服食,以求不老,有玄佛趋于融合的理趣。

正因东晋南地佛教的流播,往往伴随以玄学清谈,颇重于玄义的思辨与表述,遂使以信仰为精神底色的佛教崇拜,有可能深蕴着一定精神清净意义的审美因素。

其三,东晋之时,在南北两地佛教流播的基本文化格局中,创始于东汉的道教,依凭其"土生土长"的优势,成为其中相当活跃而有力的文化因素。早在西晋惠帝永兴二年(305),有道士王浮,撰述《老子化胡经》,称道教始祖老子,有"化胡"即"化佛"的煊赫历史功绩与无比"神力",以此贬抑佛教,将"胡"即释迦说成先秦春秋末年老聃曾为"化导"的对象,以此自抬。道教与佛教之间所发生的剧烈冲突,显示以"中华正统"自居的道教,对于所谓"戎胡"宗教即佛教的文化优越感。

东晋元帝永昌(317)之时,著名道教学家与炼丹家葛洪(283—363)撰成《抱朴子》一书。其《内篇》二十卷,作为先秦战国以来神仙思想的总结,继承、发展魏伯阳的炼丹之说,论述神仙方药、鬼异灾变与延年长生之理,初步

---

① 汤用彤:《汉魏两晋南北朝佛教史》上册,第130页。

构建中国道教神仙的思想体系。作为形、气、神、命、性的思想与思维奇妙而神秘的结合，不乏哲学深邃、诗情美丽、养生的执著与巫术的残余，从服食、守一、存思、导引、调摄、房中以及内外丹的修炼中，高扬"钟爱生命"的大旗而"呐喊"不已，其文化、哲学与美学的根因，依然是先秦老庄的"道"。在老庄那里，"道"作为本原、本体，至高无上，"气"作为生命之原，在逻辑上服从于"道"，以"道"释"气"。因而老庄旨归，是"道"而非"气"的文化、哲学与美学，并且赋以葱郁的理性，大凡对于巫的神秘则加以理性的涤除。道教则不然。其哲学立论，固然重"道"即原于老庄，而哲学上的重"道"，既不是唯一也并非至上。因为道教已不是单纯的哲学玄思，它往往更重视生命之气，更重视祛死、贵生、养气的宗教践履。故而"气"在道教的文化、哲学与美学中，显得非常活跃而有力。并且，采"儒"的《周易》太极图而入道教。尤其在道教内丹修持中，形、气、神三维的根本一维，是"气"。而性、命双修因其强调命理，使得道教的"气"说显得十分神秘。在《抱朴子·内篇》中，固然葛洪重申原自老庄的"道""玄"之说，称玄道得之乎内而守之于外，用之者神而忘之者器，此为玄道之要旨，然而，无论守玄抑或守真即所谓"抱朴"，关键在于"守气"和"行气"。欲求神仙之境，当得其至高、至要，在乎宝精行炁（气）服食大药。比如所谓房中术，是"宝精行炁"之"术"。房中所以如是，而不知阴阳之术，屡为劳损，则以行炁为难。可见，从葛洪《抱朴子》的美学来看，其人文立场，已从先秦老庄那里稍稍有些挪移，葛洪以丹鼎生涯终其天年，是其炼"气"、重"气"甚于重"道"的明证。

这一点，在葛洪之后上清、灵宝与三皇等道教经箓派的宗教理念中，也可见出。上清派以"上清经"为其立派之要，由魏华存（252—334）始撰在前、杨羲（330—387）与许谧（？—376）共同完成于后。其中《大洞真经》宣说"存思"之言，称言"上清"凡三十九"帝皇"，"道"成《三十九章经》，人的肉身恰具"三十九户"，因而，修持者唯有"存思"每章经之一"神"，"神"便即刻下凡而守护诵经肉身的每一"户"，从而"塞死尸"而"开生门"；唯有"诵咏万遍"，即可"乘云驾龙，即日升天"，"是谓上登上清"。所谓"存思"，可概言为"存思五方之炁""存思日月法"与"存思二十四星"三种大法。正如南宋程公端氏释"存思"义所云，"存心养性以事天，聚精会神而合道"。在思想文脉上，"存思"之说未悖于老庄之"道"，根源于老庄"蹈虚守静"之说，而更重于炼气、养神和成仙之境。

奇妙的是，两晋尤其东晋时期的道教，往往作为一种与佛教对立、相悖的文化力量与精神、理念而存在、而发展，然而，在道、佛的严峻的文化"对话"中，"土生土长"的道教却从佛教那里采撷、借鉴了诸多因素。

别的暂且不论。比如前文所述,关于道教"存思"说所谓《三十九章经》的命名,在人文思维方式上,显示得启于佛教《四十二章经》。道教"上清",犹如佛教"西方净土"或"兜率天宫"。所谓"诵咏万遍"而"登上清",好比佛徒一心专念佛之名号从而往生"西方"。上清灵宝派以《度人经》为经典,称为"灵宝无量度人上品妙经",或称"元始无量度人上品妙经",其"度人"与"无量"云云,显然从佛经借用而来。所谓"度人",指从此岸到彼岸的解脱、成佛之谓。"无量",原指佛教"无量寿佛"。至于《上品妙经》所谓"品",也来自佛教,佛经有所谓"往生品""不二入品"与"方便品"等说法。在《度人经》中,还常常出现诸如"大梵""三界""地狱"与"劫运"等来自佛教的术语。

东晋佛教流播,与诸多高门士族信奉道教相关。为东晋元帝、明帝与成帝所重的名士郗鉴及其弟、其长子,都崇奉道教。《晋书·郗鉴传》称郗鉴长子郗愔(312—384),"与姊夫王羲之、高士许询并有迈世之风,俱栖心绝谷,修黄老之术"①。而郗愔子郗超与名士何充、何准兄弟一样,却未信道而佞佛。《晋书·何充传》说,"于时郗愔及弟昙奉天师道,而充与弟准崇奉释氏。谢万讥之云:'二郗(按:郗愔,郗昙)'谄于道,二何佞于佛"②。《晋书·郗鉴传》又说,"愔事天师道,而超奉佛"。这种发生在友朋甚至一门一族之间,相互背道而信佛,却相安无事、彼此容与的文化景观,是晋时道、佛二教既相争竞又靠拢的一种历史与人文真实。据《晋书·王羲之传》,羲之"性爱鹅",称赞其为道士书《道德经》以受赠一鹅的情事。"王氏世事张氏(按:张道陵)五斗米道,凝之弥笃","又山阴有一道士,好养鹅,羲之往观焉,意甚悦,固求市之。道士云:'为写《道德经》,当举郡相赠耳'。羲之欣然写毕,笼鹅而归,甚以为乐"③。鹅顶冠红而羽白,长颈体硕,有高视阔步之态。羲之雅爱,有名士风流的寄喻。作为大书法家与当时名士,羲之"又与道士许迈共修服食,采药石不远千里,遍游东中诸郡,穷诸名山,泛沧海,叹曰:'我卒当以乐死'"④。许迈其人,为道教上清派名道许谧胞兄,王羲之与其交游,是志趣相投的缘故,至于信崇道教教义,自当也是题中之义。晋代尤其东晋之时,信奉道教又兼涉佛教,或者相反,往往是当时名士风度与精神境趣的一种生活常态,其间蕴含以关于人生、关于世界的审美态度。因而,研究东晋的佛教美学问题,不得不注意佛教流播与道教风行的关系及其时代意绪。当然,这在东晋时期南北两地的表现,是有所区别的。一般而言,由汉魏之时西蜀传至北

---

① 《晋书·郗鉴传》,《晋书》卷六七。
② 《晋书·何充传》,《晋书》卷七七。
③ 《晋书·王羲之传》,《晋书》卷八〇。
④ 同上。

方的道教,是比较纯粹的宗教信仰。南方则更多地与名士风流相联系,然而始终不废于信仰。从其修道原则看,都敬事神仙,讲究斋醮,尊神重气,性命双修,都大事宣说羽化登仙之道,都与政治、道德攸关,然而,由于晋时南地的文化与风尚更多地与玄学相联系,无论佛抑或道及其流行,如果说北地的神学倾向相对浓重一些的话,南方的人学理性显然更显著。东晋名士固然多有践行于神仙方术的,玩一些"服食辟(避)谷"之类的勾当,如信奉天师道的殷仲堪,"精心事神",而有浓厚兴趣来研读"道德经",称"每云三日不读《道德经》,便觉舌本闲强"①。

要之,东晋及此后道教的流渐,与佛教流播始终有不解之缘。当佛教解读、宣说人的生命与人生真谛之时,其实是以"死"(烦恼,寂灭)为其逻辑原点的。这正与中华本具的巫文化、儒家、道家及其道教重"生"、忌"死"的文化、哲学与美学理念相违背。因而,儒、道及其道教与佛教之间的冲突调和,常在"死"和"生"这两大根本文化与哲学、美学理念之际。东晋佛教美学的重大主题之一,自当在于此。东晋佛教美学与道教人文"对话"的基本格局,实际是"死""生"主题之间的对应与容受。

其四,东晋南北两地佛教流播的基本格局,又是在历代诸多大德宗师大力翻译、弘传有关佛典,尤其是在创构中国化佛教义学的过程中形成的。

这一历史时期的译经事业,有超越前代之功。总体而言,小乘佛典如《阿含经》《阿毗昙》、大乘经论如《金刚经》《大智度论》《百论》《中论》与《十二门论》及密教有关经典、律学的译传方面,成绩斐然;这一历史时期的经译数量,大超于前,译家之众,前所未有。可列举竺佛念、法显与鸠摩罗什等众多高僧兼译者的大名。如佛教史上继佛图澄、道安之后最重要的佛典翻译家鸠摩罗什,曾在后秦弘始三年(401)至十五年(413)间,译经论凡三十五部二百九十四卷,凡此都是辉煌的记录。可是,倘论东晋时期佛教流播的基本格局的形成,诸多新气象、新特点,又未可仅以"译经"言之。

一、东晋之前,汉译佛教作为佛教流播的基础,一般都会得到封建统治者的支持,时至东晋,这种支持更为有力。弘传佛教于北朝的著名高僧佛图澄,是中国佛教史上第一位获得最高统治者信任、将佛教纳入国家政权保护、利用国家政权之力推动佛教大发展的人物,此后道安、支遁、慧远与鸠摩罗什等人的传教和译撰等活动,都曾得到最高当权者的大力推助。这种佛教与政治、政权的紧密联姻,使佛教的流播如虎添翼,风靡华夏,既逐渐形成众多佛教领袖及其僧团与译场,又上仿下效,使朝野相推,佛教信众队伍急骤扩大,

---

① 刘义庆:《世说新语·文学第四》,《世说新语》卷二,刘孝标注,《诸子集成》第八册,第62页。

造成时代人心的趋于"佛"化。这必然影响到时代的艺术与审美。

二、东晋时期,不仅译经论数量空前,而且其质量之优前所未有。无论佛图澄、道安还是鸠摩罗什诸人,都相当博学。这里,除佛图澄大力弘传佛教而基本未从事佛典译传之外,道安、慧远、鸠摩罗什与僧肇等都是佛学修养尤为博实而见地深广的"义学沙门"。如道安其人,虽直接译经未多,而其尤具主持、组织与校阅、定稿之功。僧伽跋澄所译小乘经典《鞞婆沙》、僧伽提婆与竺佛念共译《阿毗昙八犍度论》等,都由道安校定并作序。道安还从事如大品《放光般若经》与小品《般若道行品经》的比较研究,一生著述甚丰,主要有《道行经集异注》《放光般若折疑准》《大十二门经注》《阴持入经注》与《十法句义连杂解》等数十种。在般若学研究方面,道安是"本无宗"的创说者。作为佛图澄弟子,道安改变了其师宣说因果报应、神秘方术的传教旧路数,标志着东晋佛教及此后重视义学、改变汉魏佛教依附神秘方术之类传统的新生面。鸠摩罗什一生的主要时间与精力,集中于译经事业,他的著述,仅《实相论》(已佚)、《大乘大义章》与《维摩诘经注》数种。然而,罗什的译籍与撰述,集中而较为准确地译介与表达了大乘空宗、中观之说,对当时与后代中国佛教及其美学影响深巨。《中国佛教史》第二卷指出,罗什译经及撰述的贡献,"象大、小品《般若经》和《维摩诘经注》等,为当时的玄学与般若学所重视;《阿弥陀》与《弥勒》等经典,为东晋起始的净土家所供奉;《成实论》成为南北朝时期的佛教入门手册;《中论》《百论》《十二门论》则是隋唐时期三论宗的理论基础;《法华经》为唐代天台宗所宗;《十住毗婆沙》为华严宗所看重;至于《金刚经》几乎家喻户晓,成为唐中期禅宗的主要经典。其他诸如对大小乘禅法和戒律的介绍,也都很有影响"①。这一评价,应是符合于史实的。罗什的译笔及其撰述,虽也有不周、误讹之处,但总体上的确代表了当时的最佳水平;否则,决不会如此影响深远。正如其他大德如道安、慧远等辈那样,罗什培养如道生、僧肇等诸多义学高足,是罗什之学严谨、融通、深微且具创说的缘故,也与其人品优秀、执笃于佛教事业攸关。其中对于佛教哲学的深究与领悟,是对佛教基本教义深度之"美"的召唤。

三、时至东晋,一些有利于佛教义学、理论的研究与弘扬的制度,得到了进一步的完善与创立。正如前述,早在西晋,就曾出现以竺法护为核心、以洛阳白马寺为译场的僧团与传法中心。北方后赵时期,已出现以"大和上"(大和尚)佛图澄为首的僧团。自此,僧团译事与传法渐趋规范,种种法规被制定并加以遵守。道安曾立"法"以规范讲经、赴请、礼忏、食宿等修行规矩:

---

① 任继愈主编:《中国佛教史》第二卷,第318—319页。

> 所制僧尼轨范、佛法宪章,条为三例:一曰,行香定座上经上讲之法;二曰,常日六时行道饮食唱时法;三曰,布萨差使悔过等法。天下寺舍,遂则而从之。①

《高僧传》称,此"凿空开荒,则道安为僧制之始也"。道安又是中华佛教史上编纂经录第一人。道安之前,仅有某代、某人所译佛典的经录,简略而仅录经名,且时有错讹。"安乃总集名目,表其时人,诠品新旧,撰为经录。众经有据,实由其功"②,成为梁代僧祐撰《出三藏记集》经录的先驱。僧祐称颂云,"寻夫大法运流,世移六代,撰注群录,独见安公"③。道安又规定天下沙门以"释"为"姓",以表示对于佛陀的尊敬。"初魏晋沙门依师为姓,故姓各不同。安以为大师之本,莫尊释迦,乃以释命氏。"④又,正如本书导言所引,关于译经的思想制度,道安的最大贡献在于提出"五失本,三不易"的原则。道安认为,"胡经"有五"本":(一)"胡语尽倒";(二)"胡经尚质";(三)胡经"不厌其烦";(四)胡经有"义记""乱辞";(五)"事已全成,将更傍及,反腾前辞"。凡此五"本",都不足以为训。因而提倡凡译经者须"五失本",必符合中国人的阅读、欣赏口味与理解规范,要求文句通顺,修饰文采,删繁就简,尽去枝蔓而力戒重复。又称言译经有"三不易"即三大困难:一曰,古圣之经古奥难解,如何"而删雅古,以适今时",一"不易";二曰,古智高慧而今愚末俗,故"愚智天隔",则如何通过准确的译笔,"以千岁之上微言","使合百工之下末俗",二"不易";三曰,当初"阿难出经,云佛未久,尊者大迦叶令五百'六通'(引者按:六神通,指阿罗汉)",倘且难传佛陀本意,"今离千年,而以近意量裁",未解真谛,故企图译传准的,谈何容易?三"不易"。⑤ 该"五失本、三不易"之说,充分体现了道安对佛陀与佛经的敬畏精神和严谨学风,主张尊古而非泥古,崇佛而非盲从,踵印而非唯印是瞻,既要求译笔的"信达雅",又指出欲达此传译境界的"不易"(困难),既是对以往佛典翻译经验教训的总结,又指明未来译经的正确方向。这一原则之提出,道安本人以及鸠摩罗什诸人及其门徒是努力实践者。在美学上,凡此皆关涉于宗经、修辞、领悟、创说与中印文化、理念的交流等义项,推动"中国元素"向佛教及其思想、实践的进一步拓展与深入,是深具意义与价值的。追求译笔的准确、尽可能无违于佛经本义

---

① 《释道安传》,梁慧皎《高僧传》卷五,金陵刻经处本。
② 同上。
③ 梁僧祐:《出三藏记集》卷四。
④ 梁僧祐:《出三藏记集》卷二。
⑤ 梁僧祐:《出三藏记集》卷八。

而又"中国化"、本土化,且为信众所广为接受,就佛教美学而言,是做了必要而"优先"的工作。否则,中国佛教美学的健康发展谈何容易。

第二节 "格义""六家七宗"、道安的佛学之见与美学

早在三国魏与西晋时期,中国佛教美学的玄学化进程已然开始,东晋是它辉煌而灿烂的继续与深入。魏与西晋之时,中国佛教美学的玄学化主题,主要是玄学"贵无"派以"本无"言说佛教般若学的"性空"、以玄学"虚静"称述佛教的"空寂"和以玄学"言意之辨"解读佛教的"真俗"二谛。时至东晋,这一主题更见发扬光大。

东晋佛教美学玄学化的历史与人文进程,首先是与诸多玄学化名僧的传教言说和实践活动联系在一起的。竺法雅、支道林、于法兰、于法开与于道邃等,都是玄学化的名僧。其中,佛图澄弟子竺法雅与康法朗等的独标"格义"之说,首揭佛学研读、传播之法。南朝梁慧皎云:

> 竺法雅,河间人,凝正有气度。少善外学,长通佛义。衣冠仕子,或附咨禀。时依雅门徒,并世典有功,未善佛理。雅乃与康法朗等,以经中事数拟配外书,为生解之例,谓之格义。及毗浮、昙相等,亦辩格义,以训门徒。雅风彩洒落,善于机枢。外典、佛经,递互讲说。与道安、法汰,每披释凑疑,共尽经要。①

这里所谓"以经中事数拟配外书,为生解之例,谓之格义"云云,可被看作对佛教"格义"的一般性解读。所谓"事数",指佛典常见的名相法数,佛典一些基本术语、概念与范畴之类,往往以"数"名之,如四谛、五阴(五蕴)、六道与十二因缘,等等。据南朝梁代刘义庆《世说新语·文学》篇云,"事数,谓若五阴、十二入、四谛、十二因缘、五根、五力、七觉之属"。此"事数"的"数",不仅具数字之义,更指佛教法数,即佛智。所谓"数",慧心之所法。中华传统易学重"数",此"数"有命中注定的意思。所谓"天数",前定之"命"。然而易经以把握时机、趋吉避凶、生生不息、尊天命以就人事为易理的根本,这是中华文化终于未能笃信天命而强调人为的标征。佛教所谓"事数",固然具有命运理念的余绪,而佛教教诲众生的解脱之道,实际在于跳出"数"的"轮

---

① 《竺法雅传》,梁慧皎《高僧传》卷四,金陵刻经处本。

回"。佛教有"数灭"说,这是以智慧断灭惑障烦恼而证的寂灭涅槃的意思。所谓"外书",指佛典以外之书,这里主要指《老子》《庄子》等道家典籍。

陈寅恪说:"所谓'生解'者,六朝经典注疏中有'子注'之名,疑与之有关。因为'生'与'子'、'解'与'注',都是可以互训的字。所谓'子注',是取别本义同文异之文,列入小注之中,与大字正文互相配拟。这叫做'以子从母'、'事类相对'。这样的本子叫'合本'。'格义'的比较,是以内典与外书相配拟;'合本'的比较,是以同本异译的经典相参校。二者不同,但形式颇有近似之处,所以说'以经中事数拟配外书,为生解(子注)之例'。例者,格义的形式如同合本子注之例也。"①

所谓"格义",是佛教学者讲说佛典意义的一种理念、方法。以《老》《庄》等"外书"的一些术语、概念与范畴,解读一时为人们所难解的佛教法数(教义、思想),或递互宣说,是为"格义"。

先有竺法雅等人倡言"格义",尔后时至释道安,一时曾被舍弃。《高僧传·释僧光传》引道安言云:"先旧格义,于理多违。"可见,其不赞成竺法雅"格义"之见。然而此"格义"之法,确源远流长。据僧祐《出三藏记集》卷五《喻疑》(僧叡撰)云,"汉末魏初","寻味之贤始有讲次,而恢之以格义,迂之以配说"。证明早在佛典译传初期,实际已有格义方法的运用。东晋释慧远也使用"格义"之法,有《高僧传·慧远传》所记为证:"远年二十四,便就讲说。尝有客听讲,难实相义,往复移时,弥增疑昧。远乃引《庄子》为连类,于是惑者晓然。是后安公特听慧远不废俗书。"

不过应当指出,这里由竺法雅等所倡言的"格义",或可称为狭义之"格义",因为它局限于"经中以事数拟配外书,为生解之例",因而受到释道安等人(按:还有鸠摩罗什)的批评。其实,大凡佛典译传,大教东渐,法言流咏,不可不运用广义的"格义"之法,广义的"格义"断不可废。汤用彤指出:

> 但格义用意,固在融会中国思想于外来思想之中,此则道安诸贤者,不但不非议,且常躬自蹈之。故竺法雅之"格义",虽为道安所反对,然安公之学,固亦融合《老》《庄》之说也。不惟安公如是,即当时名流,何人不常以释教、《老》《庄》并谈耶!②

所言是。"格义"有广、狭二种。广义的"格义",实际是理念、思想意义上的佛学的中国化、本土化,始于印度佛教初传之际。在魏、西晋尤其东晋时期,

---

① 陈寅恪:《魏晋南北朝史演讲录》,万绳楠整理,贵州人民出版社2008年版,第61页。
② 汤用彤:《汉魏两晋南北朝佛教史》上册,第169页。

这种中国化、本土化,通过佛经汉译,主要是哲学、美学意义的玄学化。

且不说早在东汉末安世高所译《安般守意经》中,就已使用广义"格义"之法来翻译"安般守意"四字的含义:"安为清,般为净,守为无,意为为,是为清净无为也。"这里"清净"一词,固然为佛家译语,而"无为"也者,乃老庄之言。考"安般"这一佛教术语,汉译又称"阿那波那"或"安那般那"等,是梵文Ānapāna的初译,指小乘禅数学意义出息、入息、镇心之观法,指情志入定于空境。安世高以"清净无为"译义,是中国佛教广义"格义"的典型实例。这是糅用老庄关于"致虚极,守静笃""清虚无为"之旨,来言说佛法空境。即使"清净"这一佛家语,其实也是从道家"清静""清虚"之中化裁而出的。

尽管"格义迂而乖本,六宗偏而不即"①,后人的批评甚为苛求,而"格义"是必由之路。中国佛教广义的"格义",旨在以"无"说"空"、以"空"会"无"。

以"无"说"空"、以"空"会"无",使思想、精神出入于"无""空"之际,往来方便,这便是汤用彤氏所谓东晋之时"以《老》《庄》《般若》并谈"②,亦即以本土老庄之"无""误读"印度般若性空之学。结果,生成了玄学化的中国般若性空之说。这是佛教广义"格义"的精神实质。

这种"格义"的文化传播现象,具有深刻的哲学、美学的本体论意义。

正如本书前述,早在魏与西晋之时,名教与自然关系问题的争论大致发生在儒、道(玄)之际。儒家持"名教",道家崇"自然",两相分立。从哲学、美学的本体论角度,来探讨两者之间可能的妥协与包容,成为一股汹涌的时代潮流。其思想、思维的焦点,集中于哲思、美韵意义的有、无之际。玄学"贵无"派的何晏、王弼和阮籍、嵇康宣说"名教本于自然"与"越名教而任自然",其所取思路,皆为"崇本息末",即坚持一种重本体(无)、轻现象(有)的哲学、美学主张,崇尚虚无,毁弃礼法。继而有玄学"崇有"论的代表人物裴𬱟撰《崇有论》,从哲学、美学的本体论角度,来论述"名教"(有)的合理性,这是一种重现象(名教,有)、轻本体(自然,无)的哲学与美学思路。然而,无论"贵无"抑或"崇有"之说,都没有在哲学、美学上,建立有无、本末之际那种即体即用、即用即体的逻辑关系,没有解决儒之名教与道之自然的矛盾。于是,便有向秀、郭象"玄冥""独化"说,以为"贵无""崇有"并举,主张"名教即自然",使哲学、美学本体意义的"有""无"矛盾得以缓解与妥协。于是时至向、郭,晋代玄学向前发展的内在动力便失却发展势头。

晋代玄学的历史与人文发展,因佛教般若学的进一步普及与深化而重新获得了动力。这便是以"空"为本体的佛教般若学,与作为玄学文化潜因的

---

① 吉藏:《中观论疏》卷一,《大正藏》第四十二册,P0004c。
② 汤用彤:《汉魏两晋南北朝佛教史》上册,第164页。

儒学以及作为玄学文化基质的道学,因时代盛弘般若性空之学,形成新的文化、哲学和美学"对话"的格局。

其一,首先在文化、哲学与美学上,无视儒、佛之间的对立与差别,称"周孔即佛,佛即周孔,盖外内名之耳",说"周孔救极蔽(弊),佛教明其本耳"。其结论是,"故逆寻者每见其二,顺通者无往不一"。① 在理念上,将儒、佛看作同一;在思维方式上,类于西晋向、郭的"名教即自然"即儒、道(玄)同一。难怪时人曾以儒之五帝、五行与五德等,配拟佛的五戒之类。

其二,在文化、哲学与美学上,又无视道、佛之间的对立与差别,称"夫佛也者,体道者也。道也者,导物者也,应感顺通,无为而无不为者也。无为,故虚寂自然;无不为,故神化万物"②。这又将道、佛即无(玄)、空看作同一个东西,说"佛"能"体道"(无),而"道"(无)即"无为",并非"虚静",而是"虚寂"。"虚寂"即佛教所谓"空幻",无异于说"道""无为"等同于"佛"的"空幻",做一些以"无"说"空"、以"空"会"无"的事。其思维模式,其实与当时的儒、佛同一说相同。

由于东晋之时玄学的儒学因素仅仅是玄学的潜因,其文化力量相对少弱,故而此时儒、佛同一说,其实并非时代文化、哲学与美学的主流。

然而道、佛同一即以"无"说"空"、以"空"会"无"的情况就不一样。与西晋相比,东晋般若性空之学的译传是空前的。据僧祐《出三藏记集》卷八,释道安有关般若经典的著述甚丰,他在襄阳十五年间,开讲《放光经》(按:即《放光般若经》),常每岁再遍。"及至京师,渐四年矣,亦恒岁二,未敢惰息。"③可见其事佛、传述之勤。又如鸠摩罗什,从后秦弘始三年(401)腊月居长安,至弘始十五年(413)四月圆寂十二年间,凡译经三十五部二百九十四卷④,以大乘般若经类为主。其中,有异译《摩诃般若波罗蜜经》(《大品般若经》)、《小品般若波罗蜜经》,新译《金刚般若经》《大智度论》《中论》《百论》与《十二门论》等。在慧远著述中,也有诸多大乘般若学篇章,如《大智度论钞序》与《大乘大义章》等⑤。慧远曾研读鸠摩罗什所译《大智度论》。当时佛教学者推崇般若性空之学,已是时风所趋。释道安《合放光光赞随略解序》有云:"般若波罗蜜者,成无上正真,道之根也。"支遁也说:"夫般若波罗

---

① 孙绰:《喻道论》,《弘明集》卷三,《四部丛刊》影印本。
② 同上。
③ 道安:《摩诃钵罗若波罗蜜经钞序》,梁僧祐《出三藏记集》卷八,金陵刻经处本。
④ 参见梁僧祐《出三藏记集》卷二,金陵刻经处本。按:该书卷一四又称罗什译经三百余卷。唐《开元释教录》卷四说,其译经七十四部三百八十四卷。录以备参。
⑤ 按:梁慧皎《高僧传》称慧远所著"集为十卷,五十余篇"。《大乘大义章》,见日本京都大学人文科学研究所《慧远研究·逸文篇》。

蜜者,众妙之渊府,群智之玄宗,神王之所由,如来之照功。"①

可见时至东晋,大乘佛教的般若性空之学,日益深入人心,那些曾经接受中华传统道家思想熏染的义学沙门或是晋代名士,自觉或不自觉地企图填平道(玄)与佛、无与空的鸿沟,以"无"说"空"、以"空"会"无",大做文章。从而推动本土化般若性空之学的建构,从其具有理论思辨深度的人文阴影中,放射出哲学与美学的灿烂光华。

于是,中华本土化的般若性空之学及其佛学流派,即所谓"六家七宗",便应运而生。

关于"六家七宗",最早提出者为后秦僧叡,其《毗摩罗诘提经义疏序》有"六家偏而不即"的言述。南朝梁宝唱《续法论》,曾引用南朝宋昙济《六家七宗论》,而昙济此《论》已佚。直至唐代元康《肇论疏》,才明确提出:"论有六家,分成七宗。第一本无宗,第二本无异宗,第三即色宗,第四识含宗,第五幻化宗,第六心无宗,第七缘会宗。本有六家,第一家为二宗,故成七宗也。"②

"六家七宗"的诞生,是佛教广义"格义"的产物。其各家各宗的思想见解,是般若性空之学与晋代玄学进行"对话"的一个结果,从其思想品格与思想倾向来看,都是玄学化的佛学。"本无"这一中心范畴,是"本空"的别名。正如《肇论》"宗本义"所云:"本无、实相、法性、性空、缘会一义耳。""六家七宗",以本无、即色与心无三家为要,其与晋代玄学的关系最切。

第一,本无宗(包括本无异宗)。持"本无"说的主要是释道安。"本无"者,以"无"为"本"之义。《昙济传》说,"昙济著七宗论,第一本无宗曰:如来兴世,以本无弘教,故方等深经,皆备明五阴本无"。"无在元化之先,空为众形之始,故称本无,非谓虚廓之能生万有也。夫人之所滞,滞在末有。苟宅心本无,则斯累豁矣。故崇本可以息末者,盖此之谓也。"③吉藏《中观论疏》称,道安所云"本无","本空"之谓。诸法空寂,此以"格义"言之,称"本无"。从"无在万化之前(先),空为众形之始"这一表述看,"无"即"空","空"即"无"。当然,这里所言"无""空",实指中道,指中观之"中"。

> 此所诠之理对破偏病,故名为中。
> 中,谓诸佛菩萨所行之道;观,谓诸佛菩萨能观之心。④

---

① 道安:《合放光光赞随略解序》、支遁:《大小品对比要钞序》,《出三藏记集》卷七、卷八,金陵刻经处本。
② 元康释:《肇论疏序》,《肇论疏》卷一,《大正藏》第四十五册,P0163a。
③ 《昙济传》,《名僧传抄》,《续藏经》第一辑第二编。
④ 吉藏:《中观序疏》,《中观论疏》卷一,《大正藏》第四十二册,P0002a。

由隋代三论宗大德吉藏(549—623)所转述本无宗兼本无异宗的基本见解，与南朝宋昙济《六家七宗论》称本无宗所倡"无在元化之先，空为众形之始，故称本无"说的基本精神相符。

"本无"一词，首见于早期汉译《道行般若经》，以"本无"对译"如性"(见前)、"真如"义，后世所译该经《真如品》，初译为《本无品》。无疑，释道安"本无"义的关键性表述，是"无在万化之先，空为众形之始"这一句话。从其思维方式看，道安将"无""空"对应，谈"万化之先""众形之始"是什么这一佛学根本问题。"无"即"万化之先"，"空"是"众形之始"，既"无"又"空"，似乎是二元论。而"万化之先"即"众形之始"，此"无"即代指"空"。考虑到晋代及此后诸多义学沙门、智者哲人的思维习惯与角度，释道安所谓"本无"，当为"本空"之说，其实是以"本无"来说"本空"。如此也许并非证明释道安连"无""空"都不分，而在当时慧风东扇、法言流咏之际，是讲说般若性空的权宜、方便之故。这正如《世说新语·假谲》篇所言"无为遂负如来也"。

自先秦老庄至魏晋玄学时期，关于世界("万化""众形")是什么、美是什么诸问题，中华哲人都将"无"认同为它的本原、本体。通行本《老子》早就指出，"故天下万物生于有，有生于无"。这是典型的道家关于世界及其美的哲学本原论。在魏王弼那里，却将《老子》的这一句话解说为"天下之物，皆以有为生。有之所始，以无为本"①。这是本原、本体二者兼说，既说美的东西、美之现象来之于何，又称本原、本体意义的美是什么以及何以可能，且以言说本原、本体为重点。这正是魏晋哲学、美学的思想与思维特色。魏晋名士与诸多沾染名士风度的大德高僧崇尚清谈，人们对那些看得见、摸得着的陋风恶俗和丑恶情事深恶痛绝，又以具体形象之美为浮浅，其清谈主题多集中于抽象玄思，"三玄"(《老子》《庄子》与《周易》)以及佛、玄关系等，谈论既久，由具体人事以至于抽象玄理，是学问演进的必然趋势，"因其所讨论题材原理与更抽象之原理有关，乃不得不谈玄理。所谓更抽象者，玄远而更不近人事也"②。其实，这也是审美心理的"必然趋势"。

从《昙济传》《中观论疏》所述，本无宗的入思方式，类于玄学自无疑问，皆重于本原、本体。所谓"崇本息末"，自当并无不妥。然则，如从美学角度研究或谈论审美问题，由于审美不仅关乎本原本体界，而且关乎现象界，就不仅仅是一个所谓"崇本息末"问题。审美是本体界与现象界的回互涵泳。从哲学美学或文化美学角度谈美，可以仅专注于美的本原、本体，而从现象学美学谈审美，并非"崇本息末"而是"崇本举末"。考本无宗所说的"夫人之所

---

① 魏王弼:《老子道德经注》，《王弼集校释》上，楼宇烈校释，第110页。
② 《汤用彤学术论文集》，汤用彤论著集之三，第205页。

滞,滞在末有"一句可见,其以"末有"这一"现象"为"滞"而无美、无审美可言,这是本无宗仅从一般哲学美学、不可能从现象学美学角度涉及审美问题的缘故。

从文脉角度分析,如果说先秦的哲学、美学主"心性"说①而秦汉主宇宙论,那么时至魏晋,其哲学、美学的兴趣已偏重于本体论。这一趋势,以魏王弼开其端,所谓"得意在忘象,得象在忘言。故立象以尽意,而象可忘也"②。"忘象""忘言"即所谓"扫象",为的是拂去现象而直探本体。晋人"已不复拘拘于宇宙运行之外用,进而论天地万物之本体。汉代寓天道于物理。魏晋黜天道而究本体,以寡御众,而归于玄极(王弼《易略例·明象章》——原注);忘象得意,而游于物外(《易略例·明象章》)。于是脱离汉代宇宙之论(Cosmology or Cosmogony)而留连于存存本本之真(Ontology or theory of being)"③,此言不差。如言审美,则为同时关乎本体(本原)与现象,当然,当谈论审美现象时,依然需从本体(本原)论进入。

在晋代哲学、美学本体论的时代诉求中,般若学之"空"这一本原、本体范畴,由于中国般若学的日益成熟,而必参与这一时代哲学、美学本体论的思想、精神及其理论建设。本无宗及本无异宗,是其重要代表。在以往印度来华佛典的译传中,"空"是其中最活跃、最重要的佛学概念与范畴。"本无"作为"本空"的玄学化,有吉藏《中观论疏》所言"一切诸法,本性空寂,故云'本无'"为证。此以"空寂"之义释"本无",是"空寂"的方便说法。之所以行此"方便",是当时人们暂时尚未深诣"空寂"之故。更有释道安本人所言可资证明。道安说:"夫执寂以御有,崇本以动末,有何难也?"④既然"执寂"的"寂",与"御有"的"有"相对应,可见这里也可将"寂"读为"无"的。在应该用"无"字的地方,道安却述之以"寂",可见在其心目中,"寂"与"无"互通。实际上,"寂"并不等于"无"。早在先秦《老子》那里,已有"寂静"之说,然而,自从印度佛学东渐,"寂"实际指"空""空幻",已与原先作为"无"的"寂静"含义有别。佛典以"离弃烦恼"入于"空境"为"寂"。"寂"者,"灭"也,涅槃之异名。《维摩经·问疾品》净影疏云:"寂是涅槃。又,寂,真谛。"而释道安既然称言"执寂以御有,崇本以动末",可证其将"寂"(空,空幻)作为哲学、美学的本体者明矣。也便是说,本无宗从此建立起以"寂"(空,空幻)为本体

---

① 按:先秦儒家偏于"心性"问题的道德解,道家偏于"心性"问题的自然哲学解,墨家偏于"心性"的逻辑解。
② 魏王弼:《周易略例·明象》,《王弼集校释》下,楼宇烈校释,第609页。
③ 《汤用彤学术论文集》,汤用彤论著集之三,第233页。
④ 道安:《安般守意经注序》,梁僧祐《出三藏记集》卷六,金陵刻经处本。

的本体论。难怪释道安要说,"般若波罗蜜者,无上正真,道之根也"①。"般若"为智慧;"波罗蜜",渡到彼岸,也便是解脱、空。不仅为天道之"根",也为人道之"根"。从美学而言,当然亦是美之"根"。

将"寂"(空,空幻)这一"道之根"悬拟于彼岸,来言说出世间的"空寂"之"美",作为佛教般若的理想与终极境界,以佛之奇异的"放大光明",来返照此岸(世间)的黑暗与丑恶,这是首度从哲学本体论角度,对传统中华道(玄)家美学本体论的一种颠覆。所论在无、空之际,重在发明以"空"为本体。处处沾染玄学"本无"思辨模式的佛教般若性空美学,作为晋代佛教美学思想之叙述的一大奇观,也是广义"格义"的一个理论成果。

这里仍需指明,尽管本无宗及本无异宗同属于一家,都标榜"本无"(本空),但二者在见解上还是小有侧重的。本无宗以"无"(空)为事物现象(诸法)及其"美"的本原、本体;本无异宗则侧重与称言"无"(空)在"有"先、"无"(空)为"有"(末有)的本原,重在触及世界万类即"万化""众形"的美的根因是什么。本无宗,追溯一切法即一切事物现象及其美的本原、本体何以可能,认为只有当"宅心本无(本空),则斯累(滞累)豁矣",强调本原、本体之美,将"末有"即现象作为"累"而加以舍弃。这一"崇本息末"的本原、本体说,显然是佛教"空"论与先秦老庄、三国魏何晏、王弼"贵无"论的结合。

在逻辑上,本无宗,又与传自西晋元康年间郭象玄学"崇有"的所谓万有"自生"说有些勾连。郭象说,"物之生也,莫不块然而自生"②,这来自裴頠《崇有论》"故始生者,自生也"之言。《名僧传抄·昙济传》云,"本无之论,由来尚矣。何者?夫冥造之前,廓然而已。至于元气陶化,则群象禀形。形虽资化,权化为本,则出于自然。自然自尔,岂有造之者也"。首先,无论裴頠、郭象还是本无宗,都并未将万类及其美的发生归之于西方那样的神、上帝或是中国先秦所言之"天""天命",本无论不以外在"造物者"是瞻,而称万类"自生",排除了"他者""他生"的可能。这说明此说对这一世界和人依然抱有信心。问题是,这一"自生"究竟如何可能?如果"自生"无需任何因果、条件,则便是佛教所谓"无待",便是"空",也是佛经所谓"无生",真可说是"空为众形之始"。该"众形",自当包括美之形象、意象在内。然则,假定"无待"的"空",可"自生"世界"众形",那么其"自生"的"生",作为事物现象的存在方式,便不能不是一种内在运动,或称为内在矛盾运动亦可。凡运动,自当并非无缘无故。既然如此,因运动的"有待"而必仍在因果之中。堕入于因果者必非"空"。因而,所谓"空为众形之始"的"自生"说,不能不在逻辑上遭遇

---

① 《合放光光赞随略解序》,梁僧祐《出三藏记集》卷七,金陵刻经处本。
② 郭象:《庄子注·齐物论》,郭庆藩《庄子集释》本。

困难。其次,一切诸法,本性空寂,故曰"本无",这是道安之见,而《昙济传》却指出,"本无"即"元气"。但"元气"本为"有"而并非"本无"。本无宗此言,自相矛盾。许抗生指出:"元气是最初的物质存在,它能陶化万物。但元气与宇宙开端的空无状态究竟是何关系呢?道安似乎并没有交待清楚,到底是从空无中产生元气呢?还是元气本来就有的呢?如是从空无中产生元气的,这就是无中生有说,对此道生是极力加以反对的,他接受了郭象的观点,认为虚廓之中是不可能生万有的。如果承认元气是本来就存在的,那么宇宙最初也就不是空无状态,这又与'无在万化之先,空为众形之始'的根本'本无'观念发生了矛盾。"①此言甚是。释道安以"元气"说"本无",重蹈王弼的覆辙。

第二,即色宗。此宗代表人物为支道林(支遁)。支道林作为一代名僧,特具名士风度,一生辛勤笔耕,撰《即色游玄论》《大小品对比要钞》《释即色本无义》《道行指归》与《逍遥论》等,也撰有诸多诗作。原著大多亡佚,现存著说若干,可见于安澄《中论疏记》《出三藏记集》《广弘明集》与严可均《全晋文》等。近人丁福保所编《全晋诗》,钩沉支道林诗凡十八首。

安澄《中论疏记》引《山门玄义》:"支道林著《即色游玄论》云:'夫色之性,色不自色。不自,虽色而空。'"支道林法师所撰《即色游玄论》说:至于说到一切事物现象的本体,由于事物现象并非从事物现象中来,所以,虽然一切事物现象是存在而运动的,然而却是空幻的。一切事物现象因缘和合,刹那生灭,没有任何质的规定性,所以其本体为空。

《即色游玄论》之主题,一言以蔽之,"即色为空":

> 夫色之性也,不自有色。色不自有,虽色而空。故曰:色即为空,色复异空。②

一切事物现象的本体,不源自事物现象。从本体看,事物现象并非自己存有,虽为事物现象,其本体却为空。故曰:一切事物现象即空,而事物现象与其本体的空不一。

这两段引文,虽是后人转述,却基本表达了支道林的佛学见解。显然,支道林未持"色空一如"说。与释道安"本无"义比较,显然有别。从现象、本体的关系角度分析,在思维方式上,释道安"本无"之说深受何晏、王弼"贵无"

---

① 许抗生:《僧肇评传》,南京大学出版社1998年版,第74页。
② 《支道林集·妙观章》,刘义庆《世说新语·文学第四》,第56页,刘孝标注,《诸子集成》第八册。

即"以无为本"思想的影响,其哲学、美学之见,重本体、轻现象的倾向甚为明显。支道林"即色游玄论",则具有本体、现象无所谓轻、重的思维与思想特点。这主要体现在"色即为空"以及"即色游玄"这两个佛学命题之中。

色,指一切事物现象。"即色"者,即色即空,所以说即色为空;玄,一种广义的"格义"说法。此处以"玄"说"空",实指"空"。在思维方式上,"即色游玄义"类于玄学"独化"说,是借"玄"说"空"、以"玄"误读"空"。郭象有"独化于玄冥之境"的话,支遁所谓"游玄",类于郭象的"独化",两者都指孤寂的精神境界;"游玄"通于"玄冥","玄冥"实指"无"。"独化于玄冥之境",是一个关于即"独化"即"玄冥",现象与本体相"即"的佛学、玄学命题。其思维方式,"崇有"与"贵无""名教"与"自然"两者兼得。在思想品格上,"即色游玄"实为"即色游空",思维上又显然类于西晋郭象。此其一。

其二,支道林不仅称"色即为空",而且称"色复异空"。"色即为空"者,色空相即,体用不二;"色复异空"者,色空相离,体用不一。支道林一方面承认一切事物本体与现象(色)皆是空幻,另一方面又认为一切事物本体的空与现象不一。支道林认为,本体与现象无所谓主次、轻重,然而并不等于说所谓的"色即为空",是将色、空二者等量齐观。从佛教缘起性空论分析,所谓般若性空,现象空与本体空同一,本体空即现象空,反之亦然,或者说,不仅空本体而且空现象。现象空者,实乃假有。可是,支道林所谓"色即是空""色复异空"的言说,实际保留了一个以"色"为"有"而非"假有"的逻辑地位。这一"有",就是"游玄"的"玄"。正如唐元康《肇论疏》所言,"林法师但知言'色非自色'(按:即前引支道林所谓'色不自色'),因缘而成,而不知'色本是空'。犹存假有也"。这批评一针见血。我们看到,虽然支道林说过诸如前引"色即为空"这样的话语,实际并未彻悟般若性空之学关于"色即是空,空即是色"的真谛。什么是色空不二?彻底的般若性空之学根本不承认有所谓色、空二维结构。现象空也罢,本体空也罢,两者其实是一回事。仅仅由于言说的"方便",但称现象、本体而已。对于般若性空来说,不是本体空的现象或不是现象空的本体,都不可思议。人们之所以以色空、体用、本末、现象本体之类对应范畴,来言说般若性空的第一义谛,确为教化所需,图个"方便",否则无以言说。然而,支道林"即色游玄"这一命题,有不离弃于外物而"游"空的意思,保留所谓现象之"有",未从彻底的般若性空立场论证现象即"假有"这一问题。支道林的佛学思想,尚未彻底舍弃玄学思辨关于世俗、现实、此岸的肯定性判断。汤用彤云:"至若待缘之假色(按:假有)亦是空,则支公所未悟。"①是。

其三,那么,支道林"即色游玄"义的美学意蕴究竟何在?

"即色游玄",不离"色"而"游玄(空)"、实为游"空"之谓,其"美"在"即色"而"游玄"之中。支道林以为,既"色即为空",又"色复异空"。该二命题的逻辑关系,背悖而合一。色,处于佛教般若性空说与传自老庄的道(无)论之际。即色的色,既是"假有"又是"有"。因而,支公所言"色",并非彻底的"有"(道家的"无"),也非彻底的"假有"(佛家之"空")。色,在无与空之际。

这正可证明:支道林的美学立场,趋于空幻又留恋于道(无)之境。在佛教般若性空教义中,没有现象"有"的地位,此"有",正是被佛教所否定的世俗、现实、此岸、人生及其美,实际指世俗现象。般若学所言"即色",指空幻不离于色尘,有"即色(假有)"即"即真(空幻)"之义。释道安曾主张"据真如,游法性"②,即主张由现象"假有",直接把握"真如"本体,以便悟入"游法性"之境。道安此"游",确以离弃于色尘为前提,亦即离弃作为"假有"或曰虚妄的世俗之美事美物,所谓"不恋红尘"是矣。支道林则不然,他将"色"定位在"假有"与"有"、即出世间之空与世间之有之际。因而,其"即色"之"色",逻辑上具有非空非有、亦空亦有的体性。从"游玄"的"玄"看,既不指空不指无,又指空指无。如果此处有"美",则其"美"在空、有二者若即若离不即不离之中。既然此"色"除指"假有"(空)外,又指"有"(道、无),那么仅从这"有"处看,支道林的审美旨趣显然与道无具有更多的历史和人文联系。

支道林既为般若学者,又是玄学清谈名士。支遁说,"夫般若波罗蜜者,众妙之渊府,群智之玄宗,神王之所由,如来之照功","登十住之妙阶,趣(趋)无生之径路";又说,"徒知无之为无,莫知所以无;知存之为存,莫知所以存。希无以忘无,故非无之所无;寄存以忘存,故非存之所存。莫若无其所以无,忘其所以存"③。同一篇序文,持般若、道无两种言说。前者持佛家般若口吻,后者如老庄之言。值得注意的是,此二说并非"井水不犯河水"而各奔西东,而在当时佛学时代的语境中,尤其在支遁本人看来,其学理逻辑并无什么矛盾。就支遁本人的审美人格而言,确是亦佛亦道、出入佛道,甚为潇洒自由。支遁"家世事佛,早悟非常之理(按:佛理)","沉思道行(指《道行般若经》)之品,委曲慧印之经,卓焉独拔,得自天心"④。又雅爱清谈、山水,与王洽、刘恢、殷浩、许询、郗超、孙绰、桓彦表、王敬仁、何次道、王文度、谢长遐、

---

① 汤用彤:《汉魏两晋南北朝佛教史》上册,第184页。
② 道安:《道行经序》,梁僧祐《出三藏记集》卷七,金陵刻经处本。
③ 支遁:《大小品对比要钞序》,梁僧祐《出三藏记集》"经序"卷八,金陵刻经处本。
④ 《支遁传》,梁慧皎《高僧传》卷四,金陵刻经处本。

袁彦伯等名士交游。据《晋书·王羲之传》："会稽有佳山水,名士多居之,谢安未仕前亦居焉。孙绰、李充、许询、支遁等,皆以名士冠世,并筑室东山,与羲之同好。"确是一个"即色游玄"的人格与人生经历。此"即色",恰恰是"游玄"(游空)的前提,不"即色"不足以"游玄","即色"即为"游玄"之乐。这正如其所言,"清和肃穆,莫不静畅"①,"何以绝尘迹,忘一归本无。空同无所贵,所贵乃恬愉"②。

显然,无论释道安的"游法性"抑或支道林"即色游玄"的"游",都借鉴于先秦庄子"逍遥游"。《庄子·逍遥游》"乘云气,御飞龙,而游乎四海之外",《庄子·德充符》"而游心乎德之和",《庄子·田子方》"吾游心于物之初"与《庄子·应帝王》所谓"游心于淡,合气于漠"等,都有一个"游"字在,都指精神自由的审美,指精神从实用、功利之域解放而出。释道安与支道林皆称言"游",一则直言"游法性",由庄生所谓"游"这一"话头",入而冥契于般若"法性";一则假言"即色游玄",因而"色"更多地保留以道这一"有"的属性,故支遁之佛学理论、人格践行,在崇佛的同时,更多地具有名士那般向往道无之境和自然之美的特点。"游"的审美境界,因有佛教"般若性空"的参与,已不同于先秦老庄,也与一般的魏晋玄学有别。老庄与玄学倡言的"游",在世间,弃"有"(儒)而入"无"(道);支道林的"游",既遣于道无而悟入于空境,又沾溉道无而流连其"风景"。支道林受魏晋玄学的影响,看来较释道安为甚,他的般若性空之学更未曾彻底,空得不够。"即色"之言,在逻辑上既舍弃"色",又在一定程度上执著于"色"(世俗)。总体上,其对于空的审美,以"即色"之"色"这一"假有"为前提,又以肯定世俗之"色"(事物现象)为补充,有一点"出淤泥而不染"的美趣。刘孝标注引云:

> 支氏《逍遥论》曰:"夫逍遥者,明至人之心也。庄生建言大道,而寄指鹏鷃。鹏以营生之路旷,故失适于体外;鷃以在近而笑远,有矜伐于心内。至人乘天正而高兴,游无穷于放浪,物物而不物于物,则遥然不我得。玄感不为,不疾而速,则逍然靡不适,此所以为逍遥也。"③

这里,支道林重新解说庄生"逍遥"说的涵蕴,称"鹏鷃"的"逍遥游"既"失适于体外",又"在近而笑远",并非亦空亦无、非空非无、以无趋空、以空会无的"遥然不我得"的审美,称庄子所谓"至人"的那种"游",已不是我辈所游履的

---

① 支遁:《八关斋会诗序》,《广弘明集》卷三〇,《四部丛刊》影印本。
② 支遁:《闲首菩萨赞》,《广弘明集》卷一五,《四部丛刊》影印本。
③ 支遁:《逍遥论》,刘义庆《世说新语·文学第四》,第55页,刘孝标注,《诸子集成》第八册。

"逍遥"。他明确提出了"至足"的"逍遥"说,诘问:"苟非至足,岂所以逍遥乎?"①又称所谓"至足","建同德以接化,设玄教以悟神"②。该用词仍具"格义"的特点,"接化""悟神"云云,盖佛家语。此确是一种新时代的"即色"之"游"且涉于审美。

即色宗之见,固然与老庄不无联系。而对于当时郭象《庄子·逍遥游注》所谓"夫小大虽殊,而放于自得之场,则物任其性,事称其能,各当其分,逍遥一也"的"适性"说,又持批评态度。《高僧传》记云:"遁常在白马寺,与刘系之等谈《庄子·逍遥篇》,云各适性以为逍遥。遁曰:'不然。夫桀跖以残害为性,若适性为得者,彼亦逍遥矣。'"③是的,如果仅仅说"适性"即所谓任性而为,那么,桀跖之类以"残害为性",岂非也是"逍遥"?人性有善有恶,恶的人性,任意而为之这一"逍遥",当然并非审美。而"即色游玄",必同时关乎外在对象之"色"即事物现象和人性(人格),即主体之"心"的"玄",因"色法"而关乎"心法",这里,断非一切"即色"即可成为审美意义的"游玄"。

支遁的人格美,亦具魅力。"人尝有遗遁马者,遁受而养之。时或有讥之者,遁曰:'爱其神骏,聊复畜耳。'"可见与一般文士之好无别。"后有饷鹤者。遁谓鹤曰:'尔冲天之物,宁为耳目之玩乎?'遂放之。"痴痴然与仙鹤对话,物我一如,又放鹤归去,翔其自由,以为未可亵玩,这是道家的审美心胸。"遁幼时尝与师共论物类,谓鸡卵生用,未足为杀,师不能屈。师寻亡,忽现形,投卵于地,壳破鶵行,顷之俱灭,遁乃感悟,由是蔬食终身。"④"师亡""现身""投卵""壳破鶵行"之类,为佛教神话,但支遁因而"感悟"、终身"蔬食",即信守佛教戒律的行为,可见确是佛门中人。而亦佛亦道,支遁人格之美即在于此。

第三,心无宗。此宗为支愍度(支敏度)、竺法温⑤与法恒所创立。汤用彤引陈寅恪《支愍度学说考》,以为"心无之义,创者支愍度,传者道恒、法蕴"⑥,可供参究。

南朝刘义庆《世说新语·假谲》篇云:"愍度道人始欲过江,与一伧道人为侣。谋曰:'用旧义往江东,恐不办得食'。便共立心无义。"⑦这是将"心

---

① 支遁:《逍遥论》,刘义庆《世说新语·文学第四》,第55页,刘孝标注,《诸子集成》第八册。
② 支遁:《大小品对比要钞序》,梁僧祐《出三藏记集》卷八,金陵刻经本。
③ 《支遁传》,梁慧皎《高僧传》卷四,金陵刻经处本。
④ 同上。
⑤ 按:竺法温,即竺法蕴,竺道潜(竺法深)弟子。佛徒法号,往往喻佛之义境。如本为"法温",于义境无通,"法温"似传抄之误。
⑥ 汤用彤:《汉魏两晋南北朝佛教史》上册,第189页。
⑦ 《世说新语·假谲第二十七》,《世说新语》卷六,第226—227页,南朝刘义庆撰、刘孝标注,《诸子集成》第八册。

无"宗的创立归于谋食使然,似乎有点儿"法轮"未转而"食轮"先转的意思。心无义创始的原因,自当并非如此简单。

心无之义,吉藏《二谛章》概括为"空心不空色"。僧肇《不真空论》说:

> 心无者,无心于万物,万物未尝无。此得在于神静,失在于物虚。①

"心无"的"无",实指"空",是关于"格义"的方便说法。某种意义上,也可称为谬说"心空"。

如果僧肇关于"心无"的解说,真实而准确地传达了支愍度"心无"义的真谛,那么,所谓"无心于万物,万物未尝无"这一"心无"之见,实际是指,于"万物"之上"无心"(空心),而"万物"不一定"无"(空),或者可以说,"空心"于"色",而"色"未尝"空",称"空心不空色",即所谓"心无(空)色有"。

般若性空之学,持"心空法空"之见,斥破我执法执。"法",这里类于佛学概念"色",指一切物质、心灵现象。妄执于心之计较、分别,称我执;执持于心外之物境,称法执。所谓我执法执,"心有法有"之谓。《唯识论》卷一说,"由我、法执,二障俱生"。此"障"即"有"。斥破我执法执,则"心空法空""心空色空"。

元康《肇论疏序》说,"心无"义以"心空为空",而"不空因缘所生之心为有"②。意思是,心不滞累故曰"心空",而物境却"不空因缘"故为"有"。

在僧肇看来,这是心无宗的"得"与"失"。无执于心,心空之谓,为"得";不知物性、物境亦空之理,为"失"。"得"在于心神宁静即心神空寂,"失"在于不同时承认"物虚"即"物空""色空"。这里,"神静"与"物虚"都是"格义"的用语。

"心无"义"空心不空色",斥破了我执,却未斥破法执,称为"心空色碍"。

值得注意的问题是,既然"但于物上不起执心"(心空),又怎么是"不空色"(色碍,不空外物)的呢?既然"不空色",又如何能够做到真正的"心空"?这种"我空法有"的佛学主张,其远因,是印度小乘佛教关于心、物关系的基本见解,即否认心体实有而不否认客体实有,与大乘的"我法二空"有异。芸芸众生的"心",总是有"我",便滞累于贪欲、嗔恨与分别、计较,烦恼与恶行由"心"而生。一旦"心"悟入"无我"之境,便是"心空"。所谓"心空",空诸一切,实际是"我法二空"的。小乘教义一般推崇阿罗汉果。小乘

---

① 僧肇:《不真空论第二》,《肇论》,上海佛学书局影印本,《中国佛教思想资料选编》第一卷,第144页。
② 元康:《肇论疏序》,《肇论疏》卷一,《大正藏》第四十五册,P0163a。

"佛教徒自称,在修持中虽然已破我执,但不破法执,虽已证我空,但未证法空,虽已断烦恼障,但还未断所知障"①。实际是"空"得不够彻底,尚保留一点"物有"的思想与思维因素。从其近因看,中国自先秦始,即重视人之心体究竟如何以及如何修持这类根本的哲学、美学问题。比如孟、荀的人性、心性说,说的是人心本善、本恶之见。某种意义上可以说,中国传统"人性"论,即"人心"论,以为只要人心求得解放,便是人性的解放。或者说,试图将人性及其美学问题逻辑地放在"人心"(心性)层面上来求得"解决"。因此,"六家七宗"中的这一"心无"义,可说是中华传统"心性"说与印度来华小乘"我空法有"义之晋人"格义"的一个产物。印度佛教心性论,包括心识论与心性染净论等。在中华佛教哲学、美学史上,"心"是一个极为重要而基本的佛学范畴,所谓"肉团心""缘虑心""集起心"与"如来藏心"等,曾经引起热烈、深刻而持久的讨论,从而推动中华佛教哲学与美学的发展。无论是印度还是中国佛教的哲学、美学,都是由世界本原、本体论与人生论及其修持论等所构成的。它们所要回答的问题,无非是:世界源起于何?世界及其本体如何可能?世界应当怎样?世界的归宿究竟在哪里?而其中,人"心"安"在"与人"心"如何解脱,是其关键。因此,佛教的哲学与美学,一定意义上可以说是一种"心学"。在此,笔者想说的是,随着这一部佛教美学史论述的深入可以看到,无论南北朝关于"佛性""阿赖耶识"与"真心本觉"的论辩,还是以后如有可能,研究、写作有关隋唐天台、华严、三论与禅宗等佛教美学史时,所要研讨的有关教义的创立与发明,多尤为离不开一个"心"字。而此东晋时期的"心无"(心空)义,可以让人见出中国佛学及其美学作为一种特殊"心学"的一点苗头。"心性"义的美学,在佛教般若性空说与魏晋玄学之际,既要以"心无(心空)"为"美"之本,又因"空心不空色"而让世俗现象(色)之可能的美得到肯定。从般若性空角度看,这是"心""色"二维未能圆融,因而"心无"之"美"并非"圆照"之境。从魏晋玄学尚"玄"(无)分析,依然是玄无之美在此尚未褪尽风色,而让其"栖居"在魏晋玄学的历史与人文的"阴影"之中,这是哲学与美学之特别的一道风景。

要之,关于"六家七宗",僧肇曾说,其中以本无、心无与即色三家为重要。此言是。笔者以为,从逻辑结构看,"本无"义所讨论的,主要是世界源起于何、世界及其本体如何可能的问题。其中"本无异"义,侧重于"世界本原"("无在有先")。"心无"义更关注人"心"安"在"、人"心"何为、人"心"如何解脱等问题,只是在其"不空外色"的前提下,企望人"心"亦得解脱而

---

① 黄心川:《印度佛教哲学》,任继愈主编《中国佛教史》第一卷(附录四)。

已,所以受到后代持彻底般若性空学者如僧肇等的批评。正如前述,"即色"义所谓"色即为空,色复异空",前者类于"本无",后者类于"心无"。它在"六家七宗"中的位置,相当有趣。"六家七宗"的其余诸宗义,如"识含""幻化"与"缘会"等,又与"心无"相通而有区别。如"识含"义,称三界为长夜,心识为大梦,世俗群有,皆如梦幻,而梦幻既醒觉,即暗夜晓曦,妄惑断灭,三界唯空。佛教以欲界、色界、无色界为"三界",指芸芸众生未脱生死烦恼之世界。一旦觉醒,放大光明,心无尘累,"美"得灿烂。这有类于后世《大乘起信论》所谓"一心开二门"。"自性清净心",因缘于当下而开出"心真如门"与"心生死门"。据安澄《中论疏记》,由竺法汰弟子道壹所创立的"幻化"义,称"一切诸法,皆同幻化","心神犹真不空,是第一义。若神复空,教何所施?谁修道?"这里,"幻化"宗发现了一个理论"困难",如果"万法皆空",那么"心神"究竟空还是不空?如果"心神"也是空(幻化)的,那么"教何所施?谁修道?"意思是,"谁"是"修道"的主体?可见"心神犹真不空"。这正与"心无"(心空)义对应而相反,是自魏晋至南北朝"神不灭"说的另一说法。据吉藏《中观论疏》,由道邃所创立的"缘会"义,主张"明缘会故有,名为世谛。缘散故即无,称第一义谛"。这是从俗谛、真谛的关系角度来加以论说。世谛,世俗之谛即俗谛;"第一义谛",真谛。般若性空之学认为,万法因缘(即"缘会")而起,刹那生灭,故无自性,故一切空幻。但是"缘会"义认为,"缘会"和合"故有",而"缘散故即无(空)"既是俗谛,又是真谛。这种"格义",有庄周的影子。《庄子》曾以"气"的"聚散"论生死,称"聚则生,散则死"。"缘会"的"会",有"聚"义。因而在思维方式上,"缘会"义没有斩断与传统庄学的人文联系。至于"有""无"用语,则更来自老庄而无疑。以因缘的"会""散",来论证俗(有)、真(空)二谛,是打上了庄生烙印的佛教缘起论。

　　东晋时期的"六家七宗"说,显然体现了这一时代雅爱抽象玄思的人文特色,潜隐于佛学教义中的哲学本体论等,因其人文哲学作为一种有思想深度的思维,可能将美学"唤上前来"。"六家七宗"没有一字谈到美学(偶尔有"美"或"恬愉"等字眼),这不等于说其没有任何美学意义甚至思想。如果说,"本无"义以世界"本空"、从本原本体上触及"空"的美学之魂,提供了一种思考与论证美丑的思维深度的话,那么,从其对世俗、现实、现象之美与丑的否定中,已开始将一种趋于思维深致的美学理念用以建构中华佛教美学。其实"六家七宗"以及此后可能将要研究、论述的佛教流派教义的美学,都具有这一特点。如本无异宗更多地从哲学本原角度,来说"空"之"美"的人文根因问题。"即色"义以"色"在"有"与"假有"之际、"即色"即"空",重新解读"逍遥""游玄(空)"的精神自由之"美"。"心无"义要求斥破"心"的障碍,即使"不空外物",也在强调"心无(空)"的无所执著之"美",然而不达"究竟",故而尤为受到批评:"时沙门道恒,颇有才力,常执心无义,大行荆土。汰曰:'此是邪说,应须破之。'乃大集名僧,令弟子昙壹难之,据经引理,析驳纷纭。恒拔其口辩,不肯受屈,日色既暮,明旦更集。慧远就席,攻难数番,关责锋起。恒自觉义途差异,神色微动,麈尾扣案,未即有答。远曰:'不疾而速,杼柚何为?'坐者皆笑。心无之义,与此而息。"①当然,这是遭到了另一佛门中人的批评,说明其曾经有不小的人文影响。而"识含"义的"心识",实际"含"藏了"美"的种子,但为"惑"所蔽,故"群有"未"美",提倡"觉"(空)性。"幻化"义以"心神犹真不空"说,触及中华佛教美学上关于审美主体(心神)这一重要问题。"缘会"义以"缘""会"为假有,"缘""散"为"无"(空)。所谓"缘""散",尘缘了断之谓,相系于"第一义谛"之"美"。

显然,"六家七宗"以"本无""即色"与"心无"三家为主,三家以"本无"为重。而"本无"义,本书又须以道安的佛学、哲学所涉及的美学理念为论要。正如前述,道安不仅是"本无宗"的开创者,而且组织佛经汉译,首倡所谓"五失本三不易"②。"自汉魏迄晋,经来稍多,而传经之人,名字弗说,后人追寻,莫测年代。安乃总集名目,表其时人,诠品新旧,撰为经录,众经有据,实由其功。"③又教化弟子数百,为当时的最大僧团,且注经作序,"序致渊富,妙尽玄旨,条贯既序,文理会通,经义克明,自安始也"④。"道安是我国东晋时最博学的佛学家。"⑤道安以"玄"解"空"、大弘般若性空,据《名僧传·昙济传》引《七宗论》,他在倡言"无在元化之先,空为众形之始,故谓本无"说的同时,又在《安般守意经注序》等诸多汉译佛经序文中倡导禅学、禅法。正如本书前述,道安所谓"得斯寂者,举足而大千震,挥手而日月扪,疾吹而铁围飞,微嘘而须弥舞,斯皆乘四禅之妙止,御六息之大辩者也"⑥的话,实际上传达了关于禅寂的惊心动魄的美感。其《阴持入经序》又强调,"以大寂为至乐,五音不能聋其耳矣;以无为为滋味,五味不能爽其口矣"⑦。寂,涅槃,亦称寂灭。离所有幻相谓寂。《维摩经·佛国品》云:"知一切法皆悉寂灭。"僧肇《维摩经注》:"去相故言寂灭。"寂者尤其"大寂"即根本之"寂",可谓"至乐"。这一"至乐"的美感,道安《人本欲经序》称其"邪正则无往而不恬,止鉴

---

① 《竺法汰传》,梁慧皎《高僧传》卷五,金陵刻经处本。
② 参见道安《摩诃钵罗若波罗蜜经钞序》,梁僧祐《出三藏记集经序》卷八,金陵刻经处本。
③ 《道安传》,梁慧皎《高僧传》卷五,金陵刻经处本。
④ 《道安传》,梁僧祐《出三藏记集》,金陵刻经处本。
⑤ 《中国佛教思想资料汇编》第一卷,第32页。
⑥ 道安:《安般守意经注序》,梁僧祐《出三藏记集经序》卷六,金陵刻经处本。
⑦ 道安:《阴持入经序》,梁僧祐《出三藏记集经序》卷六,金陵刻经处本。

则无往而不愉。无往而不愉,故能洞照旁通,无往而不恬,故能神变应会。神变应会,则不疾而速;洞照旁通,则不言而化"①。道安《了本生死经序》又说,此则"道鼓震于雷吼,寂千障乎八纮,慧戈陷乎三有,于是碎痴冠,决婴佩,升信车,入谛轨,则因缘息成四喜矣",故"美矣,盛矣"②。显然,凡此禅悦之境,其心理内涵既丰富又深致,难以分出孰为禅孰为美。

第三节 "法性""涅槃":慧远的佛学之见与美学

慧远(334—416)作为东晋庐山僧团的佛教领袖,与北地鸠摩罗什遥相呼应,是佛教史上一位具有重要影响的大德高僧。慧远俗姓贾氏,雁门楼烦(今山西崞县东)人。《世说新语·文学》注引张野《远法师铭》称其"世为冠族"。《释慧远传》云,慧远"年十三,随舅令狐氏游学许、洛,故少为诸生,博综六经,尤善庄、老"。东晋永和十年(354),慧远二十一岁,钦敬江东豫章名儒范宣子,意欲南渡与之交游隐居,因南北战乱道途阻隔而未就。此时正值释道安于太行恒山(今河北阜平北)筑寺弘传佛法,声名远播。慧远闻听,遂改变初衷前往恒山,从道安习佛教般若学,悟佛高明。《高僧传》记慧远之言云,"儒、道九流,皆糠秕耳",慧远深受道安赏识。《高僧传》说,"安公常叹曰:'使道流东国,其在远乎'!年二十四,便就讲说"。遂影响日巨。东晋兴宁三年(365),慧远随师南抵湖北襄阳,宣述般若"心无"义。东晋太元三年(378),因苻丕攻襄阳,道安被拘而不得出,慧远南下荆州。后欲往罗浮山,行至浔阳(今江西九江),"见庐峰清静,足以息心,始住龙泉精舍",又住西林寺。最后,因徒众日多,香火旺盛,刺史桓伊慕慧远高德,为筑东林寺。从此,慧远一心弘法,"卜居庐阜三十余年,影不出山,迹不入俗,每送客游履,常以虎溪为界焉"③。其间,慧远聚徒讲经,撰述佛论;遣弟子法净等往西域取经《华严》等;与鸠摩罗什探讨佛学;与社会上层、名士交游;并携门徒,发愿往生西方净土。慧远是一个学养深厚而又虔诚的高僧,年八十三而终老于匡庐,使庐山成为东晋南地一大佛教中心。慧远是南地最著名的佛教领袖,几乎倾动朝野。

日人镰田茂雄云:"由于慧远播下的思想种子和念佛结社所示的观想念佛、禅定实践修行等,在南北朝佛教的地平线上,开辟了很广大的基地。慧远

---

① 道安:《人本欲生经序》,梁僧祐《出三藏记集经序》卷六,金陵刻经处本。
② 道安:《了本生死经序》,梁僧祐《出三藏记集经序》卷六,金陵刻经处本。
③ 梁慧皎:《高僧传》卷六,金陵刻经处本。

可以说是中国初期佛教的转捩者,其在思想史上有不可磨灭的意义。"①此言是。谢灵运《庐山慧远法师诔并序》云:

> 昔释安公(引者按:道安)振玄风于关右,法师(慧远)嗣沫流于江左,闻风而说(悦),四海同归。尔乃怀仁山林,隐居求志。于是众僧云集,勤修净行,同餐法风,栖迟道门。可谓五百之季,仰绍舍卫之风;庐山之裏,俯传灵鹫鹣之旨,洋洋乎未曾闻也。②

此虽难免溢美有过,而到底是对慧远佛学、功绩及其佛教践履的肯定。

一 "法性""涅槃"与"原美"

慧远著述甚丰,后人编为十卷,凡五十余篇。其代表作,除已亡佚的《法性论》外,还有《沙门不敬王者论》《明报应论》《三报论》与《大智论钞序》等,另有书信十四篇及少许铭、诗与赞等。凡此,主要收载于《弘明集》《广弘明集》《出三藏记集》与《高僧传》。

考慧远佛学的精魂,"法性""涅槃"说是其题中应有之义。

《法性论》仅在《高僧传·慧远传》中存有两句:"至极以不变为性,得性以体极为宗。"虽然如此,却让后人幸运地见出慧远佛学之见的精粹部分。

这里所言"至极",实指涅槃。极,本指宫室木构架屋顶最高处,"至极",终极之谓;涅槃成佛,佛教修持的终极。慧远《沙门不敬王者论》有"以化尽为至极"语,此指涅槃。"不变",恒常、不变易、不坏之义。所谓"以不变为性",指"以不变为法性"。法性是恒常之性、真如之性,不可坏、不可戏论。"得性",证得法性,觉悟于法性之谓;"体极",体悟、证会涅槃之境。

这两句的大意是:涅槃以永恒不坏为法性,证得法性以体悟涅槃为宗要。

在东晋倡言般若性空中观"毕竟空寂"说的年代里,人们在此其实总能听到中华涅槃佛性说那隐隐的潮声。

有两点值得注意。在东晋,一是以"无"说"空";二是般若中观之学大倡"毕竟空寂"义。所谓"空空",对于空境的无可执著,是本书前文一再论述过的。而东晋佛教的另一派则倡导涅槃佛性说。此说以成佛、涅槃为旨归。慧远的"法性""涅槃"说,就是如此。一般美学意义的所谓理想,是真善美的集

---

① 〔日〕镰田茂雄:《中国佛教通史》第二卷,台北佛光文化事业有限公司1998年版,第324页。
② 谢灵运:《庐山慧远法师诔并序》,《广弘明集》卷二三,《四部丛刊》影印本。按:舍卫,指舍毗罗卫国,属古印度,相传为释迦说法之处,有祇园精舍、灵鹫。灵鹫山,又称灵山。

汇,追求十全十美的境界。佛教本是破斥这种人文理想的,佛教基本教义一再申言对此岸、世间的真善美不作任何留恋与肯定。但这不等于说佛教没有任何审美理想与人文追求,般若中观之学与涅槃佛性之论都是有理想的佛学。两者的区别仅仅在于,般若中观论无执于空,而涅槃佛性说有执于空。涅槃,旧译泥洹、灭度,又译寂灭、不生与圆寂等。灭者,断灭。断灭于生死、烦恼之因果,以跳出轮回为涅槃。度者,度一切苦厄而达彼岸,也就是涅槃。《涅槃经》卷四说:"灭诸烦恼,名为涅槃。离诸有者,乃为涅槃。"涅槃,是以离弃、断灭此岸的虚妄、尘垢、功利与分别包括世俗真善美为前提的,然而其彼岸的"理想国",曲折而颠倒地寄寓着一种以空为执著的审美理想,实际是企冀以空为理想,来解释、改造此岸世界及其人性。涅槃这一理想之境是可被执著的,执著于空境而为妙有,此妙有之性即是法性。法性者,金刚不坏,无可亵渎与戏论。慧远《大智论钞序》论"法性"云:

  请略而言:生涂兆于无始之境,变化搆于倚伏之场,咸生于未有而有,灭于既有而无。推而尽之,则知有无迥谢于一法,相待而非原;生灭两行于一化,映空而无主。于是乃即之以成观,反鉴以求宗。鉴明则尘累不止,而仪象可睹;观深则悟彻入微,而名实俱玄。将寻其要,必先于此,然后非有非无之谈,方可得而言。

  尝试论之:有而在有者,有于有者也;无而在无者,无于无者也。有有则非有,无无则非无。何以知其然?无性之性,谓之法性。法性无性,因缘以之生。生缘无自相,虽有而常无,常无非绝有,犹火传而不息。夫然,则法无异趣(按:趋),始末沦虚,毕竟同争(按:疑为净),有无交归矣。①

这一长段引文的大意是——请允许简略地说:生命兆始于无的境界,万物的变化建构在阴阳转嬗的场所,一切都在生、灭转递之中。生,从"未有"即从无到有;灭,从已有到无。由此推论,知道事物从无到有、从有到无的新陈代谢,是遵循一定法则的。有、无相互依待,却不是世界万物的本原;生、灭二者大化流行,相映于空幻而无自性。因而,从生、灭转化来观照有、无与生、灭,为了探寻涅槃这一成佛的宗要而返观、鉴察。从法性、涅槃这一明净之"镜"进行明察,就能见出世俗人生红尘滚滚,系累无尽,由此可以洞察世间万象的真谛;深致观照,就能领悟、彻解世间万类与人生的玄微,从而懂得无论万物

---

① 慧远:《大智论钞序》,梁僧祐《出三藏记集》"经序"卷一〇,金陵刻经处本。

形相还是实性都是玄奥而空幻的。在探寻它的宗要前,必须懂得这一点,然后才可以谈说空是非有、非无的道理。

这里试作论析:将世间万有执持为有,是以有为有;将事物本原本体的无执持为无,是以无为无。执持于有而为有这一本原本体,就不是指世界万有人生万象;执持于无而为无这一本原本体,就不是指没有。怎么理解这一点呢?所谓无的性质,指空;空的属性,称为法性。法性的空性,是因缘断灭,一切事物现象因缘而起,没有自性实相,虽然世界万有人生万象是有的,却是恒常不变的空。世界与人生的真谛,是恒常不变的空,但并非与世界万有人生万象绝然无关,这好比火燃薪、薪传火的常燃、常传以至于不息一般。对于一切事物现象即万法的缘起与发展趋向,不是有、无,它自始至终是空幻,是彻底的空净而无例外,世界与人生的万有万象,以及作为世界本原本体的无,统归于空幻的法性。

方立天在引用并解读慧远这大段言说时说:"这一段话是慧远晚年对于世界的总观点,它集中地表达了慧远对'法性'和客观物质世界以及两者之间关系的看法。"①作为"慧远晚年对于世界的总观点",这一段话其实大意说的是"世界究竟是什么,人生究竟是什么"的"总观点",间接地触及了"美究竟是什么"这一问题。

那么,世界、人生及其美究竟是什么呢?是有、无还是空?

世界、人生及其美的本原本体,并非儒家所说的有,也不是道家所说的无,而是佛家所谓空。

这空性或曰空幻,就是慧远所说的法性或曰涅槃。

就佛教美学而言,世界的本原本体是法性,空幻联系于"美本身"。慧远所说的"无性之性,谓之法性。法性无性,因缘以之生"与审美相关。这里所谓"无性",实指空性;所谓"无",空之谓。以"无"代"空",是魏晋时人的话语习惯。慧远以"无"说"空",所运用的,依然大致是"格义"之法。这也说明慧远的佛学之见,仍受魏晋玄学思维与思想的影响。慧远认为空与法性为世界本原本体,由此依稀见到世界的绝对之"美",证明慧远对世界及人生的认知和改造还是抱有充分信心的。

在慧远看来,尽管这世俗世界充满污秽,却依然有救;尽管人生烦恼不已,而仍可回归于清净、澄明之境。"至极以不变为性,得性以体极为宗",芸芸众生可"得性"而达于"至极",真理可鉴而终极可期。这既是成佛之纲,实际又是人性审美之追求。然而"至极"也好,"得性"也罢,皆殊为不易,必"以

---

① 方立天:《魏晋南北朝佛教》,《方立天文集》第一卷,中国人民大学出版社 2006 年版,第 80 页。

不变为性","以体极为宗"。"不变"者,法性金刚不坏;"体极"者,体悟涅槃之真性(法性)即破斥法执我执。破法执,以一切外尘为空幻;破我执,在破斥外尘、物累的同时,又破斥心累即生之系累。物、心与外、内,都在破斥之列。其实,破法执就是破我执,反之亦然。无物无心,无是无非,无生无死,无悲无喜,法性存焉,涅槃臻成,便是"反本求宗"①的佛果之境。

可见,如果说鸠摩罗什的佛教美学之思,以无所执著的"毕竟空寂"为不是终极的"终极理想"的话,那么慧远却坚信,破除了法执即我执的空境,又是可以而且必须加以执著的。前者以空为空;后者以空为法性实有。前者是精神的永远漂泊,为无穷无尽的消解;后者则是精神的有所皈依与建构,即有一个"至极"的精神圣地在。在美学上,前者与后者的出发点,都否定一切世间、世俗的美,都以为现实、此岸的美虚妄不实。但前者实际上并未将空看作美的"家园",它以空为永恒的"无执"。不想亦不能、不必建构人的精神"故乡",它的精神的无所皈依,固然空得彻底、空得绝对、空得澄明与空得自由,实际却在不是原美之"原美"的幸福中,毋宁说有某种精神的漂泊感在。而后者如慧远,实际以空为妙有、为皈依、为精神的幸福的故乡,其法性涅槃,就是那可被执著的"原美"。

问题在于,慧远的这一佛教美学思想是怎样地在其佛学中孕育而成的。慧远以释道安为师,他所习得的,应该说主要是般若性空之学,但为什么偏偏主要地成熟为涅槃佛性之见呢?

拙著《中国美学的文脉历程》曾经指出,"在印度佛教中,般若性空之学与涅槃佛性之论属于不尽相同的两个佛学思想体系","般若之学与佛性之论在关于事物本质之'空'的无所执著还是有所执著这一点上见出了分野"。印度佛教般若经典主要译介于魏晋,玄学有接引之功,"而印度般若性空之学对'空'的无所执著所体现出来的'终极'(实际上无所谓终极)观与思维习惯,不是魏晋时代所能立即领会与适应的。于是便有以魏晋玄学关于事物本体'无'的先入之见即'前理解'来'误读'般若性空之学"②。东晋情况自当大致如此。慧远少时"尤善庄老",其思想思维在从学道安之后固然已由庄老而入于般若佛性,却依然难以彻底摆脱玄学那种"求宗""明宗"③的追摄事物及其美本质与终极之影响。

慧远以"法性""涅槃"为成佛之终极,这在总体上实际决定了其对于美

---

① 慧远:《沙门不敬王者论五篇并序》,《弘明集》卷五,《四部丛刊》影印本。
② 参见拙著《中国美学的文脉历程》,第410、411页。
③ 慧远《沙门不敬王者论五篇并序》有"求宗不顺化""明宗必存乎体极"等言,《弘明集》卷五,《四部丛刊》影印本。

的基本看法。世间、此岸的一切美的事物固然难入其法眼,而其悬拟于出世间、彼岸的"原美"的光辉,却要"照亮"现实人间及其人心的黑暗。可以说,"法性""涅槃"而非"性空",实际是慧远所执著、所体悟的"原美"。唐元康《肇论·宗本义》疏曾引述慧远之言有云:"性空是法性乎?答曰:非。性空者,即所空而为名。法性是法真性,非空名也。"这是区别般若中观的"性空"与涅槃佛性的"法性",尤为中肯。问题是,出世间的"原美",难道与世间没有关系么?当然不是。世间尘染,众生烦恼,使美处在遮蔽与系累之中。然而慧远对于佛教、成佛,对于世界、人性等,实际并未丧失信心,他坚信成佛是可能的,众生心(人性、人心)是可以改造的,以至于证成涅槃之境。佛国、法性、涅槃的"原美",作为成佛的接引,是涤除尘累、污垢而特具精神提拉、升华的动力和魅力,实际便是对于尘世之美的一种宗教式的肯定。

二 "冥神绝境"与审美

慧远佛学固然深受《大品般若经》与《大智度论》等般若中观说的影响,固然具有将般若义玄学化的思想与思维倾向,而同时兼具禅学与净土思想的修养,却也是事实。这是与其"法性""涅槃"思想一致的。从世界本原"法性"的证悟,到"涅槃"之境的精神性进入,是一条"反(返)本求宗"的成佛之路。其间,有一种宗教化的审美理想之境得以呈现。慧远《沙门不敬王者论·求宗不顺化三》云:

> 凡在有方,同禀生于大化,虽群品万殊,精粗异贯,统极而言,唯有灵与无灵耳。①

慧远将"群品万殊"分为"有灵""无灵"两大类,这是佛教所谓众生"有情"、成佛"无情"的别一说法。慧远进而分析道:

> 有灵则有情于化;无灵则无情于化。无情于化,化毕而生尽,生不由情,故形朽而化灭。有情于化,感物而动,动必以情,故其生不绝。其生不绝,则其化弥广而形弥积,情弥滞而累弥深,其为患也,焉可胜言哉?是故经称:泥洹不变,以化尽为宅;三界流动,以罪苦为场。化尽则因缘永息,流动则受苦无穷。何以明其然?夫生以形为桎梏,而生由化有。化以情感,则神滞其本,而智昏其照,介然有封,则所存唯己,所涉

---

① 慧远:《沙门不敬王者论五篇并序·求宗不顺化三》,《弘明集》卷五,《四部丛刊》影印本。

唯动。①

在这一长段论述中,慧远将世界的"生"与"化",由"有灵""无灵"而相应地分为"有情于化"与"无情于化"两大类。"无灵""无情于化"者,因"生不由情","故形朽而化灭",实际是"无生";"有灵""有情于化"者,因"感物而动,动必以情,故其生不绝",实际是"有生"。

"有生","生不绝"。为什么?为"情"累之故。

可见,"情"是"泥洹"(涅槃)、成佛的大敌。"情弥滞而累弥深,其为患也。"所谓"三界②流动,以罪苦为场","罪苦"者,苦海无边之谓。其间六道轮回,有生老病死四苦与爱别离苦、怨憎会苦、求不得苦与五蕴炽盛苦等四苦,共八苦,真可谓"苦难深重"矣。那么"苦"因又何在呢?这便是"生""化"(动)俱来的众生"情"。"情"因"流动"不已而导致有情(有灵)众生"受苦无穷",遂使"神滞其本,而智昏其照"。"情"为"生"之"累"。佛教有"情尘"说,称六根为六情、六尘。妄生计较、分别者,"情";心猿意马者,亦"情"。《慈恩寺传》九云:"制情猿之逸㣋,系意象之奔驰。"如是如是。

> 是故反本求宗者,不以生累其神;超落尘封者,不以情累其生。不以情累其生,则生可灭;不以生累其神,则神可冥。冥神绝境,故谓之泥洹。③

在慧远看来,"情"为万恶之源,自然也是应该被否弃的世俗审美之源。从佛教逻辑而言,"不以生累其神"者,无生;"不以情累其生"者,无情。"冥神绝境",即无生、无情,离弃于世俗生死、功利、苦乐之类,便"泥洹"(涅槃)成佛,便是一种"原审美"。这是以佛教之语汇所表达的审美理想。这种审美理想的思维方式,是"反本求宗";其思想品格,是"冥神绝境"。

什么是"冥神绝境"?冥者,冥契,也称冥一,即弃精神的有生、有情(有灵),而达成无生、无情(无灵),出离生死,舍"有"为"空"。"绝境"的"绝",拒绝、绝缘之谓,又有到达、终极之义。"境",本义指物境、心境,这里有心识攀缘义。因而所谓"冥神绝境",指冥契于无生、无情的绝对高妙境界。离弃于诸相而冥寂,融通一切而无碍。

从审美而言,这里慧远所阐述的审美理想观,在凡夫俗子、在"外道"看

---

① 慧远:《沙门不敬王者论五篇并序·求宗不顺化三》,《弘明集》卷五,《四部丛刊》影印本。
② 按:佛教认为,有情众生所处生死、往复的世界为三:欲界、色界、无色界,统称迷界。
③ 慧远:《沙门不敬王者论五篇并序·求宗不顺化三》,《弘明集》卷五,《四部丛刊》影印本。

来,是不可理喻甚而是怪异的。从来的世俗性审美,从审美的刹那发生、实现看,都无功利欲念与目的,无主客二分,无是无非,在此审美过程中,依然有"人情"存在,并成为审美发生与实现的主体精神动因之一,此《诗品》所谓"登山则情满于山,观海则意溢于海"。毋庸置疑,凡世俗审美,必关乎"情",无"情"焉能审美?而且此"情",总与"生"联系在一起,无"生"焉能有"情"、焉能审美?早在先秦战国郭店楚简《性自命出》篇中,就曾在理论上言说"情"的审美问题。《性自命出》云:"道始于情,情生于性。"在这性→情→道的关乎美学的思维逻辑中,尽管指"性"为审美发生与实现的动因(本原),而"情"却是"性""道"之间的一个中介,一种不可或缺的、重要的主体心灵动因。而且,《性自命出》所谓"性",实际指"气","喜怒哀悲之气,性也"。这"气",是人的生命之根。作为"性",却具有"喜怒哀悲"之"情"。可见,"气""性"与"情"三者合一。总之,从来刹那发生与实现的审美,在中华古人看来,是决不能排斥"情"的。当然,此"情"无功利、无目的、无分别、无计较。《性自命出》说:"凡人情为可悦也。"又称,"苟有其情,虽未之为,斯人信之矣。未言而信,有美情者也"。"人情"是"可悦"的,关乎审美愉悦。这种审美之"情",又总是与审美主体心灵的真诚(信)以及接受主体心灵的真诚(信)融契在一起,便实现为"美情者"的境界。

这里慧远佛学所蕴含的佛教审美观,偏偏"无生""无情"而"冥神绝境",它意味着"反本求宗",似乎与审美遥不可及。实际这里所谓"无情",无妄情、无迷情之谓,指非"累其生""累其神"的"情",指无功利心、无分别心、无机心。这三"无",是与世俗现实的审美心理机制相通的。世俗瞬时的审美,也必须具有这三"无"之"心"。当然,其"心"的精神底蕴、境界,两者在仅相通之际,还是各有特点的。而佛教所谓"法性",所谓"涅槃"(成佛),作为佛教人文的理想,实际又是世界现实审美理想颠倒而绝对的一种表述。

在中国佛教美学史上,慧远是往生"西方净土"的大力提倡者与努力实践者,因而被后人尊称为"莲宗初祖"。不管这种佛教理想能否在现实中实现,作为精神境界的执著追求,实际是一种被佛教所拥抱、夸大与遮蔽的审美理想。慧远的"净土"思想,大致来自什译《佛说阿弥陀经》[①]:

> 极乐国土,七重栏楯,七重罗网,七重行树,皆是四宝,周匝围绕。是故彼国名曰极乐。
>
> 极乐国土,有七宝池、八功德水,充满其中,池底纯以金沙布地。四

[①] 按:在中国佛教史上,此即后汉支娄迦谶译《无量寿经》,郭朋《汉魏两晋南北朝佛教》认为是西晋竺法护所译,待考。此经后由鸠摩罗什重译,题名《佛说阿弥陀经》。

边阶道,金银、琉璃、颇梨(引者按:玻璃)合成。上有楼阁,亦以金银、琉璃、颇梨、砗磲、赤珠、玛瑙而严饰之。池中莲华,大如车轮。青色青光,黄色黄光,赤色赤光,白色白光。微妙香洁。舍利弗,极乐国土,成就如是功德庄严。①

这一"净土"理想,竭力渲染西方佛土的善美,以"极乐"为旨归、为主题,纯属精神的向往,充满佛教神秘而神奇的"乌托邦"意味,空幻、缥缈而美丽。而文辞表述,作为"方便说法"的方式,又是世俗而现实的,是富于想象的现实图景的描述,确是佛教崇拜与艺术审美的二律背反又合二而一。是的,一方面,佛教的基本教义一再言述世界虚妄不实、丑陋无比,但又在"方便"处描绘西方"极乐国土"的"美",称此"超言绝象"之"美"不可思议、不可言传,仅在于"假言施设"。另一方面,有如慧远笃信成佛而往生"西方极乐",却在庐山"创造精舍,洞尽山美,却负香炉之峰,旁带瀑布之壑,仍石累基,即松栽构,清泉环阶,白云满室"②。既追摄西方"极乐"之美善,又享受此岸、现实之美善,自相矛盾。从世俗眼光看,固然庐山精舍风景雄奇而秀丽,其美可羡,而从佛教言之,此世间之"美",也仅具"方便"意义,而且由此"方便",可领悟西方"极乐国土"之"美"。本是"超言绝象"的"美",却须以美的"言""象"来加以表述,这有类于先秦《庄子》所谓"非言非默"。同时,慧远笃信成佛、往生的"西方极乐"世界,在"外道"看来,固然虚无缥缈,而佛门中人对此的宗教体会,确是真诚、真实与真切的。由此所体悟的"极乐",类于审美的快感,因精神迷狂之故,而可能显得更让人如痴如醉。追求西方"极乐"的美善,固然不切世俗"实际",却冥契于佛教大乘有宗所谓"实际"或曰"真际"。所寄托的"理想国"的"美"在"西方",而其"理想"的土壤,却总是在世间、在脚下,这是企图让"理想"之光来"照亮"现实的黑暗和人性的丑陋。

三 "神不灭"与审美"形神"

"形神"问题,中华美学史的重大主题之一。自魏晋与此后,愈显其重要。审美"形神",在美学史上真正成为一个重要问题,应该说始于东晋慧远等辩说佛教"形尽神不灭"。

从文字学角度分析,形字从开(按:形字左偏旁为"井",写作"开")从彡(表示日影照射)。此"开",实际是上古井田制的井字。字源学意义上的形字,与上古井田的平面布局相关;神字从示从申,甲骨文为 ⿰ (一期"京"四

---

① 《佛说阿弥陀经》卷一,鸠摩罗什译,《大正藏》第十二册,P0346c、0347a。
② 《慧远传》,梁慧皎《高僧传》卷六,金陵刻经处本。

七六)等,"甲骨文申字象电耀屈折形"①。《说文》说:"申,神也。"中华上古"神"的理念,源自对雷电这一神秘、狞厉与恐怖天象的崇拜意识。

先秦古籍关于形、神的表述甚多。如《左传》所言"盐虎形",《易传》所言"在天成象,在地成形"与"见乃谓之象,形乃谓之器"以及《荀子》有"君形者"之说,等等,大致以形与象对而不以形与神应。《尚书》有"偏于群神"与"八音克谐,无相夺伦,神人以和"之言。通行本《老子》有神字凡七见,《论语》十七见。《易传》说,"阴阳不测之谓神""知几其神乎""神也者,妙万物而为言者也"与"幽赞于神明而生蓍"等,神字具有原始巫学及其向哲学、美学转递的人文意义。先秦时期,形、神作为各别的术语、概念与范畴,均分别言之,在逻辑上,两者一般没有构成对偶性范畴。

时至西汉初期,《淮南子》曾言述人的生命问题:

> 夫形者,生之舍也;气者,生之充也;神者,生之制也。一失位则三者伤矣。是故圣人使人各处其位,守其职,而不得相干也。故夫形者,非其所安也而处之,则废;气,不当其所充而用之,则泄;神,非其所宜而行之,则昧。此三者,不可不慎守也。②

这是印度佛教入渐中土之前,中华古代关于"形神"问题的典型思想的典型表述,是从生、气的角度,对人的生命关乎形、神的完整理解。联系于"气"而言说"形神",是这一论说的独到处。

在印度佛教入渐中土之前,中国人关于"形神"的思考、认识与表达,与人的生(气)的意识、理念密切联系在一起。佛教东来之后,又一般与有关人的死(寂、空)的意识、理念联系在一起。两汉之际,桓谭(前23—56)撰《新论》倡"神灭"说云:

> 精神居形体,犹火之燃烛矣……烛无,火亦不能独行于虚空。③

桓谭指出,人"生之有长,长之有老,老之有死,若四时之代谢矣",人"则气索而死,如火烛之俱尽矣"。④ 可见自桓谭始,有"形尽神灭"之论,显得朴素而

---

① 徐中舒主编,常正光、伍仕谦副主编:《甲骨文字典》,第1599页。按:此引叶玉森语。
② 《淮南子·原道训》,汉高诱注《淮南子》卷一,第17页,《诸子集成》第七册。按:汉高诱注《淮南子·叙》称该书"其旨近老子,淡泊无为,蹈虚守静,出入经道,言其大也"。为"旨"在于黄老,固是矣。
③ 桓谭:《新论·祛蔽》,《弘明集》卷五五,《四部丛刊》影印本。
④ 桓谭:《新论·形神》,《弘明集》卷五五,《四部丛刊》影印本。

唯"物"。这是由抨击起于西汉末年谶纬神学而来的见解,着眼点关乎人的生、死之际。在《新论》中,"形神"一词已开始连缀而成。顺便说一句,南朝范缜的"神灭"说,自当继桓谭之说而起,却是对佛教包括慧远等"神不灭"的攻讦与批判。关于"神不灭",早期佛籍《牟子理惑论》曾说:

> 魂神固不灭矣,但身自朽烂耳。身譬如五谷之根叶,魂神如五谷之种实。根叶生必当死,种实岂有终亡,得道身灭耳。①

"身自朽烂"而"魂神固不灭",好比五谷"根叶生必当死"而"种实岂有终亡",却不说亦不信人的精神与肉身同生共死,显然与道教珍爱人的肉体生命且由此而求精神的超越有异。佛教在思考和认识人的肉身、精神即形、神问题时,一般是将两者分别言之的。

慧远《明报应论》称,"夫四大之体,即地水火风耳,结而成身,以为神宅,寄生栖照,津畅明识,虽托之以存,而其理天绝。岂唯精粗之间,固亦无受伤之地,灭之既无害于神,亦由灭天地间水火耳"②。"神宅"作为形身,与暂居于此的"魂神",自不可同日而语。

"形尽神不灭"的有神说,是佛教也是慧远佛学思想的基石之一。这一理论基石的铺设却颇为困难,它是在关于"神灭""神不灭"诸多论争中完成的。

依佛教基本教义,世界既为"四大皆空",则无论主与客、形与神以及世间与出世间的一切都虚幻不实。一般教义尤其大乘佛教,主张破斥二执,即破斥我执、法执。大乘般若中观学,是破斥二执最为彻底的一支。大乘有宗的涅槃佛性论,也主张破斥。因为,假如不是空诸一切,哪里还能涅槃成佛呢?

问题是,既然一切皆空幻虚妄,那么,就连成佛之"我",也是空幻不实的。假如成佛之"我"空幻不实,则"成佛者谁"便成一大问题。无主体"我"的存有,则谁成佛又哪得成佛?岂非意谓诸法包括成佛的基础、条件、过程、因果与主体等,也是空幻的么?

这真是一个二律背反。关于这一问题,佛学理论的解决有二途。

其一,印度原始佛教认为,世界业感而起,并无独立于世、业感缘起的主体"我"。部派佛教犊子部曾就主体问题提出"不可说的补特伽罗"(pudagala,"不可说之我")说,以为"补特伽罗"作为业感缘起,就是轮回、解脱不可

---

① 《牟子理惑论》,《弘明集》卷一,《四部丛刊》影印本。
② 慧远:《明报应论并问》,《弘明集》卷五,《四部丛刊》影印本。

言说的主体"我"。其依有情五蕴①而立而不可说者,即五蕴之我又离五蕴而存有之我,蕴与"我"是一种"非一非异""非异非一"的关系。《俱舍论·破戒品》云,"犊子部执有补特伽罗,其体与蕴不一不异"。"此如世间依薪立火,谓非离薪可立有火,而薪与火非一非异。""如是,不离蕴立补特伽罗,然补特伽罗与蕴非异非一。"这里所言,涉及"神不灭"说的薪火之喻。

关于所谓"补特伽罗"指什么及其与中土慧远的"形尽神不灭"说的文脉联系,黄心川说:"犊子部这个我虽然说的(得)很玄妙,但归根结底它还是一种脱离自然、脱离人的意识的人类认识的变种,是一种用哲学雕琢过的灵魂。"②这一表述似乎不够准确。既然认为"补特伽罗"是"人类认识的变种",它又怎么会是"一种脱离自然、脱离人的意识"呢?因为大凡"人类认识"及其"变种",没有任何哪一种能够"脱离自然、脱离人的意识"。虽然如此,但称"补特伽罗"是一种用佛教哲学"雕琢过的灵魂"这一点,是很有意思的。

除犊子部持"补特伽罗"说,部派佛教的经量部又提出所谓"胜义补特伽罗"说。"胜义"即"真实"之义,意为 此"我"乃"真实"之存有。

这两说,实际上承认世界"法有我空"。"我空"的"我",即"补特伽罗",因业感、蕴集而空,不同于一般哲学与美学的所谓主体,不妨可称为"似主体"。

其二,大乘佛教则主张世界"我法二空",不仅否弃"人我",亦否弃"法我"。五蕴但是假名,如幻如影,空无实体。然空宗、有宗于此持见有别。前者无执于"我法二空",破斥彻底;后者破有而空,而破空之时却以空为执,以空为妙有,即将"我空""法空"执为妙有。

妙有,正如"补特伽罗",是成佛、涅槃的一个"主体"(似主体),即佛典所言"神"。"神",即使"形尽"而"神不灭"。

可见,佛教所谓"神"、所谓"神不灭",不同于中华古代传统所说的鬼神,也并非指西方宗教那样的上帝。

慧远力倡"形尽神不灭"说,显然远绪于印度原始佛教关于"补特伽罗"(我)与大乘有宗关于"妙有"主体说,且当时承传于汉之桓谭与王充等"神灭"之论展开论辩。《慧远传》录刘遗民之言有云:

> 盖神者可以感涉,而不可以迹求;必感之有物,则幽路咫尺,苟求之

---

① 按:五蕴,旧译五阴,五种积集,蕴含之义。为色蕴、受蕴、想蕴、行蕴与识蕴之总名。《增一阿含经》二七云:"色如聚沫,受如浮泡,想如野马,行如芭蕉,识如幻法。"此喻空幻,无常,不实。五蕴假合而成身心之家宅。
② 黄心川:《印度佛教哲学》,任继愈主编《中国佛教史》第一卷(附录四),第534页。

无主,则渺茫何津?①

实际上,慧远也坚信"神"的神秘,神"不可以迹求"而可"感涉",近在"咫尺",是妙有、存有之"主"。如"无主"即没有"神"这一主宰,那么,此岸至彼岸如此"渺茫",靠"谁"来幽渡津梁?慧远说,神与形的关系,如"火之传于薪,犹神之传于形;火之传异薪,犹神之传异形"②。

> 夫神者何耶?精极而为灵者也。精极则非卦象之所图,故圣人以妙物而为言,虽有上智,犹不能定其体状,穷其幽致。而谈者以常识生疑,多同自乱,其为诬也,亦已深矣。将欲言之,是乃言夫不可言。今于不可言之中,复相与而依稀。神也者,圆应无生,妙尽无名,感物而动,假数而行。感物而非物,故物化而不灭;假数而非数,故数尽而不穷。③

"神"是什么?"精极"而"灵者"。但它并非《周易》"卦象之所图"。卦象之"精极",是气,是生,可以用"妙"这一词加以言述,便是《易传》所谓"神也者,妙万物而为言者也"。慧远所说的"神"并非如此,它是"补特伽罗",是执空的"妙物"之"上智"(按:源自孔子语"虽上智下愚不移"),圣人不能"定其体状"而"穷其幽致",它往往横遭"谈者"的质疑,"谈者"限于"常识"而"为诬""已深"。这"不可言"的"神",实指"不可说之我",所谓"神也者,圆应无生,妙尽无名,感物而动,假数而行"。④ "无生","不生不灭"之谓。"感物","不灭"之"神"功。"夫神者何耶?精极而为灵者也",神"非物",所以"物化而不灭","数尽而不穷"。值得注意的是,《周易》亦讲"感",《周易》有咸(感)卦,其义在于少男少女相"感"于气、相"感"于生,这是古代中华文化关于生命、生殖问题及其美学的典型表述。这里慧远所说的所谓"感",却是"无生"意义上的。其立论之基,不是气,也不是生,而是"业",是"无生"。这可以见出慧远"神不灭"美学观与传统中华生命美学(气美学)哲学基础的严

---

① 《慧远传》,梁慧皎《高僧传》卷六,金陵刻经处本。
② 慧远:《形尽神不灭五》,《沙门不敬王者论五篇并序》,《弘明集》卷五,《四部丛刊》影印本。
③ 同上。
④ 按:慧远《形尽神不灭五》,《弘明集》卷五,《四部丛刊》影印本。按:"圆应无生"的"无生",方立天《魏晋南北朝佛教》认为"应作'无主'"。理由是,慧远《晋襄阳丈六金像颂并序》云:"万流澄源,圆映无主,觉道虚凝,湛焉遗照。"见《方立天文集》第一卷,第95页。可备一说。但"无生"这一术语与范畴,为佛教所本有,指涅槃成佛而出离轮回苦厄之境。《大乘义章》十二说:"理寂不起,称曰无生。"在慧远的佛教著述中,"无生""无主"皆有言称。

格分野。应当指出，以《周易》巫文化为代表的中华古代的术数，既承认万物有灵与命里注定，又主张循天则(数)而尽人事，表现出对命运的抗争思想，其美学，可由"天行健，君子以自强不息"来作为旗帜。慧远"神不灭"说亦承认"数"，却并非指中华古代巫文化意义的数。古代巫文化所谓数，有象数兼劫数即命理之数的意义，而慧远则说"假数而非数，故数尽而不穷"。此数，仅指佛教"名数""法数""禅数"之类，以数表示，可有三空、四大、五蕴、六根清净、八正道等名数、法数。佛教所言数，又是智的异名，数寓佛智，与"补特伽罗"相关。佛教有所谓"数取趣"说，"数取趣"即梵语"补特伽罗"。《玄应音义》一云："补特伽罗，此云数取趣也。言数数往来诸趣也。"而趣者，趋，众生所往之国土。《俱舍论》八云："趣谓所往。"可见，这里慧远所说的数，并非易筮象数之数、劫数之数，不具有命理意义，而是指与补特伽罗即不可言说之"我"相契的一种佛禅智慧，它便是"不灭"而永恒的"神"。

"神不灭"说本是佛教的一大重要问题，在东晋及此后的南朝，曾经引起激烈争论。"神不灭"与"神灭"说的争论，推动佛教所谓"形神"与中华传统"形神"观的"对话"，从而发生以传统"形神"观为人文之基、融合佛教"形尽神不灭"说的新的审美"形神"说，源远而流长。由于直接从佛教"神不灭"说发展而来，佛教不以"生""气"为其"形神"的底蕴，而以"无生"的"空"为底蕴，因而，自东晋至南北朝，与中国艺术审美相关的"形神"说，一般是只说"形神"而不说"气"的。这改变了汉初《淮南子》有关"形神气"生命美学基本的思想与思维格局。

东晋时期，"神不灭"说的推行自当遇到许多阻力，反对者大有人在。孙盛《与罗君章书》云："吾谓形既粉散，知神亦如之，纷错混淆，化为异物。"主张"神灭"。大诗人陶潜撰《形》《影》与《神》诗三首，其中《神》诗云："三皇大圣人，今复在何处？彭祖寿永年，欲留不得住。老少同一死，贤愚无复数。应尽便须尽，无复独多虑。"真正是朴素唯"物"的经验之论，几可使"神不灭"论者哑口无言。这正如《梁书》卷四八所载《范缜传》所言，"形存则神存，形谢则神灭"。

如果没有慧远等辈"形尽神不灭"说曾经风行于东晋之时，中华美学史上的审美"形神"说，尤其"重神似轻形似"之说，决不会是中华美学史现在所呈现的样子。在论辩中，慧远以佛教学界之权威，撰《形尽神不灭》一文。而当时，人们对于审美意义的"形神"问题，似乎尚未十分关注。据唐张彦远《历代名画记·叙画之源流》所言，此前当陆机称说"丹青之兴，比雅、颂之述作,美大业之馨香。宣物莫大于言,存形莫善于画"①时,古人所经验与感悟的世界,大致偏于"物"与"形"的世界,所谓美丑,是这一世界的一种属性。即使西晋之时,文学家左思曾说:"美物者贵依其本,赞事者宜本其实。匪本匪实,览者奚信?"②"本""实"之谓,并非指与"物"(形)相对应的"神",而指"美物者"的本原"气"(生)。

这里仍需指明,早在先秦与秦汉之时,关于"神",已有诸多论说。如前文所引,《易传》有"阴阳不则之谓神"与"知几其神乎"等,《淮南子》亦云"道者无形,平和而神"之类,蔡邕《篆势》评说篆书之美,称言"体有六篆,妙巧入神",俨然以"神"为评判标准。东晋之前说"神"论"形",一般总以"气"(生)为其文化、哲学与美学的本原。

时至东晋,美学意义上的"形神"问题逐渐备受关注,其中诸多论言,不能不深受佛教"神不灭"说的影响。

据僧祐《出三藏记集》卷十,慧远"心本明于三观,则睹玄路之可游,然后练神达思,水镜六府,洗心净慧,拟迹圣门。寻相因之数,即有以悟无,推至当之极,动而入微矣"。这是一个大德高僧关于空寂之美的悟入与表述。而表述之中,又时以道家之言来言说佛禅佛智。"三观",佛教空观、假观与中观之谓。空观,万法皆空,观悟诸法空谛。假观,观悟诸法假谛。诸法本无实体,借他而有,故为假。假有三:法假、受假、名假。诸法虚妄不实而自性假;诸法含受业蕴而成体假;诸法假言施设而因名为假。中观,观悟"中"的真理。一为双非:观诸法非空非假;二为双照:观诸法亦空亦假。三为洞明世界及其美,心"本明于三观,则睹玄路之可游",真可谓出入无空之境而往来"方便","即有以悟无"也。"即有"者,即"形";"悟无"者,以"无"说"空",实际是"悟空"。此"空"(无),佛教有时也称"神"。所谓"即有以悟无",实际指"即形而悟神"之境。要达到这一境界,又须"练神达思""洗心净慧"。

在审美上,"神不灭"论是对审美"形神"说的一个推助。

试看戴逵(?—396)《闲游赞》。戴氏指出:"我故遂求方外之美。"③所谓"方外之美",显然是一审美对象,戴氏的所"求"在"方外"。"方外"者,语出《庄子·大宗师》"彼游方之外者也",指无(玄)之境,犹言世外。《闲游赞》云:"始欣闲游之遐逸,终感喜契之难会。"可见所"求"之难。什么缘故呢?因为这种审美境界"实有神宰,忘怀司契,冥外傍通,潜感莫滞"。如不

---

① 张彦远:《论画·叙画之源流》《历代名画记》,沈子丞编《历代论画名著汇编》,文物出版社1982年版,第35页。
② 左思:《三都赋序》,梁萧统编《昭明文选》,《四部丛刊》影印本。
③ 戴逵:《闲游赞》,《艺文类聚》卷三六。

能做到"忘怀"而破斥滞累,则何以"傍通"于"冥外"? 可见"神宰"的"神",已经不完全是老庄道家与后世道教意义上的了,其间熔铸了佛教所谓"不可言说之我"(补特伽罗)的思想因子。关于这一点,大约也可从《闲游赞》的一个发问见出:

> 详观群品,驰神万虑。谁能高佚,悠然一悟?①

所谓"群品",世界万类;"高佚",彻底亡佚之谓。细细观审万类群品,人的种种精神意绪逸驰于道无之境。可谁又能彻底传诵这"驰神万虑"的道无之境而悠然领悟于空幻呢? 可见戴逵所"求"的"方外之美",已由道无趋于佛空。"方外",作为佛空之境及其美的方便说法,具有超越于道无的意义,便是《闲游赞》所谓"缅矣遐心,超哉绝步"。这里所方"缅",穷尽之义;"遐心",指道家、道教的逍遥之心。穷绝于道的逍遥,便"求"于佛的空幻了。

再读佚名《庐山诸道人游石门诗序》。此篇开头所说"石门在精舍南十余里"的所谓"石门",是庐山北部名胜②;"精舍",指慧远所卜居与弘法的庐山龙泉精舍。该文称庐山"有七岭之美",又美于何因呢? "夫崖谷之间,会物无主。应不以情而开兴,引人致深若此"。"会物"指造化,万物因缘和合;"无主",无生、无心、无情之谓。"会物无主",指诸法太上无情,因此"不以情而开兴"而"引人致深"。这是由参悟"会物无主"而入于佛禅空幻深境。又说:"俄而太阳告夕,所存已往。乃悟幽人之玄览,达恒物之大情。其为神趣,岂山水而已矣。"这又是以道家语"幽人之玄览"③,说佛家"大情"。"大情"的"大",太的本字,指原始、原朴、原本。"大情",太情、原情、本情,太上无情之谓。依佛家言,芸芸为俗情所累,遂使人生烦恼,苦不堪言,而诸法本身无情。世界、人生及其美终于有救,一旦"达"于"大情"之境,便是悟入大寂、大觉与大乐之境。"大情"作为美的"神趣",难道仅仅是山水之美吗? 儒家从山水之"有"象喻君子人格,如孔圣所言"仁者乐山,智者乐水"然,作道德人格比拟;道家从山水自然,体悟"道法自然"之美与无之美,作"逍遥游"与"濠濮间想";佛家以山水为假有,并超绝于儒有、道无而悟空,这是"大情"之境、"神趣"之"美"。三种不同的审美"形神"观,且以佛教"形神"说为难解而彻底。

---

① 戴逵:《闲游赞》,《艺文类聚》卷三六。
② 郦道元《水经注》云:"庐山之北,有石门水,水出岭端,有双石高竦,其状若门,因有石门之目焉"。
③ 按:通行本《老子》原为"涤除玄监"。监,镜子。后人亦作"涤除玄览"。

东晋审美"形神"说,受佛教"形尽神不灭"观的濡染,自不待言。从艺术审美"形神"说诸多文本考察,大凡依然广采"格义"之法,据无(玄)以入佛,有时甚而以儒为本土人文潜因之一。

书圣王羲之(321—379 或说 303—361)撰《题卫夫人〈笔阵图〉后》《笔势论十二章并序》《书论》与《用笔赋》诸篇,大凡都是书法造型与重神之论。《笔势论十二章并序》说,书法艺术之美,美在"视形象体,变貌犹同,逐势瞻颜,高低有趣。分均点画,远近相须。播布研精,调和笔墨。锋纤往来,疏密相附。铁点银钩,方圆周整"①。羲之重书形,重笔势,重气韵矣。其书法艺术的最高审美理想,是"神"。《书论》一开头就说:"夫书者,玄妙之伎(技)也。"②"玄妙"犹言神妙,这是以玄学口吻说"神"。《用笔赋》说:"至于用笔神妙,不可得而详悉也。"③倘然易得而"详悉",就不是"用笔神妙"。凡是"神妙"之美,都是不可言、不可道的。这也正如其《笔势论十二章并序》所云:"神"者,"牵引深妙,皎在目前。发动精神,提撕志意。刜剔精思,秘不可传"④。书法艺术之美,神妙、神奇以至于"秘不可传",可见出"神不灭"的影响。

书法艺术的"神"之美,具有一个内在根因,必"发动精神,提撕志意"与"刜剔精思",然后乃成,所谓"夫欲学书之法","凝神静虑","意在笔前"⑤。"凝神",神志专注于无、空之境。"静虑",梵文 Dhyana,禅定、静息心虑之谓。心不驰散,欲念断灭,为静虑;无功利心、无分别心、无机心,为静虑。这是以佛家言,书艺之美的审美心胸,比先秦庄生所言"心斋""坐忘"⑥的"虚静"说,又进了一步。"心斋""坐忘"的哲学、美学根因,是"虚无""静笃",而"静虑"的根因在空幻。空幻,是佛家所谓神境。

画家顾恺之(348—405)说到如何以绘画营构人物形象之美,创"传神写照"这一美学命题而影响深巨。据南朝刘义庆《世说新语·巧艺》,顾恺之画人物"或数年不点目睛。人问其故。顾曰:'四体妍蚩,本无关于妙处,传神写照,正在阿堵中'"⑦。

---

① 王羲之:《笔势论十二章并序》,《佩文斋书画谱》卷五。
② 王羲之:《书论》,《佩文斋书画谱》卷五。
③ 王羲之:《用笔赋》,《佩文斋书画谱》卷五。
④ 王羲之:《笔势论十二章并序》,《佩文斋书画谱》卷五。
⑤ 同上。
⑥ 按:《庄子》:"回曰:'敢问心斋。'仲尼曰:'一若志,无听之以耳而听之以心,无听之以心而听之以气。听止于耳,心止于符。气也者,虚而待物者也。唯道集虚。虚者,心斋也。'"《庄子》又云:"堕肢体,黜聪明,离形去知,同于大通,此谓坐忘。"
⑦ 《世说新语·巧艺第二十一》,刘义庆《世说新语》卷五,第 187 页,刘孝标注,《诸子集成》第八册。

"阿堵","这个"之义。顾氏的画论主题,实际在一个"神"字。以"传神写照"之难得,而画人物"数年不点目睛",因"神属冥茫"①之故。顾恺之说:

> 凡生人亡有手揖眼视而前亡所对者,以形写神而空其实对,荃生之用乖,传神之趋失矣。空其实对则大失,对而不正则小失,不可不察也。一像之明昧,不若悟对之通神也。②

凡画人物必讲究经营位置,尤须"实对"。"实对"者,赖"形"以成。以"实对"之"形",传写节奏、韵律、气度与品涵,此谓之"神"。故而酞"以形写神",从"实对"之"形"的经营位置始,至终极而求得"神"之美韵。"若长短、刚软、浅深、广狭与点睛之节,上下、大小、酞薄,有一毫小失,则神气与之俱变矣。"③绘人物形象之美,"形"的营构固然重要,无"实对"则"传神之趋失矣",而"实对"之"形"仅是手段而已,关键是"悟对之通神"。"以形写神",重"神"轻"形"之谓。"悟对",即佛教所谓"悟入"。

南朝刘宋年间画家宗炳(375—443)崇佛,撰《明佛论》(按:一名《神不灭论》)一篇,又曾赴庐山问学于慧远。《明佛伦》重申"神不可灭,则所灭者身也"之见。宗炳与当时主张"神灭"的天文学家何承天就"神灭""神不灭"说展开激烈争辩,又批驳慧琳《白黑论》。《明佛论》说:"悲夫!中国君子明于礼仪而暗于知人心,宁知佛心乎?"称如不懂"神不灭"即"精神我"的道理,是井底之蛙。作为画家,宗炳的山水画论深受"神不灭"即"精神我"说的影响。宗炳认为,"圣人含道映(亦作应)物,贤者澄怀味象。至于山水,质有而趋灵",这"灵",就是"神"。而"夫圣人以神法道而贤者通;山水以形媚道而仁者乐"④。《画山水序》一开头就说,画山水之"道",兼得玄(无)与佛空。此"道"接应万类,"贤者澄怀味象"。"澄怀",心灵澄彻而明净,不为物累,不为形役,亦不为心劳,不仅做到道家那般的"心斋""坐忘"与南朝梁刘勰《文心雕龙》所说的"是以陶钧文思,贵在虚静,疏瀹五脏,澡雪精神",而且没有佛教所谓法执我执。"澄怀味象",既是一种审美方式,又是其审美境界。

宗炳此言,是又一"形神"之论。所谓山水"质有而超灵"的"有",指"形";"灵",指"神"。两者关系,"以形媚道",是形与神的统一。"媚",本义为女色之美容,这里用作动词,喜好之谓。山水之美,并非美在其"形",而是

---

① 顾恺之:《魏晋胜流画赞》,张彦远《历代名画记》卷五。
② 顾恺之:《论画》,张彦远《历代名画记》卷五。
③ 同上。
④ 宗炳:《画山水序》,沈子丞编《历代论画名著汇编》,第14页。

美在"以形媚道"。宗炳在此并非一概否定"形",这可以《画山水序》所说"况乎身所盘桓,目所绸缪,以形写形,以色貌色也"为证。然而"以形媚道"的意思,在于重"道"(神)。所谓"应会感神,神超理得","又神本亡端,栖形感类,理入影迹,诚能妙写,亦诚尽矣"①。"神超""神本"之言,清楚不过地证明宗炳重"神"的人文及其美学立场。宗炳《画山水序》还说:"圣贤映于绝代,万趣融其神思。余复何为哉,畅神而已。神之所畅,孰有先焉。"②这里,且不说宗炳的山水画思想,虽然崇佛同时受道家玄学之濡染,但从其"圣人""贤者""圣贤"之语不离于口这一点可知,其思想深处依然有儒家圣贤之学的潜因在。

这种道、释、儒三学趋于兼修及其美学之思,其实起码从西晋玄学贵无派王弼等辈,到东晋慧远、宗炳及至南朝刘勰等人,都是如此,不过程度不同、各有侧重罢了。由佛教"形尽神不灭"论所参与、哺育与影响的审美"形神"说,在东晋及此后的南朝可谓蔚为大观。刘勰《文心雕龙》大讲"神思",显然由宗炳所言"万趣融其神思"接续而来,且大为发挥。刘勰及其稍后的钟嵘又说"性灵",是文学美学史的重要一页,其思想之源,又不能不与"神不灭"说有关。这是后话。而早在东晋文论中,"形神"问题也同样深受重视。谢灵运(385—433)《山居赋并序》有"援纸握管,会性通神""研精静虑,贞观厥美"③之言。其《与诸道人辨宗论》云,佛者"神不灭",此乃"唯佛究尽实相之崇高"④。东晋之后,渐渐以"品"评判艺术审美现象,钟嵘《诗品》提倡"品"之美;唐代司空图撰《诗二十四品》。唐张怀瓘《书断》与《画断》⑤提出品评书、画及书画家人格的标准,以神品、妙品、能品为序,神品为上。清代《国朝书品》提"五品"之说,依次为神、妙、能、逸、佳。包世臣《世舟双楫》云:"平和简净,遒丽天成,曰神品。酝酿无迹,横直相安,曰妙品。逐迹穷源,思力交至,至能品。楚调自歌,不谬风雅,曰逸品。墨守迹象,雅有门庭,曰佳品。"此包氏所言"五品",由张怀瓘"三品"而来。学界有称,包氏所言逸品,类于张氏之神品;包氏之神品、妙品,大约类于张氏之妙品;而包氏之能品、佳品,又类于张妙品。虽然如此,时至唐代,神品当推第一。而"神品"之说,又根源于晋人"形尽神不灭"之说。

总之,慧远力倡"神不灭",不仅在当时佛教界,而且在艺术审美"形神"

---

① 宗炳:《画山水序》,沈子丞编《历代论画名著汇编》,第14、15页。
② 同上书,第15页。
③ 《山居赋并序》,《谢灵运传》,《宋书》卷六十七,中华书局点校本。
④ 谢灵运:《与诸道人辨宗论》,《广弘明集》卷一八,《四部丛刊》影印本。
⑤ 按:张怀瓘《画断》已亡佚,若干逸文见于唐张彦远《历代名画记》。

说的建构上,影响深远。"形尽神不灭"原为佛学思想,尚具宗教迷信,却在历史与人文的陶冶中,自佛教崇拜向艺术审美转嬗,从神秘向神妙、神奇递变,而融渗于艺术美学之思。

第四节 "中道实相":鸠摩罗什的"中观"与美学

鸠摩罗什(344—413)①是东晋时期一代名僧,南朝梁僧祐《出三藏记集》、梁慧皎《高僧传》与《晋书·艺术列传》等有传,在中国佛教史上具有重要影响。他祖籍天竺,生于龟兹(今新疆库车、沙雅之间),圆寂于后秦国都长安。罗什自幼习佛,七龄从母出家,师事大德盘头达多,聪颖而先熟谙小乘经典,曾留居于龟兹二十余年。继而"广诵大乘经论,洞其奥秘",以大乘之学,"道震西域,声被东国"。② 前秦建元二十年(384),苻坚遣氐人吕光(饶骑大将军)兵破龟兹,劫罗什,遂使罗什陷留凉州十六载。期间罗什得以通晓汉语、汉籍。后姚兴继姚苌即位于长安,于弘始三年(401)出兵攻取凉州,仰罗什高德智量,以"国师之礼"迎其入关。自此凡十二年间,罗什在长安译经传教,尊为上师。罗什译经,成就空前。据《出三藏记集》卷二,为"三十五部,凡二百九十四卷"③。其中,大量的是大乘般若经论,其译义更趋准确而文句流便。慧皎《高僧传》称其"义皆圆通","词润珠玉","挥发幽致"。当然也有缺失之处。

在中国佛教史上,鸠摩罗什的地位无疑是崇高的。那么,罗什的佛学在中国佛教美学史的人文意义又当如何?

---

① 按:有关鸠摩罗什的生卒年问题,梁僧祐《出三藏记集》称其"以晋义熙中(405—418),卒于长安"。梁慧皎《高僧传》先言其卒于"晋义熙五年(409)也",又称"或云弘始七年,或云八年,或云十一",极不一致。罗什弟子僧肇《鸠摩罗什法师诔》(《广弘明集》卷二三)云:"癸丑之年,年七十,四月十三日,薨于大寺。"此说当属可信。"癸丑之年",为姚秦弘始十五年,即东晋义熙九年(413)。"年七十",应指其虚龄。故鸠摩罗什生年,为东晋康帝建元二年(344)。参见郭朋《汉魏两晋南北朝佛教》,第 290 页。近年日本塚本善隆倡"罗什生卒年(350—409)"说。罗什生年,较慧远为晚出。慧远谢世(416)晚于鸠摩罗什(413)三年,考虑到罗什与本书随之要论析的僧肇、道生为师生关系,其佛学的共同之处为大乘般若性空之说(按:竺道生先攻一切有部小乘佛学,继而从罗什治大乘空宗般若学,最后转入大乘有宗涅槃佛性学。后详),本书将有关"鸠摩罗什"这一节,放在"慧远"之后另加以阐论。
② 梁僧祐:《出三藏记集·鸠摩罗什传》,金陵刻经处本。
③ 按:《出三藏记集·鸠摩罗什传》又称"三十二部,三百余卷";梁慧皎《高僧传》也说"凡三百余卷";唐道宣《内典录》卷三,据隋长房《历代三宝记》,录为"九十八部,四百二十五卷"。诸说不一。

鸠摩罗什所译佛典,范围遍及大小乘经、律、论。就大乘经论而言,曾重译《妙法莲华经》《维摩诘所说经》《摩诃般若波罗蜜经》(《大品般若经》)、《小品般若波罗蜜经》与新译《金刚般若经》(《金刚经》)等,意义重大。罗什前,译经"多滞文格义"①,以外典与佛经递互讲说。据《晋书·姚兴载记》,罗什称支谦、竺法护等前贤译本"多有乖谬,不与胡本相应"。僧肇云,罗什以其博学与审慎,努力做到"考校正本,陶练复疏,务存论旨,使质而不野,简而必诣,宗致划尔,无间然矣"②。吕澂说:"如支谦偏于'丽',罗什则正之以'质';竺法护失之枝节,罗什则纠之以'简'。"③这不单纯是译经水平的提高,更标志着大乘般若性空之学的普及与深入。这一点,以罗什新译龙树《中论》《十二门论》《大智度论》与提婆《百论》尤为典型。可以说自罗什始,印度龙树一系的大乘中观之学才被正式译介于中国。如《大智度论》,是《大品般若经》的权威性解读,其间龙树的中观学说有创造性的发挥。罗什译此"论",仅详译其对《大品般若经》"第一品"的解说,其余诸"品"只是略译。这种详略得当的翻译,其意义不仅在于删繁就简,更是对印度佛学本旨的努力把握,不拘泥于狭义的"格义"方法。罗什初译《中论》等"四论",对于推进中国大乘中观学说而言,其功甚大。僧叡《中论序》云:

  《百论》治外以闲邪,斯文袪内以流滞,《大智释论》之渊博,《十二门》观之精诣。寻斯四者,真若日月入怀,无不朗然鉴彻矣。④

这里,"斯文"指《中论》;《大智释论》即《大智度论》;"《十二门》"即《十二门论》。大意为,《百论》对治外学以断灭邪见;《中论》的本旨,重在宣说性空,袪涤滞累;《大智度论》的含蕴广博深巨(意思是,最能体现大乘中观之学的方方面面);《十二门论》在阐弘观法方面尤为精到。探寻、领悟"四论"的精义与境界,觉得好比日月光明朗照心灵。

僧叡《大品般若经序》称罗什"肩龙树之遗风,振慧响于此世",此是。汤用彤曾指出,"但什公学宗《般若》,特尊龙树(原注:四论之三均为龙树所造)。其弟子之秀杰,未有不研大乘论者"⑤,此言是。

鸠摩罗什译传佛典,宣说大乘中观之学不遗余力,而著述较少(罗什本

---

① 梁慧皎:《高僧传》卷二,金陵刻经处本。
② 僧肇:《百论序》,《全晋文》卷一六五,《中国佛教思想资料选编》第一卷,第190页。
③ 吕澂:《中国佛学源流略讲》,第90页。
④ 僧叡:《中论序》,《大正藏》第三十册,"中观部类",《中论》卷一,P0001b。
⑤ 汤用彤:《汉魏两晋南北朝佛教史》上册,第224页。

人晚年曾以此为憾),且所著《实相论》与《注维摩经》等早已亡佚。仅存今本《大乘大义章》①,应庐山慧远问难而撰,凡文十九,后人编为十八章(其中第十七章收录两篇),有"问法身""问如、法性、真际"等篇名。又,僧祐《出三藏记集》著录《问涅槃有神否》《问般若法》与《问法身》等凡二十四篇,亦为罗什著述,应王雅远问难而作。② 又,据熊十力研究,罗什曾撰著《赠慧远偈》一首。③ 僧肇《注维摩诘经》所录"什曰"语,应为罗什《注维摩经》若干佚文。还有《金刚经注》,收录于《广弘明集》卷二二所载唐李俨《金刚般若经集注序》,称为罗什著述,但诸家"经录"未载。另,《高僧传》亦曾间接地"转述"其若干佛学思想。

凡此篇什,虽则有限,仍体现鸠摩罗什的佛学之见,可由此一探其美学意义。

罗什之学的主要方面,可用"中道实相"四字加以概括。"中道实相"即"毕竟空寂"这一佛学主题,是龙树一系大乘般若性空即中观之学的另一说法。

在《大乘大义章》中,罗什云:"诸法实相者,假为如、法性、真际。此中非有非无尚不可得,何况有无耶?"④万有本体即所谓实相,可假号为如(真如)、法性、真际。中道不是有,不是无(空),而且不可求得(不可执著)。中道况且如此,难道有、无(空)反倒可以执著吗?

短短一语,所牵涉的佛学概括很不少。其实,无论"实相"还是"如,法性,真际"云云,都是佛教言说万有即一切事物现象的本体的假名施设。罗什解说:"若如实得诸法性相者,一切议论所不能破,名为如";"如是诸法,性性自尔,是名法性";"更不求胜事,尔时心定,尽其边极,是名真际"。⑤ 如果好像实在地求得天下万有的体性本相,且这体性本相不是"一切议论"(文字言语)所能破斥,可以假名为"如"(真如);如果天下万有空性本然如此,是谓"法性";进而不求于事物现象的本体,此时静虑禅定,无所攀缘,离弃有、无(空)二边,可名之为"真际"。可见从假名施设而言,本体真实常住;万法体性真实常住自本如此,称为法性;舍弃有、无(空)的"边极",无执于中道,遂入真际之境。如(真如)、法性、真际与实相,皆异名同实之谓。实者,非虚妄之义;相即无相。《涅槃经》四十指出,"无相之相,名为实相"。不过,鸠摩

---

① 按:又名《大乘义章》《罗什大乘大义章》《鸠摩罗什法师义章》与《远什大乘要义问答》等,三卷,为慧远、罗什问答集。
② 参见汤用彤《汉魏两晋南北朝佛教史》上册,第 222 页。
③ 同上书,第 227 页。
④ 《大乘大义章》第十三《问如、法性、真际》,台北佛光出版公司 1996 年版。
⑤ 同上。

罗什这里所言"实相",指中道之境,与一些佛教宗派所言"实相"义有别。

鸠摩罗什又说:

> 所观之法,灭一切戏论,毕竟寂灭相。①
> 众缘生法,非有自性,毕竟空寂。②
> 一切法毕竟空寂,同泥洹相,非有非无,无生无灭,断言语道,灭诸心行。③
> 本言空以遣者,非有去而存空。若有去而存空,非空之谓也。④

这里罗什所言,乃中道(中观)之见。"所观之法"者,中观。中观之学,扫灭外道及佛教内部部派、小乘与大乘有宗等"一切戏论"。其所宣弘的,是"中观"意义的"毕竟寂灭相"("毕竟空寂")。其思想思维,来自印度龙树、提婆《中论》《大智度论》等大乘中观派的"四论"。龙树《中论·观四谛品》云:

> 众因缘生法,我说即是无(空)。亦为是假名,亦是中道义。⑤

这是中国佛教史上著名而意义深远的所谓"三是偈"。印度佛教的基本教义,主"三法印"即"诸法无我,诸行无常,涅槃寂静"说。万法因缘而起,刹那生灭,故无自性。无自性即空幻。空无待而"在",作为本体,无可言说,又不得不说,此之谓"我说"。因为是"我说",故必"假名"。"假名"又称"名言",包括一切言说、符号及其概念、理念、思想与文化等,皆为空幻。

然而,《中论》所言中观之学,关键在于"中道义"。

何谓"中道义"?因缘所生之法,固无自性(空),此空便是假言施设(假有)。因其缘起性空,才必假言施设;因其假言施设,才必为空。既非执于空,又非执于假有,离弃空、有二边即"不堕两边",是谓中道。然则,中道亦非执滞对象,这是因为它也无非是假名的缘故。后世天台智顗《摩诃止观》说:

> 又《中观》偈云"因缘所生法",即是生灭。"我说即是空",是无生

---

① 《大乘大义章》第二《重问法身》。
② 《大乘大义章》第十四《问实法有》。
③ 《大乘大义章》第十二《问四相》。
④ 按:僧肇《注维摩诘经》卷三所录罗什《注维摩经》佚文。
⑤ 《观四谛品》,《大正藏》第三十册,"中观部类",〔印〕龙树《中论》卷四,P0033b。

灭。"亦名为(引者按:"亦为是")假名",是无量。"亦是中道义",是无作。①

"无量""无作",是谓"中道"之境。罗什所言"中道"(中观),显然源自印度龙树、提婆之学。其所谓"众缘生法,非有自性,毕竟空寂",是龙树"三是偈"的罗什版。"毕竟空寂",并非部派佛教"一切有部"、小乘或大乘有宗"涅槃佛性"说一般意义的"空寂",它指中观意义的"毕竟空"。此即罗什所言"若有去而存空,非空之谓也"。如舍离、斥破假有之后,依然在理念上堕入"空"即"存"有之见,则并非中观学所言之"空"。罗什曾重译《大品般若经》。此经所言"十八空",诚然有"毕竟空"之言,却并非龙树、亦非罗什所认同。按中观学,"毕竟空"应为"第一义空",可《大品般若经》仅将其作为"十八空"之一,其学理地位并未高显。"十八空"说的逻辑有所混乱,并未将"毕竟空"看作中观意义的并非终极的"终极"之空、彻底之空与无待之空。《大智度论》对"毕竟空"(毕竟空寂)义,下了一个属于中观学的断语:

> 毕竟空者,以有为空无为空破诸法令无有遗余,是名毕竟空。如漏尽阿罗汉名毕竟空净。②
> 复次一切法皆毕竟空,是毕竟空亦空。③

这里所言"有为空""无为空"的"为",造作之义。有造作,称"有为";无造作,称"无为"。因缘所生起的事物现象(色),"有为"。指明、揭橥万法皆因缘而起者,为"有为法"。"有为"万法必生起于因缘集聚,性空而假有,故云"有为空"。反之,拔离于因缘造作之业,即"无为法",其境为"无为空"。印度传统佛教以"有为空""无为空"为"十八空"中之二者,这在罗什译传龙树一系的大乘"中观"说看来,是不彻底的边见。唯有"中道义"的"毕竟空",才得以"破诸法令无有遗余"。"破"即破"色"。包括心"空",本然如此,不假外求。空即色而色即空。万法包括世俗之心之所以未"空",皆遮蔽、蒙暗、烦恼而万劫不复之故。因而,需发明本性、本心,否则,如株守"有为空""无为空"的偏见,则必未臻于中道实相。当然,对"中道"亦未可执滞,因其亦无

---

① 按:无量,广大而普在义。《摄大乘论》云:"不可以譬类得知为无量"。无量兼"不可思议"义。无作,斩断、扫涤因缘造作之义。
② 《大智度初品中十八空义第四十八》,《大正藏》第二十五册,"般若部类",〔印〕龙树菩萨造,鸠摩罗什译《大智度论》卷三一,P0290a。
③ 同上。

非"假名"而已,因而《大智度论》称,"是毕竟空亦空"。

《中论》等所阐述的基本而重要的中观之学,可以"八不中道"与"实相涅槃"来加以概括,这里,仅略析由罗什译传的龙树"八不"义。此作为其中观之学"毕竟空"说的最好解说,是中国后世三论宗的立宗之要。《中论》有云:

> 不生亦不灭,不常亦不断,不一亦不异,不来亦不出。能说是因缘,善灭诸戏论。我稽首礼佛,诸说中第一。①

这是以否定法言说"诸说中第一"的中道"毕竟空"("毕竟空寂")义。立论关乎生灭、常断、一异、来出(去)凡四对、八大佛学概念。与中观学相对应,以"不"加以斥破"边见",以断灭、横扫"诸(一切)戏论"。

从佛教哲学审视,"八不"义的"不生不灭",指世界本原本体。既非"生",又非"灭";既非"不生",又非"不灭",而在"不生""不灭"之际。"不常不断",称世界的运化方式常住抑或断灭究竟如何,既"不常"又"不断"。"不一不异",叙世界万物"不一"多样而万物本体"不异"。"不来不出",说世界形态恒"在",在"在"这一点上,"不来"且"不去",即事物没有从此形态(来)向彼形态(去)的嬗递。"八不"也称"八不中道""八不正观",从"中"观悟世界的生灭、常断、一异与来去等四对八维,是真实、真理之"观"。"八不"的"不","破""否"义。破邪谓之"正";"否"偏谓之"中"。中观者,正观之谓。青目《中论》疏云:

> 八不者,盖是正观之旨归,方等之心骨也。定佛法之偏正,示得失之根原。迷之则八万法藏冥若夜游,悟之即十二部经如对白日。②

"八不"义以"不生亦不灭"为根本法,这便是青目《中论》疏之所以称"为成不生不灭义故,复说六事"之由。"不常不断""不一不异"与"不来不出"此"六事",实际是以"不生亦不灭"义为主题的逻辑展开。

"不生亦不灭",是"八不中道"说的关捩点。

---

① 《观因缘品第一》,《大正藏》第三十册,"中观部类",〔印〕龙树菩萨造、梵志青目释、鸠摩罗什译《中论》卷一,P0001b。按:《顺中论义入大般若波罗蜜经初品法门卷上》:"不灭亦不生,不断亦不常。不一不异义,不来亦不去。佛已说因缘,断诸戏论法。故我稽首佛,说法师中胜。"《大正藏》第三十册,"中观部类",《中论》卷一,P0039c。
② 青目《中论疏》。按:青目,公元4世纪印度佛教论师,生卒年未详,为《中论》注解者,圣天再传。释僧叡《中论·序》云:"今所出者,为天竺梵志,名宾伽罗,秦言青目之所释也。"

"不生"的"生",梵语 Jati,指有为法意义的因缘现起;"不灭"的"灭",梵语 Nirodha,指因果意义的灭妄。生灭以及常断、一异与来去为八迷。生灭,有为法因缘和合而为虚妄,谓之生;因缘离断而谓无为,谓之灭。从因缘、因果言,"生"必"灭","灭"必"生"。刹那生灭,为有为法。执持于生灭,为"颠倒见"。然而,从中观学派正见角度分析,这都是"假生、假灭"的"戏论耳"。从一般逻辑看,有"生"之因,才得以"灭"果,"十二因缘"说便具有这样的因果链。"六道轮回"亦然。可是"不生亦不灭"这一命题,在逻辑上是"二律背反"的。其余"不常亦不断""不一亦不异"与"不来亦不出"也是如此。都以 A = – A 的思辨方式,使慧见从两个意义对立的命题中得以生起。不是"非此即彼""说一不二",而是"非此非彼"、"说一"未必"不二"。这是打破了原始、部派与小乘等佛教宗派知见的逻辑阈限。虽然《中论》的"不生亦不灭"说亦从"因缘"说起,却由此推出无所谓"生灭"、无所谓"不生""不灭"这一结论。本来,"缘起性空"说在于阐扬因"缘起"而"性空"、因"生"而"灭"的道理,龙树中观学"毕竟空"说却来加以修正甚至颠覆。在龙树、罗什看来,生灭、常断、一异、来出四对、八种概念,都是"缘起性空"意义上的假言假名,未臻于中道真实即毕竟空寂。这是龙树斥破"诸戏论"、作为"思想叛徒"的光辉体现,也是鸠摩罗什佛学新见的一个佐证。此其一。

其二,"八不中道"说的主题,是"不生"即"无生"。《中观论疏》说:"佛虽说八不,则束归一无生。"《十二门论·观缘门第三》也说,"是故无有因缘能生果者,果不生故缘亦不生"①,是谓"无生"即"不生"。印度佛教的一贯教义总是说,万法因缘而生起,故曰"性空"。它是从哲学本原来回答"世界源于什么"这一问题的,从"因缘"即事物的因果、相互联系,论述世界的本原、本体及其运化。此尽管持"本空"之见,而其本原、本体意义的"空"之文化、哲学的素质与品格,却还是有关于"生"("灭")的。否则,怎么能叫作"因缘而起,刹那生灭"呢?罗什所译且认同的《中论》,从"因缘"说推导出"不生"(无生,"不灭")这一新的结论来。意思是:世界唯有"无生"。"生"是决不可能的。什么缘故呢?因为无论怎样,就断灭了因果的"毕竟空"境而言,"生"的"因"不存在,没有"发生"的原始因与原动力。《中论》说:

诸法不自生,亦不从他生,不共不无因,是故知无生。②

---

① 《观缘门第三》,《大正藏》第三十册,"中观部类",〔印〕龙树菩萨造、鸠摩罗什译《十二门论》卷一,P0162b。
② 《观因缘品第一》,《大正藏》第三十册,"中观部类",〔印〕龙树菩萨造、鸠摩罗什译《中论》卷一,P0002b。

事物发生,无非"自生""他生""共生"与"无因"之"生"四类。第一,说"自生"是邪见。《中论》说,从"生"的"世性"即时间性分析,"生非生已生,亦非未生生,生时亦不生"。"已性"属过去世,既然"已生",何必再"生"?"未生"属未来世,既然"未生",侈谈"生"因是无意义的;"生时"属现在世,但是光凭"生时"又难言"生",因为除了"生时",还有"生法"①。《中论》又说,"若法有缘有时有方等和合则生者,先有亦不生,先无亦不生,有无亦不生。三种先已破,是故生已不生。未生亦不生,生时亦不生。何以故?已生分不生,未生分不生"。"复次若离生有生时者,应生时生,但离生无生时,是故生时亦不生。""复次生法未发则生时,生时无故生何所依?是故不得言生生时生。"②此主要从"生时""生法"反复言说"无生"之理,"生时""生法"均"不生"。《十二门论》亦说,"此生若未生,云何能自生。若生已自生,已生何用生",而"此生未生时,应若生已生,若未生生。若未生而生,云何能自生"。③反正,"自生"断无可能。第二,"他生"说不能成立。理由之一,"若谓以他性故有者,则牛以马性有,马以牛性有"④。显然,"牛"怎么能生"马","马"又如何生"牛"呢?理由之二,"何以故?因自性有他性。他性于他亦是自性,若破自性即破他性,是故不应从他性生。若破他性即破共义"⑤。既然"他性"就"他"本身而言"亦是自性",则此"自性""自生"之说岂不"破"了么?第三,至于"共""生"之说,岂不是"自生"与"他生"合么?"若破自性他性即破共义"。因而,这简直不值一提。第四,"无因"之"生"云云,在《中论》看来,也不值一驳。既然"无因",又怎么谈得上"无因"之"生"呢?因而《中论》斩钉截铁地说:世界"无生"(不生)且"无灭"("不灭"),这是无上之真理、中观之宗要。

问题不在于何以《中论》热衷于以如此"逻辑"来言说它的"无生",问题的关注点在于,入渐于中土的中观之学这样宣说"无生"而对中国文化、哲学与美学的影响究竟何在。

其一,"不生亦不灭",既否定世界之"生",又否定"灭",等于说,此世界无所谓生灭,也无所谓不生灭。这一否定就世俗审美而言,既非实际,又悖于

---

① 按:参见任继愈主编《中国佛教史》第二卷,中国社会科学出版社1985年版,第349—357页。
② 《观三相品第七》,《大正藏》第三十册,"中观部类",〔印〕龙树菩萨造、鸠摩罗什译《中论》卷二,P0010b。
③ 《观缘门第三》,《大正藏》第三十册,"中观部类",〔印〕龙树菩萨造、鸠摩罗什译《十二门论》卷一,P0163b。
④ 《观因缘门第一》,《大正藏》第三十册,"中观部类",〔印〕龙树菩萨造、鸠摩罗什译《十二门论》卷一,P0160a。
⑤ 《观因缘品第一》《大正藏》第三十册,"中观部类",〔印〕龙树菩萨造、鸠摩罗什译《中论》卷一,P0002b。

情理。就自然言之,春生、夏发、秋收、冬藏,物物有生有灭,美的东西也随之生生不息而灭灭有序,如何让人理会"不生不灭"?从人文看,从朝代更迭、社会变迁、文化转嬗至人的年华易老,心灵、心思的忽起忽落,乍喜乍悲,等等,都是经验事件与实际,看得见,摸得着,其美生生灭灭,应接不暇,都是五官感觉的对象,则如何能说世界及其美(丑)"不生亦不灭"?世俗的审美,是一项由人的整个心灵所参与而实现为一定价值判断的"工作"。其发生、其过程、其结果,必首先蕴含以无功利目的、渗融着一定理性的情感与意象因素,否则,审美便不会实现为"现实"。可是在佛教这里,世俗审美因其首先与五官的感觉(佛教称之为"五根""五浊""五妄想""五情"①等)相联系,其污染于现象,滞碍于情感而未脱于生死,故必系累于"五欲"的"五境",即色、声、香、味、触等"感性"。在世俗审美中,审美主体无欲无求、无功利目的。而从佛教美学看,这种审美却仍在沾染于意象与情感的系缚之中而不得解脱。故审美所获取的"五乐",便称为"五欲之乐",或曰"五情快乐""五乐",是顽愚众生的贪染五境之乐。

由罗什所译介的龙树《中论》"八不中道"主纲"不生亦不灭"说,首先是对世俗审美这一感觉经验事件佛理意义上的否决与扫除。世俗审美的情感与意象,在龙树与罗什看来,是一种沾染于尘浊、生死的"美"与迷妄之"美",或曰"著相"之"美""情猿"之美。"著相"者,执相;"情猿"者,有情众生的心灵系于生死而无定,心猿意马。正如《慈恩寺传》卷九所言,"制情猿之逸憸,系意象之奔驰"。

执滞于生灭,必系累于情、相。"不生亦不灭",等于说世界无有"生灭"。因其"不生",故而"不灭";因其"不灭",因而"不生"。可见,所谓无有"生灭"的前提,实际是"不生"(无生)。《最胜王经》卷一有云,"无生是实。生是虚妄。愚痴之人,漂溺生死。如来体实,无有虚妄,名为涅槃"。"无生是实"的"实",指"实相",也可名之曰"涅槃";"生是虚妄",即"漂溺生死",故无有"实相"。所谓"无生",意思就是一切烦恼,都断得清清净净,一些儿也没有,不再受生死的苦恼了;所谓涅槃,"涅字的解释,是不生。不生就是没有生相。槃字的解释,是不灭。不灭,就是没有灭相。没有生的形相,也没有灭的形相,就是佛所证的真如实相"②。

这里,关涉于"无生"即"不生不灭"的"实相",以及"实相"与"涅槃"的

---

① 按:五根,类指眼、耳、鼻、舌、身,亦称五情。五浊,亦称五惑、五浑、五滓等,不净之义。劫浊、见浊、烦恼浊、众生浊、命浊之总名。五妄想,即五蕴。坚固妄想(色蕴)、虚明妄想(受蕴)、融通妄想(想蕴)、幽隐妄想(行蕴)、颠倒妄想(识蕴)。
② 《阿弥陀经白话解释》,黄智海演述,印光法师鉴定,上海古籍出版社2014年版,第2页。

关系两个问题。

其一,"不生不灭"(无生),并非指俗谛意义的人的死亡与诞生,而指一切事物现象,因拔离于形相、情感而本存、本体之"实",即所谓"实相"。无相之相,名为"实相"。第二,佛教各宗大致都说到"实相""涅槃",而所说的角度与强调的程度往往有别。小乘以"我空"涅槃言"实相",分有余涅槃与无余涅槃。"无余"类于"实相",但并不强调。大乘从二空即法空、我空说"实相"。宗见不一。有宗云,二乘(按:指声闻、缘觉)所持,非大涅槃(按:此"大",根本义,为根本涅槃)。何故?因为未成常乐我净之境。常乐我净为大涅槃。二乘不具常乐我净四德,无"真乐""大乐"。所谓凡夫之乐,俗乐;诸佛之乐,常乐,其无有变易,故为"大乐"。凡夫者"无乐"。"诸佛常乐"者,实乃涅槃、实相(无相)之"大乐"、根本乐。此"大乐",非现象、形相、情愫之"乐"与分别之"乐",是本原、本体的"大乐"。此"乐",不同于世俗审美的愉悦,是解脱于系累、情感之实相(毕竟空寂)的"大乐"。虽与审美愉悦有别,却与审美又有相契、相容、相浑、相济的一面。两者不一不二,又一又二。

其二,罗什力倡中观之学,尤重"实相"之论,曾对小乘涅槃说批评有加,对一般大乘涅槃与实相之见也小有微词。罗什一生译作甚巨,而未译任一"涅槃"经论,且以中观学意义的"实相"说,来解读大乘涅槃学。吕澂曾说:"总的看来,罗什所传的龙树学就是四论(按:指龙树《大智度论》《中论》《十二门论》与提婆《百论》)之学。"吕澂说:

> 贯彻于四论中的主要思想,乃是实相的学说。所谓实相,相当于后来一般组织大乘学说为境、行、果中的"境"。境是行果之所依,是行果的理论基础。龙树宗对境的论述,即是中道实相。实相是佛家的宇宙真理观。用中道来解释实相,也就是以二谛相即来解释实相,从真谛来看是空,从俗谛来看是有。换言之,这种中道实相论是既看到空,也看到非空;同时又不着两边,于是便成为非有(空)非非有(非空)。①

罗什"实相"说的立论之本,为"二谛相即",即"中道实相","非有(空)非非有(非空)","不著两边"。"不著两边"的"著",执持义。既非执于"非有(空)",又非执于"非非有(非空)",便是中道的"无执",即"实相"。然而,"不著两边"之后如何?"不著两边"即"中",而"中"亦无可执著,便"毕竟空寂",是根本智的"中道实相",以慧根证悟。

---

① 吕澂:《中国佛学源流略讲》,第 97 页。

"中道实相"与前述"八不中道"的逻辑联系又当如何？

从"二谛相即"看，"不生亦不灭"以及"不常亦不断""不一亦不异""不来亦不去"等，表面上，正如《大智度论》所引，未知源于何处的"摩诃衍义偈"所说："一切实一切非实，及一切实亦非实。一切非实非不实，是名诸法之实相。"①似乎的确同时从"二边"观悟，而实则不是。龙树系"中道实相"及其罗什之见的逻辑假设，是后世所谓"空、假、中"。试问，这里如果有"美"，则此"美"又当如何可能？

其"美"的可能，不在现象（形相）不在本体，亦不在现象与本体之际；非有非空非中，非生非灭，非常非断，非一非异，非来非去。用一唐人诗句作比，"过尽千帆皆不是"。

从一方面看，罗什所译与宣说的"中道实相"论，固然正如本书前文所言，为本原、本体之"美"，但有关这一点，却不能坐实地去理解。罗什"中道实相"如果有"美"或与"美"相涉，则在"究竟"意义上，此"美"本存于无尽的解构之途中。龙树系及罗什等的中观学，是以佛学的逻辑而演绎的佛学美学的解构主义。

既然"中道实相"必须以"二谛相即"去悟解，那么，"中道实相"所可能的"美"，除需把握其本原、本体之外，同时应从被舍弃的所谓俗谛这一"边"去悟解。真俗二谛，又一又二而不一不二。空、假、中固为三维，确又是一维。毕竟空寂。这一实相，不离于各各之形相。实相绝对形上，因缘断灭而无生；又必与形下即形相（现象）和情感之类相即。其相即方式，是前者对后者的否弃，后者却因前者的否弃而本具其意义；就实相言，不可思议，不可言说，而实相之所以如此，又需在思议、言说之时才可理会。此之谓真俗不二、实相即殊相、世间即涅槃、烦恼即菩提、不可说即可说。

这里，便本存所谓"方便"即"随宜"的美学意义。值得注意的是，本书已经或将常常提到、论及这一问题。佛法，包括"实相"等，固不可思、不可言又可思可言，就连佛陀说法皆为"方便""随宜"，罗什的思议、言说当无例外。罗什《赠慧远偈》有云：

> 既已舍染乐，心得善摄不？若得不驰散，深入实相不？毕竟空相中，其心无所乐。若悦禅智慧，是法性无照。虚诳等无实，亦非停心处。仁者所得法，幸愿示其要。②

---

① 《大智度缘起义释论第一》，《大正藏》第二十五册，"中观部类"，〔印〕龙树菩萨造、鸠摩罗什译《大智度论》卷一，P0061b。
② 《罗什法师答慧远书》，梁慧皎《高僧传》卷六，金陵刻经处本。

既然已经舍弃世俗的染污及快乐,那么,此心能得以擅自珍摄么?如果心非驰散,能悟入实相妙境么?所谓毕竟空相之心,便无俗尘之"乐"。说到禅悦智慧,法性圆融且空性观照。虚诳等无真际之境,并非本心的精神故乡。仁者大和尚(此指慧远)于佛法深有所悟,愿示以佛法之要。

慧远之学宗涅槃佛性说,与罗什中观之见并非一路,所以两人有相互答问、辩难之事。罗什此偈的主题,是关于"乐"之与否。正如前述,作为"方便说法",偈这一文学样式本身,自具有其一定的、世俗意义的语言文字与音律的审美价值。对于此,即使大德高僧如罗什亦不排拒,可见,在世俗之美与所谓高深莫测的"中道实相"之"美"两者之际,既不一又不二,在"方便""随宜"意义上,两者又是相容受的。

同时,偈言本身之美与其所示现的佛法、实相之"美",又是不一不二的关系。说到"乐"问题,世间、出世间之"乐",不一不二。俗谛之乐,大凡可分求神、求善、求真与求美这基本四类,与人类把握世界的四大基本实践,即宗教(这里暂且包括巫术吉凶)崇拜感、道德感(善恶)、理智感(真假)与审美感(美丑)相应。这里,只有以艺术为主的一切审美实践方式中,人才可能获取典型而真正的美感,其余的"感觉"其实都不是。审美及其美感的实现,必出于无功利、无是非、无计较之心,这是直接的生理、心理动因,但是,审美的间接之远因和背景,又并非与崇拜求神、实用求善和认知求真绝然无缘,以此看佛教及其中观之学的"审美","因缘际会",未脱"生死"泥淖。

从有、无、空对应于审美角度分析,因人的精神境界有有、无、空三大层次、三大诉求,审美必分别与此相系。比如面对一朵花、一幅画的美,可以建构三类审美方式及其精神的愉悦(乐)。一、欣赏其形态、色相之美,是对于世界之"有"的审美;二、从其形态、色相之美,缘相而入,遂感悟道即"无"的意境,是对"无"的审美;三、舍离于花、画之类包括(有)又否绝其"无"的境界,离弃世间的烦恼、尘俗(有,无)而让精神、意境悟入于"空"(毕竟空寂,法性,实相等)境,是对"空"的"审美"或曰观照。这一"审美"之所以打上引号,从真谛看,绝对"形上"而不可思议、不可言说;从俗谛看,又因"方便""随宜"而"美"。本书曾多次论及,从经验现实看,世界是"有";假如将此"有"全部拿走,放在"括号"里加以"悬置",那么试问,世界及其美还存在什么?答案是,还"存在"一个"无"。"无"即"存在",这是叶秀山先生的见解。然而,假如进而将"有""无"两者统统拿走,"悬置"于"括号",那么世界还存在什么?答曰:"空。"空,是消解了有、无之时的一种"原美"境界。

这便是鸠摩罗什所言"毕竟空相中,其心无所乐",便是"法性无照"(按:即法性空照)的"原乐"之境。精神否斥于有、无而"快乐"地悟入空境,又不以此"空"为留恋的精神皈依之乡,不以"空"为滞累,便是"中道实相""毕竟空寂"与无所执持的"乐",而审美愉悦(乐)的精神因素,亦必以"方便""随宜"的方式存在于此。后世禅宗说:"青青翠竹,尽是法身。郁郁黄花,无非般若。"是。

其三,龙树系与其译介者鸠摩罗什的"中道实相"("毕竟空寂")说,一定意义上又是对传统中华以"生"为人文主题的文化、哲学与美学意识、理念的一个颠覆。

正如本书前述,所谓"生",是中华传统文化、哲学与美学的人文"命根"之一。生,甲骨文写作𓇚,象草木"生"于大地之形。先秦老庄以为,世界原"生"于道,通行本《老子》云:"道生一,一生二,二生三,三生万物。"《周易》本经以"气"讲巫筮,其巫筮的感应"灵验"的根由与根性是气。气是本具巫性的原始生命之源。《易传》称,"生生之谓易","天地之大德曰生","是故易有太极,是生两仪,两仪生四象,四象生八卦,八卦定吉凶,吉凶生大业",等等。在一定意义上,易理即"生"理,生的人文意识、理念始于易筮原巫文化,其历史的悠邈自不待言。苏渊雷先生说:

> 综观古今中外之思想家,究心于宇宙本体之探讨,万有原理之发见者多矣。有言"有无"者;有言"终始"者;有言"一多"者;有言"同异"者;有言"心物"者,各以己见,钩玄阐秘,顾未有言"生"者,有之,自《周易》始。①

梁漱溟也说,在先秦原始儒家,"这一个'生'字是最重要的观念,知道这个就可以知道所有孔家的话,孔家没有别的,就是要顺着自然道理,顶活泼顶流畅地去生发"②。因而,起码在印度佛教于西汉末入渐于中土之前,中国文化、哲学与美学意识、理念是尤为重"生"的。因其重"生",故敬宗祭祖重"孝",又追求长生、世间与现世的快乐,此之谓"乐生"。传统文化面对死难,固然并非无动于衷,并非全无悲哀与悲悯,郭店楚简《性自命出》篇有云:"凡忧患之事欲任,乐事欲后",《易传·系辞》篇说:"易之兴也,其于中古乎?作易者,其有忧患乎?"这都很早说到了人生"忧患",但一般都仅仅属于伤时忧国型的"生活之忧",而非本有意义的"生命之忧"。那时的中国哲人,一般都从"生"的角度,看待世界即自然与人文,其哲学与美学之思是重"生"的,确乎并未认真而深沉地从哲学、美学好好思考与解答"死"究为何事、何因、何本。

---

① 苏渊雷:《易学会通》,中州古籍出版社1985年版,第62页。
② 梁漱溟:《东西文化及其哲学》,《梁漱溟全集》第一卷,第448页。

这里最有力的证据之一,在于《易传》几乎通篇讲"生"(按:与此相涉的,还有"象"与"时"等),仅一处有一"死"字。此之谓"原始反终,故知死生之说"。在《易传》看来,所谓"死生之说",可以用"原始反终"来加以概括。人生过程,无非从生到死再到生。从父生到子生,中间必有父之死;从子生到孙生,中间必有子之死。这里的死,实为两次生之际的一个暂时、暂在。《易传》尤为重视的,并非死,而是所谓绵绵瓜瓞、子子孙孙未有穷尽的生。关于死本身,倒是没有多少深沉的哲学与美学思考,在传统中国人的文化、哲学与美学心灵中,这世界、这人生固然有苦难、有死灭,但归根结蒂,是辉煌灿烂、前路无量的生的乐园,总也习惯(集体无意识)地将死作为生的问题的一个人文背景,从而终究坚信生的战胜与生的圆满。

值得注意的是,将中国文化、哲学与美学有关生的人文意识和理念加以颠覆,正是入渐于中土的印度佛教生死观与这里鸠摩罗什所译传的"中道实相"论的"不生不灭"说。

印度佛教生死观,首先鲜明地表现于"六道轮回"与"三世轮回"说中。众生轮回,分地狱、饿鬼、畜生、阿修罗、人、天六阶段,又可分为过去世、现在世与未来世。轮回,众生(有情)有始以来,苦业深重,如车轮旋转回复于六道(六趣)生死。《妙法莲华经·方便品》云,"以诸欲因缘,坠堕三恶道,轮回六趣中,备受诸苦毒"。众生系累于因缘,便堕于生死轮回,实指人的现实生活、生存与生命囿于"六道"苦厄,犹如"地狱";"三世"说尤重因果报应,《因果经》云,"欲知过去因者,见其现在果。欲知未来果者,见其现在因",所谓善有善报,恶有恶报,人都是"自作自受"。"六道轮回"说称世间、现实、人生犹"地狱"一般;"三世轮回"或曰因果报应说,却在竭言"因果""樊篱"与"报应"铁律的同时,似乎给予芸芸众生以一点光明与希望,此即身处水深火热如所谓"八大地狱""十八地狱"等,可以是一种暂时的苦厄。劝人今世诸善笃行,诸恶莫作,在对人进行恫吓的同时,不依持于上帝,也并非由天命安排,而是自"主"命运。其间,蕴含以由佛指引而向善、自救的意义。

佛教以现实人生的生死为"六道轮回""三世果报"。跳出轮回果报,便是斩断因缘而入于永生。这也便是罗什译传的龙树系"中道实相"主旨的"不生亦不灭"。因其"不生"故"不灭",是则"无生"。"无生"即永生。永生就是"中道实相"。这是因为,既然断绝无明、贪爱,那便是将现实生死"置之度外"。无计较、无分别,即无生死烦恼。这是中道实相的乐果,可称之为否定现实生死、美丑之后的"原美",或曰不是现实、现象意义之美的"美"。然而,"中道实相"的这种"美",由于本在真俗二谛之际,亦真亦俗,不真不俗,因而并非所谓"客观自在",而是一种美善人生的绝对理想,或者可以说,是刚刚被佛教基本教义在"前门"所否定的现实人生的美,却在"后门"以诸如"不生亦不灭"这一命题方式被重新肯定了下来。

"不生亦不灭"这一"中道实相"命题的美学意义,固然绝不可与中国传统的生命美学思想相提并论,因为两者的内涵与外延不一。然而,中印两大民族关于人生的文化哲学都关涉于人的生死问题。不同在于,前者首先看到与思考的,是生与乐生;后者则为死与死苦。罗什所译传"不生亦不灭"这一中道实相命题意义的文化哲学之根,依然远承于印度佛教"十二因缘"等原始教义。其佛学之基,仍为无明缘行、行缘识、识缘名色、名色缘六处、六处缘触、触缘受、受缘爱、爱缘取、取缘有、有缘生、生缘老死的那个"缘"。缘者,攀缘义,即因果、滞碍、系累、轮回。这与六道轮回、五蕴等一起,是对人生现实死苦的描述与阐发。佛教竭言人生之苦,有所谓二苦、三苦、四苦、五苦、八苦之类。在佛教看来,现实人生无论生老病死,抑或富贵贫贱、荣辱得失等一切,都可以一个"苦"字加以概括,或可称之为虚妄、烦恼,无世俗之美丑可言,且流转不已。中道实相以及其余一切佛的智见,都是苦厄的对治、断灭之策。"不生亦不灭"即"无生","永生"即所谓生命之寂,或曰寂静。这是一种"美"。引导众生入寂,也是一种"美"。寂者,不生不灭,不染不净,不悲不喜,不功不利,不名不知。佛法常寂,灭诸相故。离弃于烦恼为寂,断灭苦患为静,是生命的"无生"(按:无世俗人生烦恼、苦厄)、"永生"(永恒、无苦之生、精神、灵魂之生)境界。

中道实相"不生亦不灭"的美学意义,又是关于人的肉身与灵魂的关系问题。

肉身是佛教所谓心之牢狱,以老病、饥渴、寒热等为身苦,与心苦对应。所谓身、口、意三业,以身业为首。在佛教看来,一定意义的身业,是万恶之源。需对众生之身、肉身作种种观想。正如《菩萨修行经》即《威施长者问观身行经》所言,"观身污秽,本为不净。观身臭处,纯积腐烂。观身危脆,必当毁坏"。

所谓观想,即"观空""观照",达观于真际。佛教有所谓"青紫想""染污想"等,都是为了舍离肉身这一"臭皮囊",悟入于涅槃、般若空境,让精神、灵魂有可能弃肉身的牢狱,而自由地向空寂之境提升、高扬。

"中道实相",佛教观想之一。"不生亦不灭",既观"生"又观"灭",既观"不生"又观"不灭",离弃世俗生死(有),看空而不滞于空(空),是谓"中观"。E.云格尔说:

在其(按:指亚里士多德)《哲学箴言》中,青年亚里士多德就人的灵魂与肉体生命的关系,比较了人的灵魂与伊特拉斯坎海盗的俘虏的命运。伊特拉斯坎海盗尤其令人发指,首先因为他们对待俘虏的方式。"为了折磨俘虏,海盗将其活生生地捆绑在死尸上,面对着面。就这样迫使生命与腐尸结合,他们让自己的牺牲品渐渐渴求死去。"亚里士多德认为,人的灵魂生存在肉体之中,就像伊特拉斯坎海盗的俘虏被缚于死尸之上。①

这一可怕譬喻,读之令人感到灵魂的战栗。肉身与灵魂的关系,犹如海盗将其俘虏,"活生生地捆绑在死尸上",而且"面对着面",为了"折磨"生命而"迫使生命与腐尸结合"。这一喻指,并非指中国文化传统哲学、美学关于肉身与灵魂的关系。在佛教入渐前,中国人一般将人的身、心看作"生"的意义的统一与和谐。古希腊先哲却认为,两者的本在"关系",如生者与死尸被"捆绑"在一起,令"生者"即精神、灵魂窒息"死去"。可谓残酷之极。

因此,须令肉身与精神、灵魂分道扬镳,而崇尚上帝这最高的"灵"。所谓"道成肉身"这一西方基督教文化命题的主题,重在于"道"而非"肉身",耶稣被钉十字架而受难,是在戕害肉身的同时,让精神、灵魂自由飞升。从神学美学角度看,这是绝对意义的"所谓美,就是上帝的在场","只有在宗教里才存着真正的美"。②

比较而言,由罗什所译传的"中道实相"说,也将世俗现实的人之生死,看作"死尸"一般如此残酷而可怕地困扰、染污着"中道实相"这一"生者"(按:即前文"八不中道"所谓"无生""不生")。世俗生死、烦恼作为"业力""业障",始终纠缠于"中道实相"如"不生亦不灭"之境的悟入,首先是"身苦",同时是"心苦",滞碍于精神、灵魂绝对地戕害于美的实现。因而,只有斩断业障,又需在世间"立地"悟入,才可能观照"中道实相"之"美"。此"美"并非什么别的而是"中道"。"中道者名为佛性,以是义故佛性常恒无有变易","如是中道能破生死,故名为中","第一义空名为中道"。中道作为"正慧","具正慧者,远离一切烦恼诸结,是名解脱。故名正慧永断一切烦恼结故,故名解脱"。③ 当然,这里仍需指出,龙树、罗什"中道实相"的精神内涵,与西方宗教、哲学与美学中的"灵魂"这一概念的内涵,还是不甚一样的。

---

① 〔德〕E.云格尔:《死论》,林克译,第38页。原注:W.耶格尔《W. Jaeger》:《亚里士多德文集》,1955年版,第101页。
② 〔瑞士〕冯·巴尔塔萨:《神学美学导论》,曹卫东、刁承俊译,三联书店2002年版,第79、11—12页。
③ 《师子吼菩萨品第二十三之一》,《大正藏》第十二册,"涅槃部类",《大般涅槃经》卷二五,P0767c、P0768a、P0768c、P0771c。

第五节 "不真""不迁""无知""无名":僧肇中观之学与美学

僧肇(384—414)①,高僧鸠摩罗什四大弟子之一②,中华佛教史上著名而重要的义学沙门。其佛学思想,推动了中国佛学从而亦推动了佛教美学思想的发展。梁慧皎《高僧传·僧肇传》云:

> 释僧肇,京兆(按:今陕西咸阳)人。家贫以佣书(被雇而抄书)为业。遂因缮写,乃历观经史,备尽坟籍(《三坟》《五典》)等典籍。志好玄微,每以庄、老为心要。尝读《老子》道德章,乃叹曰:"美则美矣。然期栖神冥累之方,犹未尽善。"后见旧《维摩经》(三国吴支谦所译《维摩诘经》),欢喜顶受,披寻玩味,乃言始知所归矣。因此出家,学善方等(大乘经典总名),兼通三藏(佛教经、律、论)。及在冠年,而名振关辅。③

晋隆安二年(398),僧肇远赴姑臧(今甘肃武威)从师于罗什。后秦弘始三年(401),随从罗什抵长安,"及见什咨禀,所悟更多"。从事译经、注经与撰述,尤以撰述为要。其主要著论,为《不真空论》《物不迁论》《般若无知论》与《涅槃无名论》④。收入《肇论》的《答刘遗民书》与《维摩经注》等亦颇为重

---

① 按:关于僧肇生卒年,学界持见不一。《高僧传·僧肇传》(金陵刻经处本梁慧皎《高僧传》卷七)称其"晋义熙十年(引者注:公元414年)卒于长安,春秋三十有一矣"。上推三十一载,僧肇应生于384年。日本学者冢本善隆《肇论在佛教史上的意义》一文,持"僧肇生于374、卒于414年"说,此见日本京都大学人文科学研究所研究报告《肇论研究》(法藏馆)。本书采《高僧传》说。
② 按:鸠摩罗什四大弟子,一般指僧融、僧叡(或云:慧观)、僧肇、道生。
③ 《僧肇传》,梁慧皎《高僧传》卷七,金陵刻经处本。
④ 按:由南朝梁陈间人汇编成集的《肇论》,除收入《宗本义》《不真空论》《物不迁论》《般若无知论》与《维摩经注》外,亦收入《涅槃无名论》一文。关于《涅槃无名论》,石峻《读慧达〈肇论疏〉述所见》(《图书季刊》新第五卷第一期,1944年)、汤用彤《汉魏两晋南北朝佛教史》认为非僧肇所撰。日本横超慧日《涅槃无名论及其背景》(载日本京都大学人文科学研究所《僧肇研究》)以为系僧肇所作。吕澂《中国佛学源流略讲》(中华书局1979年版,第101页)认为,"此论是否僧肇所作,还可以研究"。许抗生《僧肇评传》云:"僧肇本作有《涅槃无名论》一文,但现存的《涅槃无名论》虽原为僧肇所作,然已经过了后人的篡改和增补。"(南京大学出版社1998年版,第35页)本书采《涅槃无名论》为"僧肇所作"说。另,据有关资料,僧肇首先撰成《般若无知论》,《肇论》又以《物不迁论》为其"四论"的第一篇,自当有据有理。而就僧肇般若中观之学与美学的关系而言,当以《不真空论》最为切要,故笔者的论析,试从《不真空论》始。

要。《高僧传》有云,"秦人解空第一者,僧肇其人也",这是后人对僧肇的高度评价。隐士刘遗民则称,"不意方袍(僧肇),复有平叔(何晏,字平叔)"。何晏为魏晋玄学鼻祖之一(另一人是王弼),刘氏称"平叔"再世,此喻僧肇拓荒之功。

僧肇佛学,属中国化的大乘般若空宗,尤擅中观之学。其理论与思辨的精致,标志着中国大乘般若中观之学的开始成熟,对中国佛教史上三论宗与禅宗等都有深巨影响,富于中国佛教美学的人文意蕴与价值。

僧肇般若中观之学的佛学主题,大致以中国人的人文、哲学眼光与思辨方式,来"解空"而力避"六家七宗"的"格义"之法。一般分为"不真空""物不迁""般若无知"与"涅槃无名"等四大佛学命题,是一种有相当思想深度、深致思辨特色的中国大乘般若中观之学。其学之原,为其师鸠摩罗什所译传印度龙树菩萨的般若中观之学,受到魏晋玄学的思想与思维的影响,蕴含葱郁的美学因素。

一 "不真空"论的美学意蕴

僧肇所谓"不真空",具"不真"者,即"空"、故"空"之义。一切皆空而非"顽空",并非玄学所谓本原、本体的"无",更不是世俗经验意义的"没有"。倘论此论与美学的关系,其要在于斥破"顽空""无"与"没有"之时,"空"即中观意义的世界与审美,究竟如何可能。

首先,僧肇从"有""无"角度说"不真空"之理。《不真空论》云:

> 然则万物果有其所以不有,有其所以不无。有其所以不有,故虽有而非有;有其所以不无,故虽无而非无。虽无而非无,无者不绝虚;虽有而非有,有者非真有。若有不即真,无不夷迹。然则有无称异,其致一也。①
> 谓物无耶,则邪见非惑;谓物有耶,则常见为得。以物非无,故邪见为惑;以物非有,故常见不得。然则非有非无者,信真谛之谈也。②

这是僧肇从有、无关系,说"不真"即"空"、故"空"之义。其大意为:然而,天地万类果然俗有,所以不是真有;果然真有,所以并非不是俗有。俗有不是真有,所以虽说存有而不是真有;真有不是没有俗有,所以虽说无俗有却不是真

---

① 僧肇:《不真空论第二》,《肇论》,上海佛学书局影印本,《中国佛教思想资料选编》第一卷,第145页。
② 同上。

的无俗有。虽说无俗有而并非真的无俗有,是因为这真的无俗有,不是绝对的空幻;虽说真有并非俗有,而俗有亦非真有。如果俗有与真有不相应即,那么所谓无(空)便不是夷灭形相的。但是,所谓有、所谓无(空),只是称名不同,从本原本体看,两者归致为一。

说万物为无或是有,一为邪见、不真、迷惑,一为世俗习常之见,即滞碍于有;以为万物不是无,所以邪见迷惑;以为万物不是有,所以不滞累于世俗习常之见。然而,既非有又非无之见,是坚信般若中观真谛的见解。

这两段言述有些难解,但意思还是可以明白的。从真、俗二谛看,有、无也好,俗有、真有也罢,都是"致一"的关系。天地万类亦有亦无、非有非无,亦俗亦真、非俗非真,"致一"于中道空观。这便是《不真空论》所云,"然则非有非无者,信真谛之谈也"。《不真空论》又说:

> 一切诸法,一切因缘,故应有。一切诸法,一切因缘,故不应有。一切无法,一切因缘,故应有。一切有法,一切因缘,故不应有。①
> 言有是为假有,以明非无,借无以辨非有。②

万法从因缘看,都是俗有;万法因缘而起,刹那生灭,无自性,故性空,又不应是俗有。一切无法、有法空,都是真俗不二的。此所谓有,实际是假有,为的是印证不是绝对之无即顽空,是借无这一言述来辨析什么是非有之理。《不真空论》又云:

> 如此,则万象虽殊,而不能自异。不能自异,故知象非真象;象非真象,故则虽象而非象。然则物我同根,是非一气,潜微幽隐,殆非群情之所尽。③

这是僧肇以源自《周易》卦爻之象的"象"与中国传统文化哲学的"气"范畴,来言述"不真"即"空"、故"空"之理。天地万类形相各异,但都不能将自己与其他相分别。彼此不能分别,所以由此可知,呈现于六根的万类之形相,不是事物的本来面目。形相不是形相本身,所以虽说是形相而形相的决定者,又不是形相。物我、主客、是非,"同根"于"一气",这玄妙、潜隐的空理,芸芸众

---

① 僧肇:《不真空论第二》,《肇论》,上海佛学书局影印本,《中国佛教思想资料选编》第一卷,第146页。
② 同上。
③ 同上书,第144页。

生是难以理会的。这"一气"的"气",在中国早期汉译佛经或义学沙门的言述中颇为多见,这里僧肇偶以为之,实际指般若中观义,亦即"物我同根"之"根"。大凡佛教言说,在哲学认识论、知识论上,由于穷探究竟,追问本根、实相,为彻底之"扫象"论者。僧肇自非例外。然而在僧肇的"不真空"论中,"象"又顽强地出没于字里行间,正可证明般若中观的"看世界""看人生"及其"美"的角度与方法。万物现象虽然各各不一,但不能自己与自己不一,意思是,现象万殊是有其根由的。此即因万类的本原、本体,离弃于空(无)、有二边又即空即有的缘故。所以,仅仅知晓万物现象不是其真相("真象")是不对的;认为万象与真相无关也不对,现象不是真相。但是,"物我同根,是非一气,潜微幽隐"的中道实相,不是芸芸众生(有情众生)所能领悟的。

《不真空论》还说:

> 夫以名求物,物无当名之实;以物求名,名无得物之功。物无当名之实,非物也;名无得物之功,非名也。是以名不当实,实不当名,名实无当,万物安在?①

这是由有、无说名、实关系,进而论说"不真"即"空"、故"空"之理,与僧肇另一名篇《涅槃无名论》相涉。既然这世界总是"名实无当",试问"万物安在"?这在大乘般若空观看来,真正是一个有力的诘问。所以僧肇接着又指出:"既悟彼此之非有,有何物而可有哉?故知万物非真,假号久矣。"②

"万物"称谓都是"假号"。假者,虚假、施设、权宜、方便之谓。因虚假,故"不真";因"不真",故"空"。"不真"即"空","空"即"不真"。两者若即若离、若离若即。名、实也是如此。这是僧肇接续《放光般若经》所谓"诸法假号不真"而阐扬的般若中观之理。

名、实关系,"用'物'这一名称来称谓物,那么所称谓的物必定是可以被称谓的物。如果用物来称谓非物,那么虽用物来称谓它,它仍是非物而不是物。由此可见,物并不随着它的名而有它的实在存在,在这里名实是不相当的。同样名称也不随着它所指的物而有真实的内容,在这里名实也是不相当的。名实之间既然不能相当,所以真谛(按:中道实相)也就不能用名言来表达"③。此言甚是。应当说,名言固然"不能""表达"佛的"真谛",而仍无穷

---

① 僧肇:《不真空论第二》,《肇论》,上海佛学书局影印本,《中国佛教思想资料选编》第一卷,第146页。
② 同上。
③ 许抗生:《僧肇评传》,第202页。

无尽地加以"表达",可见,名(能指)、实(所指)两者的关系也是一个中道实相,必须予以"中观"才是。借用《庄子》之言,则又是一个"非言非默"。而就"名言"本身来说,言者权宜之计,正如僧肇有云,"然不能杜默,聊复厝言以拟之"①。

总之,僧肇"不真"即"空"、故"空"的空观,大致可从三方面来加以阐说。其一,诸法因缘而生起、而坏灭,故诸法性空,故"非有";诸法既然因缘而生起、而坏灭,那么这因缘本身为"非无"。此正如《不真空论》引《中观》云:"物从因缘故不有(真空),缘起故不无(俗有)。寻理即其然矣?"《中观》所阐,在于非有非无,亦有亦无,真俗不二,体用不二,离弃无(空)、有二边,且无执于中,是彻底的中道空观。其二,诸法形相各异,惑众生之耳目、心智,所以不真,是分别计较的缘故。而万相"同根"于无分别相无分别相,即实相,实相即空也。其三,诸法性空,无以述说又不得不加以述说,只好权宜、方便,巧立名目,假名施设(名),中观之"实"这一本原本体非在非不在,亦在亦不在。

在美学上,僧肇《不真空论》实际隐在地体现了一种美学的本原本体论思想,便是所谓"一气""同根"。

"宇宙中之最究竟者,古代哲学(美学)中谓之为'本根'。"②"本根"一词,源自《庄子·知北游》:"惛然若亡而存,油然不形而神,万物畜而不知,此之谓本根。"③其实,早在《老子》(通行本)那里,亦隐约存"本根"之思,此之谓"夫物芸芸,各复归其根。归根曰静,静曰复命"④。老庄说"本根",是指天地万类之美的根因与本体为道。

僧肇《不真空论》一文,并没有直接谈到美,这不等于没有触及美学问题。僧肇所谓"一气""同根"说,既然是一种佛教哲学观,那就无可逃遁地触及于美学。美的事物现象的根因与本体,既不是儒家所说的"天""有",也并非道家所说的"道"(无),那么,它是不是佛家通常所说的"空"呢?答案为:是亦不是,不是亦是。美的本原、本体,亦有亦无(空)、非有非无(空),即相离相、亦相非相,亦分别非分别、非分别亦分别,即名即实、非名非实,即假号非假号、非假号即假号,是消解即建构、建构即消解的二律背反又合二而一。这是一种关于美之本根、本体的"美在关系"说,自当不同于17世纪法国狄德罗所说的"美在关系"。这里所谓"关系","不真"而"空"、"空"而"不

---

① 僧肇:《不真空论第二》,《肇论》,《中国佛教思想资料选编》第一卷,第145页。
② 张岱年:《中国哲学大纲》,中国社会科学出版社1982年版,第6页。
③ 《庄子·知北游第二十二》,清王先谦:《庄子集解》卷六,第138页,《诸子集成》第三册。
④ 《老子道德经》第十六章,魏王弼:《老子道德经注》,第9页,《诸子集成》第三册。

真",是僧肇《不真空论》关于"美"本根、本体之见的逻辑原点。此其一。其二,正如前述,僧肇论说般若中观之学,由"象"(现象)而直探般若"中道"(本原本体)、由假"名"而求"实",然而由"实"反观于"名"、由"中道"反观于"象",遂使"物我同根,是非一气,潜微幽隐"之境得以实现。这里所言"物我",是非有非无(空)、处于有无(空)之际的别一说法。佛学三法印寓"诸法无我"之说。僧肇所谓"物我"之"我",常一不变。而诸法无常,因而,诸法"无我"。不啻是说,"物我"同"根"于"无我"。既非"法执",又非"我执",在"无执"这一点上,契于般若中道。这一中观的思维结构,确与审美同构,审美也是"无执"于物我的。所谓"是非一气",无异于说"是非"一"原"。"原"指本原。"气",本原的"方便说法"。般若中观之学,主张是非不二、是非一如,且同源于无执之中道实相。这里,般若中观的所谓"审美",是从"根"即"中"上说的。就"象"的"审美"而言,舍象而悟入,缘象而悟入,二者得兼。

二 "物不迁"论的美学意蕴

《不真空论》主要从有与空、形与相的即有即空、非有非空与假号不真而即真诸关系立说。《物不迁论》,主要从"动静未始异""昔物不至今",而且重在从动、静二边说空、有问题。其佛教哲学及其美学,依然持本体论立场。

世界是动是静、非动非静,抑或形动实静、现象动本体静,或者求动求静还是去动复静,等等,这在一般的哲学、美学理念上,是众说纷纭的。《论语》记孔子语云:"子在川上曰:'逝者如斯,不舍昼夜。'"称"仁者静,智者动"。《周易》强调"唯变所适",要求"与时偕行""与时消息",知进退而"动静不失其时"。老子云,"归根曰静,静曰复命",要求为人处世"致虚极,守静笃"。在宋明理学中,动静问题是重大的理学主题之一。北宋周敦颐有"主静"说,称"圣人定之以中正仁义(原注:'圣人之道,仁义中正而已矣。')而主静(原注:'无欲故静。'),立人极焉"①。二程、南宋朱熹与陆九渊以及明代王阳明等都有各自的动、静说。

佛教以"无常"为其基本而重要的范畴之一。诸法刹那生灭,谓之无常。《涅槃经》说:"是身无常,念念不住犹如电光。"《无常经》云:"未曾有一事不被无常吞。""无常"即"无我","无我"即"空",在"空"这一点上,诸法平等,动静一如。僧肇《物不迁论》的般若中观学主题,首先在于提出与论证"动静未始异",反对小乘偏执于"无常"的思想倾向,对治于声闻、缘觉的"无

---

① 周敦颐:《太极图说》,《周子全书》卷二。

常"说。

《物不迁论》以为,所谓"动静未始异",是说俗称的动与静,仅是假言施设,此之谓"夫去来相见,皆因缘假称耳"。"真谛独静于名教之外",动亦然。首先,动、静的本体,就言述、称名而言,其实都不在场。《物不迁论》云:

> 《放光》云:"法无去来,无动转者。"寻夫不动之作,岂释动以求静?必求静于诸动。必求静于诸动,故虽动而常静。不释动以求静,故虽静而不离动。然则动静未始异,而惑者不同。①

《放光般若经》称,诸法即一切事物现象即色即空,不一不二,不去不来。"诸法本无所从来,去亦无所至。"既然如此,"斯皆即动而求静,以知物不迁明矣"。②

经验世界意义的所谓动静,在僧肇看来,其实都是假象(幻相)。在超验意义上,无所谓动静。动静者一如。正如《放光般若经》所说,诸法无去无来,焉有动静?如果执意区分动静,也只是:动者,静之动;静者,动之静。《物不迁论》强调,"若动而静,似去而留"。事物现象,好似在动,实际上,动是假象,实质为静;又好像是静,实则在动。而僧肇所强调的,是动之静。

> 旋岚偃岳而常静,江河竞注而不流,野马飘鼓而不动,日月历天而不周,复何怪哉?③

"旋岚",旋吹猛烈之山风;"野马",《庄子》以"野马也,尘埃也"喻宇宙磅礴、飘荡无羁之游气。佛教说"刹那生灭""念念无住",这在僧肇看来,犹如自然界万类现象剧变之烈。而诸法性空,在空(无所执著)之意义上,不仅"动静未始异"、动静一如,而且以"静"为"究竟"。可见,僧肇关于"动静"的般若中观说,还是偏于"主静"的。

当然,这里所谓"主静"的"静",是指超越于俗世所谓动、静而证悟的那个"本静""原静",并非俗世所谓"动静"的那个"静",实际指无所谓动无所谓静的那个"空"。《物不迁论》进而论证,"本静""原静"作为存在的一个逻辑理据:

---

① 僧肇:《物不迁论第一》,《肇论》,《中国佛教思想资料汇编》第一卷,第142页。
② 同上。
③ 同上。

> 夫人之所谓动者,以昔物不至今,故曰动而非静……我之所谓静者,亦以昔物不至今,故曰静而非动。①

通常人们说世界万物是运动的,理由在于,因为今物与昔物不一,今昔有变,可以证明一切都在运动变化之中。这是一种承认事物运变同时本具间断性与连续性的动静观。僧肇则认为这是偏见。其逻辑是,既然今物、昔物不一,便可证明:"昔物不至今。"既然"昔物不至今",那么,世界万类便"静而非动"。僧肇说:"是以梵志出家,白首而归,邻人见之曰:昔人尚存乎?梵志曰:吾犹昔人,非昔人也。"②《物不迁论》的这一比喻,以昔之梵志不等于今之梵志,却称昔之梵志不是今之梵志,而证世界"本静""原静"。在哲学、美学上,实际是将事物发展的时间的间断性绝对化,否认时间的大化流行。《物不迁论》总结说:

> 今而无古,以知不来;古而无今,以知不去。若古不至今,今亦不至古,事各性住于一世,有何物而可去来?③

万物古今"不来""不去",便是"性住"。万法"不去不来",是般若学"八不"中观的观空法之一。佛教有三世说,过去世、现在世与未来世,在时间上前后相续,因相续而成果报联系,便是"十二因缘"之论。僧肇"本静""原静"之见,大凡是对传统佛教"十二因缘"时间观的一个颠覆。这是学界的一般看法。以愚之见,僧肇"物不迁"说,固然具有颠覆印度佛教"三世"缘起时间观的思想倾向,然而,其真正的思想意义在于:所谓"物不迁"的说法,在于强调时的"本静""原静"。此"静",指跳出"十二因缘"因果轮回的那种状态的境界,实际指中观的毕竟空境,正如明代高僧德清《肇论略注与物不迁论》所云,"诸法当体寂灭,本自无生,从缘而生,故无所从来,缘灭散,故去亦无所至。如空中花,无起灭"。万法随缘而生灭,故无生灭,故性空,故无所谓世俗意义的时空,无所谓动静,故"物不迁"。

在美学上,"物不迁"说反复论说的问题是,在这个世界上,究竟什么是"不迁"即"本静""原静"的?既然世俗意义的动与静,在源始上就不是相异的,那就必存有一种决定"动静不相异""昔物不至今"之果的本因。

僧肇《物不迁论》说:"果不俱因,因因而果。因因而果,因不昔灭。果不

---

① 僧肇:《物不迁论第一》,《肇论》,《中国佛教思想资料汇编》第一卷,第142页。
② 同上书,第143页。
③ 同上书,第142页。

俱因,因不来今。不灭不来,则不迁之致明矣。"①在逻辑上,这是重复了"动静未始异""昔物不至今"的推理法。以世俗眼光看,事物是普遍联系的,因果联系是其中之一。有因有果,有果有因。佛教因果论,如十二因缘那样,强调众生尘缘未了,不得自在。唯有斩断尘缘,跳出因果的羁绊、滞碍,才得涅槃或悟入中观之境。《楞伽经》二有云,"一切法,因缘生"。诸法因缘而起,无自性,故性空。一旦涅槃成佛、般若中道,即无因果业报。可以说,佛教既持因果论又不持因果论。成佛与中道之境本身,所谓"因果",是被解构了的。僧肇并未否弃佛教因果说,他只是以其"逻辑",斩断事物有无、古今、去来的因果之链。因虽导果,而果非因,果中无因;果由因起,而因非果,因中无果。因果无兼。这一"物不迁"之说,实际是般若中观之言。

决定"动静不相异""昔物不至今"的本因,究竟是美还是丑或无所谓美丑?僧肇未予提出,自然亦没有加以解答。然而问题在于,《物不迁论》又为什么说"动静未始异"呢?在逻辑上,这是从"无分别"这一基本教义对治于世俗之动静。就动静而言,世俗之美大凡有三类:动之美、静之美、动静合一之美(按:当然,动、静以及动静合一,也可以不美或丑)。这三大类的美(丑),在《物不迁论》看来,都刹那生灭而虚妄不真,都因"分别"言之而"假号"不真。作为对动静与动静相合之美(丑)观的否定和破斥,有所否定必有所肯定,否则便无所否定。从该否定与破斥之中,便不难体会、扪摸《物不迁论》所肯定的究竟是什么。其意在:斥破世俗动之美(丑)、静之美(丑)与动静合一之美(丑)。肯定"不迁"这一"本静""原静"的状态与境界,以《物不迁论》之言,便是"虽动而常静"的那个"常静",有如唐慧能偈"菩提本无树,明镜亦非台,佛性常清静,何处惹尘埃"的那"常清静",此"清静"实即清净,指般若中观的"毕竟空寂"。无有诸相为空;不执起灭曰寂。譬如莲华,儒者比拟于君子人格,"亭亭净植,出淤泥而不染";道家羡其自然天成,借以悟道(无);佛释以莲华为名物,象喻佛性,而莲华本身却并非佛性,亦非空寂,而是"假号"、施设、方便。世俗意义的莲华之美,亦动,亦静,亦动静合一。莲华之美,在于动、静风姿及与此相关的人格比拟,或"道法自然"的喻义之中。然而般若中观,凡此莲华之美,都是虚妄不实、不入法眼的。莲华固然有"美","美"在已是消解了因果的"动静未始异","虽动而常静"的毕竟空。

可见,如果说儒家以"动"为美的本原本体,道家以"静"为美的本原本体,或者说,儒、道两家都崇尚"动静不失其时"即动静合一的美,那么所谓有无、动静的"审美",是以"本静""原静"即"常静"为其"根因"与"本体"的。

---

① 僧肇:《物不迁论第一》,《肇论》,《中国佛教思想资料汇编》第一卷,第144页。

其禅悦(包括"美感"),恰恰并非五官所感觉以及俗世心灵所领悟的那种境界,而是不离于五官及心灵(六根)又同时加以斥破、消解的那种空寂的境界。

三 "般若无知"论的美学意蕴

僧肇参与乃师鸠摩罗什翻译《大品般若经》,译成后自撰一篇重要的佛学论文,便是《般若无知论》。其思想主题,是对世俗意义"有知"知识论、认识论的怀疑与否弃,提倡般若中观意义的"无知"即"真智""真谛"说,在美学上,相通于审美直观。

在僧肇看来,人类的智慧,假定可以分为"圣智"(般若之智)与"惑智"两大类,则就等于承认,《般若无知论》所言"惑智"(世俗之知),具有与般若同等的人文品格与地位。然而,"惑智"即"惑取之知",其实是不能认识、洞见世界真谛及其美学意蕴的。"惑取之智",建立在主体、客体与主观、客观分别,且承认一切事物都具有形相的思维基础之上。因而,此"知"只能是"惑智"。既然是"惑",则怎么可以称为"智"(般若)?《般若无知论》说,分别之知,"取相故名知"。"取相"即滞相、系累于相。这是一个具有关键意义的佛学命题。世俗之知,必以"取相"为思维运动的前提,而世界万相森罗,倘欲执取,又必以主客分判、万物形相不一为前提。因此,凡"取相"而分别所获之"知",在僧肇看来,是不可靠而值得怀疑与彻底否弃的。僧肇对世俗之知包括科学认知与人文德性之知,抱着极其不信任与否定的人文态度。

然而,僧肇并不认为这世界及其真谛不可悟入。所谓"惑智"即"惑取之知",断不可靠,"圣智"(般若之智)照亮了洞彻世界真谛的放大光明之途。僧肇《般若无知论》引述《放光般若经》《道行般若经》有云:

> 《放光》云:"般若无所有相,无生灭相。"《道行》云:"般若无所知,无所见。"①
> 信矣!是以圣人虚其心而实其照,终日知而未尝知也。故能默耀韬光,虚心玄鉴,闭智塞聪,而独觉冥冥者也。②

般若之所以是无上佛慧,因其无执取于世界万象及其生灭,且无执于般若中观本身之故。般若无相、无别、无生灭亦即无知。因为"无知",故"无所不知",便是"圣人(佛、觉者)"般若智慧圆满具足、"独觉冥冥者"。

---

① 僧肇:《般若无知论第三》,《肇论》,《中国佛教思想资料选编》第一卷,第147页。
② 同上。

这也就是《般若无知论》所谓"圣人以无知之般若,照彼无相之真谛""但真谛非所知,故真智亦非知"①之境。

真智并非一般俗虑所谓知,真正的智慧必非俗知、"惑知"。僧肇的逻辑是,既然世间万有形相皆是虚妄,既然执取于万相因"有知"而为一歧途,那么,以"真智"观照于"真谛",便是"不得般若,不见(现)真谛"的必由之途。

般若之智,无相、无别亦无生灭,便是斥破、否弃世俗之"知"的一种境界。般若即无知。

僧肇坚信自己向众生所指明的,是悟得世界真谛的一个正见。其逻辑是,既然世界及其万有形相皆为虚妄不实,既然执持万相、分别是一条死途,那么,以真智(圣智)照彻真谛,此为究竟、必由之路。这也便是《般若无知论》强调"不得般若,不见真谛"的缘故。

般若作为究竟智,具有无上的人文品格:

> 以圣(佛)心无知,故无所不知。不知之知,乃曰一切知。故经云:"圣心无所知,无所不知"。
> 若以所知美般若,所知非般若。②

僧肇另一文《维摩经注》也说:"无知而无不知,谓之智也。"

这是将般若智慧证悟真谛的品格与功能,智慧地加以肯定,是建立于佛教信仰基石之上的,对治知识论的一种般若中观之说。

僧肇"般若无知"论断言,主体如果执取万物形相,并加以分别(比如分别形相、生灭等),那就只能获得"惑取之知"而非般若之智。"惑取之知"即众生知。世俗众生,以有知即分别即是非与执相为其思维与思想的特点。般若之智作为真谛,"无知"即无相、无别亦无缘,即是离弃于因缘、轮回。否则,还能称之为般若之智么?般若之智,其证悟的人文品格与功能,一般地排斥概念、逻辑与推理。般若本身,难以言语、文字符号表述。它是一种难得的直了顿悟的心灵之境,类于西方现象人类学所谓"现象直观"。正如禅门所云,"言语道断,心行处灭"。人一旦以言语、文字加以描述、论证,甚或对其稍加思索,它便"断""灭"而不"在"(being)于当下。般若之智的了悟方式,与世俗思维需以概念、逻辑、推理去进行不一。

有趣的是,当智者如僧肇在《般若无知论》中,严峻而深致地阐述、论证这一"现象直观"式的般若之智时,其实般若之智本身,本不"在"于僧肇言说

---

① 僧肇:《般若无知论第三》,《肇论》,《中国佛教思想资料选编》第一卷,第148、149页。
② 同上书,第147、148页。

之当下。然而,僧肇又不得不运用一系列概念、逻辑与推理这一"惑智"(俗知)方式,来论证其"般若无知"的"真理性",岂非二律背反、自相矛盾?

关于"般若无知"之"智"的论述,却遮蔽"般若之智"本身。论述"般若无知"的"智",却并非"般若无知"。说"般若"者"般若"不"在场"。"般若之智",既不可思议、不可言说,又必须加以思议、加以言说,"说似一语即不中","过尽千帆皆不是"。总也思而又思,千语万言,固然永无抵达于终极之境,可总是不舍于此。这正是僧肇等佛门中人与一切凡夫俗子所不得不面对的一种语言困境、哲学尴尬与美学景观。

无论僧肇抑或所有大德高僧,便也"命里注定",必须与般若之智达成佛学也是语言哲学、语言美学的一个"妥协",即以佛教所谓"权智"来言说"般若"。"权智"即"方便"。"方便"者,"不得已而求其次"之谓。佛典、教义等一切言说,皆为"权智"之言而非般若之智的本"在",却又不得不思、不得不说,从而可能趋于般若之境。就连笔者试图研究中国佛教美学的这一本小书,如能叩响"般若之智""实相般若"的禅门,大约至多也只是停留于所谓"文字般若"的境地吧?

僧肇毕竟是僧肇,作为"解空第一"者,其般若中观之说,有如罗什所译龙树《中论》"因缘所生法,我说即是空。亦为是假名,亦是中道义",亦空、亦假、亦中,这空、假、中三维,既二律背反又合二而一,便以"般若无知"作为语言呈现。离弃于空、有(假有)二边来说"中"且无执于"中"(因为中亦假名),谈空说有而非空非有。其言说之重点,固然在于离弃空、有而无执于中,而从"中"观悟(所谓中观),便是"般若中观"。悟入于无知之境,即无相、无别、无缘之境,斥破有知即有相、有别、有缘。《般若无知论》云:

> 缘法故非真,非真故非真谛也。故《中观》云:"物从因缘有,故不真;不从因缘有,故即真。"今真谛曰真,真则非缘。①

一切事物现象因缘生起,所以并非真实。虚妄不真,所以不得真谛。正如《中观》所说:"一切事物现象因缘生起而称为有(假有),所以因缘生起不等于中道实相;不能从因缘假有一边看中道,所以中道非假非真、即假即真。"这里所说的真谛称为中道实相,中道实相是因缘断灭。

因而,以般若之智观照真谛、真实,自与俗知("惑知")相关,否则,般若之智又怎么由现象所显现、所证知呢?般若之智并非与俗世、俗知绝然无涉。

---

① 僧肇:《般若无知论第三》,《肇论》,《中国佛教思想资料选编》第一卷,第149页。

然而,真谛不是俗谛,般若之智并非俗知。不能错误地将般若之智等同于俗知("惑智")。企图从一般的佛教因缘论求中道实相,是将中道实相等同于一般的空幻之境了。而绝对离弃因缘,又不得真谛。这是说,有知无知,即有相无相,真谛俗谛与俗知圣智,等等,都是非一非二、亦一亦二、非彼非此、亦彼亦此的双非双照、双照双非的中道关系。

中道实相如何可能?

假定般若之智"唯照无相",那么一旦离弃于世界万有,又何能称为无相?无相总是对于万有之有相而言的,反之亦然。倘然只承认般若无相,那么离开这世界万有,也便无所谓无相。不要指望在世间、轮回泥淖之外去证印什么解脱即理想之境。"若唯照无相,则无会可抚。"①绝对的无相无知,哪里还谈得上什么"无知"即"无所不知"呢?

《般若无知论》说:

> 真般若者,清净如虚空,无知无见,无作无缘。斯则知自无知矣,岂待返照然后无知哉?②

一般的佛教因缘论,固然不是般若中道观。般若之智,是对于因缘的断灭与断然拒绝,否则并非般若之智,此即所谓"般若无知"。然而,般若智又并非与"缘"(因缘)绝然无涉,般若、真谛固然"非知"(无知),却是"照缘而非知",中道与因缘的关系确系双非双照、双照双非。

在美学上,僧肇的"般若无知"论作为般若中观之见,令人意外地触及了美学的一根神经,这便是审美直观。

审美直观,大凡也可称为现象直观,指审美主体不直接依凭一定概念、逻辑与推理,而刹那实现对于审美对象的审美观照。审美直观实现之时,排除显在的实用功利、理性分别、是非判断和机巧心理等心灵因素,拒绝知识、理性之类的直接参与,不直接表现为一定概念、逻辑与推理的思考方式,其人文时间特性,是"当下立见",以佛家之言,也可称之为"放下屠刀,立地成佛"。有如欣赏"亭亭净植""出淤泥而不染"的莲华之美,为当下、刹那实现的审美直观,无主客、物我的分别,也暂时排除柴米油盐、荣辱得失、功名利禄等念想,主体的心灵心境突然沉浸、洋溢与融和于主客、物我浑一的愉悦、幸福、温馨或崇高、净化等的精神氛围之中。无功利、无目的、无物欲、无分别、无是

---

① 《附:刘遗民书》,《般若无知论第三》,《肇论》,《中国佛教思想资料选编》第一卷,第156页。
② 僧肇:《般若无知论第三》,《肇论》,《中国佛教思想资料选编》第一卷,第148页。

非、无机心,是审美直观的典型心态与心境,这相通于僧肇所倡言的"般若无知"之境,或曰"般若无知"相通于审美直观亦可。

审美直观也是一种心灵的"无知"。它直接排拒世俗意义上的功利心与知识理性意义上的分别心,有类于般若禅悟。在中国美学史上,关于审美直观的瞬时发生与实现问题,首先为老庄道论的美学所揭示。审美直观的无欲无知,意味着主客、物我浑契,归趣于虚无,这正如通行本《老子》所说,"致虚极,守静笃",《庄子》所谓"心斋""坐忘"。

《庄子·人间世》有云,"闻以有知知者矣,未闻以无知知者也"①。这里,庄生对俗世仅知"有知知者"而不悟"无知知者"的状况感到不满。"无知",指以虚无为精神归趣的审美直观。"无知知者"的意思是说,"无知"作为虚无之道,通于审美,是一种有别于世俗意义的"知"(孔子仁学意义上的"智"②)。当庄子所说的智者发生、实现审美直观之时,其审美心灵的状态、氛围与境界,无疑是对虚、无的观照。

尽管僧肇所言"无知"一词源自《庄子·人间世》,但其所指意涵不同于《庄子》。《庄子》的"无知"指虚无的心境,僧肇的"无知"指般若之智即般若中观。两者的人文素质、内涵与品格是不同的。正如《华严经随所演义钞》卷一所言,此佛家所谓"借语用之,取义则别"。

作为无知有知、无相有相、真智惑知等双非双照、又非又照之见的僧肇的"般若无知"说,其本身包含了关于人类"知"问题整体与幽微的思考和成果。

人类认识世界、观照美与人自己等一切事物现象,不可以没有"知",这指由感性升华的理性认知。知性是人之本性的重要构成。人之所以为人,首先是因为人本具知性,"知"是人的性命所在。人倘若无"知",则兽性、则非人。人知性的生成,始于知识的获取。人获取知识有一前提,必须主客、物我判然有别,即生分别心、是非心与机巧心等尘心。知识催醒人的主体意识。主体意识是双刃剑,一则促成人的自我觉醒、自我认同,其中包含一定的主体审美心灵条件;一则令欲望、分别、是非与机巧之心滋张,这又有违于审美。对于审美而言,却不可直接有"知"又不可无"知"。前者,指欲望、分别、是非、机巧等不可直接参与;后者,指历史地生成人的主体意识,审美必须具备一定的主体心灵条件,如果一定的主体意识未曾启蒙、觉醒,那么审美便不可能发生。有如孩提,其在襁褓之中,童蒙未开,知识及主体意识未获生成,遑论审美?一旦长成,已备一定的主体、主观条件,又时时陷于分别、欲望等心灵牢笼而悖于审美。因而大凡审美,正如《老子》所言,"见(现)素抱朴,少私

---

① 《庄子·人间世第四》,清王先谦:《庄子集解》卷一,第24页,《诸子集成》第三册。
② 按:《论语·雍也》篇云:"子曰:'智者乐水,仁者乐山。智者动,仁者静。智者乐,仁者寿。'"

寡欲"。素者,未染之丝;朴者,不析之木。这是指"涤除玄鉴"之境,通过祛蔽,刹那重现被欲念与分别、是非、机巧之心所"污染"的人的原朴本性。此即所谓"道"之境。其间,如果将"私"与"欲"理解为知识主体、功利实用主体即"有知"之"知"的心灵因素,那么,直接的"私"之"欲"必当排除在审美之外,或曰审美被抑制而不能真正地发生。所以,如果仅仅是"少私寡欲",与审美不能契合,应当说,审美必"见素抱朴"而"无私无欲"。这是指审美直观发生时,直接的"思""欲"作为"知",是不"在场"的。《庄子》说,道者,"素朴而天下莫能与之争美"①。值得注意的是,此指直接、瞬时的审美之境。从审美现象看,已将知识、分别即"有知"之"知"及欲念与计巧等尘心,刹时"涤除"干净。可是审美发生时,固然直接的"私"与"欲"不"在场",但不等于在间接意义上,"私""欲"等心灵因素不参与审美过程而发挥其作用,它是作为审美心灵的蕴涵、氛围与背景而"在"的。就此意义而言,老子所谓"少私寡欲",又与审美现象相契合。

僧肇所谓"般若无知",与老庄所谓"道"即"无知"自当有别。两者的根因、根性有别。前者为空而后者为无。这是必须加以强调的。不过正如前述,僧肇的"般若无知"指中道实相,为中观之境,不是一般佛教教义如涅槃成佛论所说的"空",更并非所谓"恶趣空"(顽空)。

从儒、道、释三学各别的人文、哲学思维与思想审视,三者所言审美,殊有差异。

其一,儒家谈审美,往往不弃于"有"(有知),一般并非指刹时发生的那种审美直观,而是指与礼、仁(道德伦理)的历史实践所相容的道德的审美。这审美,一是指当道德趋于完善,在一定条件下,可能走向审美,如先秦孔子所言"智者乐水,仁者乐山"和荀子"虚一而静"。"道德作为本体",审美是"可能"的。道德意义上的"幸福"与"崇高",通于审美②。二是指在历史长河与生活实践中,由于儒、道、释三学的逐渐融合,在儒家思想体系中,包含着道、佛所主张的美学见解及与儒家审美论的融合。儒家关于审美问题,整体而言,以"有"为宗要,是一种一般地不离于经验生活与生命的审美论。其美以及审美究竟在何处?一般地在人的五官所能感觉、把握与判断的经验事实和事情之中,在有可能升华的种种精神现象之中,与人格的完善相结合。

其二,道家所说的美及其审美,在于与儒家之"有"相对的超验之"无"。假定将儒家所肯定的经验世界及其美与审美"悬置"或曰"放在括号里",试

---

① 《庄子·天道第十三》,清王先谦:《庄子集解》卷四,第82页,《诸子集成》第三册。
② 参见拙著《中国美学的文脉历程》第六章"理学流行与审美综合"第二节"道德本体:审美如何可能",第585—619页。

问,这世界与美、审美作为"存在",究竟如何可能?正如叶秀山先生所言,这世界还"存在"一个"无"①。"无"即"存在"即美并且直接关涉于审美。审美直观,就是当下立现的"在(道,无)"。"无"的美与审美,作为本体的现象,可缘象而体会;作为现象的本体,即庄子所言"象罔",也便是《庄子》庖丁解牛这一寓言所说的"不以目视"而"以神遇"②。这是指超越儒家之"有"、超越经验层次的老庄式"无知"的美与审美。

其三,那么,假定将儒之"有"和道之"无"及其美与审美"放在括号里"加以"悬置",试问,这世界及其美与审美又究竟如何可能?答案只有一个:这世界只"存在"一个"空"。"空"之可能的美与审美,是消解"有""无"之美与审美瞬时所呈现的一种境界意蕴。斥破世俗之"有"(入世)、"无"(出世),又必与"有""无"构成双非双照、亦非亦照的关系,这不啻可以看作以"般若无知"所顿悟到的一种原美。它是离弃顽空与有(包括儒家所谓"有"即入世、道家所谓"无"即出世)的两边,即非空非有而"中"又无执于"中"的一种境界。此境,无生无死,无是无非,无善无恶,无染无净,无悲无喜,有如唐王维《辛夷坞》"木末芙蓉花,山中发红萼。涧户寂无人,纷纷开且落"和《山中》"山路原无雨,空翠湿人衣"那般的太上无情且意蕴葱郁。

正如本书前述,比如穿鞋,儒家以穿鞋(遵循经验事实、伦理规矩等)为自由为美(有);道家以不穿鞋、纯为天足为自由为美(无);佛家则说,鞋及人的穿与不穿,其实都虚妄不实,都是空的。般若中观、僧肇"般若无知"论,主张无所谓空无所谓有、离弃空有二边为中又无执于中。这便是那种自由与美,它"在"于"当下(中)"又未执于"当下",便是"中道实相"的境界。

"般若无知"作为"中观",是解构儒的经验之有与道的超验之无,进而解构大乘有宗涅槃佛性论执空之见,尔后所蕴含的空宗无执于空的中道实相。无执于空即"般若无知"。其所谓原美,确"在"于"中"即当下,又并非滞累于"中"。此正如前文所引龙树《中论》"三是偈"然。因缘生起之法(一切事物现象及美与审美等,此指儒、道有、无)固然为空,而此空仅为假名,故需离弃空、有二边,斥破"边见"又无执于"中"("中"亦假名)。

就"般若无知"相通于美与审美直观而言,"般若无知"所领域的中道实

---

① 按:叶秀山《世间为何会有"无"?》一文说,"经过胡塞尔现象学的'排除法',剩下那'括不出去'","排除不出去的东西,即那'有'一个'无'在"(《中国社会科学》1998年第3期)。
② 按:《庄子·天地第十二》:"黄帝游乎赤水之北,登乎昆仑之丘,而南望还归。遗其玄珠,使知索之而不得,使离朱索之而不得,使喫诟索之而不得也。乃使象罔,象罔得之。黄帝曰:异哉?象罔乃可以得之乎?"《庄子·养生主第三》:"始臣之解牛之时,所见无非牛者。""方今之时,臣以神遇,而不以目视,官之止而神欲行。"(清王先谦:《庄子集解》卷三,第71页;卷一,第19页,《诸子集成》第三册。)

相,作为现象之本体,固然无可执著,作为本体之现象,又可能缘象而悟入,这便是世上一切禅诗之美与审美之魂的所在。般若中观以为,一切审美与艺术审美现象皆为"假名"。审美直观,必缘此假名而悟入,便是"无知"的境界。一切美与审美的本体和现象的关系,确可借用庄子之言,"非言非默",又亦言亦默。

  应当再次强调的是,在美的现象与审美中,被瞬时所消解的概念、逻辑和推理等知识理性,以及前文所述那些功利、是非、分别等尘心,并非毫无意义,其如直接参与,必然阻碍审美直观而并非审美,然而,凡此人文心灵因素,又是一切审美包括"般若无知"、审美直观不可或缺的心灵蕴涵和背景,否则,般若中观、审美直观亦断不可能。确如古人所说,譬如"蜜中花,水中盐,体匿性存,无痕有味"。

  要之,僧肇《般若无知论》一文的美学意蕴,在于解构儒有、道无①之时而"当下"所"在"的空境,并且无执于此空,在于离弃空、有即"中"又无执于"中"性之境。

  僧肇所说的"般若无知",与先秦老庄所说的虚、无意义的"无知",以及出世间与世间等等,实际是一种非二非一、双非双照的中道关系。"般若无知",固然并非一定是审美直观,却又并非一定的非审美直观,正如出世间并非世间同时又非绝对出世一样,反之亦然。这种中道关系,就"般若无知"而言,就是前文所论说的"照缘"。

  在此意义上,具有双非性的"般若无知"与审美直观,同时具有双照性。般若无知,并非一定是审美直观,却又与审美直观相契相融。

  这意味着,僧肇所倡言的"无知",实际指般若与儒有、道玄与空幻之际的一种精神境界,其人文意蕴,在儒有、道无与佛道之际。如果说,老庄所言说的道家"无知"是虚无之美与审美的话,那么僧肇所称述的"般若无知"的美与审美,在佛与道、空与无之际,同时以儒有为背景。浸淫于佛神空幻的理想,深受魏晋玄学玄无之道的影响,又以否弃儒有、道无与顽空的态度与方法,是僧肇"般若无知"美学观的一个基本特点。

四 "涅槃无名"论的美学意蕴

僧肇《涅槃无名论》一文云:

> 夫众生所以久流转生死者,皆由著欲故也。若欲止于心,即无复于

---

① 按:此二者,皆具世间性,佛家通称"有"(假有)。

生死。既无生死,潜神玄默,与虚空合其德,是名涅槃矣。既曰涅槃,复何容有名于其间哉？斯乃穷微言之美,极象外之谈者也。①

何谓"涅槃"？僧肇的答案很是简了：心灵了断生死便是。涅槃汉译为灭,灭即了断于生死。灭诸生死烦恼造作虚妄,便离相而直入寂静之境。此境,不可言说,不可思议,原本超言而绝象,而又不得不思之言之,这就是"涅槃无名"论的宗要。它与美学的关系,的确在于"斯乃穷微言之美,极象外之谈者也"。

涅槃分"有余"和"无余"两类。《涅槃无名论·'开宗'第一》云："经称有余涅槃、无余涅槃者,秦言无为,亦名灭度。"有余涅槃,未究竟之涅槃,断灭生死烦恼的因果,而未断果报身的因果；无余涅槃,彻底斩断三界烦恼、一切因果之境和因果之链。

《涅槃无名论》说,涅槃本"寂寥虚旷,不可以形名得；微妙无相,不可以有心知","然则言之者失其真,知之者反其愚,有之者乖其性,无知者伤其躯"。因而,僧肇认为,涅槃"无相"即"无名",这是首先对于无余涅槃而言的。"无余者,谓至人教缘都讫,灵照永灭,廓而无朕,故曰无余。"而"无名"论,并没有将有余涅槃彻底排除在外,是何缘故？其一,"有余无余者,盖是涅槃之外称,应物之假名耳"。有余、无余的境界不一,而其言说皆是假名。在假名这一点上,无有差异。其二,从有、无联系看,"涅槃非有亦复非无,言语道断,心行处灭","果有其所以不有,故不可得而有；有其所以不无,故不可得而无耳"。② 涅槃的无论有余、无余,都系于世俗的有、无而超于有、无。许抗生说："说涅槃为有,然已超越了生死,五阴(色、受、想、形、识五阴构成人的生命)永灭；说涅槃为无,然其灵知独照而不竭。五阴永灭与'道'(宇宙之真谛)相同,故其体虚而不改,所以可为有；然而其'幽灵不端'、'至功常存',所以又不可为无。因此涅槃应是超越了有无,泯灭了称谓,不可以有无来题榜的,涅槃只能是非有非无的,超言绝象的。"③ 如果仅从有无的关系看,这有无仅关涉于俗谛,滞累于有无,仅俗谛而已。

真谛何耶？涅槃道是。俗谛何耶？有无法是。④

---

① 僧肇：《涅槃无名论第四·奏秦王表》,《肇论》,上海佛学书局影印宋本,《中国佛教思想资料选编》第一卷,第157页。
② 同上书,第158、158、158、159、158、158页。
③ 许抗生：《僧肇评传》,第226页。
④ 僧肇：《涅槃无名论第四·越境第五》,《肇论》,《中国佛教思想资料选编》第一卷,第161页。

因而,涅槃关乎有无而并非有无本身。"别有妙道妙于有无,谓之涅槃","而曰有无之外别有妙道,非有非无,谓之涅槃"。①

《涅槃无名论》设问,"论旨云涅槃既不出有无,又不在有无。不在有无,则不可于有无得之矣;不出有无,则不可离有无求之矣"。这岂不是涅槃"有名"了么？答案是:"夫言由名起,名以相生,相因可相,无相无名,无名无说,无说无闻。经曰:'涅槃非法非非法,无闻无说,非心所知'。""然则玄道(按:指涅槃)在于妙悟,妙悟在于即真,即真则有无齐观,齐观则彼己莫二。"②"妙悟"即涅槃。涅槃有无莫二、不在有无而不出有无,超于有无。

这里,《涅槃无名论》的佛学旨要与美学相关处在于:

其一,僧肇该文内容,主要有所谓"九折十演"③,即逐一论析关于涅槃的九个问题。加上文前上奏秦王表一文,凡十九节。其主题,在于讨论、分析涅槃究竟无名、有名及其品性与如何成就涅槃正果。正如前述,涅槃与有无相关,涅槃"无名"还是"有名"而是否可被言说,值得一辨。僧肇断言:"涅槃无名。""无名"一词,源于通行本《老子》"道可道,非常道。名可名,非常名"与"大象无形,道隐无名"句。道作为世界万物现象的本原本体,不是不可以言说的,而一旦言说,却并非那个本原本体的恒常之道。道,不"在"言说的当下;道,自当可以勉强地给以命名④,而一旦命名,道即不"在"。道无"常名"。涅槃并非道家之"道"。

涅槃是以佛家之言所表述的人类一大绝对理想之境。因为是理想,其中蕴含一定的美与审美因素。关于美,可以言说的,仅是世间无数美的东西,而美的东西的本原本体,即古希腊柏拉图所谓"美本身",是不可言说又不得不说的,因而称"美是难的"⑤,认为只有作为"上智"的少数"哲学家"可以"理解"而言说"美本身",作为"多数"的"下愚"是不能言的。这与中国先秦《老

---

① 僧肇:《涅槃无名论第四·越境第五》,《肇论》,《中国佛教思想资料选编》第一卷,第161页。
② 僧肇:《涅槃无名论第四·搜玄第六·妙存第七》,《肇论》,《中国佛教思想资料选编》第一卷,第162页。
③ 按:"九折十演"为"'开宗'第一""'核体'第二""'位体'第三""'征出'第四""'超境'第五""'搜玄'第六""'妙存'第七""'难差'第八""'辨差'第九""'责异'第十""'会异'第十一""'诘渐'第十二""'明渐'第十三""'讥动'第十四""'动寂'第十五""'穷源'第十六""'通古'第十七""'考得'第十八"和"'玄得'第十九"。
④ 按:通行本《老子》第二十五章云,"有物混成"之"道","吾不知其名",只能"字之曰道","强为之名,曰'大'"(按:太之本字)。
⑤ 按:柏拉图《国家篇》476B-C云:"另一种(按:这里,柏拉图指少数哲学家)能够理解美本身,就美本身领会到美本身,这种人不是很少吗？"柏拉图《大希庇亚篇》云,"一切美的事物有了就成其为美的那个品质(按:指'美本身')"。〔古希腊〕《柏拉图全集》卷二、卷四,人民出版社2003年版。

子》所说不尽相同。般若"无知"论的所谓"无名",同样同时包含既不可言说又必加以言说两个义项。以指指月①,指非月,月非指。指为能指,月为所指,两者非一而非二,非二而非一。智者以指指月,月者有如涅槃,涅槃本身"无思""无名"。涅槃与涅槃之名言,此二者不一。有如月与指不一,故不可将涅槃与涅槃之名言相等同;涅槃与涅槃之名言,既不一又不二,有如以指指月,如无指,则何以指月?指固然并非月,然而倘无指,月在哪里、哪里是月,即月之安"在"(being)?因而,涅槃又因涅槃之名言得以"方便"。这便是《大智度论》所谓"义"(所指)与"语"(能指),即《涅槃无名论》所谓"涅槃"与"说涅槃"二者,是"无名"与"有名"、所指与能指的关系。与此相涉的美与美的东西,或称美与美之现象二者的关系,也是如此。涅槃作为理想,蕴含着美的本原本体因素,或可称为原美,此则朗朗然之月也,真谛也,可指、可望而不可即;涅槃修持及涅槃名言,以指指月之谓、摄求之谓,俗谛也。"不在有无"而"不出有无",其修持、其过程、其审视、其名言,可能有美的现象与审美因素"妙存"于此,但不是"美本身"。

其二,关于顿悟、渐悟,作为成佛、涅槃的方式问题,在中国佛教史上的思辨与论析,最著名而重要的,为晋宋之际的竺道生。在此之前,有僧肇《涅槃无名论》"诘渐""明渐"等关于渐悟问题的诘问与阐述。僧肇持渐悟之论,与其师鸠摩罗什略同。其主要理由有四:一、涅槃本身圆融无碍,而"三乘"②之于修道的众生,因结缚过甚未能一次顿了,"结是重惑,而可谓顿尽,亦所未喻",故须渐悟。二、涅槃妙境固然无别,而其道蕴无限,未能一次顿尽。"况乎虚无之数,重玄之域,其道无涯,欲之顿尽耶?""为道者,为于无为者也。为于无为而日日损,此岂顿得之谓?"③三、众生悟力不一,三乘修持果位有别,意气"量"有限,未能顿尽。众生济缘起之津,同鉴四谛之的,而绝伪即真,可同登涅槃岸。然其所乘不一,智慧未同。众生根器不一,智鉴有别,德行分差,则慧果难齐。彼岸是没有差异的,差异源于众生之"根"不同。四、众生经"七住"而趋于涅槃,但终未圆成,仍需进修"三阶",这是渐悟的反证。可见,僧肇作为一个坚定的渐修、渐悟论者,显然与竺道生首倡且持顿悟说有异。

---

① 按:《大智度论》云:"如人以指指月,以示惑者,惑者视指而不视月。人语之言,我以指指月令汝知之,汝何看指而不看月?此亦如是。语为义指,语非义也。"见《大智度初品中十方诸菩萨来释论第十五》,《大正藏》第二十五册,"般若部类",〔印〕龙树菩萨造、鸠摩罗什译《大智度论》卷九,P0125b。
② 按:大乘所谓"三乘",为声闻(小乘)、缘觉(中乘)、菩萨(大乘)之总名。
③ 僧肇:《涅槃无名论第四》,《肇论》,《中国佛教思想资料选编》第一卷,第164页。

僧肇《涅槃无名论》专论"无名",所谓"言语道断,心行处灭"①。在佛教哲学、佛教美学中,属于语言哲学、语言美学范畴。言说"无名"而倡言渐悟,其理由者为如上四端,且以第一理由为最重要②。值得在此简略讨论的,是佛教渐悟与审美之悟的关系。

在美学上,大凡审美的主体心灵,一旦进入审美境界,或曰实现为审美,则意味着悟。其悟的心灵结构与氛围、底蕴,必与一定的现象观照、感受、直觉、体验和领会等相联系。其间,必有静态而平和即暂时"忘"去是非、善恶等因素的参与。康德从无功利的功利、无目的的目的、无概念的普遍和无概念的必然等四方面,揭示了审美判断的内在心灵结构、氛围与底蕴。审美总是当下的、在场的。审美,全神贯注于对象,此之所谓"凝神观照";其时,宁和的心灵、心境必不可缺,大悲、大喜、狂躁、妒忌和阴郁等心境条件必不利于审美,此审美之所以必须"生气灌注";审美情感或曰美感,作为人的愉悦、幸福、崇高甚而灵魂净化的情感方式,是一种基于且超越于人生理快感的全人格的感动,因而,其历史和人文的内核是悟。

悟,指精神的解放、心灵的觉醒。佛教是最讲"悟"的宗教。作为对于世界真理、真谛的领会,主要由于悟的时间性与阶位的不同,而可分渐悟、顿悟两类。小乘讲渐悟,大乘渐、顿互说。三乘之二的声闻、缘觉,尚谈不上真正的"悟"。自无始以来,唯有大乘菩萨的无漏种子,越声闻、缘觉之位行而直了菩萨的果性,是为顿悟,顿悟刹时实现;菩萨的无漏,需经声闻、缘觉二乘果位、自浅而深、逐渐成就于菩萨,是为渐悟,多次圆成而非毕其功于一役。在时间性上,渐悟是一个历时性的悟,它是具有时段性的。

暂且勿论顿悟,渐悟作为审美之悟的方式之一,在个人审美经验中,由于其经验是一个累积过程,经验有丰歉,学养需积累,悟力往往随之增强或减弱,故审美渐悟不可避免,而且是历时性即具有时段的;就一个民族、时代而言,其审美的实践及经验同样也是一个历史性过程,其中充满了可能而必然的渐悟。无论个人还是群团的审美之悟,都可以是一个渐进过程。这里,充满了传播、影响、回互甚或倒退,是实践、经验的不断积累甚或反复。而且,审美的"慧海"广深无比,任何对于事物现象包括审美现象的观照与领会,不可能一次完成,或者说,完成了一次,不能保证就不会有第二、第三次直至无数次。所谓悟境,总是处于不同的历史与层次,它们无穷无尽。审美之所以可

---

① 僧肇:《涅槃无名论第四·开宗第一》,《肇论》,《中国佛教思想资料选编》第一卷,第158页。
② 按:《文殊师利问疾品第五》,僧肇《维摩经注》再次强调这一点。其文云:"群生封累深厚,不可顿舍,故阶级渐遣,以至无遣也。"

能实现为"悟",是因为此悟的智慧内核,实际为熔融于意象之中的理性和理解力,被称为悟性的那个东西,是被把握到的现象与本体、思性与诗性的相互渗融。这里,无论佛教所谓渐悟的悟,还是审美之悟,决定其悟广度和深度的,实际是那个与诗性相融的思性,或者可称之为识性、认识力,也是一个历史的成果,这一成果永远不会彻底成熟。可见,无论僧肇所谓渐悟,抑或历史性的审美之悟,都是"未完成时态"的,都永远"在路上"。当然,同样是渐悟,佛教是离弃且不离于世间,而以究竟之智,悟于空幻及中道实相;审美的悟,悟在生活真理与真实。前者悟于涅槃、中道,后者悟于万类意象的底蕴。

关于渐悟问题,在僧肇所著的其他一些佛学篇什中,亦往往论及,它有时与美、丑观念联系在一起。兹以《答刘遗民书》一文为例,该文有云:

> 君既遂嘉遁之志,标越俗之美,独悟事外,欢足方寸,每一言集,何尝不远。①

这是以"越俗之美",称许刘遗民的"嘉遁之志""独悟事外"。所谓"越俗",超越、舍弃于世俗之谓。"越俗"的"俗",指儒的"有"与道的"无"此类人生之境。因而僧肇所言"越俗之美",指般若中道之"美"。僧肇曰:

> 公以过顺之年,湛气弥厉,养徒幽岩,抱一冲谷,遐迩仰诵,何美如之?每亦翘想一隅,悬庇霄岸,无由写敬,致慨良深。君清对终日,快有悟心之欢也。②

这是以敬畏、崇仰之心,说"过顺之年"(按:六十多岁。《论语》子曰:"六十而耳顺。")的慧远幽居于庐山的崇佛之"美",并说,这是人间其他的美所难以比拟的,又称许"君"(刘遗民)作为居士的"悟心之欢"。什么是"悟心之欢"?只有领悟般若空境之真谛者,才得体验。又称颂云:

> 并得远法师《三昧诵》及"序"。此作兴寄既高,辞致清婉,能文之士率称其美。可谓游涉圣门,扣玄关之唱也。③

---

① 僧肇:《答刘遗民书》,《肇论》,上海佛学书局影印本,《中国佛教思想资料选编》第一卷,第151页。
② 同上。
③ 同上书,第152页。

此"美",首先并非仅指文篇辞藻之美,从"游涉圣门(佛门)、扣玄关(般若之境)之唱"一言可知。此"美"非比寻常。僧肇进而又有"妙尽"说:

> 疏曰:谈者谓穷灵极数,妙尽冥符,则寂照之名,故是定慧之体耳。
> 言象莫测,则道绝群方;道绝群方,故能穷灵极数;穷灵极数,乃曰妙尽;妙尽之道,本乎无寄。夫无寄在乎冥寂,冥绝故虚以通之;妙尽存乎极数,极数故数以应之;数以应之,故动与事会;虚以通之,故道超名外。①

"穷灵极数",指深契于中道实相、涅槃之境。"妙尽",指悟道之于极致。极致的佛道,"妙尽冥符",便是"寂照";"妙尽之道,本乎无寄",指离弃空、有二边且无执于中道;所谓"道超名外",此即"无名",指般若中道,它不是"名",也不在"名"中,所以超乎"名外";而中道本身,亦一假名,未可执取。这也便是"妙尽"之"美"。

在中国美学史上,"妙"是一个活力四射而且隽永有味的美学范畴。它由通行本《老子》首先提出,所谓"玄之又玄,众妙之门"。老子所言道,作为本原本体之美,是天下万类的"众妙之门",可见道是一种"根本妙"。这里,僧肇以"妙尽"称佛教般若空境,是借道玄(无)的"妙",来言说佛之空幻寂照及般若之"美"。般若中观的"妙尽",既然已借老子道玄之"妙"这一概念,则可证,中国的般若中观已经沾溉于道玄之"妙"这一假名,又无滞累于此;而所言中道实相,亦不执著。这用僧肇《维摩经注》的话来说,叫作道之极者为菩提,其境微妙无相,在佛教美学上,所谓"大士美恶齐旨,道俗一观"②。

最后还需指明,僧肇佛学的基本思想,在大乘空宗般若中观之学。这从其四"论"看,基本如此。僧肇说:

> 如来去常故说无常,非谓是无常;去乐故言苦,非谓是苦;去实故言空,非谓是空;去我故言无我,非谓是无我;去相故言寂灭,非谓是寂灭。此五者,可谓无言之教,无相之说。③

从中观看,"说无常"不等于"是无常","无常"是"说"意义上的关于无常的

---

① 僧肇:《答刘遗民书》,《肇论》,《中国佛教思想资料选编》第一卷,第152、153页。
② 僧肇:《维摩经注·弟子品第三》,《肇论》,上海医学书局本,《中国佛教思想资料选编》第一卷,第172页。
③ 同上书,第175页。

一个假名,并非无常本身。余皆类推:"言苦""言空""言无我"与"言寂灭",不等于"是苦""是空""是无我"与"是寂灭"。僧肇所论,大凡属于般若中观之言,所谓"无言之教,无相之说",如是如是。唯《涅槃无名论》之宗要,以"涅槃无名"为题,属于涅槃佛性论佛学范畴,与般若中观说有别。然而即便如此,僧肇论"涅槃",在其思维、思想上,依然是"般若中观"式的。该文论述"无名",都是从有无、有名无名、真谛俗谛、动静等不落两边来加以言说、辨析的。这从《涅槃无名论》所说的"有者有于无,无者无于有",而"所以处有不有,居无不无,故不无于无;处有不有,故不有于有""涅槃非法非非法,无闻无说,非心所知"可以见出。正如前引,僧肇《注维摩诘经》有"渐悟"说,而且论"佛无国土"头头是道,所谓"法身无定,何国之有","无定之土,乃为真土"。这的确将涅槃佛性论"般若中观"化了,该文的佛教美学因素,亦应作如是观。

第六节 佛教思想与晋人风度

晋人风度究竟指什么?拙著《中国美学的文脉历程》曾以"审容神,任放达,重才智,尚思辨"这十二字加以概括。据刘义庆(403—444)《世说新语》所述有关资料,称晋人风度具有"容神之美""任其自然之美""率真重情之美""巧辞灵思,智慧俊拔之美""雅量、无私之美"与"生命悲慨之美"[①]等六大方面。刘义庆其人,生年在东晋末与南朝宋初之际,彭城(今徐州)人氏,另著《徐州先贤传》、编《幽明集》与《宣验记》等。现存《世说新语》一书,记东汉末至两晋士人风度、品行与思想风貌等,状物述事写人每每要言不烦,传神而有蕴味。该书是今人研究晋人风度美学问题最重要的资料之一。

晋人风度,远承于东汉末(三国魏)的士人人格,其中何晏、王弼、嵇康与阮籍等辈的风度修为,已得时风之先。成名稍晚于"建安七子"的"竹林七贤",除嵇康、阮籍外,还有山涛、向秀、刘伶、王戎与阮咸,皆为西晋前人物。因而,这里所说的晋人风度,假如从其人文源头算起,也可称魏晋风度。而时至两晋尤其东晋,随着中国佛学的进一步深入推进,晋人风度中的佛学因素,更为显明。

时人评说、研究晋人风度,重视其玄学意义的人格的玄远、淡泊、自然、潇洒与愤世等品行问题,追摄其"尚无"这一哲理、美韵的本体诉求,固然不谬。

---

① 参见拙著《中国美学的文脉历程》,第395—405页。

然而,如果忽略晋人风度的佛学因素,则难以体会、把握晋人风度的人文真谛。

这种佛学因素,作为晋人人格、风度与修为的重要构成,可有诸多方面。其中重要之点,是深受佛教影响的悲慨情性,由悲慨而放逸的特有的苦空意蕴,熔铸中国美学关于人格美的悲剧意识,而言说辩难的思维方式,有传统名学与入渐的印度佛学逻辑因素的影响。

魏晋之时,名士辈出。且不说先有曹魏时期的"建安七子",以孔融、陈琳、王粲、徐干、阮瑀、应场与刘桢等为代表。南朝梁刘勰《文心雕龙·时序》云,观"七子"之"时文",正如其人品、风度,"雅好慷慨,良由世积乱离,风衰俗怨,并志深而笔长,故梗概而多气也"①。且不说曹魏正始年间及稍后,何晏、王弼与夏侯玄等,为"正始名士",以"贵无"的哲思、美韵为其思想风度。稍后则有"竹林名士"(竹林七贤),阮籍、嵇康、山涛、王戎、向秀、刘伶与阮咸等辈,虽处世态度及思趣与情志各略有不同,而尚无、狂放、嫉俗与雅爱老庄等,是其共同旨归。他们放荡无羁,蔑视权重,酣歌纵酒,以竹自命,活得潇洒而痛苦。且不说时至西晋,所谓"竹林名士"王戎、山涛等从"竹林"走来,依然无改其放逸的初衷。裴頠嫌嵇、阮口尚玄虚而蔑视礼法过甚,遂倡"崇有"之说以救"时弊"。傅玄、左思、皇甫谧、张协与陆机陆云兄弟等,往往弄那执爱于一生的"劳什子"文学,一时声名鹊起。还有王衍、乐广之流,清谈、任诞兼备幽默,却也活得有些辛苦。

且说东晋名士群体,更具有华茂的神韵。王导、祖逖、卫铄、王伯舆、王廙、王忱、葛洪、羊欣、顾恺之、李陵容、谢安、谢玄、王羲之、王献之、王洽、刘恢、殷浩、许列、郗超、孙绰、李冲、桓彦表、王敬和、王文度、何况道、陶潜、许允、戴逵与刘琰诸人,身居江左而思栖玄淡,志与自然共在,既坐观林泉,又出入于朝堂;一会儿流觞曲水,"仰观宇宙之大,俯察品类之盛",一会儿青灯佛前,在玄风东扇之际,向往六根清净、菩提心觉,时或又"热恋"孔训儒说。

在文化上,东晋名士无疑继承自魏以来的清谈传统。无论其身栖于庙堂而执掌重权,还是一边心忧天下,却游观在石间、林下与濠濮之际,大凡多以"三玄"即《周易》《老子》与《庄子》为谈资和主要人生教本。此时由于佛学进一步浸润于社会心灵,虽说东晋名士大多已然少了些慷慨悲歌之气与愤世嫉时之慨,有时其内心深处却并未见得存有几多温馨与宁和。清谈,一种晋人所特有的优雅、高逸的风度。灵趣一动,心潜魂犀,机锋迭出。在所谓"谈

---

① 刘勰:《文心雕龙·时序第四十五》,范文澜《文心雕龙注》下册卷九,人民文学出版社1958年版,第674页。

言微中"①、直探本蕴之际,分明有难以压抑的苦空意绪,时时掠过心头;在那麈尾一挥,侃侃娓娓、机敏应对、四座默然会心之时,终于拂不去的,是些许印入心田的佛影禅觉,还有那空门难遁的苦寂与焦虑。

时代有些变了。东晋名士的人生功课,除了"三玄",还有佛典之类,佛学确已成为清谈的主题之一。然而,由于艰难、困迫时世的影响,亦因一般名士研习与接受佛学,总以道玄之"无"甚至儒说之"有"为其人文底色,没有也未能让其心灵彻底地超越人生烦恼而真正地遁入空门,因而,在其作为人格模式基型的风度、意蕴中,往往一边潇洒地谈空说无言有,一边"顺其自然"地出入于朝堂与林泉之际,一边却是挥不去的烦恼、焦虑甚而苦痛。假定以数的比例来分析晋人风度之美的复杂性,那么,大约便是四分的道、三分的佛与三分的儒。当然,所谓道、释与儒的思想成分,在终于未仕或时仕时隐或又仕又隐的名士身上的表现及程度,是不一样的。

例如,据《晋书》卷七七《何充传》,名士何充(292—346)于晋成帝时任吏部尚书,永和初年,又以宰相之职辅佐年幼的穆帝,应是一热衷于国事、功名之辈,然又性忱佛典,甚而为修造佛寺而耗资巨亿,可谓出入佛儒,佛犹儒、儒犹佛。但其亲友贫困,却无出援手,遂为世所诟病。其人格修为,实去儒佛颇远。又据《晋书》卷九三《何准传》,何充之弟何准"唯诵佛经,修营塔庙而已",曾征拜散骑郎中职而不就,唯佛是瞻,且以素行高洁自许。考二何的人格表现,固然不一,以何准更具有典型的名士本色。

殷浩(殷中军,286—374)好学"三玄",雅爱玄谈,名重于当时。曾辞去记室参军与司徒左长史之职,隐逸乡野近十载。永和二年(346),又终于不甘寂寞,为褚裒举荐所动,先后出任建武将军、扬州刺史与中军将军,统五州军事北伐中原而连遭败绩,于永和十年(354)被废为庶人,徙于东阳信安(今浙江衢州)。《世说新语》记"殷中军被废徙东阳,大读佛经,皆精解。唯至事数处不解"②。无论《维摩经》还是大品、小品《般若经》,都研读得甚是认真,遇不懂与难解之处,向僧人请教或争问,因终于未通彻于佛理而引以为憾事。《世说新语·黜免》说:"殷中军被废,在信安,终日恒书空作字。"③所谓"作字",据有关资料,指"作""咄咄怪事"四字。整天书写"空"与"咄咄怪事"字书,可见其内心有几多不平、焦虑与烦恼,其实并未真正地遁入空门,其人格

---

① 按:牟宗三《中国哲学十九讲》云,所谓"谈言微中,是指用简单的几句话,就能说得很中肯,很漂亮"。
② 刘义庆:《世说新语·文学第四》,第61页,刘孝标注,《诸子集成》第八册。刘孝标注:"事数,谓若五阴十二入四谛十二因缘五根五九七觉之属。"
③ 刘义庆:《世说新语·黜免第二十八》,第228页,刘孝标注,《诸子集成》第八册。

非专崇于佛而时在玄、佛与儒之际"奔突"。

孙绰(320—377),东晋南北士族尤具影响的一代名士。祖籍太原中都(今山西平遥西南),东渡而居会稽(浙江绍兴),博涉经史,性爱山水,尚清言玄谈,又喜诵佛典,与当时名僧支道林、竺道潜交游甚深,与高阳名士许询同为"一时名流"。著述尚丰,而大部分已佚,其中《名德沙门论目》《道贤论》与《喻道论》等为佛学著作。今存《喻道论》首倡"周孔即佛,佛即周孔,盖外内名耳"①说,为发聋振聩之言。孙绰解说云:"佛者梵语,晋训觉也。觉之为义,悟物之谓。犹孟轲以圣人为先觉,其旨一也。应世轨物,盖亦随时。周孔救极蔽(弊),佛教明其本耳。"②既然称"佛教明其本",则"周孔"(儒)为"末"而可知矣,岂非以玄学"本末"之哲思而言说佛儒关系?可见,孙绰所谓"周孔即佛,佛即周孔",仅从两者"应世轨物",即同具应世、治世的功能而言的。在孙绰看来,两者还是"内外""本末"有别的。孙绰又调和佛与孝的关系,称佛的出家无碍于孝,是根本的孝行。"昔佛为太子,弃国学道,欲全形以遁,恐不免维絷。故释其须发,变其章服,既外示不及,内修简易。"这无异于为佛教徒的所谓"剃度"即"削尽三千烦恼丝"作辩护,以为"故孝之为贵,贵能立身行道,永光厥亲"③。既然佛教徒所言所行,"贵"在"立身行道",岂不是等于说,出家削发为僧,是最"贵"的孝?又,从佛与玄(道)关系看,孙绰称"夫佛也者,体道者也","应感顺通,无为而无不为者也"。④ 这以老庄之言、玄学之思而宣说佛义、佛境,属于以"无"说"空"、"空"附"无"的格义说。难怪其《道贤论》曾将"竹林七贤"比作两晋七僧,以阮籍比于法兰、嵇康比于帛远、山涛比于竺法护、王戎比于竺法乘、向秀比于支遁、刘伶比于竺道潜与阮咸比于道邃,看出名士与佛僧二者人格、风度的一致和对应,寄寓着孙绰调和佛、玄(道)的人格审美理想。

总之,从孙绰的有关言述可知,一种趋于健全而潇洒的晋人风度,应是佛、玄、儒三者合一的人格模式,以佛"空"为本、玄"无"为主而不舍儒训之"有",颇具有人格美的魅力。其间,尤其不能缺乏佛空的人文因素,而首先是佛空与玄无之间所展开的时代人文"对话"。

试看孙绰《游天台山赋》,通篇时采佛家语,又不废道家对于山水的钟情,而且隐隐有儒训在。如"太虚辽廓而无阂,运自然之妙有","过灵溪而一

---

① 孙绰:《喻道论》,《弘明集》卷三,《四部丛刊》影印本,《中国佛教思想资料选编》第一卷,第27页。
② 同上。
③ 同上书,第28、27页。
④ 同上书,第25、25—26页。

濯,疏烦想于心胸;荡遗尘于旋流,发五盖之游蒙;追羲农之绝轨,蹑二老之玄踪";又如"王乔控鹤以冲天,应真飞锡以蹑虚,骋神变之挥霍,忽出有而入无","散以象外之说,畅以无生之篇,悟遣有之不尽,觉涉无之有间。泯色空以合迹,忽即有而得玄。释二名之同出,消一无于三幡",等等。这里,"妙有""烦想""遗尘""五盖""应真""飞锡""神变""象外""无生""色空"与"三幡"等,皆为佛教用语。如"妙有",《老子》(通行本)有"玄之又玄,众妙之门"说,这是"妙"字出典。而"妙有",诸法皆空且以空为执之境,佛教以涅槃成佛为"妙有"。"烦想",即佛家所言"烦恼"。"遗尘",即佛教所言"尘",是"垢染"之义,不净为尘、生死世间迷惑真性为尘劳,亦即"遗尘"之谓。"五盖"的"盖",覆盖义,遮蔽真性之义。佛教以"贪欲""瞋恚""昏睡""掉悔""犹疑"为迷惑清净心的"五盖"。"应真",阿罗汉果旧译名,"应"为能应之智,"真"谓所应之理。以智应理之人,称为应真。"飞锡"的"锡",指锡杖,佛教十八法器之一。"神变",妙用无方者为"神",神通变异者为"变"。"象外",本佛家之言。超言绝相、不可思议不可言说者,佛也,佛在"象外"。"无生",不生不灭。"色空",《般若心经》云,"色不异空,空不异色,色即是空,空即是色"。"三幡",《游天台山赋》李善注:"三幡:色,一也;色空,二也;观,三也。"至于属于道无的用语也随处可见,不用细析,读者自当明了。而儒家之言,所谓"追羲农之绝轨"的"羲农"与"忽出有而入无"的"出有"之"有",前者指儒家所推崇的伏羲、神农,后者指儒家学说的人文品格与境界。

一篇寻常游记,竟将佛、玄、儒三学趋合于一炉,尤以佛、玄为主,前所未有,实属难得。要不是作者具有悟佛、体道(玄)且恋儒的人文学养与风度修为,绝不至于如此的。

然而东晋之时,佛、玄(道)、儒三学的趋于和合,仅刚刚开始。尽管佛学先进如僧肇等辈,对佛学精义的阐说已渐遥深,而倘论晋人风度,其间所蕴含的佛学因素与修养,却往往在空寂、潇洒、自由与美丽之中,不免带有某些拖泥带水的尘累甚或苦痛。就孙绰而言,虽在理论上努力凿通佛空、玄无与儒有三者之间的本在壁垒,而且在称言佛空之时,常常以玄学口吻,将佛看作上觉、自由之境,但又不自觉地以诸如"禅定拱默,山停渊淡,神若寒灰,形犹枯木"①之类的话语,来加以表述。这至少可以证明,孙绰这里所理会的佛境及由佛、道、儒所构成的人格风度,不是也不能如般若中观学所主张与追求的那般毕竟空寂,而有一点枯寂、冷寒、焦虑与忧伤的人文因素在。

这种人格决非绝无仅有。比如,名士王恭(? —398),与王忱齐名,清操

---

① 《喻道论》,《弘明集》卷三,《四部丛刊》影印本,《中国佛教思想资料选编》第一卷,第28页。

方正,世有美誉,累迁吏部郎,历建威将军,晋孝武帝时,为前将军,又任兖州、青州刺史,而终于兵败被诛。《晋书卷八十四·王恭传》称其"不闲用兵,尤信佛道,调役百姓,修造佛寺,务在壮丽,士庶怨嗟",又称其"临刑,犹诵佛经,自理须鬓,神无惧容"。还令人立刻想起西晋"竹林七贤"的嵇康从容赴刑的情景。嵇康临刑前,顾视日影,弹奏一曲《广陵散》,曲尽而叹曰"广陵散于今绝矣",然后慷慨赴死。

这种晋人风度,佛学及佛教修为的因素日渐而重,仍不足以改变自三国魏与西晋以来,名士风度以玄无为主的基本格局,且以儒训为潜因。从彻底的意义来说,凡得道高僧的人格风度,应是无生无死、无染无净、无是无非、无悲无喜、彻底超脱。一般晋代名士自当尚未达成这一人生境界,他们的潇洒风流、谈空说无,甚或白眼世俗、从容赴死,固然美丽,却往往尘缘未尽,业根难除,其忧伤、焦虑与痛苦,是难免的。正因如此,才显出晋人风度的丰富复杂、摇曳多姿。

人的生命及其世界是悲是喜,世俗意义上可以用"悲喜交加"四字来加以回答。人生有悲有喜,这是世间常态,可是佛教并不这么看。佛教认为,世间现实,无论人的生命、生活及其所处的世界,是一种烦恼、苦难和黑暗的轮回。人生悲剧即轮回,而轮回的原力,是"业"。业为悲剧的本因本根。业者,身、口、意造作之谓。造作即业。佛教有身业、口业、意业以及宿业、现世诸说。尤其所谓善业、恶业之说,以善业为所感乐果的本因,以恶业为所感苦果的本因,是从业感缘起角度,从本因上彻底否定、摒弃世俗人生苦乐。世间及其人生,无论是苦是乐,都是一场悲剧,生命本身就是悲剧。因而,只有离弃世间造作,通过长期修持或一时顿悟,才得断业障、离苦恶而得出世间的根本大乐。佛教对现实世界及人生抱着否定与悲观的人文审美态度,又乐观主义地看待、肯定佛教对世俗世界、人生的"完美"改造与精进。可以说,佛教所谓苦乐、悲喜,正在世俗与出世间之际。而根本大乐,是在对世间否弃之时,对于出世间的肯定。正如《无量寿经》所云:"尔时三千大千世界六种震动,大光普照十方国土,百千音乐自然而作,无量妙华芬芬而降。"①彼佛国土"清净安稳,微妙快乐"。

从这一意义来说,晋人人格风度的人文属性,正处于世间苦乐、悲喜与出世间的非苦非乐、无悲无喜等之际。东晋名士往往出入于朝廷,眷恋在林泉,又奉佛佞禅。从一方面看,出入方便,左右逢源,来去自由,身心安和;从另一方面看,业障未除,进退有碍,悲喜失据,活得不免有些辛苦甚而苦痛。据僧

---

① 《佛说无量寿经》卷下,曹魏康僧铠译,《大正藏》第十二册,"宝积部类"(无量寿经类),P0279a。

祐《出三藏记集》,名士王导、庾亮、谢琨、周凯与桓彝等固不必言,王导之子王敬和曾向支道林请教"即色游玄"义,王导之孙王谧,亦向鸠摩罗什询问"涅槃有神否"等义,这是名士向佛教僧侣讨教人生真谛以解人生与人格困惑之举。王导从子王羲之幼承道教"好服食养性"的家学传统,在其任右军将军、会稽内史之时,又与诸多佛僧、名士唱游,其中就包括支道林。刘义庆《世说新语》称,"时人目王右军:'飘如游云,矫若惊龙'",可见其容神之美,其飘逸、其风流,真令吾辈后世之俗人惊羡不已。

可是,如果仅看到这一点,我们对晋人风度的理解,便难免有些偏颇。书圣王羲之固然"夫子自道"云"或因寄所托,放浪形骸之外","快然自足,曾不知老之将至"而俊逸、放达得可以,然而,仍不免耿耿于人的死生与悲喜:"固知一死生为虚诞,齐彭殇为妄作,后之视今,亦犹今之视昔,悲夫!"

晋人风度之美及其悲剧意识的建构,在吸取佛教教义、佛教无染无净、无悲无喜等人格"美"的同时,又因有道教服食养生文化理念与实践的参与,而显得更为有味而有深度。

晋人除了好饮,诸多名士还钟情于药石。当服药以求长生成为晋人风度的世俗表现时,当人们笃信"酒正使人人自远"时,那种任诞又钟爱生命的苦悲与欢乐,便无以复加。早在三国魏时,玄学领军何晏便是"吃药的祖师"①,王弼、夏侯玄成为他的"同志"。名士们所服用的药石,称五石散,由石钟乳、石硫黄、白石英、紫石英与赤石脂等五味药石制成而且有毒。因为何晏是名流,他吃开了头,时人便多有仿效。服药之余,人便发寒发热,故必须不停走路,称"行散"。又须冷水浇浴、吃寒性食物,故五石散又称寒食散。因为浑身发热所以裸形者有之,衣裳穿着渐见宽大。这种服食之风,至东晋依然流行。王羲之内弟郗愔以及王献之、王凝之都曾服食固不待言,就是羲之本人,也是一位热衷者。《晋书·王羲之传》曾云:"羲之既去官,与东土士人尽山水之游,弋钓为娱。又与道士许迈共修服食,采药石不远千里,遍游东中诸郡,穷诸名山,泛沧海。叹曰:'我卒当以乐死'。"这种人生快乐,今人已很难体会,而在佛教看来,无疑是业障未除的悲苦。鲁迅说:

> 现在有许多人以为,晋人轻裘缓带,宽衣,在当时是人们高逸的表现,其实不知他们是吃药的缘故。一班名人都吃药,穿的衣服都宽大,于是不吃药的也跟着名人,把衣服宽大起来了。②

---

① 鲁迅:《魏晋风度及文章与药及酒之关系》,《而已集》,人民文学出版社1973年版,第86页。
② 同上。

这种人格榜样,可以在一定程度上改变时风,将名士人格中的佛学修为的人文因素,推到后面去。本来是佛教的"看破红尘"与追求"无生"(无死无生)境界,不料却热衷于现世生命的所谓"长生"。鲁迅又说"名士吃药之后,因皮肤易于磨破,穿鞋也不方便,故不穿鞋袜而穿屐。所以我们看晋人的画像或那时的文章,见他衣服宽大,不鞋而屐,以为他一定是很舒服,很飘逸的了,其实他心里都是很苦的"①。说得入木三分,洞察彻底。

名士们又因服药中毒不常洗浴,身上难免多虱,偏偏又爱滔滔清言、唠唠叨叨,于是便"扪虱而谈",风度俊逸。这在今人眼里,真是神韵独异,放达得如此不拘小节。其实是一副邋遢、脏兮兮的样子。并且由于滥服药石又时时嗜酒,健康状况每况愈下,精神意绪焦灼而狂躁,"晋朝人多是脾气很坏,高傲发狂,性暴如火的,大约便是服药的缘故。比方有苍蝇扰他,竟致拔剑追赶"②。拙著《中国美学的文脉历程》曾说:"服药是钟爱生命的表现,结果往往是对生命的戕害,而魏晋时人对这种生命的付出,却总是忽略不计,毫不在意,一意孤行。这便是魏晋风度在如何对待生命问题上的朴质、可爱与大度。"③这是一种生命的悲剧。钟爱生命者,道;因彻悟生命之苦厄而无所谓生命的付出,佛。道者出世而佛者弃世,这一生命美丽的悲剧,主要发生在道无与佛空之际,而且以入世的儒文化因素为人文潜因。

晋人风度的人格之魅,固然因佛学因素与佛教修为的日渐融渗,加深了对现世生命之悲而非生活之悲的涵泳,一种属于人性之悲而非人格之悲的悲剧意识正在生起。然则,由于道无与儒有的世俗力量,尤其是源于道家养生说、盛于道教服食成仙理念与践行的有力参与,实际使晋人承受了生命之悲与生活之悲双倍的沉重。晋人风度,初步建构于佛的弃世、道的出世与儒的入世的苦乐、悲喜之际。

应当指出,从晋人风度深受佛教思想及其道德人格的影响来看,被中国化的佛教维摩诘居士的形象,为晋人风度提供了一个亦僧亦俗的人格范型。晋代诸多名士以及后之唐代的王维、白居易与北宋苏轼等,在人格风度上,往往以其为人格榜样。大乘经典《维摩诘所说经·弟子品》④述维摩诘称病不出,佛遣诸弟子"诣彼问疾",都敬畏于维摩诘的滔滔雄辩、不可

---

① 鲁迅:《魏晋风度及文章与药及酒之关系》,《而已集》,第86页。
② 同上。
③ 拙著《中国美学的文脉历程》,第405页。
④ 按:在中国佛教史上,《维摩诘经》前后凡七译。其中自三国吴至后秦,共四译。以支谦《佛说维摩诘经》本为最早,加上竺法护、竺法兰与鸠摩罗什译本,凡四。以罗什译本《维摩诘所说经》最为流行。

思议的神通而未敢前往。全经塑造了一个亦俗亦真、又道又僧而非道非僧、风度潇洒而辩才无碍的在家居士形象,正所谓尤其具有"审容神,任放达,重才智,尚思辨"的美,大有《维摩诘所说经·菩萨品》所说的"智度无极"的理趣。

第七章　南北朝:佛教美学的新的思想深度

南北朝时期,朝代更迭十分频繁。自东晋亡(420)至隋代一统天下(589),仅169年历史,中华南方居然历经宋(420—479)、齐(479—502)、梁(502—557)、陈(557—589)四个王朝,统称南朝。北朝,包括北魏(420—534)①、东魏(534—549)、西魏(534—556)、北齐(550—577)与北周(557—581)②。烽火不息,天下大乱,南北分裂,社会动荡不已,百姓苦难深重。人心更其未得安宁,无休无止的苦痛与焦虑,遂使佛教势若燎原。大批信众拜倒于佛殿之下,芸芸众生坚信佛教能"救时""救人""救心"于水深火热。其间,虽有比如北朝太武帝于太平真君七年(446)、周武帝于天和二年(567)两度短暂灭佛,而不久便"野火春风",死灰复燃。总体上,南北朝诸帝大多佞佛,尤以南朝梁武帝萧衍(502—549在位)为甚③。上仿下效,遂使朝野唯佛是瞻。在如此社会思潮与氛围之中,佛教美学的人文"呼吸"随之变得有些兴奋、急促起来。南北朝佛教信仰、意绪的进一步趋于狂热,同时是佛学、理念向社会人心的浸淫与沉潜,这是这一特定历史、人文时期,佛教文化及其美学的既背反又合一,乃佛教美学渐致深入之时。其主要表现为:

一是义学沙门的宗说逐渐形成。自南朝宋代开始,中国佛学的主流,已从两晋以般若学为主,逐渐转递为涅槃学盛行,同时流行成实学、毗昙学、楞伽学与摄论、三论、四论、地论及诸律之学。围绕诸学,出现许多论师即诸宗学者,如涅槃师、成实师、地论师、摄论师、楞伽师与毗昙师等,成为隋唐佛学宗门的时代前驱。

二是沿承中国佛教发展的历史传统,更为变本加厉。正如前述,南北朝历代帝王、王室绝大多数提倡、扶植佛教。如南朝宋文帝(424—453在位,下

---

① 按:这里称北魏始于公元420年,是从明元帝(拓跋嗣)泰常五年正式进入南北朝时期算起。如从道武帝登基元年(386)"即代王位"算起,到公元420年,已历34年。其间,道武帝(拓跋珪)于天兴元年(398)迁都,称魏。
② 按:北魏后分为东魏、西魏。东魏亡于北齐,西魏亡于北周。北周于公元577年兼并北齐。
③ 按:梁武帝曾四度舍身同泰寺,且广造佛寺、佛像、敕命僧人编译佛典,亲自撰写著作与讲述佛经,禁止僧人饮酒食肉,严肃僧团戒律。

同)、孝武帝(454—464),齐武帝(483—493)及其子竟陵文宣王萧子良(460—494),梁武帝(502—549)、武帝长子昭明太子萧统及第三子简文帝(550—551)、第七子元帝(552—554),陈武帝(557—559)、文帝(560—565)、宣帝(569—582)与后主(583—588)等,还有北朝北魏道武帝(396—409)、明元帝(400—423)、文成帝(452—465)、献文帝(465—471)、孝文帝(471—499)、宣武帝(499—515)、孝明帝(515—528)、西魏文帝(535—551),北齐文宣帝(550—559)、北周明帝(557—560)、宣帝(578—579)与静帝(579—581)等,"你方唱罢我登场",走马灯一般,风景独异,而多大倡佛教。其中,梁武帝几乎将佛教抬高到国教唯我独尊的地步。这证明了一条中国式的真理:政治尤其政权意志,是全社会最强有力的力量,无论社会经济文化还是政治本身,没有一定政权的提倡与支撑,想要有所发展,是十分困难的。道安深谙此理,认为不依国主,法事必然难立。试回顾东晋慧远大和尚,似乎有点儿不懂中国国情与"中国特色",曾撰五篇宏文力倡其论:"沙门不敬王者。"其实古往今来,在政治、政权面前,佛教以及其他宗教就没有真正独立过。且不说慧远"卜居庐阜三十余年,影不出山,迹不入俗,每送客游履,常以虎溪为界焉",究竟未能彻底不食人间烟火;"远创造精舍,洞尽山美,却负香炉之峰,旁带瀑布之壑,仍石垒基,即松栽构,清泉环阶,白云满室",①虽清高、淡远如此,终于还是在世间。仅就参与沙门"敬"或"不敬"王者这一论争本身来说,热衷其事,已经沾染于政治、政事之类的所谓"污浊",可证到底未能斩断"计较""分别"之心。按"无计较心""无分别心"有关佛经教义,其实对于沙门而言,对王者的"敬"或"不敬",都是无所谓的。因而,佛教与有关政治的现实联系,必会影响中国佛教美学的人文素质与品格的建构,虽称佛教美学,总也不可避免地具有属于王权统治的"儒"的人文因素,或者起码是其政治、人文背景之一。

三是这一历史、人文时期,地分南北,政治、军事、经济与文化的交流传播往往彼此阻塞,使得佛教发展的地域差异更其明显。简约地说,南朝一贯崇尚佛学的义理玄思与玄谈,江东佛法弘重义门;北朝偏于佛教的禅法、戒律及践行。因此,所谓神灭神不灭之争、夷夏之争等抽象义理的讨论与争说,往往发生于南朝。南朝译师如曼陀罗、僧伽陀罗与真谛等,所译大量各类佛典的精深教义,对于南朝义学沙门精到佛理的钻研、争辩与弘传,具有深广的佛学理性的滋养和浸润。这不等于说,南朝沙门绝对不重视佛教禅法的修为,比如宋初在建康、江陵与蜀郡,僧印、净度、慧览与法期等的佛禅实践,曾经造成

---

① 《慧远传》,梁慧皎《高僧传》卷六,金陵刻经处本,《中国佛教思想资料选编》第一卷,第124页。

了盛行禅法的风气。然而较之北地,南朝佛教义学的玄思、玄谈更显得空灵与飘逸。至于说到北朝佛教,也并非全无义学的弘传与研读。北朝义学,小乘系以成实学、毗昙学为盛,大乘系以涅槃学、华严学与地论并弘。其中,如来华的菩提流支、勒那摩提、昙摩流支以及北魏玄高(402—444)、北齐僧稠(480—560)与北周僧实(476—563)等,对于义学的译、传作出诸多贡献。这不等于说,北朝佛教不是以律学、禅法与实修为主的。重禅法、重践行而少尚玄言,确是北朝佛教的显著特点。

这一南北差异,对于佛教美学的滋养与影响非同小可。南北朝时期,佛教美学不仅继续从佛学底蕴之中生发出来,更重要的是,佛教哲学、仪规与禅律等多方位地向艺术审美领域的漫溢、渗透与深入。以愚之见,由于南朝偏重于佛学义理的弘传、争说与研习,其抽象而空灵的佛学意识、理念,便有机会较多地推助了如文学审美及其文学美学理论的初步建构;北朝则偏重禅修与践行,正如相继开凿诸多石窟等此类情况,在南朝佛教中几乎见不到。无论南北都曾大造佛寺、佛塔等,也是事实。唐杜牧有诗云,"南朝四百八十寺,多少楼台烟雨中",不是什么艺术夸张。当然,与南朝相比,北朝所造寺塔,则一点儿也不逊色。

第一节 "佛性""顿悟":竺道生佛学之见的影响与美学

竺道生(355—434,一说其生年未详)①,梁慧皎《高僧传》卷七《竺道生传》称其"本姓魏,巨鹿(今河北巨鹿)人,寓居彭城(今江苏徐州),家世仕族"。又称"生幼而颖悟,聪哲若神",随沙门竺法汰受业,改姓竺。"既践法门,俊思奇拔,研味句义,即自开解。故年在志学(十五岁),便登讲座。"晋安帝隆安中(397)入庐山问学于慧远,会僧伽提婆,习一切有部的小乘教义。约于公元404年,竺道生与慧叡、慧严同游于长安,拜鸠摩罗什为师,主要从习大乘般若中观学,是罗什门下四圣、十哲之一。义熙三年(407)南返,义熙五年(409)到建康(今南京),大倡涅槃之学,深为朝野所重。进而撰多篇佛学论文(今多亡佚),试图以"法身"说为主题,融小乘、大乘有关经说。公元418年(义熙十四年),法显所译《大般泥洹经》六卷,称说除一阐提②外,皆具

---

① 按:从生卒年看,竺道生为晋宋间的义学高僧,其大半生年,属于东晋时期,而道生一些重要的佛学之见,始倡于南朝宋初,故将其放在南北朝时期来加以论析。
② 按:一阐提,亦称一阐提人、一阐提迦,梵文 Icchāntika 音译。有佛经称其"信不具"、断善根,不得成佛者。

佛性,皆得成佛。竺道生反其意而首倡一阐提亦得成佛说,被当时佛学界谬斥为"邪说","讥愤滋甚"。故约于公元428—429年(时值南朝宋初年,东晋亡于公元420年)被摈弃而出走,遂入吴中虎丘。《佛祖统记》卷二六、三六都以神话口吻,称其曾面对群石说《涅槃经》大义。当说及"一阐提人皆有佛性"都能成佛时,顽石为之点头。元嘉七年(430),竺道生重返庐山时,昙无谶所译《大般涅槃经》四十卷(译出于公元421年)传入建康,其中卷五、卷七与卷九等都说"一阐提人有佛性",皆得成佛。于是佛教界赞叹道生有先见之明,对道生佛学无不折服。竺道生晚年,在庐阜精舍大倡涅槃义与顿悟说,听者"莫不悟悦",影响深远。元嘉十一年(434),说法将毕时,端坐正容而卒。

竺道生著述,亡佚者有《泥洹经义疏》《小品经义疏》与《法身无色论》《佛无净土论》,《二谛论》《佛性当有论》《应有缘论》《顿悟成佛义》《涅槃三十六问》等现存于《妙法莲华经疏》。僧肇《注维摩诘经》与《大般涅槃经集解》《净名经集解关中疏》中,存有若干道生所言片断。其短篇《答王卫军》(答王弘问顿悟义),收录于《广弘明集》卷一八。

考源竺道生佛学之见,融汇毗昙、般若与涅槃三学,尤深得于涅槃学,后代称其为"涅槃圣"。然而道生涅槃学因为融契毗昙、般若尤其般若中观之学,已经不同于一般意义的涅槃学。

一 "一阐提人皆得成佛"与"大顿悟"说

佛教自西汉末年入渐中土,直至三国之时,基本以安世高小乘禅数学与支谶、支谦大乘般若学开其两大佛学潮流。小乘禅数学与汉代黄老道术,具有更多的历史与人文联系,在宗汉的西晋文化中首先得以传播。东晋文化固然由西晋发展而来,而东晋士族集团的强盛以及自魏晋以来玄学的深入,使得崇尚哲思、义理的般若学在东晋大为流播。

般若学因玄学的滋养而得以长足地进步,是在"六家七宗"的学见争说,鸠摩罗什有关"四论"即《中论》《百论》《十二门论》与《大智度论》)的弘传,慧远"法性""涅槃"说的阐扬,与僧肇"不真空""物不迁""般若无知""涅槃无名"说的创见中实现的。其中慧远佛学,虽以"法性""涅槃"为其主题,却也并非与般若性空之学绝然无涉。因此大体上,东晋佛学汹涌的人文主潮,为般若性空之学。但不能因此而否定,东晋般若性空之学与涅槃佛性说之间,存在严重的分歧甚至对立,这在鸠摩罗什与慧远之间所曾经发生的问难与答疑中可以见出。

东晋末年至南朝宋这一历史时期,中国佛教争说的时风已有所改变。当僧肇创说"新三论"(指其《物不迁论》《不真空论》和《般若无知论》)与《涅槃无名论》时,关于般若中观,仿佛能说与该说的话,都快要说完。般若学的趋于沉寂,大约是佛教历史与人文发展的必然。故慧远的"法性""涅槃"之见,作为与涅槃学具有更多人文联系和因素的佛学,其实是尔后竺道生大倡涅槃佛性说的一支"友军"。竺道生的生年(355)比僧肇(384)早29年,其卒年(434)又晚于僧肇20载,作为同门,两者应是同时代人。可是,竺道生的涅槃成佛说与顿悟说,又大致上确系其晚年所为。这正可证明,竺道生的佛学,体现出佛学从以般若学为主向以涅槃学为主的时代与人文嬗变的特点。尽管南朝佛教宗门多出而"天下大乱",涅槃佛性说作为南朝佛学主流,确是事实。与其相应的,从东晋到南朝的佛教美学,自当也有一定程度的递嬗。

竺道生上接般若而下启涅槃,在思想上,即以谈"空"为主,转嬗为以说"有"(妙有)为主,且以涅槃说尤其"一阐提人"具有佛性和"顿悟"说为其佛教思想的宗要,其佛学的美学思想因素,正如其整个佛学一样,处于晋宋之际,而其思想的创获,重在于南朝宋。

竺道生的涅槃之学,富于时代与其个人思想的特色。

竺道生敏锐地看到涅槃与般若义的共通性,从而突破门户之见。从两者的共通性分析,般若、涅槃都可称为智慧。般若乃无上之佛慧,主要从主体角度看;涅槃是最终之佛果,主要从客体角度看。这当然是一种"方便"说法。其实般若、涅槃二者,无所谓主客。倘分主客,则既非般若,亦非涅槃。般若、涅槃,非一非二,非非一非非二。假设般若为智因,则涅槃是慧果。既然为般若为涅槃,则皆离舍因果,跳出轮回。佛典有"般涅槃"说。"般涅槃"之"般","圆"之义;"涅槃"者,"寂"之义。因此所谓"般涅槃",犹言涅槃圆境。然而,涅槃为何又称"般涅槃"(般若涅槃)?两者共通的缘故。"般涅槃",是根本而无与伦比的涅槃。般若学与涅槃说,都认为一切事物现象因缘而起,刹那生灭,故无自性,故空幻。而般若中观学进而倡言,此空幻无可执著。此空亦空且无可执著,为彻底之空,此前引《大智度论》之所以称"毕竟空亦空"。涅槃论则以为,此空可被执著,即执空为"妙有"。"妙有",指成佛之境。因此,涅槃论以成佛为"究竟",而般若中观学是彻底的空观及其"审美"。竺道生则说,释迦教法有"善净""方便""真实"与"无余""四种法轮"说,一为"善净法轮"、二为"方便法轮"、三为"真实法轮"、四为"无余法轮",成为后世判教的起源之论。黄忏华《道生》一文称此为"生公四论":"善净法轮指人天乘的教法,从一善(一毫之善)起说到四空(四空处定,亦称四无色定),去除三涂的浊秽,所以称为善净。方便法轮指声闻、缘觉二乘的教法,以无漏三十七道品获得有余、无余二涅槃,所以称为方便。真实法轮指《法华经》,破三乘之伪,成一乘之实,所以称为真实。无余法轮指《涅槃经》,畅会归一极之谈,标如来常住之旨,所以称为无余。"①方立天则说,与此"生公四论"说"相应的经典,是《阿含》《般若》《法华》《涅槃》。竺道生把《涅槃》放在高于《般若》的地位,就是主张经过般若学而归结到涅槃学"②。此是。

基本站在涅槃佛性论的佛教立场来融通涅槃、般若之义而归于涅槃之学,是竺道生佛学及其"美学"的基本特点。

首先,竺道生以般若之学来改造一般意义上的涅槃成佛论。一般涅槃论认为,所谓涅槃,灭生死因果,入寂于无为、安乐、解脱之境。涅槃即成佛。成佛当有皈依。皈依之处谓之净土。而竺道生却主张"佛无净土"说。

所谓成佛,意味着精神与般若实相相融契。实相者,真如、真实,一种舍弃一切系累、无因果羁绊之纯粹的精神本体,实相即无相。无相之相即实相。实相,法性的异称,法性无相。无秽之净,便是无相无土之境。这是与净土宗之类的涅槃成佛说大为不同的。在般若中观看来,空如果被执著,便成为有(妙有)而非般若毕竟空。因而实相、法性、真如与真实等,无有形相,便是所谓"佛无净土"。

既然"佛无净土",佛经又为何有"净土"之说? 竺道生说是化导众生"方便"的缘故。凡化导众生,必须说法。凡说法,必须"方便"。不"方便",则无以说法。不说法,又何以化导? 因而,佛经立"国土""净土"之言,确是不得已而行之的"权宜",以便循循善诱于众生。

> 夫国土者,是众生封疆之域。其中无秽,谓之为净。无秽为无,封疆为有。有生于惑,无生于解。其解若成,其惑方尽。③

应当指出,道生所言"无秽为无",即"无秽为空";"无生于解",即"空生于解"。以"无"说"空",乃受玄学理念影响之故。"国土"空相,而执相为"有"。一旦悟入"无秽"之境,谓之净土,即是成佛。佛即空相,便是"净土无相"。成佛即"无秽"净土。却为说法"方便",假言施设。竺道生说:

> 无秽之净,乃是无土之义。寄土言无,故言净土。④

---

① 中国佛教协会编:《中国佛教》(二),知识出版社1982年版,第51页。
② 《魏晋南北朝佛教》,《方立天文集》第一卷,第223页。
③ 竺道生:《注维摩诘经·佛国品》,《中国佛教思想资料选编》第一卷,第204页。
④ 《妙法莲华经疏·寿量品》,《续藏经》第一辑第二编乙第二十三套第四册,《中国佛教思想资料选编》第一卷,第204页。

"净土"之言所以不能毁除,为的是启迪"欣美尚好"的"人情"(芸芸俗情)。众生"企慕"成佛,无以启蒙,故立"净土"之言而"借事通玄",这一"方便"岂非其"益"甚"多"!

其次,道生"孤明先发",在中国佛教史上首倡"一阐提人皆得成佛"①说。其《妙法莲华经疏》云:"闻一切众生,皆当作佛。"又说:"一切众生,莫不是佛,亦皆泥洹(涅槃)。"②

般若实相,既是宇宙本体,又是人性本圆的根因,其实这便是佛性,又可称作"理"或"道"。竺道生说:"今但言十方,何耶?十者,数之满极,表如来理圆无缺,道无不在,故寄十也。"③道生的涅槃成佛说,预设了一个逻辑原点,称为"理""道",即佛性。它是宇宙本体,也是人性之根。

> 理既不从我为空,岂有我能制之哉?则无我矣。无我本无生死中我,非不有佛性我也。④

"理"(佛性),既然并非因为"我"而成为"空",难道"有我"就能制约"空"(理)的存有吗?所以,"无我"便是"我"不存有。"无我"的意思,是说五蕴⑤假言和合,众生生死轮回,没有自我主宰。假设世间有"我","我"者,恒常不变,而世间万类恒是无常,因而"无我"。然而,这不等于说没有"佛性我"。

佛教所谓"我",指常住之本体,具主宰之义。众生执有于此,称为"人我";对于万法,执有于此,称为"法我";对于自性,执有于此,称为"自我";对于他物,执有于此,称为"他我"。世界万类包括人身等,因缘生起,假言和合,无有常一之"我",故无"人我""法我""自我""他我",如此六六,则毕竟"无我"。法无实相,故称"无我"。可是,这里所言"无我",是就"诸法无我,诸行无常,涅槃寂静"的"三法印"而言的,当然并不能由此否定佛性(理、道)的妙有,这便是竺道生所解说与肯定的"佛性我"。

---

① 《竺道生传》,梁慧皎《高僧传》卷七,金陵刻经处本。按:《高僧传》卷七《竺道生传》有云:"六卷《泥垣》先至京都,生剖析经理,洞入幽微,乃说一阐提人皆得成佛。于是大本(按:指《大般涅槃经》)未传,孤明先发,独见忤众。于是旧学以为邪说,讥愤滋甚,遂显大众摈而遣之。"然而,"后涅槃大本至于南京,果称阐提悉有佛性"。
② 《妙法莲华经疏》"方便品""见宝塔品",《续藏经》第一辑第二编乙第二十三套第四册,《中国佛教思想资料选编》第一卷,第203、204页。
③ 《妙法莲华经疏》"序品",《续藏经》第一辑第二编乙第二十三套第四册,《中国佛教思想资料选编》第一卷,第203页。
④ 《注维摩诘经·弟子品》,《中国佛教思想资料选编》第一卷,第207页。
⑤ 按:五蕴,亦称五阴,指色蕴(Rūpa)、受蕴(Vedanā)、想蕴(Samjña)、行蕴(Samskhara)与识蕴(Viññana)。色蕴,相当于物质;受、想、行、识四蕴,相当于心理现象。

"佛性我"是指,佛性本空而被执著,佛性为"妙有"。"妙有"即佛性,即"佛性我"。

这就是说,在佛学理论上,竺道生坚持"诸行无常,诸法无我,涅槃寂静"的佛学之见,重申佛性本"有"(意即执佛性此"空"为"妙有")的主张,便是"佛性"与"我"相即不二,但这并非是不二论的大乘般若实相的思想。以《涅槃经》所谓"佛性即我"的思想,来改造、调和大乘般若实相说,从而为其"一切众生皆可成佛"、进而为"一阐提人皆得成佛"说奠定一个逻辑基础。

在佛教界,先行译出并流传的法显(?—422)《大般泥洹经》说,一阐提人于如来性所以"永绝",是因其"永离菩提因缘功德"的缘故。一阐提人本无佛性,不能成佛。

竺道生却坚持认为,"本有佛性,即是慈念众生也"①,一阐提人既然属于众生范畴,那么,一阐提人自当亦具佛性。佛法无边,如果佛法不具有普世性与普世价值,那么,这无异于否定佛作为真理、真如、真实的普遍性,否定佛性普在。连未具"信根"的一阐提人虽断善而犹有佛性,更遑论其余。一般而言,竺道生承认众生本具佛性,实际指善性,为成佛之正因。一阐提人既然"断善",其"正因"天生缺乏,那又如何能够成佛?竺道生为宣说成佛的绝对普遍性,便提倡所谓"缘因"说。意思是,佛性虽是成佛正因,而成佛是一个修道践行的过程,其间的"缘因"也是不可或缺的。所谓"缘因",也可称"缘"。佛教基本原理,说一切法而不出"因缘"二字。诸法无不因缘而生灭。因者,"正因",指内在依据;缘者,"缘因",犹外部条件。所谓"缘因",具有助成正因之功。一阐提人虽乏"信根"而"正因"欠缺,然本具随"缘"成佛的条件。其对于佛的召唤,同具"缘因"之"心"。"缘因"者,实乃"缘应",所谓照缘而应、作心而应。竺道生阐明了一阐提人亦得成佛的可能性与必然性。竺道生的"一阐提人皆得成佛"说,为后出昙无谶所译《大般涅槃经》四十卷的经义所证明,《大般涅槃经》说,"是故我说一切众生(按:包括'一阐提人')悉有佛性"②。

又次,在涅槃佛性论的前提下,竺道生又首倡"顿悟成佛"说。涅槃佛性,指成佛的根因与条件;顿悟成佛,指成佛的状态、境地与方式。

竺道生指明,成佛即悟,悟即成佛。"法既无常苦空,悟之则永尽泥洹(涅槃)。"③悟,舍弃世间又不舍世间。"夫大乘之悟本不近舍生死远更求之

---

① 《大般涅槃经集解·如来行品》,《中国佛教思想资料选编》第一卷,第213页。
② 《大般涅槃经》(北本),卷二十七,昙无谶译,《大正藏》"涅槃部类"第十二册,P0489a。
③ 竺道生:《注维摩诘经》,《中国佛教思想资料选编》第一卷,第207页。

也,斯为在生死事中即用其实为悟矣。"①悟即涅槃、成佛。

在中国佛教史、中国佛教美学史上,竺道生是具有独特性之"顿悟"说的首倡者。

> 所以始于有身终至一切烦恼者,以明理转扶疏至结大悟实也。②
> 一念无不知者,始乎大悟时也。③

"大悟",根本之悟,即大顿悟。竺道生之前,道安(312—385,一说314—385)倡言禅修,其禅法,执寂以御有,崇本以动末;执古以御有,心妙以了色。这里所谓"了",指渐修渐悟。支道林(314—366)云:"夫至人也,览通群妙,凝神玄冥,灵虚响应,感通无方。建同德以接化,设玄教以悟神,述往迹以搜滞,演成规以启迪。"④主张"顿悟"说的南朝齐刘虬《无量义经序》说"顿悟"云,"寻得旨之匠,起自支安"。《世说新语·文学篇》注引述《支法师传》(《高僧传》卷四)说:"法师研十地,则知顿悟于七住。"⑤所谓"十地",又称"十住",佛教所谓修行之阶级。"十住":一发心住,二治地住,三修行住,四生贵住,五方便具足住,六正心住,七不退住,八童真住,九法王子住,十灌顶住。支道林认为,修行至第七住(七地),生起顿悟而悟并未彻底完成,七住之后仍需修行,故称此为"小顿悟"。正如慧达《肇论疏》所言,"第二小顿悟者,支道林法师云,'七地始见(现)无生'"。此"无生",指舍弃生死、因果,无生灭即涅槃真理。慧远(334—416)大倡"法性""三世报应"与"形尽神不灭"说,对成佛顿悟与否问题似乎尚未多加关注。僧肇以"物不迁""不真空""般若无知"与"涅槃无名论"说,倡言有无(体用)、动静、无知、无名,不遗余力。关于顿渐问题,僧肇《不真空论》《物不迁论》与《般若无知论》等语焉未详。而正如前引,其《涅槃无名论》"诘渐第十二"云:"有名曰:万累滋彰,本于妄想。妄想既祛,则万累都息。二乘得尽智,菩萨得无生智,是时妄想都尽,结缚永除。"又说,"不体则已,体应穷微,而曰体而未尽,是所未悟也"。这是对"悟"问题的诘问。其"明渐第十三",是对渐悟问题的阐明。"结是重惑,而可谓顿尽,亦所未喻","况乎虚无之数,重玄之域,其道无涯,欲之顿尽耶?"显然因"道无涯"而不赞成"顿尽"之说,提倡渐修、渐悟。

---

① 竺道生:《注维摩诘经》,《中国佛教思想资料选编》第一卷,第210页。
② 同上。
③ 同上书,第208页。
④ 支遁:《大小品对比要钞序》,梁僧祐《三藏记集 经序》卷八,金陵刻经处本。
⑤ 刘义庆:《世说新语·文学篇第四》,第56页,刘孝标注,《诸子集成》第八册。

竺道生认为,这种大顿悟,是突然而至,豁然开朗,一了百了,彻底明白。

> 夫真理自然,悟亦冥符,真则无差,悟岂容易?①

> 以佛所说,为证真实之理,本不变也。唯从说者,得悟乃知之耳。所说之理,既不可变,明知其悟,亦湛然常存也。②

大顿悟,是对"真理自然"的"冥符",没有阶差,不像渐悟那样分阶段逐渐明了佛理,故顿了殊属不易。要么不悟,要么全悟。其性"不变"而"湛然常存"。

慧达《肇论疏》指出:

> 第一竺道生法师大顿悟云:夫称顿者,明理不可分,悟语照极。以不二之悟,符不分之理。理智恚释,谓之顿悟。③

在竺道生看来,大顿悟之所以没有阶差,刹那实现,而且成其必然,是因此"悟"的对象"理不可分"的缘故。大凡真理,都是不可分的,因而只能"以不二之悟","符不分之理"。

顿悟之所以可以是一种"美""美感",是因为顿悟来袭、突然而至,令主体内心突而惊喜骤起,顿觉身心解脱、通泰熨帖之故。顿悟"使伏其迷,其迷永伏,然后得悟。悟则众迷斯灭,以之归名其为常说(悦)"④。"悟",身心之大解脱,其喜莫名,此之谓"于缚有解,亦名解脱也"⑤。

竺道生的涅槃佛性论与顿悟成佛说,尤其是后者,在当时及此后,具有重要而深远的影响。一生崇佛的谢灵运(385—433),尤为赞成道生之见。"有新论道士,以为'寂鉴微妙,不容阶级。积学无限,何为自绝?'今去释氏之渐悟,而取其能至。"⑥这里所谓"新论道士",指竺道生。谢氏此言,以"寂鉴微妙,不容阶级"称言道生顿悟说。说道生所言,主旨在于去"渐悟"而主"顿悟",肯定大顿悟实现之前的"积学无限"之功,为道生张目。唐代禅宗(南宗)大倡顿悟成佛之论,竺道生实为其先驱。此后唐代宗密等亦主"直显心性"顿悟之见,从其思想文脉而言,道生功不可没。

---

① 竺道生:《大般涅槃经集解·序题经》,《中国佛教思想资料选编》第一卷,第212页。
② 《大般涅槃经集解·纯陀品》,《中国佛教思想资料选编》第一卷,第212页。
③ 慧达:《肇论疏·涅槃无名论》,《续藏经》第一辑第二编乙第二十三套第四册。
④ 竺道生:《大般涅槃经集解·序题品》,《中国佛教思想资料选编》第一卷,第212页。
⑤ 竺道生:《大般涅槃经集解·德王品》,《中国佛教思想资料选编》第一卷,第214页。
⑥ 谢灵运:《与诸道人辨宗论》,《广弘明集》卷一八,《四部丛刊》影印本。

二 "一阐提人皆得成佛""大顿悟"说的美学意义

在美学上,竺道生涅槃佛性论关于"一阐提人皆得成佛"之见,是中国美学史关于人格美学的独特的佛学表述。

人格美学所讨论的重大主题是,人格完美的理想、依据与途径,以及是否具有普世性与普在性。

竺道生高唱"人人皆具佛性"甚而"一阐提人皆得成佛"说,是一种理想主义的成佛论。这表明他对这一世界及其人性可被改造并且向完美方向发展这一点,充满了佛教意义上的信仰与信心。世间、世俗意义的悲观主义与出世间意义的乐观主义,使得道生以佛学方式所表述的涅槃成佛论,颠倒而夸大地体现了另一种人格美理想的诉求。当然,这种人格美理想,在世俗意义上是不可能实现的,然而却有力地影响了世俗人格的审美及其理想的建构。

竺道生通过强调人人皆具"佛性我",试图为人格美的普遍实现即"涅槃成佛",奠定其哲学的根因与条件。这一问题可从两方面分析。

其一,竺道生说,众生本具的佛性作为成佛的根因,实际指"善性"。

> 善性者,理妙为善,返本为性也。①

人人皆具"善性",何以见得?"理(佛性)妙为善"也。因而,只要"返本"归宗,便成就佛果,遂使人格完美。竺道生说:"成佛得大涅槃,是佛性也。"②"佛果"即"大涅槃",即人格美的佛学表述。其实现,是因众生皆有"佛因"之故。而关键是,这"佛因"是"善"的。

其二,竺道生的"一阐提人皆得成佛"说,有一逻辑支撑点,即先预设"一切众生悉有佛性",又称"一阐提人"作为"含生"而归属于众生范畴,结论便必然是,"一阐提人"亦具佛性而成佛。

然而,道生并非否认"一阐提人"的"断善"(恶)③之性。"一阐提者,不具信根,虽断善,犹有佛性事。"值得注意的是,道生明言"一阐提人""不具信根",即不具有成佛的正信、正因。但从前文所述"缘因"(缘、条件)来看,"一阐提人"终究"犹有佛性",故亦得成佛。

---

① 《大般涅槃经集解·德王品》,《中国佛教思想资料选编》第一卷,第214页。
② 《大般涅槃经集解·师子吼品》,《中国佛教思想资料选编》第一卷,第215页。
③ 按:从逻辑上说,就人性而言,只有善与断善两种。"断善",又有非善非恶与恶两种。这里为强调"恶"而认为"断善"即"恶"。

这可证明,在道生"人人皆可成佛"的前提下,所谓成佛,其实有两种模式,即以"善"为成佛的正因和以"恶"(断善)为成佛缘因。前者强调根因,后者强调条件。在道生看来,固然众生以"善性"为佛性正因,而作为众生(含生)的"一阐提人"的"断善"(恶),尽管并非佛性正因,却仍无碍于成佛的实现。这不等于说,道生没有看到"一阐提人"的"断善"(恶)之性,相反,这一成佛方式反倒以"断善"(恶)为必要条件。

在中国美学史上,先秦战国孟子主"性善"说,《孟子·告子章句上》称,"乃若其情(性),则可以为善矣,乃所谓善也"。孟子以为,人本具恻隐、羞恶、恭敬与是非之心,以为"善端"是人格美得以完成的人性基因。《荀子·性恶》主"性恶"说,称"人之性恶。其善者,伪也"。该书《儒效》篇说,"故圣人化性而起伪"。《性恶》篇又说,"无伪则性不能自美"。人性本恶,"不能自美",然而,人可"化性而起伪",经过后天的道德践履与习得,达成"文理隆盛"的人格之美。

竺道生涅槃成佛说的美学意义,与先秦孟、荀关于人性本善、本恶的人格美说,一在出世间,一在世间,不能作简单比附,两者在思想内涵上大相径庭。然而,这不妨碍道生在思维方式上,可以而且已经分别从孟子"性善"与荀子"性恶"说获取借鉴。此即实际以"善性"为成佛正因、以"断善"(恶)为成佛缘因。正可与孟、荀"性善""性恶"说大致相应。可见,道生不仅将般若学与涅槃说相结合,从而大倡"涅槃成佛",而且在其涅槃成佛与人格美完成的言述中,渗融着属于先秦本土"国学"的人文因素。应当指出,由于两者思维方式上的相通性,便影响其思想内涵一定程度的一致性。本来,人格美的问题,具有世俗性;而涅槃成佛,是超世俗的,然而所谓人格美,又为什么不可以用"涅槃成佛"来加以表述呢?"涅槃成佛",又为何不可以是人格美的另一说法?这是"真谛即俗谛,俗谛即真谛"、真俗不二的缘故。

当然,竺道生关于"一阐提人皆得成佛"、因"断善"(恶)作为缘因而成佛的见解,从"缘因"这一成佛条件而未能从根因来论证成佛即人格美完成的必然性,固然不失为"精巧",却是其佛学逻辑、也是与此相应的佛经言说的一块"补丁"。

竺道生在中国佛教美学史上的贡献,便是"顿悟成佛"说。"顿悟成佛"云云,在唐代及此后中国佛教美学史上再度倡说者大有人在。而道生这一顿悟说之所以令人瞩目,是因为它在中国佛教美学史及中国人审美心理与修养上所日渐发生的深远影响。这一影响开始渗透到世俗生活及其审美与艺术之中。竺道生说:

> 夫大乘之悟,本不近舍生死远更求之也。斯为在生死事中,即用其实为悟矣。苟在其事,而变其实为悟始者,岂非佛之萌芽起于生死事哉?其悟既长,其事必巧,不亦是种之义乎?所以始于有身终至一切烦恼者,以明理转扶疎至结大悟实也。①

大乘所谓悟、觉,即涅槃成佛。舍弃世俗而并非远离世俗的生死,犹莲华之出于淤泥而不染。生死即众生,从生死中解脱即成佛。故而,悟是涅槃成佛即"道成"人格完美的种子(实)。涅槃成佛,即悟即觉。难道不就是成佛之始于生死又消解生死么?悟的过程漫长,此为渐修、渐悟。从生死顿悟,当下即是。此"是"(being)者,本原、本体之谓,不也证印悟为成佛种子之意么?因而,涅槃成佛始于世俗人生,终于一切烦恼解脱即结成大顿悟这一慧果。

正如前述,佛教讲顿悟并非自竺道生始。而竺道生的大顿悟说,具有不同于以往顿悟说的佛学特点。从道生的"佛无净土"说,是很容易导出所谓"净土"不在西方而在人间这一结论的。这就将所谓成佛与世间顿悟即将人格美的完成与世间顿悟,在逻辑上密切联系在一起。在道生这里,无论成佛还是顿悟,实际都具有葱郁的世俗性而不是纯粹虚无缥缈。起码在逻辑上,拉近了涅槃成佛即人格美的实现与世俗生活的联系。这一联系的种子(实),实际也是从世俗生死"事"中升华而起的顿悟。

同时,就顿悟本身而言,重要的问题之一,是顿悟的主体究竟如何可能。

小乘主"无我"说,所谓"诸法无我"是佛教三法印的重要构成。大乘一般亦重"无我"说。这便产生一大矛盾,即究竟谁造业、谁受果,又是谁超脱于生死轮回即顿悟主体究竟如何可能。小乘犊子部的"补特伽罗"("不可说之我")与经量部的"胜义补特伽罗"("真实之我")说,是论证"我"(主体)的存有的最初努力。大乘重"无我"之说又非唯"无我"。中观学将般若"无我"与"我"相互否定且肯定,指其关系不一不二、不不一不不二,相离相即、相即相离。竺道生的大顿悟说,从般若实相即空、有之际而言说其主体问题,强调众生皆具"佛性我"。正如前引,竺道生说,"无我本无生死中我,非不有佛性我也"。意为从缘起说看,众生生死轮回,而可四大皆空,故称"无我"。这不等于没有"佛性我"。这就有点令人费解,此"佛性"即涅槃成佛、即顿悟,怎么又可称为"我"呢?可见此"我"即空幻,不可思议、不可言说,不是世间一般哲学、美学所说的主体。可是问题在于,当道生强调涅槃学的这一"佛性我"时,尽管时至东晋、南朝之际,所谓"格义"(广义之"格义")的思维

---

① 竺道生:《大般涅槃经集解·佛道品》,《中国佛教思想资料选编》第一卷,第210页。

方式及其影响依然尚未彻底消退,按中国人的习惯性思维,既然顿悟、大顿悟是经过"积学无限"、长期修习之后的突然而至,总该有一主体作为推动者、承载者,于是便认"佛性我"的"我"为主体了。这真是又一种有趣的"误读"。

然而,其历史、人文影响却不容低估。谢灵运《与诸道人辨宗论》称"顿悟"为"但阶级教愚之谈,一悟得意之论矣"。又说:"至夫一悟,万滞同尽耳。"①谢氏贬"阶级"即渐修、渐悟,斥其为"教愚之谈",而尊"一悟"即大顿悟说。以为渐悟者,"然数阶之妙,非极妙之谓"②。谢灵运是竺道生顿悟成佛论的热烈赞同与鼓吹者。其虽因不重渐修、仅重现大顿之说而受到竺道生本人的批评③,但谢氏顿悟说深受道生的影响是实,也可由此加深对竺道生顿悟说美学意义的理解。

《与诸道人辨宗论》一文的"辨宗"之义,显然与"顿悟成佛"的人格美意义问题有内在联系。

灭累之体,物我通忘,有无壹观。
壹有无、同我物者,出于照也。④

这一"物我同忘,有无壹观""壹有无、同我物者,出于照也"的言述,尤为切要。这是佛教大顿悟说提出后,所提出、推进的具有新时代与人文内涵的命题。在中国美学史上,庄子首先提出"忘"这一美学范畴,其云:

忘足,屦(按:麻葛制成之单底鞋)之适也;忘要(腰),带之适也;忘是非,心之适也;不内变,不外从,事会之适也。始乎适而未尝不适者,忘适之适也。⑤

美学意"物我"同"忘"、同"照"说的滥觞,是庄子"心斋""坐忘"说。其内蕴为,泯灭天人、物我浑契、"忘"乎一切而入于道无之境。谢灵运称"物我同忘,有无壹观"的"无",实即佛禅所言"空"。这是以"无"说"空",为谢氏受玄学道无思想及思维影响而习用"格义"的见解。谢氏所言"忘",是佛教大

---

① 谢灵运:《与诸道人辨宗论》,《广弘明集》卷一八,《四部丛刊》影印本。
② 同上。
③ 按:竺道生《答王卫军书》评谢灵运之言云,"以为苟若不知,焉能有信?然则由教而信,非不知也"。意思是,如称渐修而不知任何佛理,又哪里会有信解、信修?可见渐修、信修并非全然不知。由此可见,竺道生倡大顿悟说是实,但不等于其不重渐修、信修。
④ 谢灵运:《与诸道人辨宗论》,《广弘明集》卷一八,《四部丛刊》影印本。
⑤ 《庄子·达生》,参见陈鼓应《庄子今注今译》,第492页。

顿悟说向美学"顿悟"说开始转递的一个重要契机。审美也是"物我同忘""有无壹观""出于照也"(照,即观照)的。所不同者,道家审美在"无"而佛禅的审美在"空"。作为一种新的审美方式,佛禅"物我同忘"的审美无疑丰富而深化了中国人的审美境界。

竺道生大顿悟说对中国美学顿悟思想的产生与发展的贡献,自不待言。正如汤用彤《谢灵运辨宗论书后》一文所言:"自生公以后,超凡入圣,当下即是,不须远求,因而玄远之学乃转一新方向。由禅宗而下接宋明之学,此中虽经过久长,然生公立此新义(按:大顿悟说),实此变迁之大关键也。"①此言是。

最后应当指出,竺道生与僧肇诸名僧一样,其精湛而深微的佛学思维,又在相当程度上推进了中国美学"象外"思想的建构与发展。

正如前述,在佛学上,竺道生主"佛无净土"说。既然"佛无净土"即以"净土"为假言施设,那么试问:佛究竟在何处?佛实际是一个"空"即所谓"理"(或道)。佛,觉者也,超言绝象者也。佛在言外、象外。佛是佛之色身么?如果是,那还是佛么?可见佛不等于佛之色身。那么,天下无数寺庙中独多佛像,佛像是佛吗?当然不是。佛像也是佛的假言施设,为化导众生而说法"方便"之故。可见,佛在形外、言外、象外。竺道生《妙法莲华经疏》说:"至象无形,至音无声,希微绝,朕思之境,岂有形、言者哉?"这是以老庄之言说佛在象外之旨。《老子》说"道"(无),有"大象无形""大音希声"等语,以述"道"的"无"性。竺道生改"大象"为"至象",改"大音"为"至音",以"无"说"空",以"无"这一"假言"而"假言"说"空"。其称:

> 人佛者五阴合成耳。若有便应色即是佛。若色不即是佛,便应色外有佛也。②

假定佛像人一样,那么,佛也是由五阴即色、受、想、行与识等五蕴因缘和合的。如果确是如此,那么"色即是佛"。但佛为觉,佛是空,故"色不即是佛",因此,应当是"色外有佛",或者说"佛在色外"。色、色蕴之谓,在佛学中相当于指一切事物现象,包括物质现象。色作为物质现象,在世俗意义上,总是对精神本体的滞碍与系缚。破斥色碍,则意味着进入空寂的境界,此之所谓佛境。

---

① 汤用彤:《谢灵运辨宗论书后》,《汤用彤学术论文集》,第293—294页。
② 竺道生:《注维摩诘经·菩萨行品》,《中国佛教思想资料选编》第一卷,第211页。

> 空似有空相也,然空若有空则成有矣,非所以空也,故言无相耳。①
> 夫言空者,空相亦空,若空相不空,空为有矣。②

空作为精神本体,似存有空相。"空若有空则成有",这句话很关键,可证竺道生既持涅槃佛性论,又主般若中道观。故其有云,如将此空执为实有,那么便成为滞有了。"此为无有无无,究竟都尽,乃所以是空之义也。"③既无"有",又无"无(空)",离弃"有""空"二边,便即"中"且无执于此。此"空",指中道、中观的"毕竟空",非涅槃佛性说以"空"为"有"的那个"空"。故此言佛本"无相"义,并非指一般的佛即"空相",而专指中道、中观的"空相"、真正彻底的"空相"。因而,竺道生说,"空似有空相也,然空若有空则成有矣,非所以空也"。毕竟之空,为真正"象外"之"空",而且永无可执。佛在"象外",佛者彻底"无相",执相即为颠倒、虚妄。一旦执空,空则非彻底之空。

这便是后人称竺道生此论为"象外之谈"的缘故。

"象外"亦称"言外""色外"。悟"象外"之空境,悟佛之谓。《高僧传·竺道生传》称道生"彻悟言外",并引道生语云,"夫象以尽意,得意则象忘。言以诠理,入理则言息。自经典东流,译人重阻,多守滞文,鲜见圆义。若忘筌取鱼,始可与言道(佛)矣"④。

这里,竺道生借用三国魏王弼"得意在忘象,得象在忘言"即"得鱼而忘筌"⑤之旨,来言说"佛在象外"。王弼"忘象"之说,原自《周易》卦爻之象。所谓卦爻之象,实指卦符、爻符,是有形相的。严格而言,卦爻之象的象,实际指卦爻之符在心灵的映象、印迹、图景与氛围。《易传》曾云:"见乃谓之象。"可见象是"见"(现)之心的。所以,象并非实际存有的符号,而是一种心理、心灵现象,一种精神现象。王弼借易象阐说玄学之无,"忘象"以得之于无。王弼所谓"忘象"的"象",实际指具有形相的卦爻符号,这是必须指明的。"忘象"以入无境,这是王弼玄学美学的基本主题,也是王弼"扫象"说的重要构成。

竺道生借王弼"忘象"得"无"之见,来称说"象外"("言外")之旨,是对王弼"忘象"的否定(尽管其话头起自王弼"忘象"之言),从而,从王弼的称"无"为本体与境界而推进到说"空"(佛,理)。竺道生所说"象者,理之所假,执象则

---

① 竺道生:《注维摩诘经·弟子品》,《中国佛教思想资料选编》第一卷,第207页。
② 竺道生:《注维摩诘经·文殊师利问疾品》,《中国佛教思想资料选编》第一卷,第209页。
③ 竺道生:《注维摩诘经·弟子品》,《中国佛教思想资料选编》第一卷,第207页。
④ 《竺道生传》,《广弘明集》卷二三,《四部丛刊》影印本。
⑤ 魏王弼:《周易略例·明象》,《王弼集校释》下册,楼宇烈校释,第609页。

迷理",实际是对"象"的不信任。在他看来,世界本体与人生境界如果是美的,那么,它并非"象"本身,也不可仅由"忘象"而得之,而是在"象外"。

那么试问,"象外"又是什么?不是《周易》卦爻符号之有,也不是王弼"忘象"(忘去符号形相)之无,而是在有、无之外的空。这以谢灵运的话来说:

> 夫昌言贤者,尚许其贤,昌言圣者,岂得反非圣耶?日用不知,百姓之迷蒙,唯佛究尽实相之崇高。①

"崇高"这一美学兼伦理学范畴,正如本书前述,在佛教入渐之前,仅具有《国语》所谓"土木之崇高"与《易传》所谓"崇高莫大乎富贵"等义。与竺道生涅槃成佛、顿悟说相契的谢灵运所说的"实相之崇高",在佛相庄严的神圣之光中,所透露、洋溢的,是佛陀、佛国的神圣庄严、慈悲为怀及其佛性亦寓人格的庄敬、伟大之美。佛教尚有"二美"说,"二美"者,指定与慧,"美"即定慧之庄严。如《吽(通吼)字义》所云,"二美具足,四辩澄湛"。定慧即正慧、正觉。摄灭妄念为定,悟入究竟为慧,得微妙之法成正觉而功德庄严。所谓庄严,即非庄严,是名庄严。庄严亦为假名,也未可执著;佛教所言"美",也是假名而不可执著。由此读者不难体会,竺道生与谢灵运所崇尚的涅槃成佛、中观顿悟说与美学的关系,究竟意味着什么。

第二节 "常乐我净":《大般涅槃经》与佛教美学

对于南北朝及此后中国佛教及其佛教美学思想而言,由昙无谶所译《大般涅槃经》(北本),是一部重要而影响深远的佛学经典。它关于"一切众生悉有佛性"②与一阐提人未断未来世善根故得成菩提的佛学命题与思想,有力地灌输于大批崇信涅槃学善男信女的头脑,使得涅槃成佛学说深入人心。义学沙门有关"因果佛性""智慧"即"佛性"与"大涅槃"诸说的讨论与争辩,趋于严正而深切。其间,《大般涅槃经》关于"常乐我净"这一著名佛学命题,与佛教美学具有更多的内在文脉联系。这里仅作简略分析。

---

① 谢灵运:《与诸道人辨宗论》,《广弘明集》卷一八,《四部丛刊》影印本。
② 《师子吼菩萨品第十一之一》,昙无谶译,《大正藏》第十二册,"涅槃部类",《大般涅槃经》(北本)卷二七,P0524b。按:原文为"是故我说一切众生悉有佛性"。关于"一切众生悉有佛性",《大般涅槃经》(北本)多处论及。

云何为佛性？以何义故名为佛性？何故复名常乐我净？若一切众生有佛性者，何故见(现)一切众生所有佛性？①

中道之法名为佛性，是故佛性常乐我净。②

如是中道能破生死故名为中，以是义故，中道之法名为佛性，是故佛法常乐我净。③

"常乐我净"，是在"佛性""中道"意义上说的，佛教亦称"涅槃四德"。

什么是常？常即恒常，常住不变之谓。"佛性常住"。佛教称，法身佛本性无生灭为本性常；报身佛常生起无间断称不断常；化身佛没已、复化现而竟不断灭是相续常。佛教又有七常果说，指菩提、涅槃、真如、佛性、菴摩罗识、空如来藏与大圆镜智。诸法因缘生起，刹那生灭，是则无常。一旦立地成佛，则意味着轮回断灭，离弃因缘，即入恒常佛境。可见，所谓"大涅槃"即"非因缘作"。世间时在因缘轮回之中，一旦涅槃成佛，便是因缘的消解。"一切诸法有二种因：一者正因；二者缘因。"④

佛境不可坏即常。何以为常？无"身聚"、离弃"五阴"(即"五蕴")的积聚，唯存有"法性"，"法性"为常，"理"作为"法性之性"，"不可坏"。

什么是乐？梵文Sukha，适悦于身心者称乐。佛教有"三乐"说，禅定静虑为禅乐；离弃生死、证成涅槃为涅槃乐；修十善受享种种天之妙音为天乐。佛教又有"五乐"说：一、出家乐。祛世间烦恼苦厄，出家斩断尘缘，永尽苦痛。二、远离乐。指初禅天之乐。远离欲爱、烦恼而禅定，以得喜乐。三、寂静乐。指二禅天之乐。静观而澄心，发深妙、微邃之乐。四、菩提乐。成无上佛境，获法界自在的法乐。五、涅槃乐。永尽生死之苦，入无余涅槃，为究竟寂灭之乐。《大般涅槃经》(北本)卷二五云：

有四种乐。何等为四？一者出家乐；二者寂静乐；三者永灭乐；四者毕竟乐。⑤

---

① 《师子吼菩萨品第十一之一》，昙无谶译，《大正藏》第十二册，"涅槃部类"，《大般涅槃经》(北本)卷二七，P0523a。按：原文为"是故我说一切众生悉有佛性"。关于"一切众生悉有佛性"，《大般涅槃经》(北本)多处论及。
② 同上书，P0523b。
③ 同上书，P0523c。
④ 《师子吼菩萨品第十一之三》，昙无谶译，《大正藏》第十二册，"涅槃部类"，《大般涅槃经》(北本)卷二九，昙无谶译，P0535b。
⑤ 《师子吼菩萨品第十一之一》，《大正藏》第十二册，"涅槃部类"，《大般涅槃经》(北本)卷二七，昙无谶译，P0527b。

> 又涅槃者名毕竟归。何以故？能得一切毕竟乐故。①

"毕竟乐",即"大乐",这是相对于凡夫之"乐"而言的。此"大乐",犹如佛经所言"大我""大寂静"与"大涅槃"之"大",具有原本、根本之义,故"大乐"者,根本、无上之"乐"。"毕竟有二种。一者庄严毕竟；二者究竟毕竟。一者世间毕竟；二者出世毕竟。庄严毕竟者,六波罗蜜；究竟毕竟者,一切众生所得一乘。一乘者名为佛性。以是义故,我说一切众生悉有佛性。"②

"涅槃即是常乐我净","得安乐者譬诸菩萨得大涅槃常乐我净"③。什么是乐？"常乐我净"之"我",印度部派佛教犊子部称,我即补特伽罗(Pudagala),译义为"不可说之我",指处于轮回的主体；经量部提出"胜义补特伽罗"说,"胜义"即"真实"。经量部认为有"真实之我"；一切有部则称"真实之我"为"有"。佛教"三法印"说主张"诸法无我",这与"诸行无常"和"涅槃寂静"说相应,明我空、法空之理。所谓"我空","无我"之谓。彻底的空即毕竟空,无所执著。一旦以空为执,便以执空为妙有。妙有,实即"涅槃我"。佛教以五蕴因缘和合为"假我",以涅槃成佛为"真我"。

"无我",是对世间、世俗之"我"、系累于世间烦恼苦厄之"我"的彻底舍弃。芸芸凡夫总以自己身心为"我",在《大般涅槃经》看来,此"我"断无"自在",实为"妄我""假我"。倘由此"我"进行审美观照,便是"伪审美"。

什么是净？"常乐我净"之"净",清净之谓。离烦恼之系累,舍恶行之过失为"净"。净为如来本性,无染而纯净。汉译佛经称其为"性善",与"性恶"相对。这并非指孟子"人性本善"与荀子"人性本恶"义,一般不从道德角度去理解,并非伦理哲学范畴,而是一个佛学范畴,指涅槃成佛的本因与依据。涅槃学认为,人皆具佛性,皆得成佛,何以至此？佛性本善(性善)之故。修持、成佛即向善,为本善之回归。万善皆行,诸恶莫作,即向善,便是"性善"的重新发现。离烦恼之尘垢,弃苦厄之累染,是佛性本善的"放大光明",也是净的"审美"。"是光明者即是如来,如来者即是常住。常住之法不从因缘。"④离弃于因缘牢笼,便得解脱之"美"。

---

① 《师子吼菩萨品第二十三之一》,《大正藏》第十二册,"涅槃部类",《大般涅槃经》(南本)卷二五,P0771c。
② 《师子吼菩萨品第十一之一》,《大正藏》第十二册,"涅槃部类",《大般涅槃经》(北本)卷二七,昙无谶译,P0524c。
③ 《师子吼菩萨品第二十三之一》,《大正藏》第十二册,"涅槃部类",《大般涅槃经》(南本)卷二五,P0757b、P0754c。
④ 《光明普照高贵德王菩萨品第十之一》,《大正藏》第十二册,"涅槃部类",《大般涅槃经》(北本)卷二一,昙无谶译,P0489a。

"常乐我净"这一佛学命题的佛教美学诉求在于,"常"指涅槃性境恒常不易;"乐"指舍离世间俗乐、臻于涅槃的根本"大乐";"我"指精神"大自在";"净",也称为"本净""大净"、佛性、佛境的本善、本寂。"常乐我净"即"大涅槃"。

> 何故为心不贪著?为得解脱故。何故为得解脱?为得无上大涅槃故。何故为得大涅槃?为得常乐我净法故。何故为得常乐我净?为得不生不灭故。何故为得不生不灭?为见(现)佛性故。①

"大涅槃"是一个佛教"理想",颠倒而夸大地体现涅槃学所谓出世间的理想之光,企图照亮世间的黑暗,从而在精神上,引领芸芸众生成佛且冀望荡涤世间的污泥浊水,追求世界的"光明"之境。但凡理想,无论社会理想抑或审美理想,如果有待于现实的实现,那一定具有世俗性。这一佛教美学理想的诉求,实际是企冀以宗教崇拜、弃世与幻想的方式,以否定世间、世俗的方式,来言述与企求实现新的世俗、人间的真善美。

佛教有所谓"四颠倒"说,认为世间人生的生死轮回,本无常、无乐、无我、无净,而世间芸芸却执为"常乐我净",这是妄执、妄见,是迷途而不知返。因而,涅槃学大倡佛教涅槃意义"常乐我净"的理想境界,以宗教崇拜的慈悲心怀与言述,来救治世俗与人。

《大般涅槃经》的佛教美学思想,固然不能不与佛教信仰和崇拜有密切关联,却并非纯粹的信仰与崇拜,它具有一定的逻辑力量与思想深度。早在译传于三国曹魏时代的《无量寿经》中,有关西方极乐净土佛国"真善美"的描述,十分奇思异构而无比美丽。② 如说西方净土:

> 八功德水,湛然盈满,清净香洁,味如甘露。黄金池者,底白银沙;白银池者,底黄金沙。水精池者,底琉璃沙;琉璃池者,底水精沙。玛瑙池者,底琥珀沙;琥珀池者,底珊瑚沙。砗磲池者,底玛瑙沙;玛瑙沙者,底砗磲沙。白玉池者,底紫金沙;紫金沙者,底白玉沙。或有二宝、三宝乃至七宝转共合成。其池岸上有旃檀树,华叶垂布,香气普薰,天优钵华,钵昙摩华,拘牟尼头华,分陀利华,杂色光茂,弥覆水上。③

---

① 《师子吼菩萨品第十一之二》,《大正藏》第十二册,"涅槃部类",《大般涅槃经》(北本)卷二八,昙无谶译,P0529b。
② 按:关于彼岸佛土之理想,除了西方净土,还有兜率天、药师净土与莲华藏世界等。
③ 《佛说无量寿经》卷上,《大正藏》第十二册,"宝积部类"(无量寿经类),P0271a-b。

可谓其美无以复加,独一无二。然而,此所绘理想佛国的蓝图,无非人间无数宝物的集萃而已,且纯以感性形象的虚构、幻想来感染、打动信众,属于佛教信仰层次。《大般涅槃经》则不同,它以"常乐我净"这一命题的逻辑论证,来诉诸信众的佛教理性,从而企图建立牢固的佛教信仰,且在信仰之中,从理性体会美的理想。这不啻可以看作东方古代宗教理想及其美之"理性的信仰"与"理性的胜利"①。

《大般涅槃经》关于"常乐我净"的佛教美学因素,涅槃成佛这一微妙理想——作为"妙有",更符合中国人一贯的偏于崇实的接受习惯,更易被当时南北朝人所接受。大乘般若中观之学是有佛教美学理想的,是以空为空、无执于空、无碍无得、毕竟空寂,这在偏于崇尚实际的信众尤其下层信众那里,是一时难以理会的。而大乘涅槃学的佛教美学理想,以空为执,变般若学的"无得"为"有得",其教义所蕴含的美学理想相对坐实,对于中国人的接受与欣赏口味而言,是更为适宜的。而且南北朝时,般若学的盛期已过,涅槃学与成实学等正当其时,因而,在佛教美学理想上,大批信众青睐涅槃成佛之说,势所必然。

"常乐我净"说,将《阿弥陀经》一类经典的西方净土信仰,努力地安置于具有一定佛学思辨深度的基础之上。其一,早在东汉末年,阿弥陀信仰开始入传于中土。所谓"净土三大部"②的"净土"理想之"美",充斥于各类文字描述,一般缺乏富于佛学理论色彩的逻辑论证。如《无量寿经》说西方净土宝物无数,华林遍野,"行行相植,茎茎相望,枝枝相准,叶叶相向,华华相顺,实实相当,荣色光曜,不可胜视",力图以最美文字,打动凡心,可称之为"文字涅槃"。其二,一方面通过文字描述,让人无限地向往彼岸、出世间的"美",另一方面又以对此岸、世间之苦厄、罪错、痴妄情景的描绘,来对芸芸众生加以劝诫与启发,此《无量寿经》所谓"贫穷乞人,底极斯下。衣不蔽形,食趣支命。饥寒困苦,人理殆尽"云云,将社会苦难、穷困者号饥啼寒的惨状呈示于前,自当有值得肯定之处,而其本意,却在与西方极乐佛国理想的强烈

---

① 〔美〕罗德尼·斯达克:《理性的胜利——基督教与西方文明》"导论:理性与进步",管欣译,复旦大学出版社2013年版,第2页。按:《理性的胜利》一书说,"世界各大宗教都强调神秘与直觉,唯有基督教把理性和逻辑作为探索宗教真理的指导","其他各大宗教都认为诸神在本质上是语言所无法言表的,而内省才是精神修炼的正途。但是从早期的基督教开始,教父们就在谆谆教诲:理性是上帝至高无上的馈赠"(该书第2页)。笔者以为,固然作为"理性的信仰"的西方基督教义可称为"理性的胜利",固然佛教强调"神秘与直觉",其佛智境界,"是语言所无法言表的","内省才是精神修炼到正途",但这不等于说,佛教教义的逻辑建构和思想不能不是所谓"理性的胜利"。

② 按:指《无量寿经》二卷,曹魏康僧铠译;《阿弥陀经》一卷,姚秦鸠摩罗什译;《观无量寿经》一卷,南朝宋畺良耶舍译。

对比中,坚定净土信仰,故未能真正彻解世俗现实苦厄的真实原因。其三,宣扬"往生"佛国的便捷与容易。只要闻说、执持阿弥陀佛名号,可使临终时,心不颠倒,即得往生阿弥陀佛极乐净土。"无有三涂苦难之名,但有自然快乐之音,是故其国名曰极乐。"①佛教有"三往生"说,一曰"大经往生",《无量寿经》所宗;二曰"观经往生",《观无量寿经》所倡;三曰"难思往生",《阿弥陀经》所言。三说都称"往生"的容易。"往生"之"生","永生"之谓,毕其功于一役。"往生"之"乐"、"极乐",世间无有,无与伦比。闻佛言或呼佛名号,即得"往生",有求必应。应佛之导引,去往娑婆世界、弥陀佛的极乐世界,称"往";化生、再生、永生于莲华佛土,为"生"。"往生"的"真善美",非同寻常。

"常乐我净"之说,是对所谓尽善尽美的西方净土境界的逻辑展开与概括,而非一般的文字描述。"常"即恒常,"乐"即"永乐","我"即本我,而"净"即"寂灭",都是为涅槃"无生"即因果无生、永绝因缘之"美"的佛理阐解,为净土信仰奠定了一个佛学依据。

第三节 "一心二门":《大乘起信论》与佛教美学

南北朝时,昙无谶(385—433)所译《大般涅槃经》分南本、北本而流渐于中华;诸多大乘瑜伽行派的典籍纷纷译出,其中,以真谛(499—569)所译无著《摄大乘论》、世亲《论释》与菩提流支等所译《十地经论》等影响为大;由鸠摩罗什译成于后秦弘始十三、十四年(411—412)的《成实论》,此时也由罗什门下推波助澜,法雨播撒。诸多义学沙门的宗说,确在逐渐酝酿与形成之中。其间,不乏辩说、歧义与会通。除涅槃师的涅槃佛性说,又有摄论师的阿赖耶说,地论师的如来藏说,楞伽师的如来藏与阿赖耶调和说,以及成实师关于涅槃学、般若学与三论宗交汇的思想,等等,可谓蔚为大观。

中国佛教与佛教美学史上具有重要地位的《大乘起信论》,总体上以其特有的"一心二门"说,一定程度上调和义学沙门的多宗说教,在佛学"心性"说上,具有承上启下之功。

《大乘起信论》一著,相传为公元一、二世纪之际印度大乘学者马鸣所撰,后为南朝梁真谛所译。有关这部重要论籍的真伪及其著者究竟是谁等问题,中外学界争论颇多而没有一致的结论。目前有比较多的学者倾向于认为

---

① 《佛说无量寿经》卷下,康僧铠译,《大正藏》第十二册,"宝积部类"(无量寿经类),P0271b。

此著是中华本土佛教学者所撰作①。此暂不赘述。

该书具有独特的佛学思想,它推动了以"心性"为中心命题的佛教美学的历史与人文发展。

中国美学史上,较早提出"心性"问题的,是年代略早于《孟子》的郭店楚简与上海博物馆藏楚竹书②。前者《性自命出》与后者《性情论》,都有关于"悳"③的诸多论述。如《性自命出》云,"笃,悳之方也","悳,性之方也","笃于悳者也";《性情论》云,"修身近至悳";等等。其余,如郭店楚简的《缁衣》《语丛》《五行》《尊德义》《忠信之道》《唐虞之道》等儒籍,与道家《老子》郭店楚简本,有关悳字及其论述,一再见诸文本。

> 从目前检索到的字符来看,甲骨卜辞有身字而无心字,可证关于"心"的意识比较后起。查《论语》有心字仅六处,它们主要是《为政篇》的"七十而从心所欲不逾矩",《雍也篇》的"回也,其心三月不违仁",等等。说明孔子的人性论思想尚未自觉地从"心"之角度说性。《孟子》一书,述"心"处竟达一百二十次,最著名的,如"心之官则思"以及"恻隐之心""羞恶之心""辞让之心"与"是非之心",依次释"仁之端""义之端""礼之端"与"智之端",等等。④

在年代大致处于孔、孟之际的郭店楚简与上博馆藏楚竹书中,涌现大量从身从心的仁字别体。如勇,《尊德义》写作上甬下心;顺,《缁衣》为上川下心;逊,《缁衣》为上孙下心;反,《穷达以时》为上反下心;伪,《性自命出》为左旁竖心右侧为;过,《性自命出》为上化下心;义,《语丛》为上我下心;德,《性自命出》与《性情论》皆为上直下心;爱,《成之闻之》《唐虞之道》皆为上既下心;等等。这雄辩地证明,从春秋末期的孔子到战国孟子百余年间,先秦儒家以"心"释"性"、释"仁"之心学时代的到来,这一伟大民族的审美意识与观念,曾经在先秦孔、孟之际,经历了一个文化心灵觉悟的以"心"释"性"的时代。

---

① 参见《大乘起信论校释·序言》及"附录",〔印〕马鸣菩萨造,真谛译,高振农校释,中华书局 1992 年版。
② 按:《郭店楚墓竹简》,文物出版社 1998 年版;《上海博物馆藏战国楚竹书(一)》,上海古籍出版社 2001 年版。
③ 按:庞朴《郢燕书说》说:"整个郭店楚简的一万三千多字中,无论各篇的思想倾向有无差异,学术派别是否相同,以及钞手的字体如何带有个性,其所要表述的仁爱的'仁'字一律写作上身下心的'悳',其所写出的无数个上身下心的字,一概解作仁爱之'仁',全无例外。"《郭店楚简国际学术研讨会论文集》,湖北人民出版社 2000 年版,第 40 页。
④ 参见拙著《中国美学史教程》,第 69 页。

简略地说,春秋战国时期,儒家心性说如孟荀论心性,偏重于心性问题的伦理学解;道家老庄论心性,偏重于心性问题的哲学解,这便是其精神自然的哲学。

无论儒抑或道的心性说,逻辑上都具有以"心"释"性"的思维特点。这即使从性字从心从生这一点,也能见出。难怪孟子以"恻隐""羞恶""辞让"与"是非"此四"心",来言说其"人性本善";有如庄子所谓"养生"论,实即主张"养性""养心"而身心兼养。

印度佛教关于心色、心王、心所与心色不二、万法唯心等重要教义,关于心法、心所法、色法、心不相行法与无为法,以及心识(如六识、八识)与如来藏心、真如心等的思想,包含着丰富而深邃的佛教哲学与美学思想因素,其主题是,心作为世界本原、本体如何可能。

中国佛教的心本原本体说,在中国传统儒道心性说基础上,是对入渐的印度佛教心、识诸说的接引、改造与生发。本书前述东晋"六家七宗"的"心无"义,是较早出现的一个代表。东晋郗超(336—377)《奉法要》有"四等之义"即佛教所谓"四等心"①之说。其文有云:"心所不安,未常加物。即近而言,则忠恕之道,推而极之,四等之义。四等者何?慈、悲、喜、护也。"如果说,前者"心无"义是玄学本原本体的"无"与佛教"空"义相结合的思想成果,那么后者郗超此言则明显是打上了儒家心性说思想烙印的佛教心性说。所言"慈、悲、喜、舍"这"四等之义",富于佛教心性本原本体意义上的审美情感诉求。《奉法要》指出:

> 何谓为慈?愍伤众生,等一物我,推己恕彼,愿令普安,爱及昆虫,情无同异。何谓为悲?博爱兼拯,雨泪恻心。要令实功潜著,不直有心而已。何谓为喜?欢悦柔软,施而无悔。何谓为护?随其方便,触类善救,津梁会通,务存弘济。能行四等,三界极尊,但未能冥心无兆,则有数必终。是以《本起经》云:"诸天虽乐,福尽亦丧。贵极而无道,与地狱对门。"②

虽然,这里所言"慈、悲、喜、护"的人文内涵,本是佛教意义上的慈悲为怀、普度众生,然而,其"等一物我""博爱""恻心""欢悦""无悔"与"善救""弘济"等,是明显吸纳儒家"忠恕之道"与仁爱之心说的佛教审美情性论。尤其"等

---

① 按:亦称"四等""四无量心"。从所缘之境,无量诸众生起;以能起之心,而称为等,于平等处起此心故。四等,《增一阿含经》卷二一写作"慈、悲、喜、护"。
② 郗超:《奉法要》,《弘明集》卷一三,《中国佛教思想资料选编》第一卷,第20—21页。

一物我""情无同异"与功利处"不直有心"等说法,在一定程度上,与世俗意义的审美心理、审美心性说相契相通。

南朝梁武帝所引佛经"心为正因,终成佛果"①的著名佛学命题,也蕴含着典型的中国佛教美学本原说因素。在先秦儒家那里,"心"本为道德完善之源(本原);道家与魏晋玄学,以"游心""心无"之类,言说道本原本体之美的自然心性因素。梁武帝则引述极简洁的文字,称"心"(又称为心神、真神)为成佛"正因",可以说,这里所谓"佛果"即"心"果,成佛即成"心",救世即救"心"。如果以美学来加以表达,岂不是成佛、涅槃即"心"空之"美"?

在《大乘起信论》撰作、流渐之前,中国佛教美学史关于心性说,已积淀许多的思想与思维资源,《大乘起信论》佛教美学心性说的出现,并非偶然。它比以往的中国佛教心性美学,更具理论深度与逻辑力量,成为此后唐代禅宗等佛教心性美学的历史与人文先导。

作为全书的总体思想,"一心二门"是《大乘起信论》的不二法门。

"一心"指"众生心",或称"心真如""如来藏":

> 摩诃衍者,总说有二种。云何为二?一者法,二者义。所言法者,谓众生心。是心则摄一世间法、出世间法。依于此心显示摩诃衍义。何以故?是心真如相,即示摩诃衍体故。②

大乘佛法(摩诃衍,又称摩诃衍那),概而言之,是两方面,一是它的本体,二是依止于本体的义理。这里的所谓法,称"众生心"。此"心"统摄世俗世界一切有为、有漏法与出世间一切无为、无漏之净法。依止于"众生心",就能显现大乘佛法的一切义理。

"二门",指"心真如门"与"心生灭门":

> 显示正义者,依一心法有二种门。云何为二?一者心真如门,二者心生灭门。③

《大乘起信论》又说:

---

① 萧衍:《立神明成佛义记并沈织序注》,《弘明集》卷九,《中国佛教思想资料选编》第一卷,第299页。
② 《大乘起信论校释》,〔印〕马鸣菩萨造,梁真谛译,高振农校释,中华书局1992年版,第12页。
③ 同上书,第16页。

> 心真如者,即是一法界大总相法门体。所谓心性不生不灭。一切诸法唯依妄念而有差别,若离心念,则无一切境界之相。是故一切法从本已(以)来,离言说(脱)相,离名字相,离心缘相,毕竟平等,无有变异,不可破坏,唯是一心,故名真如。①

所谓"心真如门",指法界总相法门本体。"心性"即"心真如"此本体,不生不灭。诸法形相千差万别,都由众生妄心、妄念所生起。如离弃妄心、妄念,便是无虚妄境界的存有。因而,诸法从本体而言,都离弃言说、名相与妄心对于言、相的攀缘。诸法彻底平等,无有变易,不可坏灭,称为"真如""一心"。

> 心生灭者,依如来藏故,有生灭心。所谓不生不灭与生灭和合,非一非异,名为阿黎耶识。此识有二种义,能摄一切法,生一切法。云何为二? 一者觉义,二者不觉义。②

所谓"心生灭",依止于如来藏,所以有生灭之染心。所谓"阿黎耶识",指不生不灭自性清净心,与有生灭之末那识的和合,两者关系并非同一,又不是不一。阿黎耶识有两种意义,能统摄染、净诸法而生起染、净。这两种意义:一个是"觉";一个是"不觉"。

《大乘起信论》又说,"一心二门"统摄"三大""四信"与"五行"。
"三大":

> 一者体大,谓一切法真如平等不增灭故。二者相大,谓如来藏具足无量性功德故。三者用大,能生一切世间出世间善因果故,一切诸佛本所乘故,一切菩萨皆乘此法到如来地故。③

这里,"三大"即"体大""相大"与"用大"之"大",甲骨文写作𠦒,是正面站立成年男子的象形,具有人之生殖的原始义。转义指哲学、美学的本原。这在前文多次提及。"众生心"或云"心真如""如来藏自性清净心",可以展开来说,为"体大""相大"与"用大"。此即其"体"为"真如平等不增灭";"相",由"体"即"如来藏"显现为"具足无量功德";"用",从"体"而显"相",且"生一切世间出世间善因果"。归根结蒂,无论"相"还是"用",统归于作为本原

---

① 《大乘起信论校释》,〔印〕马鸣菩萨造,梁真谛译,高振农校释,第17页。
② 同上书,第25页。
③ 同上书,第12页。

本体之"一心",即"众生心"。

《大乘起信论》所谓"四信",即"信根""信佛""信法""信僧";"五行",即"布施""持戒""忍辱""精进"与"止观"。其与"一心二门"的逻辑关系,在本原意义上,可归结为"一心"即"众生心",此不赘。

"心"是一个重要的佛教美学范畴。虽然,"心"这一概念并非始于佛教,无论在印度与中国,却都因佛教的流传与发展而赋予其复繁、深刻的历史与人文内涵。中国佛教美学史对"心"问题的关注与研讨,当然并非始于《大乘起信论》。正如前述,起码早在东晋时期,所谓"六家七宗"中,已论述"心"的有、无(空)诸问题。元康《肇论疏》卷上引录宝唱《续法论》,称释僧镜《实相六家论》云:"第三家,以离缘无心为空,合缘有心为有。第四家,以心从缘生为空,离缘别有心体为有。第五家,以邪见所计心空为空,不空因缘所生之心为有。"方立天《中国佛教哲学要义》指出,此"三家论心空,有三种不同观点:一是心离开因缘,是无心,是心空;二是心从缘生而起是自性空;三是以邪见计度心空是空。三家论心有,有两种观点,第三第五两家都是以因缘和合而生起有,心为心有,第四家则以离开因缘而别有心体为有,即心体是离缘而存在的"①。可见东晋的佛教学者已经开始认真讨论"心"的空、有问题,而始成不同宗说。僧肇的"不真空""物不迁""般若无名"与"涅槃无名"诸说,一定意义上,实际亦在倡说"心"的体用、动静即"心"的空、有之见,其有关"心无者,无心于万物,万物未尝无"的说法,可读为"心空者,空心于万物,万物未尝空",批评"心无"义的关于"此得在于神静,失在于物虚"②为空心不空色,云云。僧肇主张心物(色)二空。

心本原说,在东晋郗超那里,被概括为"心为种本"③这一佛学命题,自当别开生面。然而,这一佛学所蕴含的美学因素,是包含在其果报思想之中的,并非自觉地提出新见。南朝宋宗炳《明佛论》称,"夫《洪范》庶征休咎之应,皆由心来"。又引述佛经云:"心为法本。心作天堂,心作地狱。"提出"是以清心洁情,必妙生于英丽之境;浊情滓行,永悖于三途之域"。④ 宗炳以经典佛学的"心为法本"这一命题,阐其佛学之见,其实已从这一佛教的心本原说后退。他先从中华传统古典《洪范》关于"庶征体咎之应"的巫术命理角度,

---

① 方立天:《中国佛教哲学要义》下卷,中国人民大学出版社2002年版,第812页。
② 僧肇:《不真空论第二》,《肇论》,上海佛学书局影印本,《中国佛教思想资料选编》第一卷,第144页。
③ 郗超:《奉法要》,《弘明集》卷一三,《中国佛教思想资料选编》第一卷,第23页。
④ 宗炳:《明佛论》,《弘明集》卷二,《中国佛教思想资料选编》第一卷,第232页。按:三途,佛教以火途、血涂与刀途为无边苦海之喻。火途,地狱道猛火焚烧处;血涂,畜生道相互残食处;刀途,饿鬼道刀山剑丛处。

来说"心"的本原意义,所谓"皆由心来",实际已不合佛教心本原义;又将佛教成佛意义的"心",解释为"清心洁情",否其"浊情滓行",在理论与逻辑上,显然不够准确。宗炳持"神不灭"说,这妨碍其提出明晰的心本原说。梁武帝萧衍引述佛经并发挥道:"心为正因,终成佛果。""夫心为用本,本一而用殊,殊用自有兴废,而一本之性不移。"这心原之说,与《大乘起信论》所言相通。梁武帝臣沈绩"序注"有云:"略语佛因,其义有二:一曰缘因,二曰正因。缘者,万善是也。正者,神识是也。万善有助发之功,故曰缘因。神识是其正本,故曰正因。"①

《大乘起信论》"一心二门"及其佛教美学的"心本原"思想因素,是对前哲与时贤相关思想、思维成果的承传与超越。

首先,它糅合东晋"六家七宗"之中的三家,即"本无""心无"与"即色"关于"心空"(各有偏重)与僧肇心、物二空之见,采撷东晋郗超有关"心为种本"、南朝宋宗炳与梁武帝源于印度佛典有关"心为法本""心为正因"的思想,剔除与拒绝来自魏晋玄学那种以"无"说"空"的"格义"方式,以及关于因果报应与"神不灭"的局限,以"一心"这一范畴,简洁地言说成佛本原。从而,一般而原则性地寻找与奠定成佛的依据,为成佛意义上的心灵之"大美",打下心学之基。

其次,它并非仅仅将成佛与心灵之大美的必然与可能,一般地归结为"心",而是把这"心"在理论上规定为"众生心"。这立刻让人想起《大般涅槃经》关于"一切众生,悉有佛性"的论述。这是以"众生心"来言说、概括与改造"众生悉有佛性",无异于将成佛、成美的正因,归结为主体与主观意义上的"众生"之"心",而不是原则地然而也是笼统地归结为佛性。在逻辑上,这是将成佛的本原(正因),从作为本体的佛性,向主体、主观意义的"一心"即自心、自我与大我转移。

成佛、成美究竟如何必然与可能?都因"众生心"普遍存有,而且永恒地显现与发挥其功用的缘故。佛性固然是夸大而完美的人性,而且"一切众生,悉有佛性",然而佛性本身,却不能自己成佛、成美。成佛、成美必须依止于主体、主观的渐修渐悟或顿悟。

学界有人以为,"众生心"即佛性。如果两者在外延、内涵上完全等同,就没有必要在佛性这一范畴之外,再创构"众生心"这一范畴。其实,两者是非一非异的关系。人性美的实现与提升、心灵美的创造与发展,固然并非绝对同一,然而,难道两者又是绝然不同的吗?无论世界意义上道德人格美的

---

① 萧衍:《立神明成佛义记并沈绩序注》,《弘明集》卷九,《四部丛刊》影印本,《中国佛教思想资料选编》第一卷,第299页。

修为,还是佛教意义上的成佛涅槃,一般人众还是佛徒,现实中最管不住的,是他自己的那颗"心"。无论修身养性,还是往生西方净土之类,关键在于其"心"如何可能,而"性"为"心"的本在依据。往生净土,当净其心。心净即佛土净。佛国何在?不在"西方",在当下此"心","西方"即"心"。故"心净"则"佛土净",成佛、成美实乃"成心"。"心"为万象之原。"心为种本""心为法本",此之谓也。先秦孟子所倡"人性本善"、荀子所倡"人性本恶",实则"人心本善""人心本恶",都从"心"立论、从"心"处说。胡塞尔现象学将"意向性"作为审视、认知世界的逻辑原点,"意向"(意象)即"心"。世界即"意向",世界即"心"。或曰世界及其可能的美,即"心"之意义。就《大乘起信论》"众生心"及其美学意蕴而言,此"众生心"即佛性,否则,何以可说"一切众生,悉有佛性"?自不同于孟荀"本善""本恶"与胡塞尔的"意向性"。"众生心",指众生的人性即人心成佛何以可能,也指本在的空寂,与"心"的尘垢唯因俗世所遮蔽。《大乘起信论》关于"众生心"的提出及其论证,丰富也推进了佛性说的心学内容与心学思辨。

再次,"众生心"作为如来藏自性清净心,之所以生起"心真如门"即"心生灭门",是因其"显示正义"的缘故。这里所言"正义",实际指成佛亦即成美的"正因"。"正义"(正因)是"一心"之所以能够开出("显示")"二门"的根据与动原。从"一心"开"二门",是《大乘起信论》独特的逻辑展开。它引入主张"真如缘起"的如来藏思想。所谓如来藏,指如来(真理)藏于烦恼之义,又指真如出于烦恼。《楞伽经》卷四云:"如来之藏,是善不善因,能遍兴造一切众生。"如来、真如犹如胎藏,孕育一切有情众生之烦恼,无烦恼即无所谓如来。如来者,如实而起,如真理而来。《胜鬘经》云:"如是(按:实之义、真理之义)如来,法身不离烦恼藏,名如来藏。"这便是众生烦恼"藏"于如来之谓。此经又说,"此性清净如来藏,而客尘烦恼、烦恼所染,不思议如来境界"。如来自性本净,"若离若脱若异一切烦恼藏",又"不离不脱不异不思议佛法"。因而,如来藏的逻辑结构是:佛与众生、真如与烦恼、清净与染污、出缠与所缠、无漏与有漏、空与不空、觉与不觉、善因与不善因等,合二而一又二律背反,便是不一不二而非一非二。所谓不生不灭与生灭和合,不一不异又非一非异,名为阿黎耶识。

南北朝时,印度诸多大乘瑜伽行经典入渐于中土,并大力宣说作为瑜伽行派的根本佛学观及其主导性佛学范畴"阿赖耶识"(亦译为"阿黎耶识"等)。当时,地论师、摄论师所争论的问题之一,是关于阿赖耶识的真妄问题。隋代吉藏(549—623)总结这一争辩有云:

又旧地论师(按:相对于隋地论师而言)以七识为虚妄、八识为真实。摄大乘师(按:摄论师)以八识为虚妄、九识为真实。又云,八识有二义:一妄、二真。有解性义是真,有果报识是妄用。《起信论》生灭、无生灭合作梨耶体(按:阿黎耶识)。《楞伽经》亦有二义:一云梨耶是如来藏,二云如来藏非阿黎耶。①

南北朝时,大乘瑜伽行派的一支,以世亲《十地经论》为典要,称地论师,主张前六识及七识均为妄识,而第八识才称真识。摄论师之论,以无著《摄大乘论》为宗依,主九识论,称"法身",由第九识即阿摩罗识所摄持,才得成就"法身",即在八识之外,再标第九,名"阿摩罗识"(Amala),主张八识为妄而第九为真。这是真谛译传《摄大乘论》、取《决定藏论》的缘故。《决定藏论》卷上有"断灭"之论:

断有四种:一者避断,二者坏断,三者定断,四者本永拔断。②

《决定藏论》认为,"阿罗耶识"即阿赖耶识为妄识。此即《摄大乘论》以第八识(阿赖耶识)为虚妄,以第九识即"阿摩罗识"为真实。所谓"转识成智",是阿罗耶识"断灭"。"此识灭故,一切烦恼灭"而证阿摩罗识。阿罗耶识有漏而阿摩罗识无漏。

这也是《楞伽经》③的基本教义,是如来藏说与阿赖耶说的结合。其卷一云,"如来藏自性清净""不生不灭"。其卷四称,"如来藏是善不善因"。就其"善"因而言,自性清净;就其"不善因"而言,"为无始虚妄恶习所熏,名为识藏,生无明住地,与七识俱。此如来藏虽自性清净,客尘所覆故,犹见(现)不净"。

可见,《大乘起信论》所谓"一心"(众生心)生起"二门",即"心真如门"的"心性不生不灭"与"心生灭门"的"有生灭心"说,是在糅合大乘唯识论八识与九识论关于真、妄,以及《楞伽经》关于如来藏与阿赖耶识论的基础上而创构的一个新说。它以简洁、明晰的表述,准确而简要地概括所谓"正道邪道不二,了知凡圣同途,迷悟本无差别,涅槃生死一如"的精神境界,这也便是吉藏所谓"《起信论》生灭、无生灭合作梨耶体",它以真为"觉"

---

① 《行品第十三》,吉藏《中观论疏》卷七,《大正藏》第四十二册,P0104c。
② 《决定藏论》卷上,《大正藏》第三十册,P1021c。
③ 按:全称《楞伽阿跋多罗宝经》,凡四卷,南朝宋求那跋陀罗译。另有菩提流支译本、实叉难陀译本,以求那跋陀罗译本为最早。

又以妄为"不觉"。

真妄作为一对偶性佛学范畴,是"众生心"所开出的"二门",亦即所谓"是心则摄一切世间法、出世间法",自当不同于巫学意义的吉凶、科学认知意义的是非、道德判断的善恶与世俗审美的美丑。它以离弃世间俗谛而为真为觉,以沾染世俗实有而为妄为迷,是对世俗意义的真妄的颠覆与拒绝。

世间万类及其美的事物,从哲学上看,都是现象本体、主体客体、主观客观的统一,此之所谓天人合一、物我浑契。丑的事物,有时原为如此的"统一",往往因为,随着历史、人文时空的变迁,原本美的事物现象可能由美变丑。这便由"统一"转化为"分裂"。美在于和谐,而不等于和谐。和谐之美,以优美为典型。悲剧的崇高之美,并非因其"天人合一",而是"天人相分"即相冲突的缘故。可见,有时美并非源于和谐,倒是与不和谐相联系。当然,在悲剧崇高的审美中,悲剧美本身,起于冲突的不可调和而导致痛苦甚而"正义"的毁灭。而就悲剧美的欣赏来说,是欣赏者的"正义"之"心",与悲剧美的"正义"性,达成协调和鸣。不过,一般意义的现象是本体的,本体是现象的。其美丑及崇高卑下等,既属现象亦属本体,二者二而一、一而二,统一存在、实现于同一现实。因此就世间美丑及真妄而言,世界是唯一而统一的,它为人类对它的审美(感悟)提供了无限可能性。

可是佛教并不如此审视世界的美丑问题。在逻辑上,佛教首先将世界看作世间出世间、此岸彼岸二分。前者生灭、虚妄,后者不生不灭、真实;前者俗有而后者空幻;故前者丑而后者美。之所以如此,是因为世间此岸及其万类现象,无一不为因缘所攀缘系缚;出世间即彼岸这一世界,已是了断尘缘、跳出轮回而入于涅槃。世间、此岸所以虚妄,是由于本体为现象所遮蔽,众生的感觉、认知与感悟力不能真实地把握真谛,佛即众生;出世间、彼岸之所以真实,是因众生通过修持、感悟而祛蔽,使本体真实与美得以显现之故,众生即佛。一切世间法,可知见者,如水月形。一切诸法从意而生形。可见,六根即眼耳鼻舌身意诸根所"知见"的世界及其可能的美丑,作为妄知妄见,如水中之月那般不真不实。僧肇说世界之妄与丑和出世间之真与美有云:

> 夫以见妄,故所见不实;所见不实,则实存于所见之外;实存于所见之外,则见所不能见;见所不能见,故无相常净也。①

人的六根所感知的,只能是一个虚妄而不真实的世界,这是因为真实及其美,

---

① 僧肇:《维摩诘经注·弟子品第三》,《中国佛教思想资料选编》第一卷,第177页。

只存在或实现于六根感知之外。按大乘瑜伽行派八识论①的说法,不仅前六识即眼识、耳识、鼻识、舌识、身识与意识等,不能真实地感知彼岸世界及其美,而且第七末那识也是如此,唯有第八阿赖耶识,以其含藏一切诸法种子故,得与涅槃、佛性、真实与美同在。至于九识论,则主张这一真实与美的种子,是第九阿摩罗识。然而正如前述,八识论主张"前六及七,同名妄识,第八名真",而九识论又"以八识为虚妄",可见,《大乘起信论》关于"一心"开"心真如门"与"心生灭门"此"二门"的真妄之见,实际上主要糅合了地论师"第八名真"与摄论师"以八识为虚妄"的见解。这无异于承认:第八识阿赖耶,既是真(美)、又是妄(丑)的根因与本体。只是《大乘起信论》将此真(美)、妄(丑)的根因与本体,用"众生心"即如来藏自性清净心这一佛学概念、范畴来加以表示,它"摄一切世间法、出世间法"。

虽然如此,《大乘起信论》并未将"世间法"之妄(丑)与"出世间法"之真(美)同等看待。它从"熏习"说的逻辑出发,来"方便说法",称"众生心"固然本是清净而真(美),却因"熏习"之故,"随染分别,生二种相",故而"与彼本觉不相舍离"。这里所谓"二种相",即"心真如门"与"心生灭门";所谓"本觉",即指"众生心"。《大乘起信论》接着以一个生动比喻,来称说"众生心"与"熏习"的逻辑关系:

> 如大海水,因风波动,水相风相不相舍离。而水非动性,若风止灭,动相则灭,湿性不坏故。如是众生自性清净心,因无明②风动,心与无明俱无形相,不相舍离。而心非动性,若无明灭,相续而灭,智性不坏故。③

"众生心"好比"大海水",由于"无明"而"因风波动"。然而,无论"风动""风止",却是"大海水"本在的"湿性不坏"。"自性清净心"亦然,尽管"无明风动","而心非动性",尽管"智性"可被"无明"遮蔽,而"智性不坏"。《大乘起信论》又说:"以熏习故,则有妄心。以有妄心,即熏习无明。"④"众生心"本是清净,本在真实,仅因"熏习"、堕于"无明"而虚妄不真。

以佛教美学言之,这世界的真美,一定是"自性清净心"本在的真美。好比水的"湿性",永恒"不坏"。以水的"湿性不坏"喻"智性不坏",这是美丽

---

① 按:《阿差末菩萨经》卷五云:"所云识者,眼色、耳声、鼻香、舌味、身触、心法,所识之著,是谓之识。"此为六识之论。在六识之上加第七末那、第八阿赖耶,称八识。
② 按:无明,痴妄、暗钝之心,真理无以彻照。罗什《大乘大义章》卷四云:"言无明者,痴暗之心,体无慧明,故曰无明。"
③ 《大乘起信论校释》,〔印〕马鸣菩萨造,梁真谛译,高振农校释,第36页。
④ 同上书,第78页。

的比喻。此"心"在无论何时何地,都是真美的正因、本体。因"熏习"故,气分便染于真如、阿赖耶识,称为种子或习气作用,遂开"心真如门"与"心生灭门"。《大乘起信论》又有比喻说,"熏习义者,如世间衣服实无于香。若人以香而熏习故,则有香气"。"香气"熏染,遂使"二门"显现,"心真如"本于真美,而"心生灭"染在妄丑。可见妄丑的成因,并非真如、阿赖耶识本身,是真如、阿赖耶识因无明熏习的缘故。这一成因,残留着缘起说的思想因子,实际指本书前文所述"正因"与"缘因"之间的某种作用。这也便是,世界之真美本在而永恒。其妄丑,作为真美本在的"他者",是暂在而可被"祛蔽"的。从浓重的佛教氛围中,透露关于世界真妄与美丑的消息,鲜明地具有悲观主义的世间观而兼乐观主义出世间观的双重的思想品性和倾向。

又次,从"一心"所开"二门",有"觉"与"不觉"的分野。"心真如门"者,"觉";"心生灭门"者,"不觉"。觉,梵文 Bodhi,菩提、觉悟之谓。断烦恼障而证涅槃之一切智,称菩提。僧肇《注维摩诘经》说:"道之极者,称曰菩提。……菩提者,盖是正觉无相之真智乎。"《唯识述记》也说:"梵云菩提,此翻为觉。觉法性故。"《大乘起信论》说"觉"与"不觉"义,尤为透彻:

> 所言觉义者,谓心体离念。离念相者,等虚空界,无所不遍,法界一相,即是如来平等法身。依此法身说名本觉。何以故?本觉义者,对始觉义说。以始觉者,即同本觉。始觉义者,依本觉故而有不觉,依不觉故说有始觉。又以觉心源故,名究竟觉。不觉心源故,非究竟觉。①

"觉"指"心体离念",离弃妄念而现清净心。念则有妄,"正念"实为无妄念,无妄念必发明"本觉"。"本觉"是就"始觉"而言的。就本体来说,"始觉"与"本觉"在"觉"处相同。在逻辑上,与"始觉""本觉"相对立的,是"不觉"。"不觉"即"本觉"的受蒙蔽,即系累、尘心、妄心。"始觉"是"本觉"的发蒙。"究竟觉",彻觉"心源"(心原)之谓。《大乘起信论》说:"一念相应,觉心初起,心无初相,以远离微细念故。得见(现)心性,心即常住,名究竟觉。"反之,则为"非究竟觉"。

这里,《大乘起信论》对"觉"与"不觉"问题进行了多方面的论证。其一,"觉"作为"心体",是"离念"的自性清净心,便是所谓"一心"。反之,为"不觉"。其二,"本觉"作为本在之觉,"藏"于"如来平等法身",离弃妄念,脱尽业障,具无边大功德,故名"法身"。其三,"本觉"是一本体论范畴,"始觉"是

---

① 《大乘起信论校释》,〔印〕马鸣菩萨造,梁真谛译,高振农校释,第27页。

就主体而言的。因而"始觉"发生,必然是对"不觉"即妄念的拒绝。其四,"始觉"生起而回归于"心源"①即"一心"(心体),便是"究竟觉",此时"得见心性,心即常住"。

"觉"还是"不觉",是佛教美学一大论题。从世俗看,"觉"是觉知、明了事理的意思。如科学认知,就是一种"觉",它先有物我、主客的分别,通过一定的实践方式与过程,可能达成物我、主客的合契,以发现真理为目的,可能具有一定的真理性。道德意义的"觉"与"不觉",决定于道德主体对一定健康的社会公德自觉的认知与践行,以达成道德的趋于完善,否则便是不自觉。道德觉中,具有一定的科学认知与审美因素,它体现了一定社会人群在认知、处理人与自然、人与社会关系的历史与人文内容的水准。其中重要的是,在认知与实践意义上,不断调整、创立与淘汰某些道德准则和行为,以健康地认知与处理一定的人际关系,从而完善自己的人格。科学认知的"觉"与道德知、行的"觉",都是主体的一种自觉意识与行为,虽然两者都与审美相关,但是"科学觉"与"道德觉"不同于"审美觉"。从快感角度分析,认知感、道德感与审美感三者,尽管彼此融渗,它们在人文品质与心理结构上的区别还是很大的。审美是一种高级的实践和心灵的活动方式、过程、状态与境界。无论关于自然、艺术还是人格之类的审美,实际都体现出一定时代、社会与人文包括科学认知、哲学关怀、道德操守与宗教崇拜等的质素、意义与水平。就此意义而言,审美是一定时代与社会人群的心灵感觉,也是心灵感悟。它是人类高级而自觉的人文、心灵之"觉"。

无论科学认知、道德知行还是艺术审美之"觉",究竟是否是一种"本觉"呢?一般而言,这三者的"觉"都与主体、主观相联系,首先是审美主体与主观意义上的自我意识与自觉意识,同时在审美过程、审美实现时,体现为一定天人、物我与主客浑契、统一的自我和自觉意识。这三"觉"的人文质素品格与审美心理机制等固然不同,但在三者不同的感觉、认知和感悟中所共同存在与实现的那种"觉",却并非是本体意义上的。它不是"本觉"而毋宁说是"始觉"。之所以可称为"始觉",是因为就科学认知而言,它是在认识、把握谬误之时发生的;道德知行,始于对一定道德之"恶"的回避与反对,是弃恶向善;在艺术审美或是对自然的审美中,它启动于审美瞬时的泯灭是非、荣辱、功利与物我、主客等分别的心理界限,达成审美的物我一如、宁和、愉悦,或是从剧烈的内心冲突与痛苦之中,升华而起的心灵的崇高、净化,这主要体

---

① 按:《菩提心论》云:"妄心若起,知而勿随。妄若息时,心源空寂,万德斯具,妙用无穷。"依《大乘起信论》,"众生心"是诸法空寂的源泉,故有"心源"之说。参见《大乘起信论校释》,第 27 页。

现在对艺术悲剧的审美中。

可是《大乘起信论》却认为,那种"离念相者,等虚空界,无所不遍,法界一相,即是如来平等法身"之"觉",是一种本体、本原意义的"本觉"。在逻辑上,是将"觉"这一范畴从主体、主观向客体、客观方向挪移,"觉"作为精神实体,被设定为似乎可离开主体、主观的,而客观地独立存有,类于西方哲学与美学的所谓"客观唯心主义";进而又将"觉"这一个"心",称为"心体",将"觉"这一范畴,由客体、客观向本原、本体挪移,设定为本原、本体范畴。"觉"的本体化即为"本觉";"本觉"这一范畴自当指本在之觉,且具有本原意义。阿赖耶识作为一种精神实体兼精神载体,是"觉"(亦包括"不觉")的本在,也是"觉"发生的根因,可称为本在、本原之"觉"。这用《大乘起信论》的话来说,正如前引,"此识有二种义,能摄一切法,生一切法"。"能摄一切法",指本体;"生一切法",指本原。"又以觉心源故,名究竟觉",这是指主体、主观之"觉",向"心源"这本在、本原之"觉"的回归与合契。

在佛教美学上,《大乘起信论》的"本觉"说,具有作为心原、心体之"心性"趋于解放的意义。

人之"心性"何以解放?在佛教及《大乘起信论》看来,世俗意义的科学认知、道德知行与艺术审美等,都不能使人的心性获得真正解放。唯有断灭妄念,斩除业障,遂使阿赖耶识的"本觉"作为本原、本体重见光明,才是心性的真正解放。该心性包括人性、人格两方面,而且是属心意义上的。《大乘起信论》以为,尽管世俗世界及其众生无比黑暗、罪孽深重、五毒俱全、妄念横行,却远不是不可救药的。如来藏自性清净心即本在之觉性,是对治的良药。这觉性,就是阿赖耶识的"心真如"。所谓对治,《大乘起信论》称为"对治邪执者",即对治妄念。"一切邪执,皆依我见。若离于我,则无邪执。""无邪执"即断灭我执(人我见)、法执(法我见)。为此,《大乘起信论》倡言"发心":

> 复次,信成就发心者,发何等心?略说有三种。云何为三?一者直心,正念真如法故;二者深心,乐集一切诸善行故;三者大悲心,欲拔一切众生苦故。①

这里,问题的关键在三方面:其一,当《大乘起信论》说心性"本觉"时,则无异于倡说佛性"本觉"。这佛性,是完美人性的别一说法。人性本是完美,用佛家的说法,是阿赖耶识"不生不灭"的"心真如"。这又重申了所谓"一切众

---

① 《大乘起信论校释》,〔印〕马鸣菩萨造,梁真谛译,高振农校释,第137页。

生,悉有佛性"的老命题。不过,这里的阿赖耶识说,在理论上远比《大般涅槃经》的佛性之见显得复杂而精致。

其二,《大乘起信论》的"本觉"说,作为对治世间妄念、妄执的精神利器,其觉性的本原、本体化,实际上,已将佛性、涅槃完美地所谓心原、心体化,这也便是将人性的完美与否变成了一个"人心"问题,也就是将人性的解放转化为人格的解放。这里,有诸多蕴含于佛教、伦理的审美意蕴在。其间,包含崇拜与审美、道德作为审美如何可能等问题。这是因为,任何出世间的问题包括美丑与否,都不能不与世间相关。为了企图解答、解决世间的人性、人格的美丑与善恶何以可能,不得不在逻辑上,将世间的人性、人心悬拟为出世间的佛性、涅槃与如来藏自性清净心(心真如)之类,从而加以求解。这一求解,在宗教的崇拜狂热与寂默沉思之中,可谓诗意盎然。然则求解的不易,又不得不借助世间、现实的力量,从而回到世间。世间与出世间的往复回互、出入"方便",当然也是富于诗趣之美的。

其三,按大乘教义,佛性无疑是完美的,成佛也是可能的,这是由于佛性"本觉"之故。然而这并非等于说,人人皆必成佛,有如人性的解放与美的提升只是可能而非必然。《大乘起信论》说:"譬如大摩尼宝(按:如意宝珠),体性明净,而有矿之垢,若人虽念(按:想念、追求)宝性,不以方便种种磨治,终无得净。"所谓"发心"即发"直心""深心"与"大悲心"等,便是人格修为意义上的"方便种种磨治"。

《大乘起信论》又说,"得净"的"方便"有四种,即所谓"根本方便""能止方便""善根增长方便"与"大愿平等方便",考究其义,与"发心方便"通。"方便"的美学意义,体现了世间与出世间、人性与佛性、人性解放与佛性"本觉"之间逻辑和人文的必然联系,它以"发心"即"发菩提心""真如心"的种种修为、体悟方式,将如来藏自性清净心及其"本觉"之美和回归实现于人格层次。

其四,《大乘起信论》以如来藏自性清净心为成佛、成美的根因(正因),又在以"熏习"说、"众生心"开显"心真如门"时,开显"心生灭门"来说丑、恶的"缘因",在思维方式中,有如从孟子"人性本善"兼荀子"人性本恶"的综合,来论述成佛所蕴含的人性、人格美的发生。只是一在空观,一在有观;一在真谛,一在俗谛。而且空有、真俗不二。在《大乘起信论》看来,妄念的丑恶源于"缘因",一般并非"本觉"所致,因而是暂在的。

第四节　譬喻、偈颂、梵呗与诗性审美

佛教广传中土,以宣说教义与仪规使天下信徒"起信"为宗。教义意邃义深、复繁玄奥,往往难以为俗人所理会、领悟,则是必然的。佛法不可思议、不可言说又不得不言说,面对这种宗教人文的尴尬与无奈,佛教是以"方便说法"来加以解决的。"方便说法",运用种种手段,包括譬喻、偈颂、梵呗、唱导与转读等,来开示众生,以实现大欢喜的传教目的,这里包含一定的诗性审美因素。其中,譬喻、偈颂与梵呗之类,构成文学、音乐审美的艺术符号形象,其与佛教教义之间微妙而深邃的人文联姻,具有独特的美学品性。

一　关于譬喻

譬喻的美学意义问题,本书前文已稍有论及,这里再作解析。

> 种种譬喻,广演言故。无数方便,引导众生,令离诸著。①

为了"演说佛法"即讲经"方便",汉译佛典如《百喻经》《旧杂譬喻经》《杂譬喻经》《众经撰杂喻经》等,都以故事生动有趣、言辞优美、说法透彻、诗性与思性相结合的种种譬喻,来传达佛法智慧,以化导众生。如《旧杂譬喻经》卷上所载"鹦鹉救火"、卷下"昔有鳖遭遇枯旱",《杂譬喻经》"开瓮自见身影""田舍人鞭背"与《百喻经》"灌甘蔗喻""债半钱喻"等,都尤为精彩。佛僧讲经时,常以"譬喻"开化愚痴,实际以浅近事例和生活经验的现象,以此譬彼、以浅喻深而启发心智,遂令佛经的听者、读者领会玩味。

《百喻经》"灌甘蔗喻"云:

> 昔有二人,共种甘蔗,而作誓言:"种好者赏,其不好者,当重罚之。"时二人中,一者念言:"甘蔗极甜,苦压取汁,还灌甘蔗树,甘美必甚,得胜于彼。"即压甘蔗,取汁用溉,冀望滋味。返败种子,所有甘蔗,一切都失。②

---

① 《方便品》,《妙法莲华经》卷一,《大正藏》第九册,P0005c。
② 《灌甘蔗喻》,《百喻经》卷一,《大正藏》第四册,P0545b。

这是讥讽妄执"功利"、急功近利之举,譬喻修持佛法必须顺其自然,水到渠成。

《百喻经》"债半钱喻"说:

> 往有商人,贷他半钱,久不得偿,即便往债。前有大河,雇他两钱然后得渡。到彼往债竟不得见。来还渡河复雇两钱。为半钱债而失四钱,兼有道路疲劳乏困。所债甚少所失极多。果被众人之所怪笑。世人亦尔。要少名利,一至毁大行。①

> 昔有愚人至于他家。主人与食嫌淡无味。主人闻已更为益盐。既得盐美便自念言:所以美者缘有盐故。少有尚尔况复多也。愚人无知便空食盐。食后口爽返为其患。譬彼外道,闻节饮食可以得道。即便断食,或经七日或十五日,徒自困饿,无益于道。如彼愚人,以盐美故而空食之。②

求之小利,而失之愈大,得不偿失;未明因果联系,执滞于偏,岂得真谛?讽喻芸芸众生的迷妄、愚痴。

在《阿含经》中,寓意深刻的譬喻也颇多见。据本书前引《中阿含经》,佛陀导引鬘童子随佛修行,鬘童子请求佛陀先为其解答如下疑难:"如来终、如来不终?如来终不终、如来亦非终亦非不终耶?"这一提问,很有些形而上的意味。佛陀却未作玄义深奥的说理,而是以"譬喻"开导:"犹如有人身被毒箭,因箭毒故受极重苦。"此时,其亲族本该做的一件事,是立即求医、拔箭、清除毒患。

> 然彼人者方作是念:"未可拔箭。我应先知彼人如是姓、如是名、如是生为长短精细,为黑、白、不黑不白、为刹利族、梵志、居士、工师族、为东方、南方、西方、北方耶?未可拔箭,我应先知彼弓为拓、为桑、为槻、为角耶?未可拔箭,我应先知弓扎,彼为是牛筋、为獐鹿筋、为是丝耶?未可拔箭……"③

是的,现在最迫切要做的事,是立刻拔除箭毒,而不是空谈、研究射箭者姓甚名谁、毒箭射自何方与以何种材料制成等问题。这一譬喻,说理透辟而诗意

---

① 《债半钱喻》,《百喻经》卷一,《大正藏》第四册,P0545b。
② 《愚人食盐喻》,《百喻经》卷一,《大正藏》第四册,P053a。
③ 《箭喻经》,《中阿含经》卷六〇,《大正藏》第一册,P0805a。

葱郁,乃是一则著名"箭喻"。遥想讲、读这一"箭喻"故事,难道不令听、读对象"恍然大悟"么?

《妙法莲华经》有所谓"法华七喻",包括"火宅""穷子""药草""化城""衣珠""髻珠"与"医子"诸喻。比如"火宅喻",譬说欲界、色界与无色界等所谓三界生死轮回,犹因于火宅。三界如火宅烈焰,诸苦犹如网罗,畏怖非常,生老病死,忧患烦恼,痛苦不已。《金刚般若经》有"六喻"之说,一切有为法,如梦、幻、泡、影,如露亦如电,应作如是观,此之所谓"六如"之喻。此喻世间皆是造作、虚妄不实而刹那生灭。《金刚经》以此"六喻"说"有为法"义,确有导引众生顿入般若之效。颇为流行于南北朝的《大般涅槃经》,亦有"乳药喻""寄物喻""额珠喻""一味药喻""卖乳喻""二女喻"与"筌筏喻"①等。而《涅槃经》卷六所载所谓"盲人摸象"之喻,以全象喻佛性,盲人譬如无明众生,被称为"象喻",更是深入人心。

譬喻,梵文 Avadāna,以浅近、感性的言说,显引未了、难了的佛法。《法华文句》卷五有云,"譬者,比况也;喻者,晓训也。托此比彼,寄浅训深",故为譬喻。《涅槃经》卷二九有佛典"譬喻八法"之说。此即:一、顺喻(随顺于世谛而说自小而大之理);二、逆喻(逆反于世谛而述自大而小之义);三、现喻(以现象为喻);四、非喻(假设非实事之喻);五、先喻(先设喻而后以解佛法);六、后喻(先说佛法而后设喻);七、先后喻(先后所述皆取喻意);八、遍喻(通篇设喻以明佛法)。《大智度论》有"佛法十喻"之言,称说"设喻晓佛"的根因与必要。其文云:"问曰:'若诸法十譬喻皆空无异者,何以但以十事为喻,不以山河、石壁等为喻?'答曰:'诸法虽空,而有分别。有难解空,有易解空。今以易解空喻难解空'。"②"设喻晓佛"即"解空",有易有难,所以设"十譬喻"是必要的。其实这也是《涅槃经》称喻具有八法的理由,"诸法虽空,而有分别"之故。以"易解空"来譬喻"难解空",即以"易"浅的理比喻"难"深之义,这是《大智度论》"十喻"之说的新见解。

再略说《百喻经》。此经旧题《百句譬喻经》,原名《痴花鬘》,约公元5世纪为印度僧伽斯那所造③。译者求那毗地,中印度人,为僧伽斯那门生。据考,南朝建元初(479),求那毗地来抵建业,弘法于毗离耶寺,并译成此经,时为永明十年(492)九月十日。

---

① 参见陈允吉、胡中行主编:《佛经文学粹编》,第 447—462 页。
② 《大智度初品中十喻释论第十一》,《大正藏》第二十五册,"般若部类",《大智度论》卷六,P0105b-c。
③ 按:《百喻经》原"后记"云:"尊者僧伽斯那造作《痴花鬘》竟。"

在十二部经中,此经属"譬喻"类①。四卷本,凡九十八喻(以"百喻"名,有利于流传)。一卷,二十一喻;二卷,二十喻;三卷,二十四喻;四卷,三十三喻。其经义,集中于讽喻愚痴、嘲笑恶行、对治烦恼与开示法义诸项,文辞优美而意味隽永。该经单行本,以金陵刻经处刻本(1914年版。1926年易名《痴花鬘》,印行于上海)为重要,由鲁迅断句并施资刻成②。鲁迅《痴花鬘》"题记"云:

尝闻天竺寓言之富,如大林深泉,他国艺文往往蒙其影响,即翻为华言之经中亦随在可见。明徐元大辑《喻林》颇加搜寻,然卷帙繁重,不易得之。佛藏中经,以譬喻名者,亦可五、六种,惟《百喻经》最有条贯。③

譬喻所以在佛典中显得如此重要,是因为它是一种说法以开示众生的重要方式。譬喻者,"比方说"之谓。以佛法玄微、深致而"不可思议""不可言说",倘然直接说理,不易说得明白;打个比方来说,说的并非佛法本身,乃可启人心智,从感性而导于理性之境,而佛法反寓于譬喻之中。譬喻非佛理,循譬喻而可能悟入。好比佛陀拈花,迦叶微笑;又如以指指月,会心处自有佛在。

就美学而言,譬喻即修辞美学所谓比喻。先秦《周礼·大师》有"教六诗:曰风,曰赋,曰比,曰兴,曰雅,曰颂"之说。其中,"比"(譬喻)为六类诗美之一。东汉郑玄《周礼注疏》云:"赋之言铺,直铺陈今之政教善恶;比,见今之失,不敢斥言,取比类以言之;兴,见今之美,嫌于媚谀,取善事以喻劝之。"以赋、比、兴三者相比较,郑玄称"比"为"比类",其功用在于"见今之失,不敢斥言"而取"比类"。其实"比"的范围尤广,以此比彼,以大比小,以小比大,以今比古与以古比今,等等,其思维模式,大凡属于"以此事比彼事",即以具体比具体,感性比感性,形象比形象,等等。《周易》本经的巫筮占例,往往处处用"比"。大过卦九二爻辞云:"枯杨生稊,老夫得其女妻,无不利。"从巫文化看,"枯杨生稊(按:根荣茂于下,即枯杨之根未枯而再生嫩芽)"为吉兆,因而占验结果,是"老夫得其女妻",吉利。从"比"角度分析,便是"以此事比彼事",以具体比具体,确可称为"比类",即同"类"相"比"。

比喻(譬喻)与比类有所不同。比喻不仅包括比类,而且由"比"而"喻",

---

① 按:十二部经,一切经十二种类的总名,包括:契经、应颂、讽颂、因缘、本事、本生、未曾有、譬喻、论议、自说、方广、授记。
② 按:以上参见隆莲《百喻经》,中国佛教协会编《中国佛教》(四),知识出版社1989年版。
③ 《痴花鬘》"题记"(鲁迅),王品青校订,上海北新书局1926年版。按:该"题记"收入《鲁迅全集》第十卷,人民文学出版社1981年版。

比喻是由"比"的具象而启诗情、诗性、诗境;或从"比"的浅显而可能入于深邃,即从具象到抽象而感性及于理性;甚或从"有"入"无"、从"有"入"空",以及从此岸向彼岸、从世间到出世间等。

《百喻经》等佛典大量运用譬喻,大凡都是从"有"入"空"之类的比喻。它由喻体与喻依所构成,具有对应的结构。喻体为所喻之佛法;喻依即喻体(所喻之理)之所依,亦可称喻符。从广义分析,全部佛教经论、佛像雕塑、音乐梵呗、佛像绘画与寺塔建筑等,其实都可以称为晓喻、隐喻佛法的喻依,便是"说法方便"的种种方式。《因明大疏》卷上有云:关于空理等说法,必举喻依以彰喻体。喻体即空,喻依为有,由"有"喻"空",是佛教譬喻根本的佛学、美学特征。以西方语言哲学美学的话来说,喻依、喻体是能指与所指的关系。无论一般比喻还是佛教譬喻,首先一种是不舍于"形象"的"言说"(符号)方式,因"形象"而相通于审美。世俗审美,无弃于一定的形象系统(与此相关的,还有融渗于形象的想象、情感、认知与意志等一切心灵、心理因素),否则的话,审美如何可能? 这是缘象的审美、缘象的悟入。佛教譬喻的"审美",以"譬"即具体喻指为"缘因",以"喻"为义、境,是缘象而且终于舍象而悟入。有如先秦庄子、三国魏王弼的"得鱼而忘筌"之美。不同在于,庄生等"忘筌"时,所"得"之"鱼"为"无"(此即佛教所谓"有"的一种)。佛教譬喻的"得鱼而忘筌",一则所"得"在"空",即执著于空,如大乘有宗那样;一则所"得"即无"得",非执累于空,如大乘空宗的般若中观那样。两者都为舍象而悟入。舍象为悟入的必要条件,不舍此象不得悟入。

可见,同样称审美悟入,世俗与佛教譬喻的悟入之境不一。前者为"有",后者在执或无执于"空"。学界有将审美分为"外审美"与"内审美"两类的看法,似乎前者在于外在形象的观照,后者因是"内审美",所以与形象无关。其实,就人类审美实践而言,相对于人类其余把握世界的基本方式,即宗教求神、科学求知和道德求善三者,所谓求美即审美,是唯一而统一的一种把握世界的基本实践方式。并非在所谓"外审美"之外,另有一种"内审美",世俗审美与佛教及其譬喻的审美,是同一种人类审美方式。这是因为大凡审美,都首先与一定的审美对象的形象系统相联系。譬喻作为权宜"方便",其前提与一定形象相联系,其出发点在于另一种"缘象",同时是舍弃形象即舍象而悟入。假如佛教及其譬喻因"舍象"而否认其与一定形象、现象的联系,那么,"舍象"便无从谈起。世俗审美、佛教及其譬喻审美的区别,主要并非其与形象、现象的种种联系,而在于两者悟入的境界、层次不一。

二 关于偈颂

偈,梵文 Gātha,音伽陀,十二部经所谓应颂(祇夜)。《法华玄赞》卷二有云:"梵云伽陀,此翻为颂。颂者,美也,歌也。颂中文句极美丽故。歌颂之故,讹略云偈。"因而,颂即偈。汉译佛典以梵汉对举称"偈颂"。

偈颂作为一种佛经文体与讲经时所宣说的文本,应"说法方便"之需而具有葱郁的诗性生命力。其中颇多幽邃的哲理,或具有崇高的道德的善美,是一种可咏、可以讲说的格言式的诗体,言志、述义而不失于抒情品格,篇幅往往短小,而时具思性、诗性双兼的美趣。以"四阿含"言,偈颂这一文体已运用得相当娴熟。《杂阿含经》卷二二有偈云:"云何度诸流?云何度大海?云何能舍苦?云何得清净?"这是第一首,是帝释天所问;"信能度诸流。不放逸度海。精进能除苦。智慧得清净",这是第二首,为佛陀之答辞。《杂阿含经》卷三六又有偈言二首。帝释天问:"何等人之物?何名第一伴?以何而活命?众生何处依?"佛陀答:"田宅众生有。贤妻第一伴。饮食已存命。业为众生依。"这里,所引二偈文句短简,深及佛法的大理,且以譬喻方式言之。

"四阿含"的陆续译传,始于东晋末至南北朝初期,历时约60年。其中最早译出的,是《增一阿含经》(符秦建元二十一年,385)与《中阿含经》(东晋隆安二年,398),《长阿含经》译成于姚秦弘始十五年(413),《杂阿含经》译出于南朝宋元嘉二十年(443)。它们的译者,依次是兜佉勒国沙门昙摩难提、罽宾沙门僧伽提僧伽罗叉、罽宾沙门佛陀耶舍与竺佛念、三藏求那跋陀罗。据有关考证,《杂阿含经》在"四阿含"中最早撰成,陈允吉曾指出:"该经主旨在于揭示止观(原注:定慧)修习之理,保持了较多佛陀说法精要,其中所载偈颂也更接近古天竺的俚俗歌谣。"①此言是。而在求那跋陀罗本译出前,自东汉末至东晋末,已有安世高、支谦与竺法护诸本相继译传。② 可见,《杂阿含经》等四种"阿含"及其偈颂在南北朝时影响颇大。

这不等于说,其他译传的佛典中没有意义精妙的偈颂。尤其那些名偈,是佛典行文的"诗眼",它们的"眼神"或深幽,或凝郁,或清丽,或空灵,或看透世相,或惊鸿一瞥,或顾盼有神,可谓其美可羡而其思可叹。其中最为流行的,大约要推鸠摩罗什所译《中论·观四谛品》那首著名的"三是偈":"众因缘生法,我说即是空。亦为是假名,亦是中道义。"印度龙树所撰《中论》原为颂体,僧叡《中论序》曾经指出,此论原有五百偈③,"以中为名者,昭其实也。以论为称者,尽其言也"。罗什翻译此经时,对有关偈颂作了删改,而保留此"三是偈"并且译义准确,文辞既通俗又好记。中国佛教美学史上的另一名

---

① 陈允吉、胡中行主编:《佛经文学粹编》,第60页。
② 按:唐玄奘、义净与宋法贤、法天与施护诸人亦曾重译此经。
③ 按:实为四百四十六偈。称"五百",取概数以广流传。

偈,是唐代南宗禅六祖慧能的"得法偈"。《中论》开卷一偈也很精彩:"不生亦不灭,不常亦不断,不一亦不异,不来亦不出。能说是因缘,善灭诸戏论,我稽首礼佛,诸说中第一。"①将"八不"中观之说译得很准确。再如鸠摩罗什所译《大智度论》有偈云:"佛以忍为铠,精进为刚甲,持戒为大马,禅定为良弓。智慧为好箭,外破魔王军,内灭烦恼贼,是名阿罗诃。"②短短八句,以譬喻精要地表述有关佛学思想,可谓深到。至于《金刚般若经·应化非真分》中的那道"六如偈",前文论述"譬喻"时已有引述,这里从略。

偈颂在佛典中的出现与存在,往往浓缩地表达了佛学思想,具有总结佛学思想的意义,突出一经或一论的要旨,便于信众领略佛典主题,而且便于记诵。在文体上,偈颂造成歌诗与散文相间的文本格局,平添佛典行文的节奏感与韵律感。有些偈颂译笔素朴,通俗易解。有些则具有独立的审美价值,如由竺佛念所译《出曜经·梵志品》有偈云:"如月清明,悬处虚空。不染于欲,是谓梵志。"前二句仅八字,描绘出明月朗照、清辉无染的美丽意象,由此意象而立刻让人领悟到"不染于欲"的精神境界之美。

偈颂作为活跃于佛典中的文学因素,对于中国文学审美来说,可谓影响深远,它是汉译佛典思想、语言、风格与美学理想、渗透、影响并改造中国文学等艺术审美的一部分。

其一,汉译佛典及其偈颂,为古老中华输入了"两个世界"的人文理念,即在世间、现实世界(中国人称为"天下")之外,又预设了一个出世间、彼岸的佛与涅槃世界。汉译《长阿含经》关于"天宫""四部洲""须弥山"与"三千大千世界"等理念,打破了关于"天下"(天圆地方)的传统思想,使中国人及其文学等艺术审美的世界与境界,从世间、现实的"有""无"走向出世间、非现实的空幻。佛教关于"地狱"的思想,改变、改造了文学等艺术审美有关"阴间"与"鬼神"的人文品格;佛教"西方净土""西方极乐世界"之类,为文学等艺术的审美悬拟了一种从未有过的理想"国土"。

其二,汉译佛典及其偈颂,为中华文化包括文学等艺术审美输入了大量来自异域佛教文化的词汇、概念与范畴。如佛、空幻、涅槃、般若、智慧、静虑、庄严、寂、因缘、劫、轮回、菩萨、悟、觉、地狱、世界、解脱、业、识、烦恼、禅、瑜伽、真如、真实与醍醐灌顶等。日本版《佛教大辞典》收录词条凡三万五千余,可见有多少佛教新词汇、新概念、新范畴,参与中华文化、语言及其人文、

---

① 《中论》卷一,〔印〕龙树菩萨造,梵志青目释,鸠摩罗什译,《大正藏》第三十册,P0001b。
② 《大智度初品中婆伽婆释论第四》,《大智度论》卷二,〔印〕龙树菩萨造,鸠摩罗什译,《大正藏》第二十五册,"般若部类",P0071b。按:梵文 Arhat,供养义。《大智度论》卷二:"阿罗诃,名应受供养。"

哲学和美学等的改造与创生。由此,中国文学艺术等的审美获取了不可估量的人文滋养。

其三,汉译佛典及其偈颂,据《佛祖统纪》卷四五所记,自汉安世高于东汉桓帝元嘉元年(151)译成《大明度经》,到北宋宣和二年(1120)由朝廷正式宣布废止大平兴国寺翻经院,大规模的佛典译传延续了近千年,尚不算此后不时出现个别、小规模译经的历史。岁月悠悠,佛教长时期地培养、锻炼了中国人的思想、思维及其艺术审美的奇思异想。首先,在《庄子》《山海经》与屈原《天问》之类已有的那种天马行空般富于想象、幻想的基础上,又叠加了佛教诸如帝释天、须弥山、四部洲与三千大千世界等广大无限、稀奇古怪的空幻世界的无比想象与幻想,文学等艺术审美的空间极大地扩展了。其次,中国传统文化及其文学艺术的审美,一直根植于以生命观为根因的时间观,《易传》"生生之谓易"以及老庄、孔孟等美学思想都是重"时"的,所谓"天时,地利,人和"三要素,以"天时"为第一。然而,印度佛教东渐暨佛典的译传,使有如佛教"三世"即过去世、现在世与未来世的转换说深入人心,它极大地丰富、改变了中华审美文化的时间观。再次,中国传统神话不可谓不丰赡,却因中华传统文化本质上是重"巫"的文化,使得中华原古神话比起表现在佛典中的印度神话来,可谓稍逊风骚。佛典及其偈颂的东传,使法言流咏而神佛之思广被,有关神迹、神圣与神变之神奇甚至荒诞、怪丑的想象与幻想,遂使中华文学与艺术的审美世界神气活现、诡谲多变、摇曳多姿甚或光怪陆离。

正是在此意义上,偈颂对中国文学及艺术审美的深远影响,就不仅仅是文本、文体上的,而首先是审美理想、理念与品格上的改变与拓进。这得益于思想与思维方式的改造。时至南北朝,本来主要用于宣说教义的偈颂,更是具有歌诗的审美品格。当然,南北朝佛教偈颂理念及文体对文学等艺术审美的浸染,比起隋唐及以后,仅为小试牛刀而已。东晋慧远有云,"《阿毗昙心》①者,三藏之要颂,咏歌之微言":

> 其颂声也,拟象天乐,若云籥自发,仪形群品,触物有寄。若乃一吟一咏,状鸟步兽行也;一弄一引,类乎物情也。情与类迁,则声九变而成歌;气与数合,则音协律吕而俱作。拊之金石,则百兽率舞;奏之管弦,则人神同感。斯乃穷音声之妙会,极自然之众趣,不可胜言者矣。又,其为经,标偈以立本,述本以广义,先弘内以明外,譬由根而寻条,可谓美发于

---

① 按:《阿毗昙心》,是法胜对于《阿毗昙经》的注读。慧远《阿毗昙心序》云,该书"始自界品,讫于问论,凡二百五十偈,以为要解,号之曰心"。

中,畅于四肢者也。①

作为"三藏之要颂,咏歌之微言",《阿毗昙心》"拟象天乐","声九变而成歌","穷音声之妙会"。它不仅"弘内"而"立本"即弘传佛法,而且"明外"即其言辞有偈颂的"音协律吕"之美。无论"弘内""明外",都有赖于"标偈"。这种对《阿毗昙心》有关偈颂审美特性的评说,毋宁可以看作对一切佛典偈颂之美的肯定。

且让笔者略述南北朝时期一些佛教学者或受佛教影响的一般文士、诗者所撰的佛禅诗篇。其实这类诗作,从内容品性到形式表述,大凡都有佛教偈颂的深刻影响。鸠摩罗什译《十住毗婆沙论》卷一有云,"有人好文饰庄严章句者。有好于偈颂,有好杂句者。有好于譬喻,因缘而得解。所好各不同,我随而不舍"。"好"为偈颂,为的是说法"方便"。庐山慧远与鸠摩罗什的书信交往中,时有偈言传递。慧远有偈云:"本端竟何从,起灭有无际。一微涉动境,成此颓山势。感想更何乘,触理自生滞。因缘虽无主,开途非一世。时无悟宗匠,谁将握玄契?未问尚悠悠,相与期暮岁!"②鸠摩罗什回书有偈云:"既以舍染乐,心得善摄不(否)?若得不驰散,心入实相不?毕竟空相中,其心无所乐。若悦禅智慧,是法性无照。虚诳等无实,亦非停心处。仁者所得法,幸愿示其要。"③毕竟空相之"乐",非俗乐,乃"无所乐"之"乐","禅智慧"之"悦"。偈颂这一"说法"方式,时以譬喻以喻空理,空不可言说,超言绝象,因而必待譬喻。此所谓"借言以会意"也,以偈的文体来譬喻佛义、佛境。

东晋慧远善为诗偈,一生写诗甚多,以玄思之"无",会佛慧之"空",情志双栖,而出入"方便"。其诗偈主要有《昙无竭菩萨赞诗偈》《五言游庐山诗》《庐山诸道人游石门诗》《五言奉和刘隐士遗民》《五言奉和王临驾乔之》《五言和张常侍野》与《报罗什法师偈》等,又有《晋襄阳丈六金像颂并序》,为韵、散双兼之作。④ 据有关史料,讲经制度中的所谓"唱导"之法,庐山慧远曾有亲身实践,从而使"唱导"得以在讲经仪轨和程序、方式中最终确立。慧远"报偈一章"(见《又与罗什法师书》),已如前述。其《晋襄阳丈六金像颂并

---

① 慧远:《阿毗昙心序》,梁僧祐《出三藏记集》卷一〇,《中国佛教思想资料选编》第一卷,第96页。
② 慧远:《又与罗什法师书》,梁慧皎《高僧传》卷六,《中国佛教思想资料选编》第一卷,第119页。
③ 慧远:《罗什法师答慧远师》,梁慧皎《高僧传》卷六,《中国佛教思想资料选编》第一卷,第120页。
④ 按:据《高僧传·慧远传》,慧远"所著论、序、铭、赞、诗、书、集为十卷,五十余篇,见重于世焉"。这里所录慧远诗偈篇名,见于《庐山慧远法师文钞》"正编",沙健庵、项智源辑,苏州弘化社1935年版。

序》,有"堂堂天师,明明远度,凌迈群萃,超然先悟。慧在恬虚,妙不以数,感时而兴,应世成务"①等偈句,写来辞气清雅,精义简要,真可谓"夫明志莫如词,宣德莫如颂。故志以词显,而功业可存;德以颂宣,而形容可象。匪词匪颂,将何美焉!"②

晋宋之际,为慧远撰碑铭的著名诗人谢灵运(385—443),兼擅儒、佛之学而栖心于山水,称六经典文,济俗为治。全凭性灵真奥,岂能不以佛言为指南?谢氏崇尚佛教,深受慧远影响,一生撰佛理诗甚多,在其理念与诗趣上,不能不受偈颂的濡染。如其《维摩经十譬赞》(凡八首),其一《聚沫泡合》唱道:"水性本无泡,激流遂聚沫。即异成貌状,清散归虚壑。君子识根本,安事劳与夺。愚俗骇变化,横复生欣怛。"又如其七《浮云》:"泛滥明月阴,荟蔚南山雨。能为变动用,在我竟无取。俄已就飞散,岂复得攒聚。诸法既无我,何由有我所。"其余六首,其二《焰》、其三《芭蕉》、其四《聚幻》、其五《梦》、其六《影响合》与其八《电》,与其一、其七两首一样,都是"喻空"这同一个主题。

南朝梁代诗人刘孝先,有一首《和无名法师·秋夜草堂寺禅房月下》,写得意象清空而文辞娟美流便:"幽人住北山,月上照山东。洞户临松径,虚窗隐竹丛。山林避炎影,步径逐凉风。平云断高岫,长河隔净空。数萤流暗草,一鸟宿疏桐。兴逸烟霄上,神闲宇宙中。还思城阙下,何异处樊笼。"该诗由写秋夜月影之下的幽人、山峦、洞户、松径、凉风、流萤、晴草、宿鸟与疏桐这总体意象,而抒"神闲宇宙"的情志,遂悟空幻之美,可谓良善。

梁武帝萧衍(502—549在位)与当时沈约、谢朓、萧琛、王融、范云、任昉、陆倕等曾为"竟陵八友",高倡三教并用,又说"《涅槃》是显其果德,《般若》为明其因行。显果则以常住佛性为本,明因则以无生中道为宗"③。其曾撰《断酒肉文四首》《述三教诗》与《和太子忏悔诗》等,有善为偈颂的风色风调。《述三教诗》有云:

少时学周孔,弱冠穷六经。孝义连方册,仁恕满丹青。践言贵去伐,为善在好生。中复观道书,有名与无名。妙术镂金版,真言隐上清。密行贵阴德,显证表长龄。晚年开释卷,犹月映众星。苦集始觉知,因果方昭明。示教唯平等,至理归无生。分别恨难一,执著性易惊。穷源无二

---

① 慧远:《晋襄阳丈六金像颂并序》,《广弘明集》卷一五,《中国佛教思想资料选编》第一卷,第123页。
② 《高僧传·慧远传》,梁慧皎《高僧传》卷六;又见于《广弘明集》卷一五,《四部丛刊》影印本。
③ 《注解大品序》,梁僧祐《出三藏记集》卷八,《中国佛教思想资料选编》第一卷,第306页。

圣,测善非三英。①

此诗述"少时""中"岁与"晚年"问学三教的经历,倡儒、道、释三教同源之说,叙其思由"好生"到"无生"之变,文句朴素,有佛教偈颂言辞通俗的美趣。

诗人颜延之、沈约、谢朓、徐陵与江总等都有以禅入诗、以诗颂禅之作,此不赘述。

偈颂在佛经文本与讲经过程中的重要传导价值,丰富了"方便说法"自不待言,而且偈颂文体本身在一定意义上,可谓影响、培育与发展了中国文论的美学品类。

南北朝的"文笔"说,曾盛行于一时。此说成因源远流长,难以一一述言。未可否认的是,它与佛典偈颂的译传相关。汉译佛典文本,往往韵、散对举。就偈颂本身而言,在文句押韵方面,有时做得不甚严格,而大致有些韵律、唱诵有乐感,确为不争之事实。其以四言、五言与七言为常式,已颇具诗韵品格。刘勰(约465—521)《文心雕龙·总术》云:

> 今之常言,有文有笔,以为无韵者笔也,有韵者文也。夫文以足言,理兼诗书,别目两名,自近代耳。②

文、笔之分,始自"近代",且为"今之常言"。《文心雕龙》一书的局部结构,大致按文、笔的理念安排篇目。该书自《明诗》至《谐隐》十篇,包括歌诗、乐府、赋体、颂赞、祝盟、铭箴、诔碑、哀吊、杂文与谐隐③等,属于有韵之"文"的范畴;从《史传》至《书记》十篇,包括史传、诸子、论说、诏策、檄移、封禅、章表、奏启、议对与书记等,属于无韵之"笔"。这贯彻了刘勰本人的文论与美学之思:"若乃论文叙笔,则囿别区分。"④约与刘勰同时的萧子懋则称"文笔"为"诗笔",以"文"与"诗"对。《南齐书·萧子懋传》有"及文章诗笔,乃是佳事"之记。可见与"笔"相比,"文"更具诗性、诗趣。这所谓"诗",主要就"文"的审美属性源自音律、声韵与齐整的句式而言。

可见,文、笔之论与入传的佛典文体相应。汉译佛典往往偈颂与散句相间,犹文、笔的相得益彰。固然不敢断言,文、笔之说,仅启源于偈、散相间的

---

① 《述三教诗》,《广弘明集》卷三〇,《四部丛刊》影印本。
② 梁刘勰:《总术第四十四》,范文澜《文心雕龙注》下册,第655页。
③ 按:这里所说,即《文心雕龙》所言"明诗"之"诗";赋体,即其所指"诠赋"之"赋";杂文,即"杂以谐谑"而"颇亦为工",为宋玉所"始造"的"对问"。
④ 梁刘勰:《序志第五十》,范文澜《文心雕龙注》下册,第727页。

佛典文体,然而这一文体格局,对文、笔问题的立说与探讨,无疑起了推助的作用。东晋尤其南北朝时,大教东流,法言浸润,佛徒诵经之风不能不影响社会习俗与审美风气。虽然早在印度佛典入渐于中土之前许多个世纪,作为"诗国"的古代中华,其诗美的传统已是磅礴于天地、深潜在人心,但大教东来,促成文、笔之分及其和谐的发展态势,且将天下文章,既以文、笔一分为二,又合二而一,从而凸现声律及其诗美的意义。佛教诵经,尤其高唱诗偈时的虔诚与美感,其内心体验及其意境,妙处难与君言。王运熙、杨明在引述梁慧皎《高僧传·诵经论》所言"若乃凝寒清夜,朗月长宵,独处闲房,吟讽经典,音吐遒亮,文字分明。足使幽显欣育,精神畅悦"后说:"诵经时对于声音之美的欣赏,正与文士吟讽诗文相同"①。此是。吟诵诗歌的传统,得到佛偈法雨的浇灌,便发扬光大,新声雄放。

这便是所谓"永明体"与"永明声律论"得以形成的人文助因之一。据《南齐书·陆厥传》:"永明末,盛为文章。吴兴沈约,陈郡谢朓,琅琊王融,以气类相推毂。汝南周颙,善积声韵。约等文皆用宫商,以平上去入为四声。以此制韵,不可增减。世呼为'永明体'。"

"永明体"的创始者,并非沈约(441—513)。而沈约作为当时文坛领袖,著《四声谱》而影响深远。据《宋书·谢灵运传论》,沈约论歌诗音韵、声律云:"夫五色相宣,八音协畅,由乎玄黄律吕,各适物宜。欲使宫羽相变,低昂互节,若前有浮声,则后须切响。一简之内,音韵尽殊;两句之中,轻重悉异。妙达此旨,始可为文。"

沈约及其同道王融、谢朓与周颙诸人,皆崇爱佛教,且以其诗学音韵修养之沉厚,又迎对佛偈梵颂声歌之美的滋养,助倡"永明体"及其声律,便成其必然。所谓"四声八病"②,是对诗作声律形式之美的刻意追求与禁忌,犹如"戴着镣铐的舞蹈",别具美的神韵。因其对诗韵、声律的严格要求近于苛刻,试图撰写当时人们心目中的好诗丽辞便愈见困难,此之谓"知音"③难觅。然则时人却是钟爱有加、追摄不已,其热衷与激情,类于佞佛。或者可以说,正因沈约等辈深受佛偈唱颂的濡染,才得以近乎崇佛的心态与理想,追寻、肯定与提倡"永明体"的声律之美,这是由印度入渐的佛教偈颂、梵呗与中华诗歌声律人文联姻的一个产物。

---

① 王运熙、杨明:《魏晋南北朝文学批评史》,第222页。
② 按:四声,平声、上声、去声与入声;八病,平头、上尾、蜂腰、鹤膝、大韵、小韵、旁纽与正纽。
③ 按:沈约《谢灵运传论》云,"世之知音者,有以得之,知此言之非谬。"

三 关于梵呗

佛教举行法会,有"四法要":其一,法会之初,以梵呗唱咏如来,歌颂佛慧,遂令外缘静定;其二,梵呗唱咏之后,散华供献于佛祖,伴以偈言唱颂佛德;其三,散华之后,续唱十方妙胜的偈言,遂使梵音到耳而止心;其四,唱颂之僧唱诵偈言,振持锡杖①,锡杖是佛慧、佛德的标志。"四法要"以梵呗为第一。

梵(Brahma),梵天之略语。离弃于淫欲、烦恼而清净、空幻,称梵天。《大智度论》卷十说,"梵名离欲清净,今言梵世界"。呗,呗匿的略称,声咏偈颂。梵呗,法会以声咏偈颂之法歌而赞誉佛慧、佛智。

> 然天竺方俗,凡是歌咏法言,皆称为呗。至于此土,咏经则称为转读,歌赞则号为梵呗。昔诸天赞呗,皆以韵入弦管。五众既与俗违,故宜以声曲为妙。②

据传,梵呗肇自三国魏曹植。其后支谦、康僧会曾以梵呗主持法会。

据《法苑珠林》:"关内关外吴蜀呗辞,各随所好。呗赞多种,但汉梵既殊,音韵不可互用。至于宋朝有康僧会法师,本康居国人,博学辩才,译出经典。又善梵音,传《泥洹》呗,声制哀雅,擅美于世。音声之学,咸取则焉。又昔晋时,有道安法师,集制三科,上经、上讲、布萨等。先贤立制,不坠于地,天下法则,人皆习行。"③此是。《道安传》称:"安既德为物宗,学兼三藏。所制僧尼轨范,佛法宪章,条为三例:一曰,行香定座上经上讲之法;二曰,常日六时行道饮食唱时法;三曰,布萨差使悔过等法。天下寺舍,遂则而从之。"④

梵呗为"四法要"第一。其以歌咏,声曲抑扬,而在法会仪式中占有重要

---

① 按:锡杖,佛教名物。又称鸣杖、智杖等,佛之象喻。《得道梯隥锡杖经》云:"佛告比丘,汝等当受持锡杖。所以者何?过去、现在、未来,诸佛皆执故。又名智杖,彰显圣智故。亦名德杖,行功德本故。圣人之表帜,贤士之明记,道法之正幢。"《妙法莲华经》卷一四:"手执锡杖,当愿众生。设大施会,示如实道。"
② 梁慧皎:《高僧传》卷一三《经师论》,金陵刻经处本。
③ 《法苑珠林校注》,第三册,第 1170—1171 页。按:原引文"宋朝有康僧会法师"有误。康僧会为三国吴高僧。引文所言"晋时",指东晋。
④ 《道安传》,梁慧皎《高僧传》卷五,金陵刻经处本。按:张雪松说,此"条为三例"的"第一条应为道安制定的讲经制度"。指出《大正藏》本《道安传》此条为"一曰行香定座上讲经上讲之法",此"衍一'讲'字"。查勘金陵刻经处本《道安传》,所言是。而该句句读应为"行香、定座、上经、上讲"四个程序,以行香(梵呗)为第一。"即讲经之前,先行香赞颂,主讲人上'经座'(原注:高座),都讲转读经文(引者按:所谓'上经'),主讲人开始讲解经文(原注:'上讲')"。张雪松:《魏晋南北朝佛教史卷》,第 275 页。

地位,佛教氛围浓郁而虔诚。梵呗之声唱,梵音令身心寂和而欢愉。正如《华严经》云:"演出清净微妙梵音,宣畅最上无上正法,闻者欢喜,得净妙道。"梁慧皎《高僧传》说:"自大教东流,乃译文者众,而传声盖寡。良由梵音重复,汉语单奇。若用梵音以咏汉语,则声繁而偈迫;若用汉曲以咏梵文,则韵短而辞长。是故金言有译,梵响无授。始有魏陈思王曹植,深爱声律,属意经音。既通般遮之瑞响,又感鱼山之神制。于是删治《瑞应本起》,以为学者之宗。"关于梵呗,虽可据传说而追溯到曹植,"实则流行于5世纪'宋齐之间'"①,"大体定型于东晋道安、庐山慧远之后。讲经之前先行香赞呗"②。

梵呗体例,作为讲经的"序幕",以兼具有韵偈言和佛曲为特点,实际可能以属佛的一定音乐曲调,来颂唱有韵的偈句。或然,其最初仅为静场、净心即排除杂念、以备专心听讲为目的,故偈的文辞多为简短,尔后渐渐发展为较长的篇章。如严可均《全齐文》卷一三所载王融《净住子颂》(凡三十一则)那般丰富且寓意深致的作品,应非初期之作。王融《净住子颂》第六则为七言凡八十四字而且押韵③,文辞颇为雅简,似为具有相当佛学和文学修为的文士所撰。梵呗便于吟唱,是合乐的偈言,是佛曲之偈、偈之佛曲,或称佛曲歌辞、歌辞佛曲亦可。敦煌石窟所发现的俗讲话本④,其源关乎梵呗。"开讲俗讲时除用图画外,似乎也用音乐伴唱。变文唱辞(按:此指俗讲)上往往注有'平''侧''断'诸字,我们猜想这是指唱时用平调、侧调或断金调而言。"⑤

除讲经时僧人需运用譬喻、偈颂和梵呗外,唱导这一讲经制度也是不可不推行的。梁慧皎《高僧传·唱导论》说:"唱导者,盖以宣唱法理开导众心也。昔佛法初传,于时斋集,止宣唱佛名,依文致礼。至中宵疲极,事资启悟,乃别请宿德升座说法,或杂序因缘,旁引譬喻。"唱导的功用,主要在于"宣唱法理开导众心",或唱说"无常",或吟歌"地狱",或颂赞"西方",遂使听者心存敬畏,或情志恬悦,或默然会心,等等。法会往往通宵达旦,唱导常夜半升

---

① 张雪松:《汉魏两晋南北朝佛教史卷》,山西教育出版社2014年版,第274页。
② 同上书,第265—266页。
③ 按:《敬重正法篇颂》:"出不自户将何由,行不以法欲焉修。之燕入楚待骏足,凌河越海寄轻舟。仁言为利壮已博,圣道弘济邈难求。通明洞烛焕曾景,深凝广润湛川流。翼善开贤敷教义,照蒙启惑涤烦忧。攻成弗有名弗居,淡然无执与化游。"参见陈允吉、陈引驰主编《佛教文学精编》,上海文艺出版社1997年版,第235页。
④ 按:据日僧圆仁《入唐求法巡礼行记》,知唐代寺院盛行俗讲,巴黎藏伯希和第3849号敦煌卷子一纸背书有"俗讲仪式"四字,从罗振玉《敦煌拾零》所见数篇标题为"佛曲"可见,后世一些说唱即俗讲,与佛曲梵呗有关。
⑤ 王重民、王庆菽、向达、周一良、启功、曾毅公编:《敦煌变文集》"引言",上集,人民文学出版社1957年版,第4页。

座,在"中宵疲极"之时,施唱导以振扬信众身心,可谓亦圣亦俗、出入无碍。唱导经文者为唱导师,法会首座。《高僧传·慧远传》曾称,"其后庐山僧慧远,道业贞华,风才秀发,每至斋集,辄自升高座,躬为导首",又"远神韵严肃,容止方凌",遂令信众精神为之一振,庄严肃穆。这里所体现的人格魅力,是崇拜之中的审美、审美之中的崇拜。

除了唱导,又有所谓转读。从前引《高僧传》"咏经则称为转读,歌赞则号为梵呗"可知,转读首先是与梵呗相对而言的,似乎音乐性稍弱,其实不然。转读与梵呗、唱导一样,都有吟唱的一定的声调、情韵。所不同者,转读的特点在于一个"转"字。转读者,"转"经而"读"之谓。大致具有三义:其一,与梵呗、唱导等一般以通俗之言唱说经义相比较,转读称为"真读",是每行每字的严格阅读。其二,在读经方式上,展转经卷,前后对阅,以加深领会。其三,在"真读"基础上,可能转翻经义,既宗本经,又以确凿理据而求触类旁通。如以弥陀类经义,"转"《大般若经》义。

譬喻、偈颂与梵呗之类,在佛教"方便说法"和讲经制度中,富于活跃的美学生命力。"其颂声也,拟象天乐,若云籁自发,仪形群品,触物有寄。"[①]其文学因素和音乐因素的有机结合,使艺术审美参与、推助经义的传达,使得以佛教崇拜为圭臬的说法、讲经活动,以信众通俗易懂的方式进行;使得皈依佛门,以佛教崇拜为精神陶冶的说法、讲经,富于艺术审美的情调、情趣。宗教和艺术文学,都诉诸幻想、想象、虚构和情感等,这是两者共同的文化血缘,两者都从人类原古文化的摇篮中诞生,具有相通的文化心灵结构。当一定的艺术文学因素拥入教义及其传讲活动,可能叩响信众内心深处以幻想、想象、虚构和情感为主的心灵之门,唤起审美"器官"的苏醒,从而触发、加深其对教义、境界的理解和领悟。正如前述,佛教有"梵音"说。梵音是一种什么"音"? 据佛经所言,梵音者,大梵天、佛所发音声之谓。其音有五种微妙清净:正直、和雅、清澈、深满、远闻,声犹雷震,八音畅妙。梵音即佛音,一种犹如庄子所谓"无听之以耳,而听之以心"的音,绝言弃相,不可言传,只可意会。然则,艺术文学包括音乐的音声、节奏、旋律,却可以拟此微妙清净之境而"方便"为之。从"方便"说,梵音、佛音与梵佛文本,如譬喻、偈颂的歌诗和讲经法会如梵呗等的音乐性,两者同构。可以说,前者为体后者为用,体用不二;前者真后者俗,真俗不二,也可以说前为崇拜后为审美,崇拜与审美不二。

---

① 慧远:《阿毗昙心序》,《出三藏记集序》卷一〇,《中国佛教思想资料选编》第一卷,第96页。

第五节 "志怪"的佛教美学诉求

"志怪"一词,典出于《庄子·逍遥游》:"齐谐者,志怪者也。"①早在先秦,审美意义上的"志怪"理念已诞生。它的审美,当然总与先秦巫文化的理念纠缠在一起。这里所言"志怪",与"志人"相对,指魏晋南北朝糅合巫风鬼气与神异的人文因素的小说。其盛行一时,其间佛教关于苦空、地狱、神变与奇迹的种种思想理念,是志怪小说形成与发展的重要人文成因,也不乏道教鬼神思想因素的参与。

鲁迅《中国小说史略》云:

> 中国本信巫。秦汉以来,神仙之说盛行,汉末又大畅巫风,而鬼道愈炽。会小乘佛教亦入中土,渐见流传。凡此皆张皇鬼神,称道灵异。故自晋迄隋,特多鬼神志怪之书。其书有出于文人者,有出于教徒者。文人之作,虽非如释、道二家,意在自神其教,然亦非有意为小说,盖当时以为幽明虽殊途,而人鬼乃皆实有,故其叙述异事,与记载人间常事,自视固无诚妄之别矣。②

殷、周卜巫、筮巫文化大行于天下,中国人的文化心灵浸润于巫风鬼气。春秋战国理性流渐,而巫卜、巫筮等依然绵绵不绝。西汉末年大教入传中土,也正值巫风大畅之际。继之东汉谶纬盛行,推波助澜。东汉末年佛教初传时期,首先接引佛教于中土的,并非哲学,而主要是巫学文化。尔后时至魏晋,才渐渐有玄学作为一种本土哲学,对于佛教主要是般若学,有接引之功。虽然如此,中国传统的巫文化仍不绝如缕。东汉时人所接纳、所"误读"的佛,为"大神",能飞升、善幻变,比本土神仙更神通广大。最初来华的西域僧人,往往以"幻术"示人,让信众相信佛力无比,从而扩大佛教影响。据梁僧祐《出三藏记集》卷一三,三国东吴"主公"孙皓不敬,曾于四月八日"便溺"于佛像,称"灌佛",据说立遭报应。"未暮,阴囊肿痛,叫呼不可堪忍。"有一位太史为他

---

① 按:唐陆德明《经典释文》引录梁简文帝说,称"齐谐"当为书名;"志"此处为记义,"志怪",记载怪异之谓。朱桂曜《庄子内篇证补》云,谐,"亦作隐,《文心雕龙》有'谐隐'篇,以为文辞之有谐隐,譬九流之有小说;《汉书·艺文志》'杂赋'末,列隐书十二篇,盖以其辞夸诞,于赋为近。《齐谐》者,盖即齐国谐隐之书"。参见陈鼓应《庄子今注今译》,中华书局1983年版,第3页。

② 鲁迅:《中国小说史略》,《鲁迅全集》第九卷,人民文学出版社1981年版,第43页。

占了一卦,结果说,孙皓亵渎"大神",当受惩罚。即使"群臣祷祀诸庙,无所不至,而苦痛弥剧,求死不得"。可谓举"恶"者必遭殃矣。此以巫术因果思想,附会佛教因果报应说。而且,佛力比巫力更能呼风唤雨、改天换地。慧眼炯炯,奖罚分明,"佛"网恢恢,疏而不漏。这一类"故事",一些佛教文献如《高僧传》等多有记载渲染,高僧安世高曾作法降服"宫亭湖庙"之"蛇精"的故事,让人咂舌。康僧会亦擅"神通",且以"神通""正心"。《出三藏记集·康僧会传》记康僧会云,"在吴朝亟说正法,以皓(按:孙皓)性凶粗,不及妙义,唯叙报应近验,以开讽其心焉"。南北朝时尤其在北朝,这类"故事"不乏其例,难以尽述。仙仙佛佛,鬼鬼神神,凡是人力所不为、不能为的,仙与佛、鬼和神都能做到。神机妙算,料敌如神;大敌当前,撒豆成兵。可谓佛法无边,洞察秋毫。佛犹巫,巫犹佛;佛性犹如巫性,巫性犹如佛性。这种文化景观的形成,一因印度佛教中原本存有巫文化遗存,二是"中国本信巫"的缘故。

中国志怪小说这一文学样式的主要文化成因,在于汲取了中国传统巫文化的中国佛教意识理念与叙事文学传统的哺育和滋养。虽志怪小说的人文意识理念始于先秦,而那时的"志怪"之义,仅主要与传统的"巫"即鬼神、神异观相联系。佛教东来,使得叙事文学的审美有机会吸收来自佛教的人文养分,"西方""地狱""奇迹"和"鬼怪""神变""虚幻""果报"等理念,以及有些佛经的"故事"情节,丰富、拓深了"志怪"的"叙事"和意义。

这里,暂且不论题名汉班固《汉武故事》《汉武内传》与题名郭宪《洞冥记》的志怪故事是否为先出,题名曹丕《列异传》的,由于亡佚也只能在几种类书中觅其点滴踪影。《宋定伯捉鬼》①一则,述写少年宋定伯夜出遇鬼,因假称自己也是鬼而得真鬼的信任,且获"鬼惧人唾"的重要秘密。"两鬼"一路同行去市场,宋定伯一唾而使真鬼从此化变为羊,且卖得一千五百钱。鬼故事大都渲染"人怕鬼"这一类令人畏怖的主题,这一则大有巫之"降神"即人无惧于鬼怪的意思,可能由当时的"神灭"论者所撰作亦未可知,阐弘唯"物"而非唯"鬼"是其人文美学诉求,自当为受佛教思想影响之故。《旧杂譬喻经》(康僧会译)卷下一则佛教故事有云:

> 昔有五道人俱行,道逢雨雪,过一神寺中宿。舍中有鬼神形象,国人吏民所奉事者。四人言:"今夕大寒,可取是木人烧之用炊。"一人言:"此是人所事,不可败。"便置不破。此室中鬼常啖人,自相与语。言:"正当啖彼一人,是一人畏我;余四人恶不可犯。"其呵止不敢破像者,夜

---

① 按:《杂譬喻经》卷下,有关于天帝化作"贾人"在市肆卖鬼的譬喻故事。

闻鬼语,起呼伴:"何不取破此像用炊乎?"便取烧之,啖人鬼便奔走。①

真是愈敬鬼怕鬼,鬼就愈要吃他,一旦不敬不怕了,吃人之鬼便自"奔走"(逃走),很有点儿意思。与这一则佛经故事相比较,《宋定伯捉鬼》的主题不仅不敬不怕鬼,而且将鬼捉来换钱,显得更为机智而幽默,在志怪小说中可谓别出心裁。

《宋定伯捉鬼》是东晋时代干宝(?—351)《搜神记》中的一篇。《搜神记》是中国第一部受释、道思想影响较深而比较成熟的志怪小说②。该书还有关于"干将莫邪""韩凭夫妇""李寄斩蛇"与"三王墓"等故事,记载诸多鬼怪灵异的情事。宣弘"解体""还魂"等幻术与因果报应佛教主题的作品,还有南朝宋刘义庆(403—444)《幽明录》《宣验记》、齐王琰(生卒年待考)《冥祥记》与北齐颜之推(529—595)《冤魂志》③等作品。如《幽明录》(原著失佚),鲁迅《古小说钩沉》辑录其佚文凡二百六十余则。此书以幽明分阴间、阳世,又明幻术、奇迹。《搜神记》卷二载一幻术故事:

> 晋永嘉中,有天竺胡人,来渡江南。其人有数术,能断舌复续,吐火,所在人士聚观。将断时,先以舌吐示宾客。然后刀截,血流覆地。乃取置器中,传以示人。视之,半舌犹在。既而还,取含继之。坐有顷,坐人见舌则如故,不知其实断否。④

"断舌再续",在当时尚不可能是生活真实,有如魔术表现,恐是传闻而已。作为"数术"(又名术数)记录于《搜神记》,以神异、灵怪与奇迹等佛教思想因素迷乱民众心智。在《幽明录》卷一中,属于这一类人文风貌的怪异奇闻更显其灵妙:"豫章太守贾雍有神术,出界讨贼,为贼所杀,失头。上马回营,胸中语曰:'战不利,为贼所伤。诸君视有头佳乎、无头佳乎?'涕泣曰:'有头佳。'雍曰:'不然,无头亦佳。'言毕遂死。"在巫文化中,巫总是"神通广大"的,"有头""无头"没有区别。"无头"之身说人话,以无头为"佳",有"刑天舞干戚,猛志固常在"的无头刑天的勇猛与乐观。《幽明录》卷一又记述一则"换头"故事:"河西贾弼之,义熙中,为琅琊府参军。夜梦有一人,面魋疱,甚

---

① 《旧杂譬喻经》卷二,康僧会译,《大正藏》第四册,P0518b。
② 按:汉之后,"志怪"渐开风气。张华《博物志》与托名东方朔的《十洲三岛记》等,为地理博物体"志怪",深受道教思想影响,亦受佛教思想的滋养,且以后者为甚。
③ 按:又名《还冤记》,凡三卷。另有《集灵记》二十卷,亦为王琰所作,已佚。
④ 干宝:《搜神记》卷二,鲁迅《古小说钩沉》,《鲁迅全集》第八卷,人民文学出版社1981年版。

多须,大鼻睮目,请之曰:'爱君之貌。欲易头,可乎?'弼曰:'人各有头面,岂容此理!'明昼又梦,意甚恶之。乃于梦中许易。明朝起,自不觉,而人悉惊走藏,云:'那汉何处头?'弼取镜自看,方知怪异。因还家,家人悉惊入内,妇女走藏,云:'哪得异男子!'后能半面啼半面笑。"这与"无头亦佳"相媲美的"易头(换头)"故事,令人匪夷所思,纯属虚构。就佛教而言,却是神通而真实的。

其一,在佛教看来,人由五蕴和合而成。五蕴者,色、受、想、行、识之谓。其中所谓色,指肉体;受、想、行、识,指精神。因此,人是由身、心因缘和合而生成的。既然因缘和合,便刹那生灭,故空幻,故不必执著。色又有变坏、质碍与示现等义,所谓色尘、色碍也。因而如果执著于色,便以色为心魔。因此,色者肉身,是应当而且必须破除、坏灭的,它本身即是破除、坏灭,便是所谓"色即是空,空即是色。色不异空,空不异色"。而众生的人生问题是,色碍即心魔。所以,去心魔即破色碍;破色碍,即斩断因缘之链;斩断因缘链之"方便"的一种,就是以身为虚妄,并且破除之,让空幻之心从色身的牢笼中解放出来,而不破除不足言空幻。这便是从《搜神记》到《幽明录》这种"断舌""无头"与"易头"等幻术的佛学思想基础。

其二,佛教重"神通"。神者,灵异,圆妙不测之性;通者,无碍之义。《大乘义章》云:"神通者,就名彰名。所为神异,目之为神;作用无碍,谓之为通。"佛教又重"神变",即所谓神妙莫测、变异无常。正如《法华玄赞》卷二所说:"妙用无方曰神,神通变异曰变。"志怪小说所常见的鬼神变异、人身毁损或是异体交换等荒诞不经的情节故事,都是"神通""神变"的示现,毋宁可以看作相应佛教教义的叙事形象的演绎。

总之,佛教有关五蕴因缘和合与"神通""神变"之类教义,是志怪小说人文主题的重要思想来源。五蕴和合以成人之身心,确是假言存有。其中尤其色蕴更非真实。人身无他,四大和合之谓。"夫四大之体,即地水火风耳。结而成身,以为神宅",故"灭之既无害于神"。[①] 既然如此,所谓"失头""易头"之类,当不在话下。肢体宰割,自戕或用于交换,又有何妨?而且"神通"广大,既然砍头、断肢等可以随心所欲,那么,令其复原如初易如反掌。这是无惧于肉身与灵魂(鬼魂)二分,两者本自二分,所惧何来?且只有灵魂、肉身相互离弃,灵魂才是"神不灭"而绝对自由的。

佛教又倡言"慈悲"。《大智度论》卷二七云:"大慈与一切众生乐,大悲拔一切众生苦。"这是从乐苦讲慈悲。佛教本生故事如"舍身饲虎",宣说萨

---

① 慧远:《明报应论并问》,《弘明集》卷五,《中国佛教思想资料选编》第一卷,第89页。

埵那太子舍肉身于饿虎以救虎生命的慈悲,又有"尸毗王舍身救鸽",也是慈悲主题。志怪小说有些作品,如前述"易头"所谓"梦中许易"情事等,以己所有而施惠于他者,同样毕竟有慈悲心因素在。又如刘义庆《宣验记》记述一则故事云:

> 车母者,遭宋庐陵王青泥之难,为虏所得,在贼营中。其母先来奉佛,既然七灯于佛前,夜精心念观世音,愿子得脱。如是经年,其子忽叛还。七日七夜,独行自南走,常值天阴,不知西东。遥见七段火光,望火而走,似村欲投,终不可至。如是七日,不觉到家,见其母犹在佛前伏地,又见七灯,因乃发悟。母子共读,知是佛力,身后恳祷,专行慈悲。①

在志怪小说中,宣说大慈大悲救苦救难观世音菩萨的故事尤多。其主题集中在求救于观世音而应验。所谓"火不能烧""舟行遇险得脱""驱鬼治疾"与"求子得子"等,只要心诚,便"有求必应"。

> 吴郡人沈四,被系处死。临刑市中,得诵观世音名号,心口不息,刀刃自断,因而被放。一云,吴人陆晖系狱,分死。乃令家人造观世音像,冀得免死。临刑三刀,其刀皆折。官问之故。答云:"恐是观世音慈力。"及看像,项上乃有三刀痕现,因奏获免。②
>
> 宋孙道德,益州人。奉道祭酒,年过五十,未有子息。居近精舍。景平中,沙门谓德:"必愿有儿,当至心礼诵《观世音经》,此可冀也。"德遂罢不事道,单心投诚,归观世音。少日之中而有梦应,妇即有孕。遂以产男也。③

真是法力无边,可称奇迹,令人难以置信。《妙法莲华经》卷七《观世音菩萨普门品》(鸠摩罗什译本)说:"若有无量百千万亿众生受诸苦恼,闻是观世音菩萨,一心称名,观世音菩萨即时观其音声,皆得解脱。"南北朝之时,随着历代大量佛教经论的译传,观世音信仰开始在民间普及。一心专念菩萨名号,观世音就来接引你避苦得乐,逢凶化吉。这种以"他力""他度"而得救、解脱的菩提路,是与"自力""自度"即"明心见性""顿悟"与"转识成智"等互补而相应的。

---

① 刘义庆:《宣验记》,《太平广记》卷一一〇。
② 刘义庆:《宣验记》,《太平广记》卷一一一。
③ 王琰:《冥祥记》,《法苑珠林》卷二五,《四部丛刊》本。

志怪小说中还有诸多地狱故事，如《幽明录》《冥祥记》等多有记载。《幽明录》关于"舒礼""康阿得""李通""石长和""吉未翰""甲者"与"王明儿"等则，将地狱、饿鬼的情状描绘得淋漓尽致、阴怖可怕。志怪小说，作为"释氏辅教之书"，起到了一种宣扬生死轮回思想的作用，有恫吓众生的功用。地狱为佛教"六道轮回"之一。《大乘义章》说："言地狱者，如杂心释，不可乐故，名为地狱。"这是指心狱，所谓"此云地狱，不乐可厌"。而"若正解之言地狱者，就处名也。地下牢狱，是其生处，故云地狱"。地狱也称阴间、阴司，佛典有时又称冥界。但严格而言，冥界是地狱、饿鬼与畜生这三恶道的一个总名，甚至包括天堂。西汉马王堆汉墓帛画隐然表达印度佛教入传之前，中华古代天上、人间与地冥的人文理念，这天上、地冥不同于佛教所言西方、冥界，至于中华先秦至西汉的地冥这一概念，当然也不等于地狱。地狱这一人文理念，是佛教所独具的。地狱，梵文 Naraka，译作那落迦，或云 Niraya，译作泥梨。地狱观是佛教业报思想的重要标志。作为佛教所预设的一个场所，地狱是严惩众生罪业深重的地方。所谓苦海无边，除指众生人间（世间），更指地狱；这里又是判决罪错并加以惩罚的地方，有阎罗王（十地阎王）、判官与无数鬼卒的残酷统治，以阎王为最高裁决者；这里还是一个广深无比、恐怖与黑暗的世界，等级森严，有所谓八热地狱、八寒地狱与阿鼻地狱等区别，种种冻馁、火焚、下油锅与凌迟等酷刑的实施，比现实人间的刑罚更严酷，与佛、菩萨的所谓慈悲、宽容、宁和形成强烈对比。可见，佛教并非一味言空，作为与西方净土、世间相对应的"第三个世界"，这地狱情状倒是被描绘得十分具体而实在的。地狱观随印度佛教一起入传于中土。据梁僧祐《出三藏记集》与慧皎《高僧传》记载，东汉光和二年（179），由支娄迦谶所译成的《般若道行品经》（即《道行般若经》），其卷三《泥梨品》可能是地狱观的最早译传。三国时，康僧会译出《六度集经》九卷，其卷一《布施度无极》说："因化为地狱，现于其前曰：'布施济众，命终魂灵入于太山地狱，烧煮万毒。'"这里所谓"太山"，指"泰山"，早期汉译佛典有将地狱译作"太山"（泰山）的，所谓"太山王"，即指阎罗王。孙昌武说："传为安世高所译的《十八泥梨经》《鬼问目连经》就是早期传播地狱思想的佛典。吴支谦所译《撰集百缘经》中也已描绘了不少饿鬼形象。后魏杨衒之《洛阳伽蓝记》卷二崇真寺条又记述了阎罗王所居的地狱。"[1]按中国佛教翻译史，所谓安世高译《十八泥梨经》与《鬼问目连经》，恐仅为传说而非历史事实。而支谦所译《撰集百缘经》与康僧会所译《六度集经》等，都是译传地狱、饿鬼说的较早的经典。

---

[1] 孙昌武：《佛教与中国文学》，上海人民出版社1988年版，第275页。

志怪小说深受佛教有关奇幻、神通、慈悲与地狱观念的影响,自不待言。因为佛教的入传,遂使叙事文学的思想、思维、情感及其题材、主题等探出于"方外",开出文学审美的新生面。

其一,扩展了文学的审美视野。"志怪"的视野不仅在世间,而且在出世间,是以出世间性的虚诞故事来影射人世间的生存、生活境况。在审美情感上,以出世间为真实且以世间为虚妄。鲁迅曾说:"六朝人并非有意作小说,因为他们看鬼事和人事,是一样的。统当作事实。"①一般六朝人相信鬼神的真实存在,将出世间的真实与世间的真实相混同,是六朝人文化审美眼光的独特处与可爱处,这一审美视野建构在佛教信仰的基础之上。

真实这一美学范畴,究其内涵,是真理性、真诚性与真切性三者交互涵泳。其中,真理性首先关乎科学认知,真诚性与真切性首先关乎宗教求神、道德求善和艺术求美,与此相关的,是巫术文化方式对于世界与人之命运的把握,在求神与降神之际,它们都关乎真实与否。在印度佛教入渐之前,关于"真",先秦道家以"无"即道为"真",是一种偏于哲学的理解,所谓"真人""真君"与"至人"云云,都是首先从哲学着眼,指哲性意义的道德之人;儒家以经验事实为"真",此班固《汉书·河间献王传》颜师古注所谓"务得事实,每求真是",是一种历史学意义上的真实观。它在经验与道德求善的知行中,当然也讲真理性,不过大致是以道德之善为真,偏于牟宗三所谓"内容的真理"而非"外延的真理"②的理解。"内容的真理"是与人文"主观"相系的"真理",所以尤具人格行为、意义的真诚性和真切性,不像"外延的真理"那样是"客观真理",指自然科学之可证的事物本质规律。

佛教所言"真人",指证印之真者。可印证者为真。真即真如。真,真实义;如,如常义。真与妄相对。系累于因缘为妄,悟不生不灭之理为真,离妄即真。《大乘义章》卷二云,"法绝情妄为真实",这也便是支道林《八关斋诗三首序》所言"悟身外为真"的"真"。凡此,改变了传统的"真实""真理"观。志怪小说仅以故事的叙事,主要演说佛教"真实"观而已,也兼宣讲道教"真实"之理。许慎《说文》以"仙人变形而登天也"释"真"义,也是志怪小说艺术真实或曰审美真实的人文底蕴之一。

其二,丰富了文学审美的品类与品格。中国文学自先秦起,一向有"温柔敦厚"的诗教传统与"致虚极,守静笃"的审美体验,自六朝"志怪"一出,那种"温柔敦厚"的贵族气质与蹈虚守静的逍遥风气即被打破。在这两种文学

---

① 鲁迅:《中国小说的历史与变迁》,《鲁迅全集》第九卷,人民文学出版社 1981 年版,第 311 页。
② 参见牟宗三《中国哲学十九讲》,第 31—32 页。

审美风色继续存有的同时,增添了关于神异、怪诞与奇幻的审美。尤其在叙事文学领域,其审美对象,一般是世间的美善,也抨击冥府、鬼蜮的丑恶。审丑成为审美的另一方式。从荒诞、恐怖、惊悚等审美体验之中升腾而起的审美意绪与情志,刺痛了中国文学原本温婉、宁和的神经,文学的情感世界有些动荡与焦虑起来。文学尤其是"志怪"叙事所表现的痛苦、悲剧、怪丑与夸诞,还有奇迹、幸福与激情等,使得审美的天空有几朵灰色而美丽的乌云飘过,其光影的忽明忽暗,象征这个伟大民族不安的灵魂总是在绝望与企望之际来回奔突。

明胡应麟《少室山房笔丛》卷二九曾经指出:"魏来好长生,故多灵变之说;齐梁弘释典,故多因果之谈。"其实,"灵变之说"与道教"好长生"未必有必然联系。魏晋道教确有"灵变之说",然而道教主"灵变",可能也是受佛教影响的缘故。佛教关于三世因果报应的宿命论,则在众生通过修持,追求"他力""他度"以实现解脱的同时,加重了对命、对盲目自然力量的崇拜与敬畏,使得关于文学审美的品格内涵愈加变得复杂而深厚。

其三,锻炼、提高了文学叙事的兴趣与表达能力。主要以"巫"为原始人文根性的中华民族,原先作为一个偏于"诗性"民族,对诗的感悟与表达历史悠久。《诗经》的出现与诗性审美的成熟,即为一大明证。相比之下,中国人似乎生来有点儿拙于"讲故事",这不等于说,中华原古的口头神话发生较迟。先秦时期并非没有叙事之作,其中丰富的神话传说就是叙事体文学的体裁之一。然而相对而言,中国的原古神话并非十分发达,却也是事实。

正如本书前述,如有关伏羲的神话,主要见于战国中后期的《易传》,且仅为片言只语。保存诸多神话叙事的《山海经》,凡十八篇,其中十四篇考定为战国时作品,《海内经》四篇为西汉初年之作。关于黄帝的传说,起于战国黄老学派而成于西汉"五德终始"说。盘古开天辟地说,始于三国徐整所著《三五历记》①,成于南朝梁任昉《述异记》。如后羿射日、女娲补天与大禹治水诸神话传说,都篇幅简少,成篇较晚,而口头形式神话传说的诞生,实际是很早的,且以英雄神话为主流。或然可以说,中华民族的人文诗性,好比少女含蓄而多情,偏于其内心诗性的体验与温婉,却一般不太善于外向的故事的叙述。其原因也许在于:神话其实并不是中国原古文化的主导形态。中国文化本是一种"淡于宗教"的文化,其神话的生产,一般与巫术、图腾文化相联系。

印度佛教东渐,佛典中随处可见的譬喻、传说与故事,锻炼、提高了中国

---

① 按:此书已佚,关于盘古神话,见《太平御览》卷二所录。三五:三皇五帝。

人"讲故事"的兴趣与能力。"志怪"的直接目的,为传播、领会有关佛教教义,这是属于"有意栽花"而并非"花不活",岂料"无心插柳"也旁枝逸出。南北朝以至整个六朝的叙事体文学,因佛教(还有道教)的哺育而借"志怪"得以实现初步的繁荣。虽然大部分依然篇幅短小①,却是唐传奇、宋话本与明清小说的人文审美先驱。志怪小说在六朝时期所以繁荣②,一因其作者多为佛教徒或是佞佛之人;二则佛典中诸多本生、譬喻等故事的表达方式,与班固《汉书·艺文志》所言"街谈巷语,道听途说"小说何其相似?前者神圣而后者平凡,多为大胆虚构之辞。这无疑唤醒了中华民族编故事、讲故事的想象力,而且不落俗套,怪怪奇奇,鬼鬼神神,冥府人间,荒诞不经,无所拘忌,将叙事文学的审美发展到纵横恣肆的地步。

其四,进一步丰富了文学等艺术形象的审美表达。先秦确无"形象"一词,战国《易传》有"形而下者谓之器""见乃谓之象"与"立象以尽意"等说,未构成"形象"这一复合词及其范畴。西汉《淮南子》有"物穆无穷,变无形象"③之"形象"一词,东汉王充《论衡》"夫图画,非母之宝身也,因见形象,泣涕辄下"④的"形象",已是趋向于艺术审美的一个范畴。随后在诸多文论、画论等文献中,偶有此范畴的出现,而其思维、思想阈限大致在生活经验层次。

佛教东渐且伴随以东汉道教的创立,使中国人的象思维、象情感、象意志和象虚构有可能提升到"身外""方外"之境。除了魏晋六朝的那些属佛、属道的音乐、绘画、书法与诗歌等之外,志怪小说也是显示属于佛、道"身外"和"方外"的"形象"(意象)观的一个方面,如优填王即以牛头栴檀作"如来形象"那样。佛经称,佛陀拈花,迦释微笑,默然会心,这"拈花""微笑"是可见的"形象";"默然会心"者,指"意象"悟入于空幻。有类于《易传》"见(现)乃谓之象"的"象",而所"见"此"象"非巫象,是悟空的境象,即在"身外"。前引《旧譬喻经》卷下所谓"鬼神形象"的"形象",为恍惚之际所"见(现)"冥府之鬼魂形象,众生业缘未除,遂入地狱,故现鬼象。在佛教入传前,中国人就有鬼魂的意识、观念,将鬼魂仅仅看作《易传》所谓"精气为物,游魂为变"的另一种"物"(有)。此"物"与"精气"的不同,仅在于人之生为气之聚,人之死为气之散。《庄子》就有"气聚则生,气散则死"的典型思想。气永远不死。人死而为鬼魂(游魂),是一种"气散"状态的"物"(有)。因而在佛教东来之前,鬼魂固然属冥府,并常常在人间游荡、作祟,却与佛教关于空幻的地狱观

---

① 按:有的篇幅较长,如《幽明录》中有些篇什,一则故事可有千余言,情节曲折。
② 按:目前见于著录者,凡二十家左右。
③ 《淮南子·原道训》,汉高诱注《淮南子》卷一,第13页,《诸子集成》第七册。
④ 王充:《论衡·乱龙篇》,第158页,《诸子集成》第七册。

无关。佛教地狱仅"关于空幻"而绝非空幻。因为,如果众生悟入于"空",众生即佛,何来地狱?志怪小说以及诸多佛教诗词、变文、音乐和绘画如后世唐代"地狱变"等地狱观,往往是中国化、本土化了的,是汉代马王堆帛画所绘"阴间"、道教"方外"与佛教地狱观的一个综合。其"形象",在气之"有"、气之"无"(此指道教)与佛教"关于空幻"而非空幻之际。这种"形象"或曰"意象",为中国美学提供了关于形象、意象的一个新的视角、维度和思想理念,其中蕴含着"梵音"即空的佛学思想因素。

第六节 《文心雕龙》:儒道释美学三栖

为何要单列一节,在此简析《文心雕龙》一书的文论美学与佛学的关系问题?

大教东渐,由此走上中国化、本土化之路。《文心雕龙》这一文本,在这一点上具有典型意义。中国传统的儒、道与佛三学之间从对立、纷争而逐渐走向调和、融合,到唐代南宗禅六祖《坛经》才得趋于实现。而儒、道与释三学的真正合一,发生在宋明时代,并且有力地贯彻于艺术审美及其美学理论之中。

在南北朝,《文心雕龙》一书关于文学审美的佛教美学思想,是儒、道、释三学之间展开艰难"对话"的一大重要契机。其思想特征,可以借用刘勰自己所说的"唯务折衷"[①]四字来加以概括。

在中国美学及佛教美学史上,《文心雕龙》美学思想的文化哲学品格究竟是什么,属儒、属道(玄)还是属佛或者儒、道、释三栖"折衷",是研究、厘清《文心雕龙》佛教美学思想的一个重要课题。

在中国美学界,李泽厚等学者认为,《文心雕龙》美学思想的"理论基础"是属儒的:"从《原道》及《文心雕龙》全书可以清楚地看出,儒家的重要经典《易传》的基本思想,是《文心雕龙》的根本的理论基础。"[②]王元化说得更具体:"《文心雕龙》基本观点是'宗经'","《文心雕龙》书中所表现的基本观点是儒家思想,而不是佛学或玄学思想"。[③]

这些学术见解,可做进一步的讨论。

《文心雕龙》一书,确系往往采儒家之言,如《原道》所谓"仰观吐曜,俯察

---

① 《文心雕龙卷十·序志第五十》,范文澜《文心雕龙注》下册,第727页。
② 李泽厚、刘纲纪主编:《中国美学史》第二卷,中国社会科学出版社1987年版,第623页。
③ 王元化:《文心雕龙讲疏》,上海古籍出版社1992年版,第10、15页。

含章,高卑定位,故两仪既生矣","人文之元,肇自太极,幽赞神明,易象惟先。庖牺画其始,仲尼翼其终。而乾坤两位,独制文言"①等言述,凡读过《易传》的人都知道,这些说法,从语言文字到思想,都来自先秦儒家经典《易传》。又如《宗经》云,"经也者,恒久之至道,不刊之鸿教也。故象天地,效鬼神,参物序,制人纪,洞性灵之奥区,极文章之骨髓者也"②,凡此类言说,显然属于儒家之"道"。

可是同样有确凿的证据证明,该书的"基本思想"是非儒的。

第一,该书《序志》篇有云:"盖《文心》之作也,本乎道,师乎圣,体乎经,酌乎纬乎骚,文之枢纽,亦云极矣。"③意思是,《文心》的思想"枢纽",关乎"道""圣""经""纬"与"骚"五个方面,故不能仅从某一方面去看。而比如"本乎道"之"道",究竟指儒家之"道"、道家之"道"还是儒、道合一之"道",就颇值得注意。《文心雕龙·原道第一》说:

> 文之为德也大矣,与天地并生者何哉?夫玄黄色杂,方圆体分,日月叠璧,以垂丽天之象;山川焕绮,以铺理地之形:此盖道之文也。④

关于这一论述,拙著《中国美学史教程》曾作如下解读:

> 这里,刘勰把"文"与天地万象看做并列、并生的一种东西,指出它们都是作为本原、本体之"道"的美的显现,"道"是显现文章之美与自然万类之美的"本在"。就美"文"而言,自当为"心"所造,这"心",决非计较功利、是非之"心",而是契"道"、悟"道"之心。这"道",即《原道》所言"心生而言立,言立而文明,自然之道也"。"自然"者,文之本原。文之美,不是用美丽的辞藻"外饰"于伦理道德思想情感之故,而是"自然"即"道"本身就是"文"及其美的内在根据,或云"自然"本身就"美"的。⑤

可见,《文心雕龙》所谓"道",显然指道家之"道"即"自然"而非儒家之"道"即伦理道德,该书的思想并非纯粹宗"儒"。

---

① 《文心雕龙卷一·原道第一》,范文澜《文心雕龙注》上册,第1—2页。
② 《文心雕龙卷一·宗经第三》,范文澜《文心雕龙注》上册,第21页。
③ 《文心雕龙卷十·序志第五十》,范文澜《文心雕龙注》下册,第727页。
④ 《文心雕龙卷一·原道第一》,范文澜《文心雕龙注》上册,第1页。
⑤ 拙著《中国美学史教程》,第154—155页。

第二，那么，《文心雕龙》又是否宗"道"（道家之道）呢？且看该书《诸子》篇如下言述："李实孔师，圣贤并世，而经子异流矣。"①（按：李，指老子，这里刘勰称老子为李姓，即所谓李聃。）其《情采》篇又云，"老子疾伪，故称'美言不信'，而五千精妙，则非弃美矣"②。其《神思》篇也说，"暨乎篇成，半折心始"③，简练而准确地解读通行本《老子》关于"道可道，非常道"的思想精髓；"枢机方通，则物无隐貌；关键将塞，则神有遁心。是以陶钧文思，贵在虚静，疏瀹五藏，澡雪精神"④，这是通行本《老子》所谓"致虚极，守静笃"的南朝齐梁版。凡此足可证明，《文心雕龙》的思想深深濡染于道家玄思而无疑。

可是问题还有另一面，刘勰此书在赞美玄学家何晏等辈"盖人伦之英也"⑤的同时，又在《明诗》篇中讥评"何晏之徒，率多浮浅"⑥，嘲讽江左篇制溺于玄风，显然不满于江左以道家思想为精神底蕴的玄学思辨。《论说》篇更是一笔抹杀玄学崇有、贵无两派："然滞有者，全系于形用；贵无者，专守于寂寥，徒锐偏解，莫诣正理。"⑦

这一自相矛盾的评说，正如前述可资证明其亦儒非儒一般，《文心雕龙》在道家、在玄无问题上的哲学、美学立场，又是亦道非道的。

第三，至于说到《文心雕龙》关于佛学及其佛教美学的人文立场与态度问题，自当并非几句话就能说得清楚的。试问：《文心雕龙》非佛抑或崇佛？从文本分析可知，《文心雕龙》一书说了许多亦儒非儒、亦道非道的话，但它并没有非毁佛教与佛学的地方。相反，其美学思想倒处处表现出释与儒、道趋于"折衷"而融合的思想倾向。

从《文心雕龙》全书体例结构看，凡五十篇。自《原道第一》到《程器第四十九》共四十九篇，加上《序志第五十》一篇，构成"四十九加一"的篇目格局。笔者从研习《周易》古筮法体会到，这是刘勰自觉借用《周易》"大易之数"（大衍之数）的人文理念而有意为之，其谋篇布局的思维方法得启于儒家经典《周易》而无疑。《易传·系辞上》云："大衍之数五十，其用四十有九。"指古人占筮时，取筮策五十，任取其中一策象征太极，用余下四十九策算卦。证明此书的篇目结构方式确是宗儒的，这又是一个显例。但其并未

---

① 《文心雕龙卷四·诸子第十七》，范文澜《文心雕龙注》上册，第308页。
② 《文心雕龙卷七·情采第三十一》，范文澜《文心雕龙注》下册，第537页。
③ 《文心雕龙卷六·神思第二十六》，范文澜《文心雕龙注》下册，第494页。
④ 《文心雕龙卷六·神思第二十六》，范文澜《文心雕龙注》下册，第493页。
⑤ 《文心雕龙卷四·论说第十八》，范文澜《文心雕龙注》上册，第327页。
⑥ 《文心雕龙卷二·明诗第六》，范文澜《文心雕龙注》上册，第67页。
⑦ 《文心雕龙卷四·论说第十八》，范文澜《文心雕龙注》上册，第327页。

因此而贬损佛教。

首先，在《文心雕龙》全书中，诸多佛教概念与理念往往体现于其美学、文论思想的表述之中。如关于"圆"，佛教高倡"圆"说，所谓圆寂、圆成、圆妙、圆果、圆相、圆信、圆悟、圆音、圆照、圆通、圆融与圆教等言，比比皆是，所指都是成佛理想与精神境界，都与美学相谐。《文心雕龙》亦多处说"圆"。其《明诗》篇云，"随性适分，鲜能通圆"①；《指瑕》篇说，"而虑动难圆，鲜无瑕病"②；《论说》篇曰，"故其义圆通，辞忌枝碎"③；《杂文》篇称，"足使义明而词净，事圆而音泽"④；《比兴》篇谓，"诗人比兴，触物圆览"⑤；等等。凡此好"圆"之论，证明刘勰的佛学修养渗融于文论、美学思想之中。至于《神思》篇所言"研阅以穷照，驯致以怿碎"的"穷照"与"独照之匠，窥意象而运斤"⑥的"独照"之类，显然是佛教"照寂""照览"与"悟照"等概念、范畴的活用。《论说》篇所言"动极神源，其般若之绝境乎"⑦的"般若"一词，更是直接以佛家语来论述其文论、美学之思。

其次，虽则以往学界有人认为，《文心雕龙》体例、思维即"法式"受印度佛教因明学影响的看法难以成立⑧，然而该书体例受佛教成实论思维方式的影响，则是可以肯定的。

《文心雕龙》一书，其内容可分文原论、文体论、文本论、文评论与绪论（序志）五大部分，偏偏《成实论》亦以"五聚"⑨为其基本结构，此即发聚、苦谛聚、集谛聚、灭谛聚与道谛聚。两相对照，其义自明。从细部分析，《文心雕龙》文原论部分包括：一、"原道""征圣"与"宗经"等三论；二、"正纬""辨骚"，为"余论"。《成实论》"发聚"亦包括：一、其《具足》《十力》《四无畏》《辨二宝》《无我》与《有我无我》等三十五品，可概括为佛宝论、法宝论与僧宝论等三论；二、主要以四谛大要、教内十异见之说为"余论"。又如，《文心雕

---

① 《文心雕龙卷二·明诗第六》，范文澜《文心雕龙注》上册，第68页。
② 《文心雕龙卷九·指瑕第四十一》，范文澜《文心雕龙注》下册，第637页。
③ 《文心雕龙卷四·论说第十八》，范文澜《文心雕龙注》上册，第328页。
④ 《文心雕龙卷三·杂文第十四》，范文澜《文心雕龙注》上册，第256页。
⑤ 《文心雕龙卷六·比兴第三十六》，范文澜《文心雕龙注》下册，第603页。
⑥ 《文心雕龙卷六·神思第二十六》，范文澜《文心雕龙注》下册，第493页。
⑦ 《文心雕龙卷四·论说第十八》，范文澜《文心雕龙注》上册，第327页。
⑧ 按：理由一：因明学著作《方便心论》译出于北魏延兴二年（472），当时并未引起南北学界注意。此时刘勰（465—532）仅七八岁。刘勰撰成《文心》一书，约在三十五岁至三十六岁之时（501），《方便心论》此时是否已传入南朝，且该书的因明之学是否对刘勰具有实际影响，皆不可考。理由二：印度因明学著作《回诤论》，译成于东魏孝静帝兴和三年（541）；另一因明学著述《如实论》，译成于梁简文帝大宝元年（550），都是刘勰去世之后的事。
⑨ 按：此"五聚"之"聚"，有因缘集聚之义。

龙》文体论部分,主要分"明诗""乐府""诠赋""颂赞"与"祝盟"五类;《成实论》苦谛聚,分色论、识论、想论、受论与行论等五蕴说。显然,这是《文心雕龙》法式受启于《成实论》的明证。再如,《文心雕龙》有《序志》为全书总结,具有"长怀序志,以驭群篇"的概要意义,而《成实论》以道谛聚的定论与智论来阐扬止观成佛之道,也具有冠表佛教成实论的作用。

在思想上,显然不能将《文心雕龙》与《成实论》作简单类比,但是在两书的结构方式上,《文心雕龙》有意、无意地接受了佛论的影响这一点,还是看得出来的。

这并非偶然。刘勰其人,思想的宏博令人叹服。从《文心雕龙》看,儒、道、释三学都在其人文学术视野之内,三学他都有相当的学问造诣,而他在亦儒非儒、亦道非道的同时,却并未对佛教说半个"不"字。

刘勰《文心雕龙·序志》夫子自道:"予生七龄,乃梦彩云若锦,则攀而采之。齿在逾立,则尝夜梦执丹漆之礼器,随仲尼而南行。"①可见,他曾经是孔子、儒学的忠实追随者。

《梁书·刘勰传》又说:"勰早孤,笃志好学,家贫不婚娶,依沙门僧祐,与之居处积十余年。"②刘勰二十岁时,赴建康(今南京)紫金山的定林寺,依当时名僧僧祐(444—518)而相处十余载,遍览佛典,助僧祐整理经论,校定典册。僧祐精通律学,《高僧传·僧祐传》称:"祐乃竭思钻求,无懈昏晓,遂大精律部,有迈先哲。"③而且僧祐主大乘性空之说,兼习成实之学,有《出三藏记集》十卷、《弘明集》十卷等存世。齐梁之世,成实学大行,论师众多。《高僧传》称北朝与南朝有成实师七十余人。南朝成实之学,始倡于僧导,他是鸠摩罗什主要弟子之一,著《成实义疏》等。又有僧柔、慧次等推波助澜。而僧柔就在定林寺弘法。《出三藏记集》有关于竟陵文宣王萧子良招集京师硕学名僧五百余人,请定林僧柔法师"宣讲"成实学的记载。僧祐与僧柔为同辈友好,与其少长山栖,同止岁久,亟挹道心。僧柔宣法而僧祐集记,且僧祐参与《成实论》略本的删定,撰《略成实论序》。刘勰与僧祐过从甚密。僧祐圆寂,"弟子正度,立碑颂德,东莞刘勰制文"④。《梁书·刘勰传》称,勰"依沙门僧祐,与之居处积十余年。遂博通经论,因区别部类,录而序之。今定林寺经藏,勰所定也"。又称,"勰为文长于佛理,京师寺塔及名僧碑志,必请勰

---

① 《文心雕龙卷十·序志第五十》,范文澜《文心雕龙注》下册,第725页。
② 《梁书·刘勰传·文学传下》,范文澜《文心雕龙注》上册,第1页。
③ 梁慧皎:《高僧传卷一一·僧祐传》,石峻、楼宇烈、方立天、许抗生、乐寿明编《中国佛教思想资料选编》第一卷,第295页。
④ 同上书,第296页。

制文"。① 范文澜云,"彦和(按:刘勰字彦和)精湛佛理。《文心》之作,科条分明,往古所无。自《书记》篇以上,即所谓界品也;《神思》篇以下,即所谓问论也。盖采取释书法式而为之,故能鳃理明晰若此"②。此言是。

除《文心雕龙》之外,刘勰另有《灭惑论》与《梁建安王造剡山石城寺石像碑》③等存世,皆为佛学撰述。《灭惑论》有云:"妙法真谛,本固无二。佛之至也,则空玄无形,而万象并应;寂灭无心,而玄智弥照。"一派佛家口吻。又称"大乘圆极,穷理尽妙。故明二谛以遣有,辨三空以标天,四等弘其胜心,六度振其苦业"。二谛指真谛俗谛;三空指空相、无相与无愿三大空理、三解脱;四等指慈、悲、喜、舍四无量心;六度指布施、持戒、忍辱、精进、禅定与智慧六波罗蜜。据考,刘勰撰《灭惑论》,当在其入梁之后任记室之时。

《文心雕龙》这一文论、美学大著,始撰于齐明帝建武三四年(496,497),《灭惑论》撰成于齐和帝中兴二年(501)④。两著撰就,《文心雕龙》在前而《灭惑论》在后,都是崇佛之作,可是崇佛的程度却不一样。《灭惑论》是思想比较纯粹的佛学著述,《文心雕龙》所面对与解答的,是文学、文章学问题。在刘勰看来,文学、文章学自当不同于佛学,因而,需从儒、道、释三学的调和角度立说。然而,人们还是可以从《灭惑论》来加深对《文心雕龙》佛教美学思想的理解。

刘勰少诵儒典与道籍,年轻时居定林寺潜心佛学,又眷恋孔儒教诲,自称"齿在逾立(按:此指三十岁,孔子有三十而立之言),则尝夜梦执丹漆之礼器,随仲尼而南行"⑤,因而,虽"依沙门僧祐"十余载,始终是"白衣"身份,未曾正式出家。所以后来一遇机会,便在梁武帝天监初年近四十岁之时,应仕去了。历任中军临川王萧宏记室、车骑仓曹参军、太末(今浙江衢州)令、南康王萧绩记室兼东宫通事舍人与步兵校尉兼东宫通事舍人等职,始终未居显要。大凡做些幕僚文字工作,且每每赴任未久就换了岗位,想来不免辛苦。曾经得到梁武帝萧衍与昭明太子萧统的赏识,在去世前一年皈依佛门。

复杂的人生经历与丰富的为学背景,造就了《文心雕龙》思想的恢弘与深邃,也不乏内在的矛盾与错综。刘勰《文心雕龙·序志》自言其写作动机

---

① 《梁书·刘勰传·文学传下》,范文澜《文心雕龙注》上册,第1页。
② 《文心雕龙卷十》,范文澜《文心雕龙注》下册,第728页。
③ 按:前者载《弘明集》卷八;后者载《会稽掇英总集》卷一六。
④ 按:范文澜云:"《文心雕龙》一书,自来皆题梁刘勰著,而其著于何年,则多弗深考。予谓勰虽梁人,而此书之成,则不在梁时而在南齐之末也。"(《文心雕龙注》下册,第729页)称《文心》撰成于"南齐之末"。刘勰(约465—532)一生,历宋、齐、梁三代,范氏认为《梁书》虽有《刘勰传》,却不能简单地说勰为"梁人"。
⑤ 《梁书·刘勰传·文学传下》,范文澜《文心雕龙注》上册,第1页。

与甘苦云：

> 夫诠序一文为易,弥纶群言为难。虽复轻采毛发,深极骨髓,或有曲意密源,似近而远,辞所不载,亦不胜数矣。及其品列成文,有同乎旧谈者,非雷同也,势自不可异也。有异乎前论者,非苟异也,理自不可同也。同之与异,不屑古今,擘肌分理,唯务折衷。①

这是一段很重要的话,往往被"龙学"学者所忽略。这是研究《文心雕龙》文论及其佛教美学思想所不可不察的,其主旨在"唯务折衷"四字。

其一,刘勰撰《文心雕龙》,意在"弥纶群言",即广采儒、道、佛三学以解读刘勰当时所面临的文学、美学问题。这问题,主要是文学、美学的本原、本体、风格、心理与标准等方面,这是"难"的。"难"在格局弘放,又具有思想深度,难免"同乎旧谈""异乎前论",又要自创新格。

其二,为创新格,其前提是"唯务折衷",即努力融通儒、道、佛三学,作为其文论、美学的人文哲学与美学之基。但在刘勰看来,要做到"折衷",不是个人可以随意为之的,无论"同乎旧谈"还是"异乎前论",都是"势""理"的必然,由为学、为文的时代条件、文化潮流、人文精神与历史传统等因素所决定。刘勰生当南朝宋齐梁之世,以"道"为文化和哲学之基质、以"佛"为人文学术之灵枢、以"儒"为思想潜因的玄学曾大盛于魏晋。时至南北朝,玄学盛期已过,而佛学更为浸润于朝野,并向创立宗说方向发展。由于时世动荡,朝政更迭频繁,百姓生活困穷,遂使佛教大行于世,更需儒的经世致用之术来维系世道、人心的平衡。因而南北朝时,尽管儒、道、佛三学仍是社会意识形态的三大支柱,实际却是以佛、儒之间艰难"对话"为主的三学趋于融合,而使"道"(玄)稍稍靠后。

这便是这一历史、人文时期的"势"与"理",刘勰的思想实际,固然是儒、道、佛三栖,却是以佛、儒之间的艰难选择为主要特征的。因此,刘勰治"文心"而"弥纶群言",确是时代"势""理"使然。

其三,刘勰"唯务折衷"的"折衷",亦称"折中",有判断、处理问题取正无偏之义。所谓"折衷",是观念与方法论意义上的。首先,《文心雕龙》的佛教美学思想兼取三学,力求态度公允、中正与兼收并蓄固然是矣,而对道(玄)的批评相对严厉,总体上是重新审视儒、道、佛三学,不盲从前贤、时论,所谓"同之于异,不屑古今"。因此可以说,《文心雕龙》的佛教美学思想,有一种

---

① 《文心雕龙卷十·序志第五十》,范文澜《文心雕龙注》下册,第727页。

俯瞰"群言"、高蹈古今的气度。其次,从方法上看,在将宏观意义儒、道、佛三学的美学看作一个有机整体的同时,在微观的方法上,做了"擘肌分理"的工作,对三学的取舍角度显然有别。如:肯定作为文原的"自然之道";肯定作为道德伦理的"儒";肯定"佛"的终极意义。但其分析问题的方法,努力做到在兼及两边又离弃两边的"中"点上,有些大乘空宗"中观"的影子,但不是"中观"。这是刘勰较其前贤、时人高明的地方。"圆该""圆融",是刘勰的治学理想兼方法。虽然《文心雕龙》所体现的三学、古今互答的方法难免有些生硬,但这是其儒、道、佛三栖的哲学与人文学术立场所决定的,总体上已做到前无古人。其思想成就之高,令后人惊异。儒、道、佛三栖,造就《文心雕龙》博大的风范与格局,而"擘肌分理"深入到文学审美方方面面的诸多具体问题,使《文心雕龙》的思想精微而深邃。

其四,"唯务折衷"并非骑墙,并非人云亦云、随波逐流,而是自出心裁。《文心雕龙》在大谈儒家美学思想时,并未简单地重复古训,而是往往变调。传统儒家美学的"诗六义"说,以《周礼·春官·宗伯·大师》的风、赋、比、兴、雅、颂这"六诗"为本;《诗大序》说,"故诗有六义焉:一曰风,二曰赋,三曰比,四曰兴,五曰雅,六曰颂"。刘勰博学,未必不知这一传统儒家诗教的精义,但在努力融通三学的前提下,在细致分析传统"诗六义"说的基础上,独标其自创的"六义"说:

> 故文能宗经,体有六义:一则情深而不诡,二则风清而不杂,三则事信而不诞,四则义直而不回,五则体约而不芜,六则文丽而不淫。①

这是标举"情深""风清""事信""义直""体约"与"文丽"之旨,提出文之审美的六标准说,即文须情致深笃而不虚诡,风格清净而不杂碎,叙事诚实而不荒诞,取义纯真而不回曲,体势简约而不芜漫,文采修丽而不淫妖。从字面上看,似乎只要做到"宗经",就能达到此文之美的六种境界,实际离"宗经"本义已远。而且,刘勰的这一新"诗六义"说,显然已经吸纳了一些佛教思想的因素,如"诡""杂""诞""芜"与"淫"等,都是佛教所反对的,《文心雕龙》取之用于他的文论、诗说,是很有意思的。又如"性灵"之说,虽大约始于谢灵运所谓"六经典文,本在济俗为治耳。必求性灵真奥,岂得不以佛经为指南邪"②之言,是以"六经"与"佛经"相对、"济俗"与"性灵"相对,可是,性灵这

---

① 《文心雕龙卷一·宗经第三》,范文澜《文心雕龙注》上册,第23页。
② 《何尚之答宋文帝赞扬佛教事》,《弘明集》卷一一,《中国佛教思想资料选编》第一卷,第219页。

一美学范畴,在谢灵运这里,首先是一个佛学范畴。所谓性灵,性体本觉之谓,真如之谓。《文心雕龙·原道》篇说:"仰观吐曜,俯察含章,高卑定位,故两仪既生矣。惟人参之,性灵所钟,是谓三才,为五行之秀,实天地之心。"从儒家经典《易传》"三才"之说出发,却令人惊讶地落实到人的"性灵"(关乎文之"情性")问题之上,将"三才"说即"天地人"合一说中的"人"这一道德主体,转嬗为人的"性灵"主体,这改造了谢灵运以佛教所言"性灵"与六经所言"济俗"相对立的美学思路,且将"性灵"这一佛学范畴与儒学的"三才""五行之秀"对接,又进一步称"性灵所钟"为"五行之秀""天地之心"。这是以佛教心性说融合儒家传统的"三才""五行"之言,打破了传统易学的思想阈限,将"性灵"这一精神主体提升到"天地之心"即宇宙本原、本体的崇高地位,为中国佛教美学史上尔后的钟嵘"性灵"说、明代王阳明"良知"("一点灵明")说和从晚明到清初"公安"三袁与袁枚"性灵"说的提出及论证,打开了历史、人文之门。

第七节　石窟苍凉:中国化的佛教建筑美学风色

南北朝时期的佛教美学,因教义的日益深摄于人心而具有沉潜于思的特点,又因佛教信仰激情的普遍高涨而显得有些狂热。沉潜与狂热、思性与诗性,始终体现在佛典教义及偈颂、譬喻、志怪等佛教文学的审美兼崇拜之中,石窟及造像艺术也是如此。

从佛教流播的地域看,南方重义理而北地偏禅观①,这是一般倾向。重义理,通过诵读、深研佛典而探颐索原,重在追寻思想的真谛;偏禅观,主要以禅修、观照的方式以崇拜佛、菩萨。两者都具有思性沉潜与情感虔信的特点。相对而言,与崇佛、菩萨的激情、虔信具有更多联系的禅观,更注重一定的佛教践行方式。这里,除佛徒、居士等修持之外,建寺、凿窟造像之类也是禅观与修行的重要途径。南北朝时,北地开凿石窟及建造佛、菩萨石象之风远甚于南方,偏重禅观是其主要原因之一。

石窟,亦称石窟寺,是佛寺的一种。寺为佛徒、信众礼佛修行、膜拜甚而是居住的场所,也是供奉佛、菩萨像与藏纳经籍之处。相比而言,石窟的人文功能比一般佛寺单纯,除极少数兼具修行如"壁观"、供信徒居住之外,绝大

---

① 按:鸠摩罗什弟子僧肇,为东晋时代北地的义学高僧,被誉为"解空者第一",撰《物不迁论》《不真空论》《般若无知论》与《涅槃无名论》等佛学著作,重在义理的探究与创说。这里称"北地偏禅观",实为相对而言。南朝宋初亦曾盛传禅法于一时。

多数在于供奉佛、菩萨像,用于礼佛、敬祀菩萨等。

所谓石窟,凿石山为窟。历史上,以石山自然山洞为窟的,极为罕见,大凡石窟都由人工开凿。凿窟过程,艰苦卓绝,历时弥久,其实,这也是修持过程。窟,本义指"土室",本指上古初民所居之穴,窟字从穴。《礼记·礼运》云:"昔先王未有宫室,冬则居营窟。"窟本为地下居穴,后又发展为地上累土壁为窟。据唐孔颖达《礼记·礼运》疏云:"地高则穴于地,地下则窟于地上,谓于地上累土而为窟。"窟具有洞穴之义,应为一个有内部空间的建筑物。现存诸多佛教石窟及其造像,是在石山山坡凿出佛龛,龛内凿成佛、菩萨等像,或作崖刻,为免风蚀雨淋日晒,其上往往设出挑浅短的木构檐。

印度石窟寺作为礼佛场所,支提(caitya)与精舍(vi-hara)是其两大常式。支提,平面一般为前方后圆,为马蹄之形,前为长方形平面空间,乃佛徒诗经、说法处,有如普通佛寺的讲堂,后部平面为半圆形,其平面中心处立一中心塔柱,塔柱四面或设佛、菩萨诸像,供信徒绕塔礼佛之需。精舍平面一般呈方形,窟室后壁安置舍利塔,设讲堂,窟壁上凿出诸多小窟,仅七八尺见方,是佛徒修行、栖身之处,所有小窟都面对平面呈方形的石窟大空间。

中国石窟艺术文化,是印度石窟寺的中国化。

时至南北朝,中国石窟艺术文化已经走过很长的历史、人文之路。学界一般以为,最早的石窟及其佛教造像始于古代地处西域的新疆克孜尔①,称克孜尔千佛洞,地处新疆库车附近拜城县东约六十公里、克孜尔镇东南约十公里木扎提河谷北岸的悬崖上,现存编号为236窟。这里,属两千多年前雅利安人所建的古龟兹国②,始凿于公元3世纪初,约相当于东汉末年,终凿于唐末,约在公元10世纪初。由于历史悠久,窟形与造像、壁画等保存完整的,仅为81个窟(一说74)。彩塑2415身,壁画面积45000余平方米,是国内外知名度最高的石窟之一,被联合国教科文组织列入"世界自然与文化遗产保护名录"。

莫高窟是世界上现有规模最大保存最完整的佛教艺术宝库,地处甘肃省敦煌市东南二十五公里,开凿于鸣沙山东麓断崖之上。据唐代武周圣历元年(698)《李君莫高窟佛龛碑》,"莫高窟者,厥前秦建元二年,有沙门乐僔,戒行清虚,执行恬静,尝杖锡林野,行至此山,忽见金光,状有千佛",遂"造窟一龛。次有法良禅师,从东届此,又于僔师窟侧,更即营建。伽蓝之起,滥觞于二僧"。这一则带有神话色彩的记载,称莫高窟始凿于"前秦建元二年"即公

---

① 按:有学者认为,新疆库车"森木塞姆千佛洞"早于克孜尔,时约东汉永元二年至建和元年(90—147)。

② 按:新疆地区现存石窟群,集中于喀什以东的古龟兹、古焉耆与古高昌地区。

元366年,时在东晋,始凿者为沙门乐僔,继之者禅师法良。据考证,莫高窟的开凿经历了漫长的历史时期。其492个窟,始凿于前秦,历经北魏、西魏、北周、隋、唐、五代、宋、西夏与元诸代,且以隋、唐为盛期。属于北朝时期的现存石窟,有36个。清光绪二十六年(1900),道士王圆箓偶然发现编号为16窟的北壁,发现砌封洞窟所藏历代经卷、文书与画像等文物典藏凡五万余件,震惊世界,使莫高窟名闻天下。

云冈石窟在山西大同西十六公里武州山南麓、武州川北岸,东西走向,绵延约为一公里,气度恢弘,现存主要洞窟凡45,有大小窟龛252,造像51000余躯,最巨者17米,而最小仅数厘米。据考,该石窟始凿于北魏兴安二年(453),至北魏迁都洛阳(494)前,大部分洞窟都已凿成。① 云冈石窟与甘肃敦煌、河南龙门石窟齐名,也被列入"世界自然与文化遗产保护名录"。按开凿的先后,分三期,早期以所谓"昙曜五窟"为代表,气势不凡;中期窟风精细华丽;晚期窟宇尺度趋小,"瘦骨清相"。其窟品类,有大象窟、佛殿窟、塔庙窟、禅窟与僧房窟等多种,是中国佛教石刻艺术的瑰宝。

龙门石窟也作为"世界自然与文化遗产"被联合国教科文组织列入"保护名录",始凿于北魏迁都洛阳(494)前后,历经东魏、西魏、北齐、隋、唐与北宋诸代而成,现存窟龛2345个,其中三分之一为北魏时所开凿。有佛塔70,造像10万余尊,碑刻、题记2680多例,为中国石窟、碑刻艺术之冠。又有卢舍那佛像高17.14米,雍容而恬静,而最小的雕像仅二厘米高,艺术造诣很高。整个龙门石窟凿建于龙门山与香山东、西两山对映之际,伊水缓缓北去,有"伊阙"山水之美。但见石窟密布,坐落于东、西两山相对的崖壁之上,绵延一公里之遥,可谓自然与人文相谐而和鸣。该石窟群造像在北魏孝文帝、宣武帝之时首度掀起高潮。所谓"宾阳三洞",始凿于北魏,为颂孝文帝功德而建②,与由自然山洞开凿而成的"古阳洞"同为杰构。

克孜尔石窟、敦煌石窟在南北朝的续建与云冈、龙门石窟在南北朝的始建,正如普天下一般佛寺、佛塔的大量建造一样,是佛教传播与"方便"说法的重要方式,在佛教信仰、崇拜的浓重氛围中,其艺术、审美的意义与价值不可忽视。

其一,从石窟开凿的原因分析,各个石窟及其造像、壁画等的创构可能各有特殊原因,而所有石窟都有一般意义的文化成因。

---

① 按:任继愈主编《中国佛教史》第三卷云,云冈"大窟多完成于北魏文成帝和平初(460年)至孝文帝太和十八年(494年)间。较小窟龛的开凿,则一直延续到孝明帝正光末(524年)",第696页。

② 按:该三洞,北魏时仅凿成宾阳洞中洞,南洞、北洞及其造像完成于初唐。

首先，早在旧石器、新石器时代，人类包括中华族群，在"万物有灵"思想意识诞生之后，都不同程度地崇拜巨石，所谓"巨石建筑"，曾经在非洲、欧洲与亚洲原野上屹立。所谓"列石"之类，由许多块巨石排列于大地之上，可有数英里之遥。这种史前建筑，主要不用于遮风避雨，其修建在于初民相信，不规则的巨石排列，具有拦截有害神灵、不使其伤害人的巨大精神意义，巨石的灵异之气，可以保佑人们获得一个精神上的安全空间。中华远古是否有这种"巨石建筑"，迄今尚未得到考古的证明。然而在远古印度，巨石崇拜是曾经存在的。这当然不等于说，中华先民绝对不具有关于山石的崇拜情结，原初神话中的昆仑崇拜与"女娲补天"等，就是明证，女娲用来补天的，就是那不可多得的灵石。

其次，人类旧、新石器时代的生产工具，主要是石头而不是其他木材之类。以往人们仅仅将石头看作生产工具，殊不知初民心目中的工具也是具有灵气的，这便是为什么初民一般舍弃木材而宁可使用加工难度更大、更笨重的石材为生产工具的缘故。这一点，可以从比如四五千年前浙江良渚先民的玉石崇拜得到证明。玉其实就是灵石。美石是中华自古以来重要而精致的一种石崇拜对象。而且，源自远古的摩崖古刻，早在印度佛教及其石窟文化入渐中土之前许多世纪就已存在于古老的中华大地，它也是山石崇拜的一种文化方式，凡此，都为中国石窟的开凿准备了本土条件与文化底色。

其二，大凡具体到某一些或某个别石窟的开凿，自当还有特殊原因。印度佛教东传的首传之地，是古代西域于阗、龟兹，分南北两路，南以于阗为中心，北以龟兹为中心。这里属于现在的新疆。因此，石窟得以首先在新疆的克孜尔开凿，是必然的，而且数量多、规模大，尤为集中。又如敦煌石窟，位于古代丝绸之路东部重镇，这里有雄踞的玉门关与阳关，是西接葱岭、东去河西走廊的交通要道，法音东流，佛光始照，早在前秦即始造石窟，理所当然。

南北朝时期，历朝帝王大多崇信佛教，封建政治的力量、帝王个人的嗜好、意志与提倡，是石窟开凿的有力推动。如云冈石窟的始凿，由北魏皇室主持，从财力、物力到人力都得到皇帝的大力支持。北魏太武帝于太延五年(439)灭北凉，俘获北凉佛教信徒、工匠无数，又得高僧昙曜、玄高与惠始等，成为建造石窟及其造像的中坚。"道武帝时道人统法果，曾带头礼拜皇帝，宣称皇帝即当今如来，拜天子乃是礼佛。文成帝兴安元年(452)，造石象令如帝身。兴光元年(454)，又于五级大寺为太祖以下五帝(道武、明元、太武、昭穆、文成)铸释迦立象五躯。这种情形，与'沙门不敬王者'之争甚嚣尘上的南朝不同。"①此言是。诸多石窟之所以始凿或续凿于北魏、东魏与西魏等朝代,并掀起狂热而持久的凿窟之风,王权力量的领导、支持与参与,功不可没。

北魏等朝代凿窟风气的盛烈,又因佛道之争导致灭佛继而佛教而复振的缘故。如太武帝太平真君七年(446),皇帝诏告天下灭佛,首开中国佛教史废佛、灭佛之风,沙门还俗或被坑杀,佛经、佛像付之一炬,佛寺、佛塔被毁,一时间昏天黑地。兴安元年(452),文成帝即位,屁股还未坐热,即刻诏示海内复兴佛法。第二年奉昙曜为"沙门统",始凿云冈第一期石窟,即所谓"昙曜五窟"(现编号16至20窟)。灭佛事件作为一大反戛与契机,遂使人们不仅更为勉力地开凿石窟,在洞窟之中造像、绘壁,而且将佛教经文直接刻于石窟。如响堂山石窟②的北响堂第三窟,有该窟外壁"碑记"云,"于鼓山石窟之所,写《维摩诘经》一部、《胜鬘经》一部、《孛经》一部、《弥勒成佛经》一部。起天统四年三月一日,尽武平三年岁次壬辰五月二十八日"。意在佛法不朽金刚不坏,与天地日月同在。凿经,恐灭佛而有意为之。虽然此石经凿成未久,北周武帝又于建德三年(574)五月十七日下诏,再度禁佛。

其三,在初步探讨南北朝石窟及其造像、壁画之类成因问题之后,再来论说究竟该如何认识石窟文化艺术的审美意义与价值,就顺理成章了。

(一)从石窟及其造像、壁画的创作动机看,这里,首先需要讨论的问题之一,就是为什么古人要如此艰巨无比、锲而不舍、千年激情不减地开凿石窟。

石窟本是寺的一种。"南朝四百八十寺,多少楼台烟雨中",这是唐诗名句。实际南朝所修造佛寺,何止"四百八十"? 杨衒之《洛阳伽蓝记》的"序"称仅洛阳一地,亦"招提栉比,宝塔骈罗"。在一个寺塔遍布大江南北的时代与国度里,究竟还有什么必要去创造如此辉煌的石窟文化艺术? 如果仅仅为满足佛教崇拜兼审美的一般需要,那么,普天之下的一般寺塔已能满足这一精神之需。可见石窟的开凿,是因为一种别样的佛教崇拜兼审美之需而应运而生的。

中华宫室,自古主要以土木为材,石屋、石墓与石塔之类仅偶一为之。而开凿石窟,正如前述,信徒们做的是一篇"崇石""崇山"兼审美的大块文章。山石的神圣不朽,正可比德于广大佛教信众心目中佛、菩萨的崇高与伟大。一般佛寺、佛塔的土木结构与空间意象,唤起信众心目中的宁静、温馨、庄严

---

① 任继愈主编:《中国佛教史》第三卷,第697页。
② 按:响堂山石窟,位于河北邯郸鼓山山麓,包括南、北响堂与水峪寺三处石窟群,始凿于北齐。

甚至惊奇感,固然充满皈依佛门的禅悦情调,然而,人们又为什么不可以同时去体验石窟文化艺术那种更磅礴、恢宏、冷峻、苍凉与狞厉的意境呢?在崇山峻岭的山河大地的苍茫中,这种"石头的史书"更能营构佛的苦空与禅寂之境。试看云冈、龙门石窟,皆绵延一公里之遥,加上其开凿完成时日的悠久,这种巨大的时空尺度所激起的,是无比的崇高感、敬畏感与归属感。就此感觉而言,试问孰为崇拜,孰为审美?其实是两者兼而有之,是由崇拜也是审美所唤醒的宗教意义上的巨大幸福感和皈依感。又如,发现于1957年的山西沁水县南涅水石造像,其人文主题也是由崇石、审石而表达对佛之境界的钟爱与皈依。该石造之像分石塔、佛与碑的造像三类,绝大多数创作于北魏至北齐。这是一个崇石且以石喻佛的世界。石塔之佛龛雕像的题材、主题,主要是菩提静虑、白马吻足、降伏醉象、法轮常转与阿输迦施土①等佛传故事,这里,崇佛与崇石得以重合,是背反的崇拜与审美的合一。

(二)作为印度佛寺的特殊品类,石窟本是"舶来品",一入中土,则难免中国化即汉化,这一过程是逐渐完成的。

首先,正如前述,中国石窟的建筑原型,是印度石窟之一的支提(caitya)——平面前方后圆,后部半圆形平面之中设一中心塔柱。这种型式,早在克孜尔石窟中已经表现得很明显。该窟群一般石窟多为前后室制,后室有中心塔柱,直至窟顶,塔柱供信徒绕行礼佛,取右旋式,称为龟兹式中心塔柱窟,以第一期克孜尔窟为典型,类如阿富汗巴米扬(Bamiyan)龛窟式大象窟。早期克孜尔洞制,如新窟1与窟69、窟97与98、窟171与172、窟178与179、窟184与185、窟192与193等,都是双窟对应的中心塔柱式。开凿年代稍晚于克孜尔的库木吐拉石窟②的早期洞窟,也是中心塔柱式或平面方形式,这种形制正好与印度"支提"与"精舍"相对应。然而,发展到云冈第二期石窟形制③,虽然是双窟对应,如窟7与8、9与10、1与2、5与6等,但也有三窟如窟11、12、13为一组的,而多数窟已无中心塔柱。开凿于十六国北凉时的莫高窟编号为268、272与275三窟,都是方形平面而无中心塔柱。这种情形可以说明,中国人在建造石窟窟内空间时,有一个舍中心塔柱的支提式而保留印度方形平面精舍形制的大致发展趋势。这种文化选择,曾经出现在中国寺、塔关系的形制中。当印度寺、塔佛教建筑文化传入中土之初、三国笮融

---

① 按:阿输迦,梵文 Asoka,旧称阿恕伽,即阿育王。据史料,公元前321年,其祖旃陀掘多王创立古印度孔雀王朝。公元前270年,阿育王统一全印度,归佛而大倡佛教。
② 按:与克孜尔石窟一样,也属于新疆龟兹石窟类。现存112个窟,始凿于十六国时,最晚凿成的,约在公元11世纪,窟址在库车西南约三十公里的渭干河东岸。
③ 按:分布于云冈中区与东区,开凿年代在文成帝后至孝文帝迁都洛阳前(465—494)。

"大起浮图祠"①时,其寺、塔是合建于同一建筑环境之中的。后来便渐渐寺、塔分建,将塔建于寺后或寺旁,不再建在寺内空间环境之中。中国石窟从一律的中心塔柱式,发展为逐渐减少中心塔柱式以至于完全拒绝中心塔柱式的文化之因,与一般寺、塔从合建到分建的原因是一样的。从一般寺院来看,最早的寺院尚未建造如后代大雄宝殿这样的主殿,可以让佛徒、信众对释迦佛像顶礼膜拜,所以礼佛的方式是塔建于寺中而绕塔而行,后来寺庙空间扩大,天王殿、大雄宝殿、药师殿、观音殿以及藏经楼等各有所建且群体组合,此时,再寺、塔合建就不合时宜了,也显得空间逼仄而拥挤,于是塔就从寺的环境中分离出去。就石窟而言,中心塔柱的主立面或其余三面多雕设佛像以备礼佛之需,后来佛像扩大到可以凿于岩崖或是洞凿之壁,礼佛的方式有变,于是中心塔柱式被渐渐放弃,也在情理之中。

其次,石窟文化艺术固然有崇石的文化基因,而中华民族在建筑美学上,醉心于土木结构及其大屋顶形制,也是根深蒂固的,一遇时机,就会顽强地表现出来。最原始的中国石窟,比如早期克孜尔,是典型的石作。然而即使在早期,克孜尔石窟也并非是印度支提的照搬,有的在塔柱主立面凿摩崖大龛、龛内雕半浮雕式立佛大像的同时,却在立像上方,前接木结构窟檐,将中华建筑艺术的"语汇"鲜明地留在上面。据考,开凿于十六国北凉敦煌(约420—442)之时的敦煌275窟的窟顶,设计建造了一个人字形坡顶样式,是木结构的中原风格。北魏时开凿的敦煌莫高窟的一些洞窟,受中原文化的浸淫,也是必然。敦煌莫高窟第一期的275窟,有人字形木构坡顶,莫高窟第二期(属北魏时期,时在420—534年)依然沿承了这一中原木檐之风。西魏(534—556)的石窟形制,多承继北魏旧制,其造型,如窟的入口,雕以平面八角形列柱形象,做出来自中原的屋脊瓦垅样式。在云冈石窟第二期(465—494)遗存中,也发现来自中原木构窟檐造型与屋形龛的显例,如编号第9、10的两窟。

再次,这种中国化也体现于石窟造像与壁画。

佛教雕造佛像始于何时?《增一阿含经》曾云,传说古印度优填王时代,优填王对诸能工巧匠说,"我欲作(如来)形象",工匠悉遵王命。"是时,优填王即以牛头栴檀作如来形象,高五尺。"栴,香木,檀亦为名木,皆质地优良,用以雕造,信徒虔诚之心可鉴。但佛经所记,毕竟不等于历史纪实。

据考,佛教雕刻、造塑艺术的开始,应在印度阿育王孔雀王朝弘法之时。比如在山奇大塔佛本生浮雕中,尽管已有象、牛、蛇与金翅鸟等雕像,但佛陀

---

① 《吴志·刘繇传》,《三国志》卷四九。

形象并不直接出现,仅以菩提树形象来加以象征。在有些佛画中,亦仅以佛座、佛足来加以表现。

相传中国东汉永平十年(67),汉明求法,派使者赴印度尔后归来之时,以白马驮经卷佛像回洛阳,似可证此前印度已有佛像存矣。然而实际上,直到公元1世纪后,印度佛教才开始绘、造佛像。

据《三国志》卷四九《吴志·刘繇传》,汉魏之际笮融"大起浮图祠,以铜为人,黄金涂身,衣以锦采",是中国正史首度记述佛教造像之事。至于古代西域,包括新疆地区龟兹、于阗佛教造像与壁画等的出现,应在更早一些时候。据杨泓《国内现存最早的佛教造像实物》一文,十六国时后赵有鎏金铜佛造像,作禅定印,据铭文,时为建武四年(338)。该像造型的通肩衣襞,自佛身中心以重叠的抛物线状为特征,不是犍陀罗造像那种由佛身左侧作抛物线重叠的造型。于阗初传小乘,在此出土的金铜佛像也作禅定印,时代约为公元三、四世纪。拉瓦克寺基座上的圆塔周绕立面上有佛像八十多躯,尚具明显的波斯风格:佛相双目深陷,衣薄透体,其年代约在公元5世纪。凡此实例,都还不是石窟造像。

石窟造像如莫高窟北魏中期(约465—500)的作品,一般造型是:丰满甚至于肥硕,圆脸大目,衣饰具有鲜明的印度风格,其绘塑手法,重在凹凸晕染。可是,年代属于北魏晚期(约500—534)的莫高窟佛教造像,一般以面容清丽、宽衣博带、风姿秀逸为特征,有些儒雅的风韵。就连供养人形象,亦俨然中土贵族装扮。供养人造像都有生活原型,为颂其供养之功德,想来其造像不至于离原型太远。

云冈早期"昙曜五窟"的造像,佛陀面相方正饱满,高鼻梁深眼窝,一副"西域之相",更多地沿承犍陀罗雕象的艺术风格。可是,云冈二期的石窟佛像造型,又现宽衣博带装束,改变了衣着轻薄的"西域风"。飞天的造型,也从早期形象的偏于笨拙,变而为体态轻盈、衣裙飘举,显得空灵而美丽。至于云冈三期,佛的面容造型趋于清瘦,褒衣博带。最显著的,是其头颈细长而肩膀瘦削,菩萨造型,一派悲天悯人、慈悲为怀又风度翩翩的样子。

龙门石窟造像的艺术美学特征,也大致如此。北魏迁都洛阳后,孝文帝大力推行太和改制,加速吸收南朝政治、文化制度,包括语言、服饰与南朝儒士任用等。一种被称为"秀骨清象"的石窟造像风格,在北地流行。龙门宾阳三洞、药方洞与赵客师洞等洞窟中的造像,正如云冈三期佛像那样,多面容清俊、骨骼劲秀,一派宽衣博带、形神飘逸之相,将那"秀骨清象"的美学诉求演绎到淋漓尽致。

"秀骨清象"之风,始于南朝画家陆探微(生卒年未详),生动地表现出玄学清谈之士的仙风道骨之相。① 作为本土文化的道玄神韵在绘画美学上的初步表达,不久便影响到佛像造型。此风流渐于北方,遂使佛像身材日趋修长,面相瘦劲,铮骨峻拔,在佛的庄严、宽和、清净的形象中,透出冷峻、飘逸与英奇之气。

这种中国化即本土化的美学风色,也体现于石窟壁画。

克孜尔早期石窟壁画题材比较纯粹,多本生、因缘、说法与佛传故事。甘肃炳灵寺第 169 窟现存壁画,主要为西秦时作品。② 大多分布于该窟的北壁与东北壁,题材单一、形象拙素,设色以土、青绿与浅黄为主,有西域原始情调。有些壁画的佛、菩萨形象,取沉虑默念之状,气氛寂穆而神秘。维摩诘居士绘像,表现其寝疾于床而问疾的情状,有佛经所描绘的那种原汁原味,不像此后受中原玄学文化美学的影响而呈清羸示弱之容,却侃侃而娓娓,一派名士风流。莫高窟第 275 窟"交脚弥勒"造像,属于北魏作品,其背景壁画的左右各有一侍从之像,居然画出一手叉腰、一手高举如晋代名士手挥麈尾的形象。莫高窟现存大量壁画中,在强烈、神秘的佛教主题渲染之际,又采撷诸多民族文化题材,如神话传说中的伏羲、女娲、西王母、龙凤以及八卦、风水术的青龙、白虎、朱雀、玄武等四灵,主要集中绘制于第 249 与第 285 等窟,如莫高窟第 285 窟的窟顶东披有伏羲、女娲之像,作为西魏时期的作品,在于崇拜佛陀、菩萨等的同时,精神上又不舍对中华人文先祖的传说、形象与根因的依恋,是中华本土文化顽强生命力的生动体现。

---

① 按:唐张彦远《历代名画记》称,"陆探微,上品也,吴人也。南朝宋明帝时,常在侍从,丹青之妙,最推工者"。张怀瓘称陆画"秀骨清象","陆得其骨"。

② 按:甘肃炳灵寺石窟,位于甘肃永靖西南四十公里处。据考,始凿于十六国而终于明,现存洞窟 195 个。169 窟北壁题记称,该窟为"建弘元年岁在玄枵三月廿四日造",建弘元年,即 420 年。

小 结

作为断代佛教美学史著,本书试以汉魏两晋南北朝佛教及其美学因素为研究对象;以佛教中国化、本土化及其审美与对文学艺术的深巨影响为研究重点。

为求凸显这一历史时期中国佛教美学的民族人文特性和中国化、本土化的时代发展轨迹,在结构上,本书第一章"内因:中国佛教美学史的前期准备"和第二章"外因:入渐于中土的印度佛教基本教义及其美学要义"的设立和简析,是可能与必要的。从第三至第七章,在努力追溯佛教教义、思想的译介、传播、接受与中国化、本土化的文脉历程中,逐一展开早期中国佛教美学史这一学术主题的论述,且将重点放在第五、六、七三章。

佛教美学史所要研究的,应当并非如世俗美那样的美。这是因为,所有佛教教义、佛陀人格和信众的成佛诉求等,都首先是对世俗美即人们通常所认可之美的否定和离弃。值得加以思考和研究的,其实是佛教教义、思想、仪轨、制度、修为及佛教艺术等的"美学意义""美学意蕴"。

可以将佛教美学所要阐析的"意义""意蕴",看作处于佛教"崇拜"与世俗"审美"两者之际。

"崇拜与审美"[①]的关系,是中国佛教美学方法论的第一要义。遵循"崇拜与审美"关系的学术原则,须研究教义言说、佛教艺术与制度、仪轨、修持等佛教所说的"权智"与"方便"。所谓佛、涅槃、佛国、般若、中道及其"美"等境界,本"不可思议""不可言说",因而这一佛教美学史,不过是关于佛教之"美"的"方便说法"而已。

作为一部断代佛教美学史而非一般的佛教史,本书论述的主题,自然是佛教美学而非佛教的经、律、论。为求解析其"美学"何以可能,又必须从佛教进入,以一定的佛学为研治基础。

中国佛教美学的意识理念和思想因素的历史文脉,存在、发展于彼此相

---

① 按:参见拙文《论崇拜与审美》,《学术月刊》1991年第7期;《神性美学:崇拜与审美的人文"对话"》,《美与时代》2013年第6期。

系的三大方面。

其一,作为广义的"格义"方式,通过佛典译传逐步中国化、本土化的佛教教义,和本土大德高僧的佛学创见,因其一般地具有深邃的哲学意识、理念与思想,从而具有一定的美学意蕴、意义与理想诉求。

正如本书所一再强调的,哪里有哲学,那里未必有美学;哪里有美学,则那里一定有哲学。美学,是关于世界现象及其人类意象、想象、情感与意志等哲学或文化哲学的系统阐释。佛教之所以与美学或文化美学具有本在联系,首先在于其教义、佛学所蕴含文化哲学的思想意识因素。其哲学或文化哲学的广博与深邃,自无疑问。就此而言,汉魏两晋南北朝历史时期的中国佛教美学,主要是一种"作为文化哲学的美学"。

就这一历史时期的佛教美学而言,入渐于中土且发挥重要影响的印度佛教基本教义的美学意义作为"印度元素",作为中国佛教美学的外因,成为中国佛教美学初步建构的外部条件。诸如安译和支译的佛学、涅槃类和般若类的佛学、以"格义"为方法论的"六家七宗"的佛学、慧远的"法性"与往生西方的佛学、鸠摩罗什的"中道实相"、僧肇的"不真""不迁""无知"和"无名"、竺道生的"一切众生悉有佛性""皆得成佛"与"顿悟"的佛学,以及《大般涅槃经》的"常乐我净"、《中论》和《大智度论》的"中道""中观"、《大乘起信论》的"一心二门"为代表的佛学,等等,都因其佛学的底蕴是文化哲学,而且与所相应的世界意象、情感、意志等相联系,从而与美学存在不解之缘。

佛教教义关系到世界与人的三大文化哲学主题:究竟为何?应当如何?出路何在?其实这也是全部佛教教义的根本人文精神及其哲学与美学精神。

佛教教义及其文化哲学的表述,包括前述人类三大文化主题。对于教义、制度、戒律、践行、佛徒人格和佛教艺术现象等的认知和领悟,"作为文化哲学的美学",试图站在文化哲学思维和思想的一个高点上,作出不同于佛教入传于中土之前的解答。它是哲学或文化哲学的。某种意义上,也是美学或文化美学的。当然,佛教如果承认世界有美,在世俗看来,是打上引号的美。而在佛教看来,世俗世界如果有美,也是打上引号的。双方都将对方所认可的美,加以"悬置""放在括号里"。

其二,佛教美学的一些范畴、命题和思想,是印度佛学与中国本土文化、哲学及美学传统相融合的思维和思想成果。一系列佛学范畴,如"业""烦恼""空""识""无生""般若""涅槃""中观""变现"与"顿悟"等,极大地丰富、深化了中国本土美学的知识、思想和美学天地。

以"空"为例。在传统儒"有"、道"无"之外而别立佛"空"这一范畴,从而使"空之美韵"成为中华本土因佛教东来而产生,且与中华本土以儒道墨为代表的美学,在相互对立之中又相互涵泳的一种从未体验过的"空观",准确地说,即"毕竟空"的境界,悟入于心灵,从而悟得一种高妙又遥深的"元审美"的精神之境。

有如龙树所释、鸠摩罗什所译的《大智度论》所云,"复次一切法皆毕竟空,是毕竟空亦空"①。空作为假名,本无可执著。如果执著,即是以空为执,类于大乘有宗之言"妙有"。妙有不是佛教中观学派的佛学主张。此之谓"是毕竟空亦空"。离弃空、有二边而无所执著即"中道"。佛教以为,儒"有",滞累于世俗经验;道"无",虽属超验而仅仅超越"有"而入于"无"境,依然没有舍弃世界污垢、人生苦海与人性、人格的"黑暗"。这两个世界及其美,借用梁慧皎《高僧传·慧远传》慧远的话来说,"儒道九流,皆糠秕耳",将那儒"有"、道"无"贬到糟遗的程度。又可借用唐代王昌龄的话,叫作"物境"(物累)、"情境"(情累),而唯有佛教唯识论"三识性"说所说的"意境"②,其佛教美学意义的文化哲学底蕴是所谓得其"真"的"圆成实性"。

在逻辑上,"圆成实性"是消解了"物累""情累",即"遍计所执性""依他起性"时所"在"的一种空幻境界。"有""无""空"三境的逻辑预设为:(一)承认世界可以被人的五官感觉(佛教所谓"五根"即眼耳鼻舌身诸根与此大致对应)所把握,世界即"有"。(二)假如将经验世界之"有""放在括号里"而加以"悬置",那么,这世界便只能存在一个"无"。然而这"无",也首先建构于五官经验,仅仅使其思维向超验世界有所超脱而已。(三)假如将经验的"有"和超验的"无"统统舍弃,那么,世界究竟如何可能?答案只能是,这世界本"在"一个"空"(毕竟空)。

这是佛教预设"空"的教义及其文化哲学、文化美学的第一逻辑。

"空""中道"等作为假名,为中国文化、中国哲学和中国美学,建构起何等不可思议、不可言述的灵妙、葱郁而深邃的一个美学新世界。

佛教"无生(不生)"这一范畴,诚然是从人的生命角度看待世界万类及其"美"的,然而却取"无生"这一独特角度。这恰好与中华本土的生命文化

---

① 《大智度初品中十八空义第四十八》,《大正藏》第二十五册,"般若部类",《大智度论》卷三〇,T25,P0290a。
② 按:北宋欧阳修、宋祁《新唐书·艺文志》始载王昌龄《诗格》卷二云,"诗有三境"。"一曰物境","处身于境","故得形似";"二曰情境",虽"深得其情",而"娱乐愁怨,皆张于意而处于身";"三曰意境,亦张之于意,而思之于心,则得其真矣"。这里,王昌龄分诗境为三:"物境"对应于"有";"情境"对应于"无";"意境"对应于"空"。"物境"和"情境",皆滞累于作为"糠秕"的"身"。唯有"意境","则得其真"。此"真",当指诗境的真实,而其文化哲学底蕴,实为佛教所谓"真如""实相""究竟"。王昌龄"三境"说,显然深受佛教"三识性"关于"徧(遍)计所执性""依他起性"和"圆成实性"说的影响。参见拙文《唐王昌龄"意境"说的佛学解》,《复旦学报》(社会科学版)2006年第6期。

观、生命哲学与生命美学观相应而相左。

以中华民族之"眼"看世界看人,一切生生不息,便是《易传》所谓"天地之大德曰生"。"生"为世界"本在"及其美的根因根性,而将"死"看作非本体的"暂在"。这便是《易传》所谓"原始反终,故知死生之说"。"死"与"生"相对,"死"指肉体消亡而灵魂"暂在","生"则为"本在"而永恒。就灵魂而言,这一"暂在"有另一意义的"灭"与"不灭"的区别。世界与美以"生"为"原始","死"为两次"生"之际的一个中介,从"生"到"死",再从"死"到"生",此即"反终"。但归根结蒂还是"生"。中华本土不是绝对无视"死",而是即使处于"死"的境遇中,依然将"死"看作再一次"生"的机遇、机缘,终于是"生"的战胜。这就是中华本土关于"生"的哲学与美学"乐感文化"的"乐观主义"和"达观主义"。

佛教"无生"这一范畴,并非指灵肉之"死",而是指"非生非死""不生不死",或曰无所谓"生"亦无所谓"死"。生死一如,皆为空幻。是消解了经验之"有"、超验之"无"的一种"本在"(空),因其亦为假名而永远不可执著。它便是"空"的"原美"。

其三,自印度佛教东渐,中国本土艺术文学的审美及其美学范畴的创生,逐渐受到深刻而广泛的佛教人文哲学与美学的濡染而别开生面。

建筑艺术如佛教寺塔,是新创的宫室样式,从印度"支提"窟、"塔婆"经中国化、本土化而成,具有强烈的中华本土"宇宙即建筑,建筑即宇宙"的文化、哲学与美学诉求。佛教寺庙的平面布局,有如中国本土庭院,有"中国"(按:国,指都邑)即中轴线居中、左右对称而多重进深的特色。佛塔以楼阁式塔和密檐塔为主要品类,其造型的灵感来自中国土木结构传统与印度佛教塔庙理念的结合。即使接受"印度元素"较多的中国石窟寺,也富于"中国化"的文化特点。

佛教之于中国文学的深潜影响表现在:一、入渐的印度佛教本生故事、寓言等,拓宽了中国文学审美的题材与"叙事"空间。以六朝"志怪"小说的兴起为代表。二、丰富了讲故事以白为主、韵白相间的言说格局。三、改变了一定的文学审美境界与审美理念。其佛国、西方净土和成佛诉求的审美理想,融渗以"空之美韵"。其审美意象的文化哲学,已不再是本土原先比较单纯的源于原始甲骨、易占"巫"象、道家"无"象的意象观,而是在此基础上,主要以无说空、以空会无、空趋转于无又回归于无的新的意象观,是以佛学之空为灵枢、以玄学之无为宗要、以儒学之有为潜因的三维文化的初步融合。这以南朝梁代刘勰《文心雕龙》这一文本的文学审美理念为代表。佛教的真俗二谛说,影响到文学审美真实理念的建构。人生皆苦、四大皆空的佛教苦空意识,一定程度上改变了中华本土"乐感文化"之乐观、达观主义的美学素质,将中华本土的经验生活、人格意义的悲剧理念提升到超验的生命与人性的层次和境界,即从世间走向出世间又回归于世间。

佛教逻辑也参与了中国佛教美学的逻辑建构。

佛教入传之前,中国本土的逻辑学已是根深叶茂、硕果累累,富于"中国"特点。儒道墨三家的逻辑学,主要集中于语言逻辑和形式逻辑。孔儒的"名不正则言不顺,言不顺则事不成""必也正名乎"、通行本《老子》的"道可道,非常道"与《庄子》的"非言非默"等,大致都属于这一逻辑学范畴。这是中华本土关于名实关系的语言、形式逻辑,正可与佛教教义的假名施设和真谛实相的逻辑关系相对应。两者构成中印逻辑的"对话"态势。不同在于,佛教逻辑通过一系列的术语、概念、推理与判断,以证明超验的佛教空理;尽管道家的语言逻辑围绕着"无"这一中心词而展开,然而,作为对于世间的逻辑预设、推理与判断,在佛家看来,依然沾溉着世俗经验的特色,因而并非究竟。

佛教及其美学的逻辑,一方面讲佛性、涅槃、中道、解脱及其"美"等如何"不可思议""不可言说",另一方面作为"权宜""方便",又以无数言说说空理,却永远说不尽。一部《大藏经》言述经律论,尽管篇章如此浩繁,竟依然是"言语道断,心行处灭""说似一语即不中"。既怀疑与肯定"语言是精神之家园"的真理性,又肯定与怀疑"语言乃思想之牢笼"的真理性;既妙不可言,又妙在可言;既月不在指,又以手指月。其间多少源自逻辑的深邃而美丽的美学精神,真可谓妙处难与君说。

正如本书第二章所言,在惠施"合同异"说的基础上,《墨子》的"离坚白""三名"说,公孙龙子"白马非马"的共相殊相论,与"一尺之捶,日取其半,万世不竭"①事物无限可分的逻辑及其美学思趣,对于佛教逻辑的东来,有接引之功。"离坚白"这一逻辑,将事物的统一属性首先在空间上加以"逻辑"地割裂,见"白"则无"坚",触"坚"而无"白"。于是,事物及其美的有机性和整体性被消解了。"离坚白"不无诡异地道出了人关于世界的"发现"即"遮蔽"、"遮蔽"即"发现"的"形而上学"的荒诞与美。

这与有关佛教逻辑相对照,便很有点儿意思。但看僧肇《物不迁论》之"美",在形式逻辑上,恰有类于《墨子》的"离坚白"。僧肇说:"夫生死交替,寒暑迭迁,有物流动,人(按:芸芸众生)之常情。余则谓不然。何者?"僧肇自己的答案是,"吾则求今于古,知其不去","今而无古,以知不来;古而无

---

① 按:此为《庄子·天下篇》关于惠施之言的转述,清王先谦:《庄子集解》卷八,第224页,《诸子集成》第三册。

今,以知不去。若古不至今,今亦不至古,事各性住于一世,有何物而可去来?"僧肇的逻辑推理与判断是,事物"各性""不灭不来,则不迁之致明矣"①。为求证明佛性、涅槃、般若中道常住、常"在"而湛然圆明,竟逻辑地斩断同一事物所属"各性"的内在的有机联系。尤其关于"昔物自在昔,不从今以至昔;今物自在今,不从昔以至今"说,关于"三世"各别之"性","住"于各自"一世","旋岚偃岳而常静,江河竞注而不流,野马飘鼓而不动,日月历天而不周,复何怪哉?"②的逻辑诘问,似乎甚为有力。由此推论,佛性、涅槃、中道常"住"即恒"静"而"不迁",倒真的是何"怪"之有了?

这立即让人意识到,在逻辑上,僧肇的"物不迁论"是佛学中的"离坚白"论。不过,《物不迁论》重在世界及其"美"之性的人文时间性,《墨子》的"离坚白"论重在其人文空间性;前者的逻辑性属于"空"(超验)的推理,后者的逻辑性属于"有"(经验)的推理,如此而已。

俄国学者舍尔巴茨基曾说,佛教逻辑"是关于我们知识的可靠性的理论,关于我们的感觉与表象所认知的外部世界的真实性的理论"。"佛教徒自己管这一科学叫逻辑理由的理论或正确认识来源的理论,或者就简单地称作正确认识的量度。它是有关真实与谬误的理论。"③属于知识论、认识论范畴的一定的佛教逻辑,预设了一种凝聚于"名言概念中的实在"④。就佛教美学而言,佛教逻辑的推理与判断,可望证明佛教所征得的"美"何以可能。诸如因果律、矛盾律、否定性判断与三段论等,在佛教逻辑中比比皆是,并且发挥重大的论辩作用。不同于西方基督教那般上帝创生、灵魂救赎的逻辑证明,佛教将世界、现象与人的世俗意识的生起,归原于无处不在的因果律。"莲花戒说:'佛教哲学的瑰宝中,因果理论是最主要的宝石。'"⑤此有彼亦有,此无彼亦无。佛教承认世俗世间因缘起而存有、以刹那而存有。因果即轮回,轮回由业而缘起。缘起于因果之中,诸法刹那生灭,无住而无序,世界必陷于盲目、纷扰与没有真善美可言的可悲境地。然而,佛教承认世界与众生还是可救的。在一般地以众生这一"自力"断灭因果的修为实践中,可以将真实、实相、涅槃、般若之境及其"原美""唤上前来";或是诸如否弃业力业缘,在"藏识"伴随以"无始习气(anadi-vasana)"的"自我发现"与"自我回归"之中,挥斥上帝那般的权威意志,把潜藏在这"种子识"的无限可能性,包括

---

① 僧肇:《物不迁论》,《肇论》,上海佛学书局影印本,石峻、楼宇烈、方立天、许抗生、乐寿明编《中国佛教思想资料汇编》,中华书局 1981 年版,第 142、143、144 页。
② 同上书,第 142 页。
③ 〔俄〕舍尔巴茨基:《佛教逻辑》"绪论",《佛教逻辑》,商务印书馆 1997 年版,第 5、6 页。
④ 同上书,第 7 页。
⑤ 同上书,第 119 页。

"原美""唤醒",等等。凡此对于"可能"的真实即"原美"的智慧体悟,则意味着因果之链立断,解脱之境"常住"而毕竟空幻。

无论佛教何宗何派,都以"否定"这一逻辑言诠、推理与判断,而向众生"说法"。这在佛教中观学说中,表现得尤为典型。《大智度论》说:"是实法相。不生不灭,不断不常,不一不异,不来不去,不受不动,不著不依,无所有。如涅槃相、法相如是。"①让人在不断而无尽的"否定"中,体会"美"或曰"原美"何以可能。佛教关于三段论逻辑,运用得很是娴熟。最显著的实例,即所谓"一切众生悉有佛性""皆得成佛"(大前提);"一阐提"是"众生"(小前提);所以,"一阐提"亦具"佛性""亦能成佛"(结论)。其余可作如是观。总之,尽管佛教在不断的"否定"性言说中,所征得的同样作为"假名"的"原美"本身,是非逻辑、反逻辑的"现量"②,然而如竺道生的"大顿悟"说那样,关于佛教"现量"即"直接感知"("瞬时灵照")与审美顿悟关系的言述,是符合逻辑的。"现量"本身非逻辑、反逻辑,而关于佛教"现量"的阐述,则具有逻辑思辨性。

凡此,假若与隋唐及尔后中国佛教美学相比较,本书所论析的,仅仅是中国早期佛教之初步的美学阐析。汉魏两晋南北朝的佛教美学,一开始就走上了逐渐"中国化"这一历史、人文与学术的必由之路。作为一个序幕,佛教美学与儒道墨等美学的真正融合,尚有待于汉魏两晋南北朝之后。这里,却可以听到其汹涌而隐隐的潮声了。

---

① 《大智度初序品中缘起义释论第一》,《大正藏》第二十五册,"般若部类",〔印〕龙树释,鸠摩罗什译《大智度论》卷一,T25,P0057c。
② 按:佛教因明的"现量"说,在中国佛教美学史上的理论阐明,要到明清之际的王夫之美学"现量"说,才真正地告以圆成。关于这一点,本书暂勿论述。在魏晋南北朝佛教美学史上,据有关史料,大约公元四、五世纪,可能有龙树《回诤论》等因明学著述的传入,"作为陈那之前的经典",对中国美学的影响尚不明显。然而"现量",作为一种舍尔巴茨基所说关于现象的"直接感知",实际是"刹那"实现的佛教顿悟及审美顿悟,有如后代严羽的"禅悟""诗悟"。舍尔巴茨基称为"只有当下的刹那才为感觉(所)所把握"(以上参见俄国学者舍尔巴茨基:《佛教逻辑》,中华书局1997年版,第35、103页)。刹那顿显、顿悟于心灵,与西方现象学所谓"当下即是"相通,佛教称为"现量。"

主要参考书目

佛经

《百论》,《大正藏》第三十册,提婆菩萨造,(后秦)龟兹三藏法师鸠摩罗什译。
《百喻经》,《大正藏》第四册,尊者僧伽斯那撰,(萧齐)天竺三藏法师求那毗地译。
《长阿含经》,《大正藏》第一册,(后秦)天竺三藏法师耶舍、竺佛念译。
《大般涅槃经》(北本),《大正藏》第十二册,(北凉)天竺三藏法师昙无谶译。
《大智度论》,《大正藏》第二十五册,龙树菩萨造,(后秦)龟兹三藏法师鸠摩罗什译。
《道行般若经》,《大正藏》第八册,(东汉)月支三藏法师支娄迦谶译。
《佛说阿弥陀经》,《大正藏》第十二册,(后秦)龟兹三藏法师鸠摩罗什译。
《佛说安般守意经》,《大正藏》第十五册,(东汉)安息国沙门安世高译。
《佛说维摩诘经》,《大正藏》第十四册,(三国吴)月支优婆塞支谦译。
《佛说无量寿经》,《大正藏》第十二册,(三国魏)天竺三藏法师康僧铠译。
《妙法莲华经》,《大正藏》第九册,(后秦)龟兹三藏法师鸠摩罗什译。
《十二门论》,《大正藏》第三十册,龙树菩萨造,(后秦)龟兹三藏法师鸠摩罗什译。
《四十二章经》,《大正藏》第十七册,(东汉)(题名)西域沙门迦叶摩腾、竺法兰译。
《维摩诘所说经》,《大正藏》第十四册,(后秦)龟兹三藏法师鸠摩罗什译。
《杂阿含经》,《大正藏》第二册,(南朝宋)天竺三藏法师求那跋陀罗译。
《杂譬喻经》,《大正藏》第四册,(东汉)月支沙门支娄迦谶译。
《中阿含经》,《大正藏》第一册,(东晋)天竺瞿昙僧伽提婆译,道祖笔受。
《中观论疏》,《大正藏》,第四十二册,(隋)吉藏撰。《中论》,《大正藏》第三十册,龙树
　　菩萨造,梵志青目释,(后秦)龟兹三藏法师鸠摩罗什译。

相关论著及资料

《阿弥陀经白话解释》,黄智海演述,印光法师鉴定,上海古籍出版社2014年版。
《出三藏记集》,南朝梁僧祐撰,金陵刻经处本,《中国佛教思想资料选编》第一卷。
《创造人间净土》,《太虚大师全集》第四十七册,上海大法轮书局1948年版。
《从汉语对佛教譬喻的取舍看比喻的民族差异》,梁晓虹《佛教与汉语史研究——以日

本资料为中心》，上海古籍出版社 2008 年版。
《大乘佛教》，〔俄〕舍尔巴茨基撰，宋立道译，台北圆明出版社 1999 年版。
《大乘起信论校释》，南朝梁真谛译，高振农校释，中华书局 1992 年版。
《东方民族的思维方法》，〔日〕中村元撰，林太、马小鹤译，浙江人民出版社 1989 年版。
《东西文化及其哲学》，梁漱溟撰，《梁漱溟全集》第一卷，山东人民出版社 1989 年版。
《敦煌变文集》（上下集），王重民、王庆菽、向达、周一良、启功、曾毅公编，人民文学出版社 1984 年版。
《敦煌歌辞总编》（凡三册），任半塘编著，上海古籍出版社 1987 年版。
《佛家名相通释》，熊十力撰，中国大百科全书出版社 1985 年版。
《佛教逻辑》，〔俄〕舍尔巴茨基撰，宋立道、舒晓炜译，商务印书馆 1997 年版。
《佛教文学粹编》，陈允吉、胡中行主编，上海古籍出版社 1999 年版。
《佛教文学精编》，陈允吉、陈引驰主编，上海文艺出版社 1997 年版。
《佛教与中国文学论稿》，陈允吉撰，上海古籍出版社 2010 年版。
《佛教征服中国》，〔荷兰〕许里和撰，李四龙等译，江苏人民出版社 1998 年版。
《符号、文化、城市：文化批评哲学五题》，〔德〕海因茨·佩茨沃德撰，邓文华译，四川人民出版社 2008 年版。
《高僧传》，南朝梁慧皎撰，金陵刻经处本，《中国佛教思想资料选编》第一卷，中华书局 1981 年版。
《古代世界的巫术》，〔瑞士〕弗里茨·格拉夫撰，王伟译，华东师范大学出版社 2013 年版。
《汉传佛教因明研究》，郑伟宏撰，中华书局 2007 年版。
《汉魏两晋南北朝佛教》，郭朋撰，齐鲁书社 1986 年版。
《汉魏两晋南北朝佛教史》（上下册），汤用彤撰，中华书局 1983 年版。
《弘明集》，《四部丛刊》影印本，《中国佛教思想资料选编》第一卷。
《建筑美学》，王振复撰，台北地景股份有限公司 1993 年版。
《金刚经新式注释》，娄西元撰，河北人民出版社 1991 年版。
《理性的胜利——基督教与西方文明》，〔美〕罗德尼·斯达克撰，管欣译，复旦大学出版社 2013 年版。
《历史的起源与目标》，〔德〕卡尔·雅斯贝尔斯撰，华夏出版社 1989 年版。
《墨子闲诂》（上下册），清孙诒让撰，孙启治点校，中华书局 2001 年版。
《僧肇评传》，许抗生撰，南京大学出版社 1998 年版。
《身体意识与身体美学》，〔美〕理查德·舒斯特曼撰，程相占译，商务印书馆 2014 年版。
《神学与哲学》，〔德〕潘能伯格撰，李秋零译，商务印书馆 2013 年版。
《死论》，〔德〕E. 云格尔撰，林克译，上海三联书店 1995 年版。
《四十二章经辩证》，梁启超《佛学研究十八篇》，台北中华书局 1976 年版。
《汤用彤学术论文集》，汤用彤撰，中华书局 1983 年版。
《天台哲学的基础》，〔美〕保罗·L. 史万森撰，史文、罗岗兵译，上海古籍出版社 2009

年版。
《王弼集校释》(上下册),魏王弼撰,楼宇烈校释,中华书局1980年版。
《王振复自选集》,复旦大学出版社2015年版。
《魏晋风度及文章与药及酒之关系》,鲁迅《而已集》,人民文学出版社1973年版。
《魏晋南北朝文学批评史》,王运熙、杨明撰,上海古籍出版社1989年版。
《文心雕龙注》(上下),南朝梁刘勰撰,范文澜注,人民文学出版社1958年版。
《小乘佛学》,〔俄〕舍尔巴茨基撰,宋立道译,台北圆明出版社1999年版。
《新编中国哲学史》(凡三卷)第二卷,劳思光撰,广西师范大学出版社2005年版。
《新科学》上册,〔意〕维柯撰,朱光潜译,人民文学出版社1986年版。
《印度佛教哲学》,黄心川撰,中国社会科学出版社1979年版。
《肇论》,后秦释僧肇撰,《中国佛教思想资料选编》第一卷,石俊、楼宇烈、方立天、许抗生、乐寿明编,中华书局1981年版。
《中国佛教》(凡四辑),中国佛教协会编,知识出版社1980、1982、1989、1989年版。
《中国佛教史》第一卷,任继愈主编,中国社会科学出版社1981年版。
《中国佛教史》,黄忏华撰,东方出版社2008年版。
《中国佛教通史》第二册,〔日〕镰田茂雄撰,台北佛光文化事业有限公司1993年版。
《中国佛教文化史》(凡五册),第一册,孙昌武撰,中华书局2010年版。
《中国佛教哲学要义》(上下卷),方立天撰,中国人民大学出版社2002年版。
《中国佛学史》,胡适撰,《胡适学术文集》,姜义华主编,中华书局1997年版。
《中国佛学源流略讲》,吕澂撰,中华书局1979年版。
《中国古代文化中的建筑美》,王振复撰,台北博远出版有限公司1993年版。
《中国画论汇编》,俞剑华编,人民美术出版社1957年版。
《中国美学的文脉历程》,王振复撰,四川人民出版社2002年版。
《中国美学史新著》,王振复撰,北京大学出版社2009年版。
《中国人性论史·先秦篇》,徐复观撰,上海三联书店2001年版。
《中国小说史略》,鲁迅撰,《鲁迅全集》第九卷,人民文学出版社1981年版。
《中国哲学十九讲》,牟宗三撰,上海古籍出版社1997年版。
《中华佛教史·汉魏两晋南北朝佛教史卷》,张雪松撰,山西教育出版社2014年版。
《周易的美学智慧》,王振复撰,湖南出版社1991年版。
《诸子集成》(全八册),上海书店出版社1986年版。

附：王振复主要学术著述简目

在海内外出版学术小著三十余种，发表论文近两百篇。

一、《周易》文化美学类

《大易之美》，北京大学出版社 2006 年版。

《대역지미.주역어미학》(《大易之美》韩文版，王振复原著，韩国成均馆大学申廷根教授译)，韩国成均馆大学出版社 2013 年版。

《风水圣经:〈宅经〉·〈葬书〉》，台北恩楷出版股份有限公司 2003、2007 年版。

《巫术——〈周易〉的文化智慧》，浙江古籍出版社 1990、1999 年版。

《〈周易〉的美学智慧》，湖南出版社 1991 年版。

《〈周易〉精读》，复旦大学出版社 2008 年版、2016 年修订版。

《〈周易〉文化百问》，香港三联书店 2012 年版。

《周知万物的智慧:〈周易〉文化百问》，复旦大学出版社 2011 年版。

二、中国文化美学类

《中国美学的文脉历程》，四川人民出版社 2002 年版。

《中国美学范畴史》(凡三卷，主编，第一卷第一作者)，山西教育出版社 2006 年版。

《中国美学史教程》，复旦大学出版社 2004、2006 年版。

《中国美学史新著》，北京大学出版社 2009 年版。

《中国美学思问录》，沈阳出版社 2003 年版。

《王振复自选集》，复旦大学出版社 2015 年版。

三、中国建筑文化美学类

《建筑美学笔记》，百花文艺出版社 2005 年版。

《建筑美学》，台北地景出版股份有限公司 1993 年版。

《建筑美学》，云南人民出版社 1987 年版。

《缪斯书系·华夏宫室》(全四册)，包括《大地上的宇宙》《宫室之魂》《中华意象》与《人居文化》(该著与杨敏芝合著)，复旦大学出版社 2001 年版。

《中国建筑的文化历程》，上海人民出版社 2000 年版、2006 年修订版。

《中国建筑文化大观》(第二主编,主要撰稿者),北京大学出版社2001年版。
《中国建筑艺术论》,山西教育出版社2001年版。
《中华古代文化中的建筑美》,上海学林出版社1989年版。
《中华古代文化中的建筑美》,台北博远出版有限公司1993年版。

　　曾获学术著作、论文与教学奖十余项。其中包括:《中国美学的文脉历程》,获第六届"国家图书奖提名奖";《中国建筑艺术论》,获第十三届"中国图书奖"。"复旦大学中文系文艺学美学系列教材建设"(2003),获教育部所颁"教学一等奖";上海市教委所颁"教学一等奖",此二项皆为获奖成员之一。

后 记

  这是我多年前所撰写的一本关于中国早期佛教美学史的书稿。趁北京大学出版社提议申报国家社科基金后期资助项目并获立项之际,我对初稿进行了认真的修改和增写。全书在学术上是否尚有可取之处,诚望专家学者的批评。特此感谢北京大学出版社艾英和延城城两位编辑的辛勤劳动。

复旦大学中文系　王振复

二〇一八年一月十八日